IMC
The Next
Generation

Five Steps for Delivering Value and Measuring Returns Using Marketing Communication

Identify Customers and Prospects

ドン・シュルツの
統合
マーケティング

顧客への投資を企業価値の創造につなげる

ドン・シュルツ
ハイジ・シュルツ
著

博報堂タッチポイント・プロジェクト
訳

ダイヤモンド社

IMC: The Next Generation
by
Don Schultz and Heidi Schultz

Copyright © 2004 by Don Schultz and Heidi Schultz
All rights reserved

Original English language edition published by The McGraw-Hill Companies,Inc.
Japanese translation rights arranged with The McGraw-Hill Companies, Inc.,
through Japan UNI Agency, Inc., Tokyo

025# 日本語版の序文

●────統合マーケティングの新たなアプローチ

　私たちのパートナーである博報堂より、本書（原著：*IMC: The Next Generation*）の日本での出版に向けてダイヤモンド社と準備に入るという提案をいただいたとき、我々は大きな感激を覚えた。ドン・シュルツがスタンレー・タネンバウム、ロバート・ロータボーンととともに、統合マーケティングのビジョンを初めて紹介した*Integrated Marketing Communication: Putting It Together and Making It Work*（*The New Marketing Paradigm*のタイトルで出版されているものもある）は、1990年代初めに邦訳されている（邦訳『広告革命──米国に吹き荒れるIMC旋風』）。その頃から、日本ではいくつかセミナーや講演会が開かれており、基本的にはこの初期の統合マーケティングの考え方が現在も普及している。
　その後、この初期の統合マーケティングのビジョンに影響を与える数々の出来事があり、多くの変化や大きな問題が新たに生じた。そこで、統合マーケティングのアプローチを更新し、それを日本の多くの友人、パートナー、マーケター、広告会社にこうして紹介できることになったのは本当に喜ばしいことだ。本書が、10年以上も前に書かれた最初の本に代わり、日本における統合マーケティングの「新基準」になることを願っている。
　一般に序文では、本文にどのようなことが書かれているのかを読者に知らせるものである。この序文もその伝統に従うことにしよう。日本の読者は、統合マーケティングのコンセプトについてある程度理解しているか、あるいはその実践のいくつかに詳しい方々が多いであろう。しかし、本書で紹介する統合マーケティングのアプローチは、初期のものとは根本的に異なるため、こうした変化が必要になった経緯を少し説明しておくほうがよいかもしれない。

●————統合マーケティングを生んだ原動力

　統合マーケティングがもともと勢いを得たのは、1980年代のアメリカでマーケティング企業、小売などのチャネル、広告会社間の整理・統合が進んだことによる。従来のマーケティングやマーケティング・コミュニケーション構造が合理化されると、当然の結果として、マーケティング・プログラムの効率化を図ろうとする動きが組織のなかに現れた。当時（1980年代後半から1990年代初頭）にあっては、こうした整理・統合は理に適ったものだった。主要なマーケティング・コミュニケーションには、マスメディア広告、ダイレクト・マーケティング、プロモーション、パブリック・リレーションズ（PR）といったわずかなアプローチしかなく、これが企業投資の大半を占めていた時代だ。こうした活動をまとめ、その効率を高めるそして願わくば効果も高める方法を模索し始めたのは、当然の成り行きだった。
　つまり、マーケティング・プログラムや、上記の4つの基本的なコミュニケーション手法の開発・管理について、効率をさらに高める必要性があったために、統合マーケティングが推進されることになったのである。効率以外にも、アバブ・ザ・ライン（マスメディア広告）、ビロー・ザ・ライン（マスメディア広告以外のプロモーション手法）への投資を組み合わせ、調整する必要性があり、マーケターも広告会社もその方法を探していた。
　試金石とも言える著書、*Integrated Marketing Communication: Putting It Together and Making It Work*で提供した統合マーケティングの最初の考え方は、まさにそうしたアプローチを採用したものだった。それは、顧客と潜在顧客を出発点として、組織がアウトバウンド・マーケティングを計画・調整し、最大限の効率と効果を実現するというものである。このコンセプト自体は的確なものだったが、その時代にしか通用しないものだった。
　1990年代半ばになると、予想もしなかったことがいくつか起こった。そうした変化によって、マーケティング、マーケティング・コミュニケーション、さらにはプロモーション全体を新たに見直す必要が生まれた。その変化とは、言うまで

もなく、信じられないほどの速度で普及する新技術——特にWWW、インターネットなどの電子コミュニケーション・システムと、これとほぼ同時に普及しているモバイルやデジタルシステム——のことである。こうしたいわゆる「キラーアプリケーション」の発達によって、コミュニケーションとは何か、今後はどのようなコミュニケーションが求められ、また求められるべきなのかを根本的に考え直さざるを得なくなった。

マーケター、広告会社、そしてメディアさえもこうした新しい方法論、技術、アプローチに飛びついた。その傾向は現在も続いている。最も大きく変わったのは、コミュニケーションの見方が広がったことである。これまではマーケターから消費者に一方的に送っていたものから、消費者とマーケターの双方向の対話型へと移行しつつある。また、買い手と売り手を結びつけるメディアの役割が大きくなっていることも重要であろう。日本でも第3世代携帯電話をはじめとした新形態のメディアが急成長を遂げていることからも、このことは明らかだ。

デジタル化は、こうしたコミュニケーション革命に大きな役割を果している。デジタル化によって、マーケターは市場・消費者に関する膨大な量の情報を収集、保存、管理、分析することが可能になった。さらに重要なことに、消費者は、グーグルの検索ボタン1つで、ほぼすべてのことに関して無限と言ってよいほどの情報と背景知識にアクセスできるようになったのだ。今日、統合を行うのはマーケターだけではない。それは消費者や顧客の側でも行われている。本書の前半の数章で説明しているように、4P（product〈製品〉、price〈価格〉、place〈流通〉、promotion〈プロモーション〉）を管理し、選択した顧客と潜在顧客にメッセージやインセンティブを送り続ける従来のマーケターの考え方はすでに時代遅れとなった。現在、市場の根底にあるのは「価値の共有」である。市場での相互作用を通じて、消費者とマーケターがいかに互いに影響を与え合いながら価値を創造し、それを共有していくかが重要なのである。

統合マーケティングの新たな原動力

こうした市場、技術、メディアの変化によって、統合マーケティングの新たな原動力が生まれた。特に重要な原動力は5つある。本書で紹介する統合マーケテ

ィングの新アプローチは、この5つを反映したものである。

1．コミュニケーションに対する全体最適の視点
　情報技術の普及によって、コミュニケーションを全体的に捉える視点の必要性が明らかになった。市場、顧客、マーケター、メディア・システム、政府、NGOなどは相互に結びついている。すべてのものと人が互いに結びつき、その依存度は高まる一方だ。世界のどこかで何かが起こると、その情報はたちまち世界中に伝えられる。ほかから何らかの影響を受けてもすぐに対応したり、問題を提起したりすることができる。コミュニケーション・システムは互いに絡み合い、メディアを形態別に分けることも難しくなっている。まさにこうした活動、時間、影響の相互関連性が、現在の市場を動かしているのだ。このように、統合は「実行されなければならない」ものではなく、すでに「起こっている」ものである。したがってクライアント企業のマーケターもそのパートナーである広告会社も、個別施策の実施よりむしろそれらの整合性に重きを置いている。本書は、水平的プロセスに基づき、組織のすべての要素と活動を調和させることによって、マーケターと顧客のコミュニケーションの効果を上げようとしているのである。

2．顧客重視
　従来マーケターは、顧客および潜在顧客とのコミュニケーションを促すプランニングに重点を置いてきた。今日では、組織がターゲットとする顧客とオーディエンスはだれか、そして彼らの欲求やニーズは何かを特定することに、より重点が置かれている。重視する対象を商品から顧客に移すことは、多くの組織にとって容易なことではない。しかしこれがきわめて重大なことなのだ。上述のように統合マーケティングは、まず顧客を理解し、次に商品を顧客にマッチさせることを常に重視しており、その重要性が現在の市場においていっそう高まっている。本書では、このアプローチを5段階プロセスで詳細に説明している。このプロセスは、顧客の特定から始まり、メッセージとインセンティブの提供、流通、測定へと続くものである。顧客のインサイトはきわめて重要であるため、統合マーケティングの新たなアプローチでは、それを実現するために数々の新しい方法論を採用している。

3．キャンペーンや単発のプロモーションから、反復可能なプロセスへ

　マーケターは、キャンペーンや販促活動の観点から物事を考えがちになる。一方、顧客は、現在進行中の問題や課題のソリューションの観点から考えている。顧客のニーズ、欲求、要求は、マーケターの13週間のプランニング・サイクルにぴったりとはまらないのである。このため、マーケターは、単発の販促プログラムはもちろん、従来の年間マーケティング・プランからも脱却し、反復可能なプロセスへと移行しなければならない。消費者の視点に立つには、短期的・長期的双方の視点が必要となる。当然のことながら、短期的な収入フローは重要だが、長期的な株主価値を築くことも重要である。本書では、後々まで実施、改善、反復することができる、有用かつ実際的なプロセス指向アプローチを採るにあたって、マーケターに必要なプロセスを紹介している。常に改善を続けるプロセスのなかで計画したマーケティングとマーケティング・コミュニケーションこそが、マーケターと顧客の双方に利益をもたらすのである。

4．メディアプランではなく、タッチポイント

　ほぼありとあらゆる形式を経て、新たな形態のメディアが爆発的に増加したことで、メディアや顧客との接触についてもこれまでとは異なるアプローチが求められるようになった。かつてはマーケターが顧客や潜在顧客との接触の仕方を決めていた。確かに従来のメディア・プランニングにはそれなりの意味があった。できるだけコスト効率よく、できる限り多くのメッセージを顧客や潜在顧客に配布することが目標にされていた。現在では、顧客や潜在顧客に影響を与えるのは、マーケターが送り出すメッセージだけではない。顧客とブランドが接触するあらゆる方法が重要になっているのだ。この「タッチポイント」のコンセプトは、マーケターと広告会社のコミュニケーション・プログラムの捉え方、その立案、開発、実施のあり方を根本から変えるものである。顧客との関係はブランド体験によって促進され、そうした体験はブランドとのタッチポイントから得られるのである。

5．スチュワードシップ(受託責任)とアカウンタビリティ(説明責任)

　多くのマーケターにとって、情報技術の進歩は、マーケティングへの投資をも

っとうまく管理したいという企業の要求に直接関わるものだ。このことが投資収益率（ROI）革命をもたらした。経営陣がマーケティング担当者とその広告会社に対して、マーケティング・プログラムのスチュワードシップ（受託責任）やアカウンタビリティ（説明責任）を提供し、財務実績を上げるよう要求することが、市場全体のトレンドになっている。本書では、マーケティング・コミュニケーションの管理に財務重視のアプローチを採っている。ROIは、プロセスの一部として欠くことのできないものである。したがって、シックスシグマ、バランス・スコアカード、顧客価値、EVAなど、組織がいかなる経営管理システムを採用していようと、統合マーケティングの新たなアプローチを活用すれば、経営陣が求めるスチュワードシップとアカウンタビリティを提供することができる。

　これら5つが、次世代の統合マーケティングの原動力である。さて、残る唯一の疑問は、果たしてこの統合マーケティングが本当に機能するかどうかだ。幸いなことに、その効果を示す証拠は至るところにある。本書の内容は、その多くがグローバル企業ですでに実行されていることを反映させたものである。IBM、3M、コカ・コーラ、SAPから、最近方針転換したマイクロソフトに至るすべての事例が、これまでとまったく異なるシステムを持った市場で、マーケティングを開発、計画、整合、測定していくには、次世代の統合マーケティングが効果的な手段になることを示しているのである。

　その他の国の多くの人たちと同様、日本の皆さんに、本書からマーケティング・プログラムの改善・強化に必要となる的確なアプローチを見出していただければ幸いである。

2005年9月　イリノイ州エバンストンにて
ドン・シュルツ

IMC The Next Generation

ドン・シュルツの
統合
マーケティング

◇ Contents ◇

日本語版の序文　　　　　　　　　　　　　　　　　　　　　　　　　　　ⅰ

PartI
企業価値重視の統合マーケティング

第1章 コミュニケーション戦術から利益拡大戦略へ　　　3
  1　「4P」からの脱却　　　　　　　　　　　　　　　　　　4
  2　マーケティング支出の平行移動　　　　　　　　　　　　6
  3　統合マーケティングへの需要　　　　　　　　　　　　　8
  4　統合マーケティングの推進要因　　　　　　　　　　　10
      テクノロジー
      ブランディング
      グローバリゼーション
  5　新たなる挑戦　　　　　　　　　　　　　　　　　　　14
  6　第2章への論点　　　　　　　　　　　　　　　　　　15

第2章 マーケティングを統合する効果　　　　　　　　19
  1　統合マーケティングのベンチマーキング調査　　　　　20
  2　統合マーケティング発展の4つの段階　　　　　　　　21
      第1段階：戦術的コミュニケーション活動の調整
      第2段階：マーケティングの対象範囲の見直し
      第3段階：情報技術の適用
      第4段階：財務・戦略面での統合
      新しい展開
  3　広告会社の役割：グローバルな視点から　　　　　　　35
      調査方法と協力企業
      広告会社同士の相互交流

　　　　　統合マーケティングに対する広告会社の認識
　　　　　統合マーケティングの発展を阻む壁
　　4　第3章への論点　　　　　　　　　　　　　　　　　　　　　　39

第3章　統合マーケティングの実施原則　　　　　　　　　41
　　1　統合マーケティングの事例：「インテル・インサイド」　　42
　　2　統合マーケティング実施のための8つの原則　　　　　48
　　　　　原則1：顧客中心型の組織をつくる
　　　　　原則2：アウトサイドイン（企業の外から内に向けた）・プランニングを活用する
　　　　　原則3：顧客満足度に焦点をあてる
　　　　　原則4：顧客の目的に合わせて自社の目標を調整する
　　　　　原則5：顧客行動に関する目標設定
　　　　　原則6：顧客を「資産」として扱う
　　　　　原則7：機能ごとに区分けされた事業を効率化する
　　　　　原則8：一点集中型のマーケティング活動を展開する
　　3　報酬賃金体系　　　　　　　　　　　　　　　　　　　　　66
　　4　統合マーケティング：5つのプロセス　　　　　　　　　67
　　　　　プロセス1：顧客・見込み客の特定
　　　　　プロセス2：顧客・見込み客の価値評価
　　　　　プロセス3：コミュニケーションのメッセージとインセンティブの設定
　　　　　プロセス4：顧客に対する投資収益の測定
　　　　　プロセス5：プログラム実施後の分析と将来設計
　　5　第4章への論点　　　　　　　　　　　　　　　　　　　　73

PartⅡ
プロセス1：顧客と見込み客の特定

第4章 行動データに基づく顧客・見込み客の特定　　77
1　顧客を行動特性で集約する　　78
2　顧客と見込み客を理解する　　81
3　データベースを統合マーケティングの観点から理解する　　85
　　データ・オーディット
　　データベースの種類
4　顧客データの結合と共有　　91
5　カスタマー・インサイトの獲得　　93
6　第5章への論点　　95

PartⅢ
プロセス2：顧客と見込み客の価値評価

第5章 顧客・見込み客の財務価値の測定方法　　99
1　財務価値の測定　　100
2　「資産」としての顧客と「投資」としてのコミュニケーションを考える　　100
3　顧客・見込み客の評価手法を開発する　　104
　　ブランドに対する顧客価値
4　顧客と市場価値の創出　　108
5　統合マーケティングの「5R」　　111
6　第6章への論点　　116

第6章 顧客との双方向の関係性　　　　　　　　　　117
1　消費者との間に相互関係を築くこと　　　　　　118
アリストテレス学派の起源
アダムスが論じる社会的交換の不均衡
相互性の理論と顧客関係
2　相互モデルの実践　　　　　　　　　　　　　　123
3　第7章への論点　　　　　　　　　　　　　　　126

PartⅣ プロセス3：コミュニケーションのメッセージとインセンティブの設定

第7章 コミュニケーションの伝達プラン　　　　　129
1　ブランド・タッチポイント　　　　　　　　　　129
ブランド・タッチポイントの分析
ブランド・タッチポイント・オーディットの実施方法
顧客が望むブランド・タッチポイントの方法と時期を特定する
ブランド・タッチポイントにおける適切性と受容性を決定する
コミュニケーション・フローを逆転する
企業内部のブランド・タッチポイントを認識する
2　ブランド・ネットワーク　　　　　　　　　　　145
脳内におけるブランド・ネットワークの働き
ブランド・ネットワークによる適切性の創出
ブランド・タッチポイントとブランド・ネットワークの相互関係
3　第8章への論点　　　　　　　　　　　　　　　150

第8章 コミュニケーション・コンテンツのプランニング　　151
1　カスタマー・インサイトの定義　　151
　　　　カスタマー・インサイトの展開と検証
　　　　企業の能力とカスタマー・インサイトの一致
　　　　メッセージとインセンティブをめぐる戦略の展開
　　　　新たな方法による戦略の開発
　　　　従来とは違う思考方法
　　　　戦略の開発例
2　メッセージとインセンティブをめぐる戦略の展開　　173
3　第9章への論点　　174

Part V
プロセス4：顧客投資効率の測定

第9章 統合マーケティング効果測定の基礎　　177
1　なぜマーケティング・コミュニケーションの効果を測定しにくいのか　　178
2　従来の測定方法　　181
　　　　正しい方向への第一歩：広告ストックの測定
3　顧客との双方向性の出現　　186
　　　　ループの完成
　　　　新しいモデルの開発
4　統合マーケティングでの財務上重要なコンセプト　　188
　　　　資産や投資としてのブランド
5　第10章への論点　　191

第10章 短期的な投資効率の測定　　　　　　　　　　193

1　ビジネス構築のためのマーケティング投資に対する限界分析　　193
2　ビジネス構築のためのマーケティング投資を評価する　　　196
　　　事例で見る増分収益アプローチ
3　顧客投資効率を評価する　　　　　　　　　　　　　　　　208
4　ROCIの事例：ナショナル・アメリカン銀行　　　　　　　209
　　　マーケティングの実施以前
　　　統合マーケティングの筋書き
　　　顧客投資効率の計算方法
　　　マーケティング投資の適正レベル
5　第11章への論点　　　　　　　　　　　　　　　　　　　　228

第11章 長期的な投資効率の測定　　　　　　　　　　231

1　長期的投資効率を測定する重要性　　　　　　　　　　　231
2　長期的投資効率を測定するためのモデル　　　　　　　235
　　　顧客生涯価値(LTV)
　　　顧客生涯価値の計算方法：事例による検討
　　　顧客生涯価値(LTV)の比較
3　第12章への論点　　　　　　　　　　　　　　　　　　　　243

Part VI
プロセス5：プログラム実施後の分析と将来設計

第12章 プログラム実施後の分析　　　　　　　　　　　247
 1 どのようにして統合マーケティングのループを完成させるか 247
 2 実際の収益を測定する 249
 3 3C分析：長期ブランド価値の統合型モデル 250
   3Cアプローチの長所を把握する
   3Cを従来の平均化された測定基準と比較する
   3C分析によって顧客の移動を追跡する
   3Cアプローチからの進化
 4 プロセス1への回帰 259
 5 第13章への論点 260

Part VII
企業価値の向上へ

第13章 ブランド・エクイティを企業価値に結びつける　　265
 1 ブランド・エクイティと統合マーケティング 265
 2 ブランドの定義 266
 3 ブランド・エクイティの現在の定義 267
 4 統合マーケティングから見たブランド・エクイティ 269
   ブランド・プレゼンス
   ブランド・アイデンティティとブランド・イメージ

　　　　ブランド・コミットメント
　　　　知覚品質
　　　　要素の複合体としてのブランド・エクイティ
　5　ブランドは企業にどのような価値をもたらすのか　273
　　　　無形資産を理解する
　　　　価値の源としてのブランド
　6　第14章への論点　279

第14章　ブランド・エクイティの測定方法　281
　1　顧客態度から測定するブランド・エクイティ　281
　　　　ブランド・ダイナミクス
　　　　コンバージョン・モデル
　　　　エクイトレンド・モデル
　　　　ブランド・アセット・バリュエーター
　　　　態度に基づくブランド・エクイティ測定の問題
　2　ブランド・エクイティの財務測定　293
　　　　取得原価法
　　　　取替原価法
　　　　市場価値法
　　　　ロイヤリティ・リリーフ法
　　　　エコノミックユース法
　3　エコノミックユース法の活用方法　297
　　　　ブランドのセグメンテーションと景気予測
　　　　需要ファクターとブランド付加価値（BVA）指数
　　　　リスク・ファクターとブランド・ベータ分析
　　　　エコノミックユース法のアウトプット：割引将来収益の測定

	4	ブランドの財務評価の意義	305
	5	第15章への論点	306

第15章 統合マーケティングを推進する組織構造　307

   1　統合を妨げる組織構造　307
      課題1：「内向き」から「外向き」志向への移行
      課題2：水平型のコミュニケーション・システムの開発
      課題3：効果的な報酬体系の導入
      課題4：長期にわたる顧客価値・企業価値の創造
   2　統合の実現に有効な組織設計　312
   3　社外のコミュニケーション・グループとの連動方法　316
      クライアント中心の統合構造
      連邦型統合構造
      リード・エージェンシーによる統合構造
      世界規模の統合構造
   4　第16章への論点　320

第16章 統合マーケティングの将来的展望　321

   1　統合マーケティングの進展を阻む障害　321
   2　統合マーケティングの今後の課題　323
      課題1：企業内外のマーケティング活動の連携を図る
      課題2：顧客行動を基盤にしてマーケティング効果を測定する
      課題3：マーケティング・プログラムのフローを逆にする
      課題4：ブランドをマーケティング活動の中心に据える
      課題5：グローバルな視点を持つ

　　　　課題6：将来のための予測・測定・評価システムを開発する
　　　　課題7：新しい組織構造と報酬体系を開発する
　3　さらなる論点　　　　　　　　　　　　　　　　　　　　　　330

訳者あとがき　　　　　　　　　　　　　　　　　　　　　　　　333
原注　　　　　　　　　　　　　　　　　　　　　　　　　　　　337
索引　　　　　　　　　　　　　　　　　　　　　　　　　　　　342

Part I

企業価値重視の
統合マーケティング

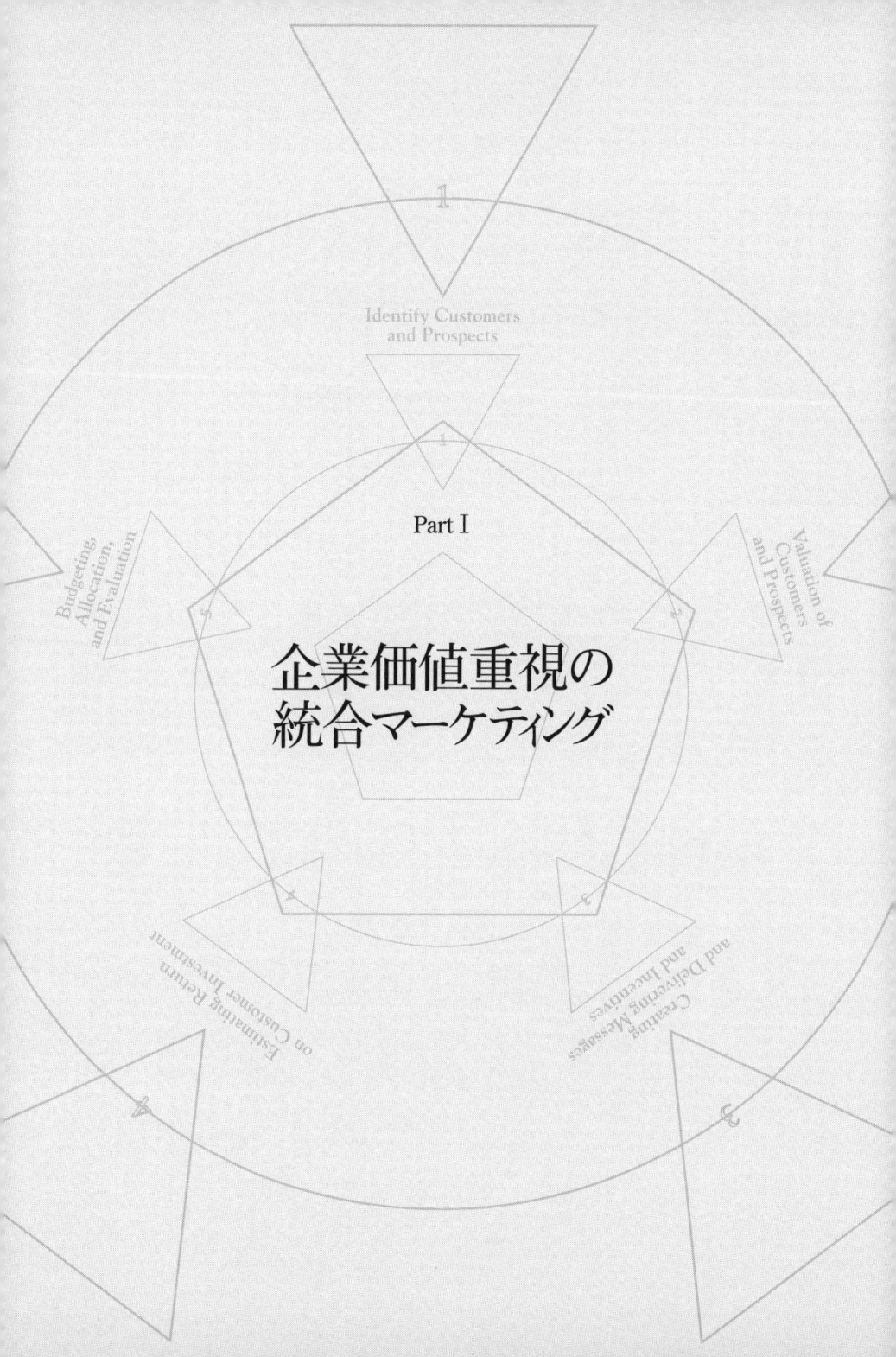

第1章 コミュニケーション戦術から利益拡大戦略へ

　統合マーケティングとは、企業が収益性を高めるために、自社の目標に合わせてマーケティングの目的を調整するプロセスである。そのルーツは、好景気だった1980年代にさかのぼる。だがその当時、「自社の機能を統合する」という発想に関心を持つ企業はほとんどいなかった。当時の企業では、組織はサイロ（縦割り）型にきっちりと分割されており、個別の業務を展開していた。特定の製品やサービスに関する事業部であろうと、地域単位の事業部やロジスティックス（物流）などの事業部であろうと、いずれの活動を運営するにも、それぞれの事業部がプロフィットセンターとして機能していた。そして、「指揮統制型」と呼ばれるマネジメント体制のもとで、あらゆる部門が上から下に向かって統制されていた。分割されている部門の統合を検討する企業は、きわめて稀だったのだ。もっとも、少数ではあっても、マーケティングやマーケティング・コミュニケーションを統合することの必要性を感じていた人もいた。では、その妨げとなっていたのは何だったのか。それは、企業の業績が好調だったことに尽きる。

　当時の企業は、個々の機能やスキルごとに区分けされた組織構造のもとで、空前の成長を遂げていたのだ。そのために、ほとんどの人が、「企業の繁栄はこの組織構造と関係がある」と考えたのである。また当時は、企業が適切に組織されていることを示唆するような材料が揃っていた。多くの企業で利益が増え続けるばかりか、株主価値がかつてないほど大きくなったり、どの階層の従業員にもキャリア形成の機会を与えたりしていたのだ。このように、すべてがよどみなく快調に進んでいるのに、どうして組織の構造を変える必要があるのだろうか。

　この疑問に答えるために、もう少し広い視野から眺めてみよう。事業活動の統

合に向けた動きは、日本とヨーロッパ諸国が先導し、第二次世界大戦直後に始まったが、アメリカでは、そのような動きが見られなかった。企業の経営者たちは、経済の国際化が急速に進む状況で競争するために、「境界」や国境を越えた企業活動の方法を模索する必要に迫られていた。「境界」とは、地理や文化によるものだけではなく、企業の内部における境界線も含まれていた。統合の支持者たちの主張は、「荒野に叫ぶ孤独な預言者のように」徐々に影響を与えていき、確かにアメリカ企業の関心を引くようになった。W・エドワーズ・デミングとジョゼフ・ジュランといったマネジメントの識者を例に取れば、日本型モデルをベースに彼らがその発展に寄与した統合品質管理システム（TQM）の採用を強く主張した。^(原注1)マイケル・ハマーとジェームズ・チャンピーが組織のリエンジニアリングを擁護する一方で、C・K・プラハラッドとゲーリー・ハメルも、焦点を絞るような経営を奨励した。^(原注2)アメリカ以外の国におけるクロスファンクショナル・チーム（CFT）は数々の成功をもたらしたが、アメリカ企業は、順調に機能してきたそれまでの組織構造を、まず変えようとはしなかった。

　この傾向が最も顕著だったのが、マーケティング部門である。結局のところ、マーケティングを「発明」したのは、アメリカの経営者なのだ。このマーケティング部門は、「4P」（製品＝product、価格＝price、流通チャネル＝place、プロモーション＝promotion）という互いに独立した4つのマーケティング・コンセプトのもとで、実に強固に組織されたのである。

1　「4P」からの脱却

　1950年代半ばにジェローム・マッカーシーが広めた4Pは、フィリップ・コトラーをはじめとするマーケティングの識者たちの改良によって、瞬く間にマーケティングの教育と実践における理論の基盤をなすようになった。^(原注3)企業がマーケティング活動を実施するときも、4Pが強い影響を与えた。しかし、ここで留意してもらいたいのは、4Pモデルには、顧客と利益に関する言及がないことだ。これは、4Pが内向型の縦割り志向であることを明白に示している。4Pのアプロ

ーチを採用していた経営者がマネジメントするのは、自分の理解と統制が及ぶものばかりだった。「製品の選定（product）、価格の設定（price）、流通チャネルの編成（place）、広告の実施やプロモーション計画（promotion）。これらのＰをすべて適切に施行した企業は、必ず成長・繁栄する」。これが４Ｐの理論だ。このアプローチは、成長を続ける市場においては、明らかに有効であった。しかし、いまでも本当にそう言えるのだろうか？

確かにかつてはそのように見えた。企業はここ40数年の間に、まるで顧客や見込み客が無限に存在するかのように、製品やサービスを送り出してきた。この傾向が最も顕著だったのがアメリカである。プライシングでも、何より重視されたのは利益の最大化だった。企業のマーケティング担当者は、「手元に金を残すな」という合言葉のもとで、「支出が多く、消費が多い新規顧客を簡単に獲得できる」と考えるようになっていた。そして既存顧客の維持についてはそれほど重視しなかったのだ。さらに、メーカーは流通をも支配していた。製造業主導の流通構造のなかで「チャネル・キャプテン」になった彼らは、「つくり手中心のバリューチェーン」の構築を続けることで、製品が顧客の手に届くまでの経路をコントロールしていくものと信じて疑わなかった。この内向型のアプローチが、長年にわたって、非常にうまく機能しているように見えていたのだ。

1980年代になると、初の本格的な企業データベースがハーバード大学で開発された。企業はこれによって、ライバルと比較しながら、自社の事業活動とその成果を監視できるようになった。(原注4) 市場シェアが、将来の利益を左右する要因として新たに注目されたことから、「市場を主導・独占するほどのシェアを獲得すれば、競合他社が撤退し顧客の選択を支配できるので、おのずと利益は拡大する」と考えられるようになった。現に、こうした動きは、かなり頻繁に起こっている。その結果として、企業は、顧客や見込み客を理解することに、以前ほどの時間をかけなくなった。その代わりに、ライバルの裏をかくための策を練ったり、自社のプロモーションを際立たせたりしようとする作業に多くの時間を費やすようになった。1990年代に入ってもなお、マスメディア、大量流通、マス・プロモーションはいずれも、マネジメントにおいて重要なテーマだった。いまだにこれらのアプローチを追求している企業もある。

しかし、企業がマス（大衆）を相手にするには、組織の集中化が欠かせない。

縦割り型の組織構造にはうまく適合していた４Ｐモデルも、この点には対応し切れなくなってきた。マス市場で大きなシェアを獲得するには、規模の経済を実現することが必要だ。その実現には、生産やプロモーションの集中化が求められた。予算やプロモーションや流通の規模でライバルを上回っても、もはや十分と言えなくなったのである。また、マス市場で確固たる地位を得るには、サプライチェーンのすべての段階で、コスト効率の追求が重要だった。

こうした効率性を重視すると、企業は事業部門の分割よりも、統合に向かうことになる。このことをいち早く認識したのが、ウォルマート、ホーム・デポ、トイザらス、ベスト・バイといった小売業者だった。カテゴリー・キラーと目されるこれらの小売業者は、事業活動の統合によって弱小のライバルを駆逐するとともに、消費行動にも影響力を強化できるようになると気づいたのである。しかもカテゴリー・キラーの規模は、より川上の供給者に対する発言権や支配力を得られるほどだった。

このように情勢は、ほぼ一夜にして逆転した。メーカーにとっては、それまで流通チャネルでのパートナーに過ぎなかった小売業者が、にわかに敵対する相手に変貌した。メーカーは、流通チャネルへの支配力を失ったのだ。さらに、製品、価格、プロモーションといった４Ｐの他の構成要素に対する影響力でも不利になり始めた。

2　マーケティング支出の平行移動

４Ｐモデルの課題が明らかになるにつれて、マーケティングのなかでも、とりわけ広告とプロモーションにおいても同様の要素が変容していった。つまり、製品の多様化、大量に出現する新しいチャネル、従来よりも競争力のある価格づけなどの要因によって、マーケティングの新しい形態・種類が強く求められるようになったのだ。特にその傾向が強かったのは、広告とプロモーションの分野である。1980年代初頭に注目された「プロモーション・ミックス」では、営業体制、メディア広告、パブリシティの一部の形態に重点を置いていた。しかし現在では、

図表1-1●広告からプロモーションへの資金移動

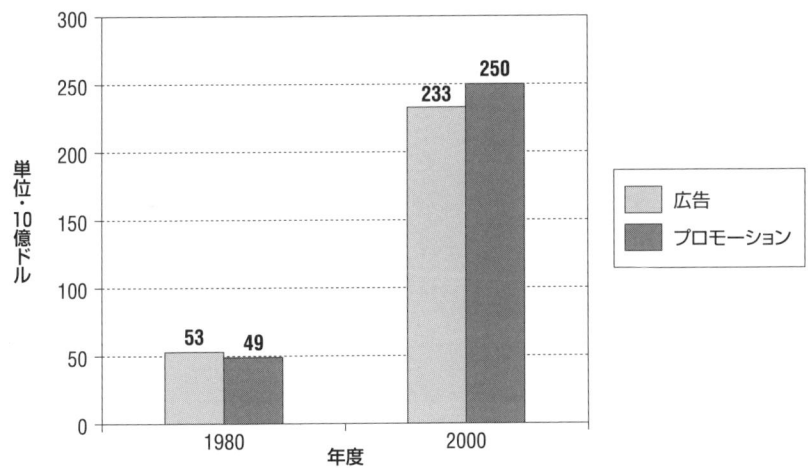

資料：Robert J.Coen, Universal McCann, *Insider's Report*より。Universal McCannの許可によって使用。

　これに代わるコミュニケーション戦略の手法として、セールス・プロモーション、ダイレクト・マーケティング、パブリック・リレーションズ（PR）といった手法が台頭している。いずれの手法も、企業が混沌の度を増しつつある市場で、顧客や見込み客の態度に刺激を与える方法を模索しながら急速に発達したものである。
　従来型のマーケターは、広告ディレクターや総合広告会社などと同様に、「これらの新参者の侵入を食い止めたい」という思いから現状の維持に躍起となった。短期間に売上げを伸ばすだけのインセンティブ（値引きやコンテストなど）は、「BTL（水準以下）（訳注：Below The Lineの略称。「マスメディア以外による広告・プロモーション」を指す）という蔑称を受けるばかりか、製品・サービスの知覚価値を損なう手法とさえ考えられた。伝統的な広告は、長期的ブランド・イメージの形成を目的とする付加価値活動に貢献してきたことから、「ATL（水準以上）」（訳注：Above The Lineの略称。「マスメディアによる広告」を指す）と見なされた。
　それでも、新しい形態のプロモーションは、効果測定が可能で、セールスの上乗せができ、かつ即効性のあるソリューションとして威力を発揮するようになった。特に、基本レベルのビジネスの課題では、その威力が強く見られる。企業も

それにつれて、新しい形態のプロモーションに、従来にも増して多額のマーケティング資金を振り向けていった。図表1-1は、1980年から2000年までの20年間を対象に、広告からセールス・プロモーションへの資金の移動を示している。1990年代末には、この資金移動の流れが非常に激しくなった。[原注5]

従来のマーケティングのルールや手法は、市場環境の急変で試練にさらされた途端に、欠陥を現すことが多くなった。企業も変化を求められたが、それまでの成功経験から、変化に対する抵抗感を強めていた企業も多い。1980年代半ばから後半にかけて統合マーケティングが誕生した背景には、マーケティングの変容とメディアの選択肢の増加によって、市場が急速に進化したことが挙げられる。

3 統合マーケティングへの需要

企業内部のマーケティングや広告の関係者は、統合マーケティングというビジネスモデルが登場しても、すぐに強い関心を示さなかった。彼らのほとんどは、すでに定着している機能別の組織構造によるアプローチに、十分満足していたのだ。統合マーケティングに最初に関心を示したのは、クライアントの外部の企業と、それを顧客にしている広告会社だった。広告会社は、貪欲と言っていいほど、統合化への取り組みを切実に求めていた。

従来の企業では、プロモーション資金の大部分を、新聞、雑誌、屋外広告、ラジオ、とりわけテレビ広告といった伝統的な広告メディアに投じてきた。そして広告会社は、これらのメディアから手数料（コミッション）を受け取ることで収益を上げていた。この傾向は、消費財を扱う業界で特に強かった。

広告会社は、クライアントである企業が「BTL」によるプロモーションに資金を振り向けていることに気づくとすぐに、自社の収入源を維持する手段を模索した。そこには、2通りの手段が考えられた。メディア広告の利用を続けるようにクライアント企業を説得するか、あるいは、マーケティング担当者が傾倒しているセールス・プロモーションやダイレクト・マーケティングなどを自ら提供することで、クライアント企業が投じるプロモーション資金を一気に取り込んでし

まうか、である。広告会社は、いずれかの方法を採ることで、広告業界に出入りする資金の流れを滞らせずに済むと考えた。

　広告会社が最初に試みたのは、クライアントがプロモーションに要するものをすべて提供するワンストップ・ショッピングの立ち上げだった。広告会社は、セールス・プロモーション、ダイレクト・マーケティング、PRの分野に対応する技術を開発したり、そうした技術をすでに獲得している企業を買収したりする手法を早急に模索した。そして、クライアント企業には、このように触れ込んだ。「いまや広告会社がフルパッケージでプロモーション・サービスを提供できる時代です。貴社がBTLに資金を投じるためにさまざまなサービスを探し回る必要は、もうございません」。ヤング・アンド・ルビカムによる「ホールエッグ・アプローチ」や、オグルヴィ・アンド・メイザーの掲げた「オーケストレーション」はいずれも、統合化を実現したと思われる広告業界のビジネスモデルに創造性と競争力を与えるための試みだった。

　統合マーケティングが始まった頃は、順調とは言い難かった。クライアント企業のためのコミュニケーション・プログラムの改善・調整よりも、「広告代理事業の純利益の維持」という願望に端を発していたためだ。最初にその欠陥に気づいたのは、クライアント企業である。マーケティング・プログラムを単一の代理店に一任するのと引き換えに、実績のある専門家たちとの長年にわたる関係をわざわざ失うことは、合理的ではなかった。確かに「統一されたデザイン、統一されたメッセージ」(one sight, one sound) という統合マーケティングのアイデアには、クライアントの経営陣や、統合型広告会社から大きな反響があった。それでも、各部門に責任を負うマネジャーは、あまり関心を持たなかった。現状に手を加えることが大変な手間になると考えたからだ。統合マーケティングの可能性に関する初期の研究によれば、統合マーケティングがビジネスモデルとしての信頼性を獲得するのは、クライアント企業が自主的に推進した場合に限られ、社外の広告会社による場合はその限りでないことが判明したのだ。これは、管理職たちの保守的な体質を克服してでも、数十年の歴史を持つ組織構造を変革することが企業に欠かせないことを示唆した。(原注6)

4　統合マーケティングの推進要因

　ほとんどのマネジャーが予期したものとは異なったものの、実際には、統合マーケティングによって変革は進んだ。変革を推し進めたのは、1980年代半ばに見られた以下の3つの変化だった。

- 事業運営のあらゆる領域において、デジタル技術が発達・普及したこと
- 競争力向上のための差別化を促す重要な手段として、ブランドやブランディングへの注目度が高まったこと
- マーケターが従来の「地理的な壁」を越えて活動するようになるにつれて、多国籍化やグローバルリゼーションに対する企業の関心が高まったこと

　そして今日では、統合マーケティングを推進するもう1つの重要な要素として、顧客価値重視の経営手法が求められるようになった。企業がこの手法を使えば、キャッシュフローの改善や株主価値の増大をもたらせる。それだけに企業には、シックスシグマやバランス・スコアカードといった手法で説明責任を果たすことが、かつてないほどに強く要請されている。こうした説明責任の枠組みや、マーケティング活動で得られた投資収益の測定が、統合マーケティングに対する顧客価値重視の戦略的アプローチを実施する際の基盤になっている。本書では、全体を通じてこのアプローチについて述べていく。

◉──────テクノロジー

　顧客中心の企業になること。つまり、対象となる顧客のニーズの把握と、それに対応する能力を養成すること。マーケティング企業の大半は、この発想をマーケティング・コンセプトの中心に据え、「重要な目標」として絶えず追求してきた。もっとも、マス市場で事業を展開する企業が顧客と密接な関係を築けるようになったのは、1990年代に普及したコンピュータ技術による。企業は、ITによ

るデータの入手・保存・操作といったやりとりが急速に発達・普及したおかげで、自社の製品の属するマス市場の顧客のタイプをようやく正確に把握できるようになった。それどころか、顧客の購買動機を知ることさえ可能になった。こうして企業は、従来通りに自社の製品やサービスを事業活動の基軸とする一方で、顧客の欲求やニーズに焦点をあてる機会を手にしたのである。

　1990年代に急速に台頭したダイレクト・マーケティングは、ITをマーケティングに適用した一例に挙げられる。ダイレクト・マーケティングでは、顧客を特定し、接触し、さらにその顧客が一定の期間で企業にもたらした収益を測定することに焦点をあてている。それはまさに、統合マーケティングを推進する主な要因に数えられた。今日でも、インターネット・マーケターは、ダイレクト・マーケティングと似たような手法でテクノロジー・ツールを活用している。小売、銀行、保険、自動車販売といった規模の大きなマーケティング企業でも、同様の方法でツールや技術を活用している。

● ブランディング

　1950年代以降の市場では、新たな製品や技術、または画期的な製品が絶えず生み出されては、新しい消費者・顧客のグループに購入されてきた。60年代から70年代、80年代、ひいては90年代の初めに至るまで、企業のテーマは「革新と成長」にあった。企業はテレビや電子レンジの時代から、コンピュータやソニーのウォークマンが登場してくるまでの間に、技術の革新を重ねながら市場と対峙してきた。そしてたいていは、新製品をつくり出せば、新たな顧客層と利益を得られたのである。

　ところが技術革新は、1980年代半ばから単純にマーケット・リーダーとなるための手段ではなく、競争優位のためのツールとして捉えられるようになった。また、アジア・太平洋やラテン・アメリカの経済新興国では、技術革新より既存の製品・技術の模倣と改良に資金を集中させるようになった。画期的な技術を模倣することが、技術革新そのものと同じぐらい重要な能力になるまでに、それほどの時間はかからなかったのだ。こうして市場には、まったく新しいタイプのライバルが出現してくるようになった。この種の企業は、次のような方法で台頭して

きた。まず、画期的な製品を見つけ出しては、その製品に改良を加える。次に、改良した製品を労働コストの低い新興国で製造することで、市場での販売価格を引き下げる。こうして目的通りに利益を確保すると、新たな模倣の対象を探しにかかるのだ。

「ジェネリック・ブランド」と呼ばれるコピーブランド製品の勢いは、テクノロジー製品から、ストア・ブランド、プライベート・ブランド商品に至るまで、あらゆるカテゴリを脅かしている。製薬業界を例に取っても、ジェネリック薬品が市場全体に浸透してきている。今後数年における売上成長率でも、先発のブランド医薬品が6％と予想されているのに対して、ジェネリック薬品は2桁の伸びを示すと見られている。(原注7)

また、食料品店へ足を運べば、自社開発のプライベート・ブランドが飛躍的に伸びていることが一目で分かる。アメリカのプライベート・ブランド工業会による最近の調査では、アメリカ国内の世帯において主に買い物をしている人のうち、4割が定期的または頻繁にストア・ブランドを購入しているという。薬局でも、購買客全体のうち、3分の1で同様の行動が見られる。そのほかの調査でも、プライベート・ブランドの売上高は、スーパーマーケット、薬局、および大規模小売店の総売上高を大幅に上回っていることが示されている。ちなみに、1998年から2002年の間に、プライベート・ブランドの売上高は415億ドルから515億ドルに増加した。この増加額を上昇率に換算すれば、24.3％を記録したことになる。(原注8)

市場では依然として、コピー商品をつくる企業に参入の余地を残したままになっている。こうした企業が成功した背景には、テクノロジーの発達とコストの低下が挙げられる。しかしながら、多くの企業が競合する価格主導型の市場が成長する一方で、ブランドという新しい競争形態が現れてきた。もちろん、ブランド自体は、すでに何世紀も前から存在していた。もっとも、従来のブランドの主な目的は、製品やサービスを識別することにあった。企業はブランドを、マーケティングやマネジメントの強力なツールとして認識していなかったのだ。しかし、その状況も、すぐに一変した。

「資産」としてのブランドの価値を認識したのは、マーケティングを行っている企業が初めてではない。1980年代の半ばには、投資会社が、「ブランドは、ロイヤル顧客をつくる基盤であるために、将来の収入フローを生み出していく」と認

識していた。こうした状況から、その時点での収入フローより、優良ブランドが将来にもたらすであろう価値を重視する企業が多くなった。さらに企業では、ブランドのついた製品やサービスを製造するため有形資産よりも、ブランドがもたらす将来の収益に大きな意味を見出すようになってきた。その結果として、マーケティング活動の焦点は、「企業が開発・実施したことを伝達する作業」から「企業の将来価値を増す可能性を秘めたブランドの創造」へと移ったのである。企業の乗っ取り屋は、ブランドによる将来もたらしてくれる収入フローの支配を狙いながら、有形資産よりも無形資産をめぐって激烈な競争を展開するようになった。RJRナビスコ、ランク・ホービス、ロントリーなどの事例は、こうした変化の初期段階での状況をよく表している。(原注9)

◉──────グローバリゼーション

　統合マーケティングの台頭を促した第3の要因は、市場の急速なグローバル化である。確かに従来でも、ネッスル、ユニリーバ、コカ・コーラなどのように、自国を飛び出して国外へのマーケティングを長年にわたって推し進めてきた企業は実在した。しかし、従来の企業を基準に置けば、この種の企業はあくまでも例外だった。ブランドがとめどなく国境を越えるようになったのは、EU、ASEAN、MERCOSUR（南米南部共同市場）といった新しい貿易ブロックの出現や、東ヨーロッパ諸国の改革といった要因による。また企業は、買収や合併によって、事業の規模を広げ始めた。さらに、電子通信システムの発達は、1日24時間どころか世界各国をリアルタイムで結ぶようなオペレーション体制を可能にした。国境がこのように消滅するなかで、新たな市場やビジネスチャンスを絶えず探求する多国籍企業も成長した。そして21世紀初頭には、従来の市場に完全に取って代わるかたちで、グローバル市場が出現したのである。

　企業はグローバル化の進展によって、コミュニケーション戦略の変革を求められるようになった。市場・文化ごとのニーズに対応する能力を維持しながら、統一性と一貫性を備えたブランド統合化戦略を構築することが不可欠となったのである。

テクノロジー、ブランディング、グローバリゼーションという3つの要因が1990年代に収斂したことで、企業はマーケティングも含む多様な事業戦略を統合する方向へ向かった。こうした統合化は、ブランドをすべての中心と捉えて、マーケティング活動を連携・調整することを指す。そのことは、多くの企業で価値を認められたばかりか、必須なものとされた。

　当時の大手広告会社とその持株会社は、事業戦略を統合する動きに対して、いち早く難色を示した。皮肉にも、かつて統合化の必要性を説いていた企業が、それに抵抗するようになったのだ。その理由は、マーケティング・コミュニケーションのリーダーシップをだれがとるかにあった。マーケティング・コミュニケーションをコントロールする主体は、統合化が進むにつれて、クライアント企業から広告会社に代わる。これだけの変化によって、広告会社には、不可能も同然と思われる任務と責任がのしかかることになった。つまり、広告、ダイレクト・マーケティング、PRを、ワンストップ・ショッピングを通じて、クライアント企業にパッケージ・サービスとして確実に提供するという任務を担わされるのだ。それぞれの企業がマーケティング・コミュニケーションの統合化に乗り出すのと同時に、かつて統合マーケティングを推進していた広告会社は、統合マーケティングを「脅威の対象」と見るようになったのである。

5　新たなる挑戦

　統合マーケティングは、1990年代が終わる頃に、「合理的なマーケティング・アプローチ」として認められるようになっていた。この頃には、新たなビジネス環境のもとで要求される機動的な組織構造に向けて進化を遂げた企業が多かった。従来の縦割り型の組織構造を堅持することに賛成するのは、変化を頑なに拒む人々しかいなかった。世界をまたにかけて活動するクロスファンクショナル・チームが、部門ごとに区分けされた従来の組織構に取って代わった。その目的は、統合マーケティングをはじめとする新しいマーケティング・コミュニケーション・モデルに移行することにあった。

統合マーケティングが注目された要因として、インターネット技術および電子商取引の爆発的な普及も挙げられる。電子通信によるコミュニケーションの急速な出現で、買い手と売り手のリアルタイムな交流が可能になったことから、統合化の必要性が急に浮上したのだ。統合マーケティングは当初、外向きのコミュニケーションの連携・調整を目的に置いていた。しかしここにきて、企業と顧客の間の外向きと内向きのすべてのコミュニケーションの統合化の手段としても一気に用いられるようになった。確かに、「顧客との間の有意義で継続的なタッチポイントを創造する」という目的に変わりはない。ただし、その重心は、「一方通行の外向きコミュニケーション」から「企業と顧客による双方向コミュニケーション・チャネルの創出」へ移ることになった。

　こうして統合マーケティングは、守備範囲を拡大した。コミュニケーションのみを対象とするアプローチから、本格的な事業戦略へ脱皮したのである。かつて盛んにもてはやされていたCRMも含めて他のビジネスモデルと一線を画すのは、「顧客の欲求やニーズ」という単一の要素に基づいて、企業のあらゆる部門を統合するところにある。そして、顧客の欲求やニーズを満たせば、ビジネスで重要な株主価値の創出という目標の達成につながる。本書の目的も、まさにここにある。その狙いは、統合マーケティングを実施する企業が、単にコミュニケーションを調整する手段として見ることではない。むしろ、双方向の有意義なコミュニケーションをもとに構成される中核的な事業戦略として評価することを目指している。

6　第2章への論点

　筆者は1990年代の初頭に、スタンレー・タネンバウムやボブ・ローターボーンとともに *Integrated Marketing Communication: Putting It Together and Making It Work* を著すことで、統合マーケティングに大きな影響を及ぼすことになった。筆者はこの本を執筆する際に、その目的を、非常に明快かつ単純なものに設定した。ばらばらで雑然とした外向きコミュニケーション戦術を、単一で

一体感のあるそれに変えるよう企業を促し、その結果として顧客や潜在顧客のベネフィットを向上させるということである。筆者は、この著書が企業に一定のメリットをもたらしたと考えている。

しかし、そこで焦点をあてたのは、売り手が買い手の行動、思考、感情に影響を与えるために用いるコミュニケーションや説得手法ばかりだった。ちなみに、その本で取り上げたアプローチでは、主な狙いをマス市場に定めていた。マス市場でのコミュニケーションでは、顧客より「企業」が重視される。また、その本では新しいテクノロジーの適用の仕方も、今日の水準に照らし合わせれば未熟だった。しかし、こうした限界があってもなお、統合マーケティングは生き残った。それをお手本に、少なくとも同じ枠組みで誕生したビジネスモデルも複数実在する。そのなかには、ペパーズとロジャーズによる「ワン・トゥ・ワン」マーケティングやマス・カスタマイズ（受注生産）・アプローチをはじめ、アクシオム、ハートハンクス、EDSといった企業による最新のデータマイニング技術やシーベル、SAP、エピファニーらによるCRMの動き等が含まれる。(原注10)

統合マーケティングはよくも悪くも、「基本レベルのビジネス・ツール」としては企業に受けいれられた。これを実践に移した企業の例を挙げれば、ダウ・ケミカル、シグナ保険、クラフト、フェデックス、IBM、デル、ハイアット・インターナショナルなどがある。

ところで、こうした一連の動きは、今日のビジネス環境にいる我々をどこへ導くのだろうか。また、統合マーケティングにはどのような将来価値が認められるのか。外向きのマーケティング・コミュニケーション・プログラムを連携・調整する技術を習得すれば、事足りるのだろうか。そうでないことは、本書をお読みのみなさんがお察しの通りである。

だれもが想像できなかったほど市場が混迷を深めていく状況では、企業のあらゆる部門を統合したマーケティング・コミュニケーション・システムの価値が高まってくる。今後は、こうしたシステムの有無が企業の成長・繁栄と破綻の分かれ目になることが増えるだろう。次のような企業は、今後生き残れないからだ。まず、コミュニケーションの手法を習得できない企業。次に、コミュニケーションによって顧客に影響を与えたり、顧客をつなぎ止めたりできない企業。さらには、ブランドやブランド・リレーションシップを競争優位の確立・維持に生かせ

ない企業。そして、長期にわたってブランド・ロイヤルティを構築するコミュニケーション手法を習得できない企業である。

　以後の章では、企業の将来に向けて、統合マーケティングがきわめて戦略的で重要な役割を果たしていくことを解説する。第2章では、統合マーケティングの成果を実証する。さらに、ベンチマーキングでベスト・プラクティスと評価された企業に特に注目しながら、その進化を詳しく見ていく。続く章では、ここで述べる知識や経験を活用して、統合マーケティングが将来、企業においてどのように活用されるかについて掘り下げる。企業がうまく統合を進めるには、組織構造、経営課題、職場慣行、賃金体系などでの大幅な変革を要する。また、投資の規模や成果の測定などのように、財務に対するマーケティングのアプローチを改めることも欠かせない。

　統合マーケティングが静的（スタティック）なビジネスモデルとはかけ離れていることを、これまでの内容から思い起こしていただきたい。それは動的（ダイナミック）なプロセスである。だからこそ、急激な変化を続けるビジネス環境で競争しようとする企業では、重要な役割を果たすのだ。

第2章 マーケティングを統合する効果

　1980年代末に、改革志向の広告会社とそのクライアント企業が、統合マーケティングを実践に移し始めたが、その効果は未知数だった。当時はまだ、その有効性をはっきりと証明したものが、何ひとつなかったのだ。統合マーケティングやその有効な実施方法に関する研究が本格的に始まるのは、1990年代初頭から^(原注1)である。それ以降統合マーケティングは、研究者やマーケティングの専門家向けの調査や論文で、必ずと言っていいほど取り上げられてきた^(原注2)。その結果として、今日では、きわめて多くのことが明らかになっている。さらに、過去に実施した調査も、統合マーケティングというビジネスモデルでまだ完全に理解されていない側面を知るためのロードマップの役割を果たしてくれている。

　将来の展望を明らかにするには、まずすでに知られていることについて学んでおくことが必要だ。本章では、このことを念頭に置いたうえで、統合マーケティングの進展を以下の観点から検討していく。まず、ベンチマーキング調査の結果を検討しながら、我々が提案する導入ステップを見る。それは統合マーケティングの戦略的プログラムの開発において基盤になる部分で、ほとんどのタイプの企業に有効なものである。次に、広告会社やマーケティング関連の企業に対して実施された世界規模の調査を通じて、世界の五大英語圏における統合マーケティングの実施状況を検証する。

1 統合マーケティングのベンチマーキング調査

アメリカ生産性品質センター（APQC）は1997年に、ベスト・プラクティス企業に対する統合マーケティングのベンチマーキング調査を、世界で初めて体系的に実施した。(原注3)アメリカに本拠を置く非営利組織のAPQCは、さまざまな業種のビジネス・プロセスを対象に、調査を実施した。この調査では、統合マーケティングを実践し成功を収めているベスト・プラクティス企業と考えられる企業を探し出した。次に、調査を支援したスポンサー企業を「比較対象企業」とし、両者の比較を包括的なデータ分析と集中的な事業所訪問によって行った。そうした比較から、それぞれの企業の活動の範囲の特定と分析を行った。

ちなみに、ベスト・プラクティス企業として調査に協力した企業は、アトーニーズ・タイトル保険基金、シグナ保険、ダウ・ケミカル、フェデックス、フィデリティ・インベストメント、ヒューレット・パッカード、ジョン・ヌビーン・アンド・カンパニー、USAAである。

また、比較対象企業は、アーサーアンダーセン、バプテスト・サンデー・スクール・ボード、バイエルAG、アーネスト・アンド・ヤング、GEキャピタル、GTEサービス、カイザーパーマネント、ミューチュアル・オブ・オマハ、ネイションワイド保険、プルデンシャル保険、パブリックサービス・エレクトリック・アンド・ガス、テキサス・インスツルメンツ（TI）、テキサス・ユーティリティーズ、ミューチュアル・グループである。

なお、この調査は、作為的に抽出された少数の回答者によって成り立っている。そのため、調査の成果は、定量データに統計的分析を加えたものではなく、定性的調査をもとに導き出したものである。

2 統合マーケティング発展の4つの段階

　APQCが調査を実施した時点では、統合マーケティングは登場したばかりの研究分野であった。当時はまだ、統合マーケティングという言葉に一般的な定義がなかった。そこでAPQCでは、調査対象企業に共通の判断基準を提供する目的で、調査を始める際に以下のような定義を設けた。なお、この定義は、実際に調査のあらゆるところで用いられた。

　　統合マーケティングとは、計画・開発・実施・評価からなる戦略的なビジネス・プロセスである。このプロセスは、消費者、顧客、見込み客および企業内外の利害関係者（従業員、関係企業等）に対する、長期にわたる、体系的で、計測可能で、説得力のあるブランド・コミュニケーションにおいて活用される。[原注4]

　さらに調査当時は、統合マーケティングのフレームワークが存在しないばかりか、市場で実践された事例もあいまいなものしかなかった。そのために各ベスト・プラクティス企業が個別に実施した内容を共通の尺度で評価するための立脚点を、調査チームが事前につくっておくことが求められた。調査チームは、無数のマーケティングおよびコミュニケーション活動を理解するための基本的なモデルを作成した。**図表2-1**に示されているのがそれである。このモデルでは、企業が統合マーケティングを開発・実施する際に、いくつかの段階を経る場合が多いことを示唆している。またその進み方は、個々の企業固有のニーズや能力によって異なる。

　一般的にこのモデルでは、統合マーケティングの発展をおおよそ4つの段階に分けている。最初の段階は、顧客や顧客行動の理解が進むのに促されて、戦術的かつ実践的な統合を行う段階だ。次に企業は統合マーケティングの経験を積むことで、より広範囲に自社の活動領域全体を視野に入れるようになり、より戦略的な視点で取り組むようになる。

　調査チームは、ベンチマーキングによってベスト・プラクティス企業と評価さ

図表2-1●統合マーケティングの4つの発展段階

第4段階：財務・戦略面での統合

前の段階までに得られたスキルとデータの活用に重点を置きながら、顧客情報優先の企業戦略の立案を推進する。財務情報のインフラを再構築することで、「クローズド・ループ・プランニング」を進めるシステムを構築する。そして、このプランニングを通じて、顧客に対する投資収益を測定する。

第3段階：情報技術の適用

ITを駆使しながら、市場で得られた顧客データを活用する。そして、内向き・外向きの双方を統合したマーケティング・プログラムが一定の期間に主要な顧客層へ与えた影響を特定・評価・監視するための基盤を確立する。多様な顧客データ・ソースの統合化によって、顧客やブランド・リレーションシップに対して、現在より充実した展望を持てるようになる。

第2段階：マーケティングの対象範囲の見直し

マーケティングを継続した一貫性ある業務として認識する。そして、あらゆるタッチポイントごとの顧客を検討したうえで、その成果をそれぞれの課題に取り込むなかでコミュニケーション活動の範囲が拡大する。そこには、従業員や納入業者などのビジネス・パートナーに対する内向きのマーケティングはもとより、内向きのマーケティングと既存の外向きのマーケティング・プログラムを統合する作業も含まれるようになる。

第1段階：戦術的コミュニケーション活動の調整

ここで着目するのは、多角的な外向きのマーケティングの一貫性をより高めていくことに加えて、部門間で生じるシナジーのある戦術的な統合である。この段階では、コミュニケーション全般にわたる計画の立案と実践に重点を置きながら、マーケティングによる「統一されたデザイン、統一されたメッセージ（one sight, one sound）」の提供を目指す。

資料：「Integrated Marketing Communication: Best Practices Report」アメリカ生産性品質センター（APQC）(Houston: APQC,1998)より。APQCの許可によって使用。

れた企業を対象に、本モデルがどのように機能しているかを観察した。統合マーケティング発展の初期段階では、ほとんどの企業が、「どう実施するか」「いつ実施するか」といった戦術上の課題に沿って取り組んでいた。そのような企業も、統合マーケティングの計画が整備されるにつれて、徐々に「内外の事業活動を連携させる」という課題へ移っていく。その際、顧客データの利用は、統合を加速させるうえで最も重要である。最後に企業は、資源配分、組織的な連携、財務の統合化と説明責任といった戦略上の課題に対して、統合マーケティングの原則を適用していく。

このベスト・プラクティス企業への調査では、統合マーケティングの実施についてそれまで知られていなかった情報がかなり多く得られた。以下では、こうした貴重な調査結果の概要を記述する。その内容は、現在はもとより、将来のビジネス環境にも適用できるものだ。ここでは理解を容易にするために、図表2–1の構成に沿いながら、企業による統合マーケティング発展での重要事項を段階ごとに明らかにする。多くの事例において、ベスト・プラクティス企業と比較対象企業を比べることによって、我々が統合マーケティング発展のレベルの違いを明示していることに留意していただきたい。

第1段階：戦術的コミュニケーション活動の調整

ほとんどの企業にとっては、この段階が統合マーケティングへ取り組むための第一歩となる。一般に、企業が統合マーケティングを推進する狙いは、社内連携の改善や一貫性の実現だけにとどまらない。多様な戦術と外向きのコミュニケーションの組み合わせによって、相乗効果を発揮させることも挙げられる。この段階で統合マーケティングを活用する主な狙いは、外向きのコミュニケーションに取り組むなかで、企業が「統一されたデザイン、統一されたメッセージ (one sight, one sound)」を実現することにある。その目標は、①市場に届けるメッセージを現在よりうまく統合する、②それぞれのコミュニケーションの領域と手法の強みを生かしつつ、単純な部分の合計以上に効果を高め、メッセージの効果も最適化する、ことである。

図表2-2●統合化の促進に適用される実践手法

	ベスト・プラクティス企業(8社)	比較対象企業(15社)
コミュニケーション施策のトーン、外観、パーソナリティを規定するための基本計画や実施方法、遂行手順を明記した内部向けマニュアルの配布	88%	80%
コミュニケーション施策に対する統制・承認と反応レポートの徹底した集中体制の整備	63%	53%
部門横断的なスタッフ・ミーティングの定期的な実施によってマーケティング専門部署の取り組みを調整する	100%	73%
販売、調査、顧客サービス、生産といった部門横断的なミーティングを定期的に実施することで、関係部門の取り組みを調整	75%	40%
文書によるコミュニケーション	88%	93%
部門横断的なミーティングに、社外の関係企業を参加させる	88%	40%

資料:「Integrated Marketing Communication: Best Practices Report」アメリカ生産性品質センター(APQC) (Houston: APQC, 1998)より。APQCの許可によって使用。

ポイント1:統合化を実現するには、社員や部門同士の活発なコミュニケーションが必要だ。社内はもとより、他の部門や社外のサプライヤーとの間でも、このことに変わりはない。かたちばかりの方針や手順だけでは、統合化を果たせない。

図表2-2には、比較対象企業とベスト・プラクティス企業が統合化の実現に向けて採用したさまざまな技法・技術が示してある。ここに登場する企業はいずれも、一貫性のある統合化コミュニケーションの実現を目的とする基本計画、マニュアル、および手順に関するガイドラインを、事実上何らかの形態で文書にしながら利用している。こうしたツールを整備しても、統合化の成功が保証されるわけではない。それでもベスト・プラクティス企業は、上記のツールを「当然確立しなければならないもの」と認識している。もっとも、この種の企業がツールにもまして大きな力を注いでいるのは、ミーティングをはじめとする直接的な対人コミュニケーションである。これは、統合マーケティングを推進するうえで欠かせない。また、ミーティングを従来よりも効果的に活用することで、調査、営業、

カスタマー・サービスといった部門とのコミュニケーションの活性化に努めている。さらに、広告会社などのマーケティング・サービス会社にも、このように部門の壁を越えた企画会議への参加を呼びかけている。こうした積極性も、ベスト・プラクティス企業の特徴である。

ポイント2：企業は、広告会社などのサプライヤーを頼らずに、自らの手で統合化のプロセスを実施している。

　ベスト・プラクティス企業も比較対象企業も、マーケティング活動の統合化が企業自身が取り組まなければならない課題であることを痛感していた。APQCの調査によれば、「マーケティング・プログラムの統合化に向けた取り組みを監督・調整する責任は広告会社にある」と答えたベスト・プラクティス企業は、全体の25％に過ぎなかったという。ほとんどの企業は、マーケティング部門の機能を自社で担うことによって、統合化のプロセスを管理している。その一方で、さまざまな広告会社や、PR、ダイレクト・マーケティングに関する会社、メディアの専門会社などとの共同作業も調整している。なお、この結果は、他のいくつかの調査報告でも立証されている（その内容は本章で後述）。

◉ 第2段階：マーケティングの対象範囲の見直し

　統合マーケティングを開発する企業がこの段階に入れば、単純な戦術調整から、以下の3つの方法によってさらに広い範囲のマーケティング活動の統合化へと進んでいく。

1. コミュニケーションの取り組みだけに目を向けてはいけない。顧客とのタッチポイントを通じて企業にもたらされるすべての情報も視野に入れていくようにする。
2. 顧客や見込み客に対する理解を、従来よりも広く確実にすることを試みる。顧客の感想や意見だけではなく、顧客の行動やその動機についての理解を深めるようにする。

3．顧客と触れ合うタッチポイントでは、クロスファンクショナルな連携から生まれたコミュニケーションの機会の特定や理解と、その創出に努める。

ポイント3：企業は顧客に関する幅広い情報を獲得するため、アンケート調査で得た一次、二次データや、実際の顧客の行動データを活用する。そしてこの情報を、コミュニケーション活動の立案、開発、評価に活用する。

ベスト・プラクティス企業も比較対象企業も、顧客や見込み客についての豊富なデータを入手・活用している。APQCの調査でも、事実上すべての企業が、「市場調査で得られたデータを収集・活用する」と答えている。顧客満足度、主な顧客の態度や知覚に関する調査によって得られたデータのほかに、地理・人口特性のデータやコミュニケーションの実施前・実施後の比較調査などのデータも活用しているのだ。さらに、ベスト・プラクティス企業は比較対象企業に比べて、事業活動から得られたデータを幅広く活用する傾向を示していた。ベスト・プラクティス企業が扱うデータには、これまで述べたデータのほか、取引、顧客サービス、売上高に関するデータが含まれる。

企業による統合化のプロセスを見るには、データの収集・活用と同じくらい重要なことがもう１つあって、それはおそらく、企業がコミュニケーション・プログラムを立案する際に、さまざまな種類のデータの有効性をどのように評価するかである。図表2−3を見れば、ベスト・プラクティス企業と比較対象企業で、利用可能なデータに対する見解に違いがあることが分かる。

ポイント4：ベスト・プラクティス企業は、顧客情報を集めるために、さまざまなフィードバックの経路を持つようにしている。顧客からのフィードバックを活用しながら、そこで得られた情報を企業全体に浸透させるのだ。

ベスト・プラクティス企業と比較対象企業の大きな相違点は、フィードバック経路に関する調査で明らかだ。特に違いが見られるのは、顧客や見込み客の情報を社内で共有するにあたって、どの範囲までそれを行うか、また、どういうメンバーで行うか、といった点においてである。ベスト・プラクティス企業は比較対

図表2-3●統合マーケティングで有効と見なされているデータ・ソース

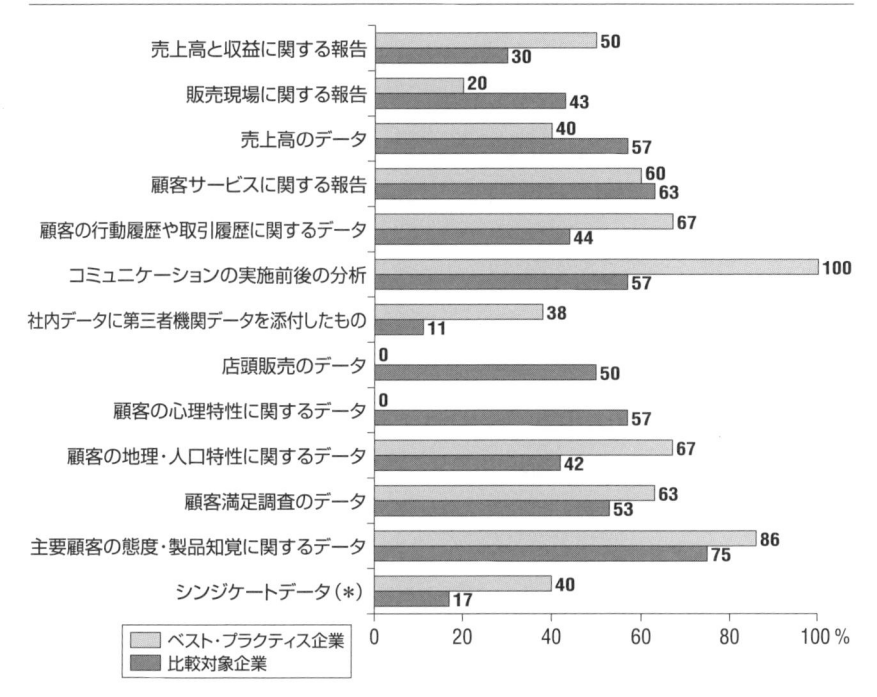

データ・ソース	ベスト・プラクティス企業 (%)	比較対象企業 (%)
売上高と収益に関する報告	50	30
販売現場に関する報告	20	43
売上高のデータ	40	57
顧客サービスに関する報告	60	63
顧客の行動履歴や取引履歴に関するデータ	67	44
コミュニケーションの実施前後の分析	100	57
社内データに第三者機関データを添付したもの	38	11
店頭販売のデータ	0	50
顧客の心理特性に関するデータ	0	57
顧客の地理・人口特性に関するデータ	67	42
顧客満足調査のデータ	63	53
主要顧客の態度・製品知覚に関するデータ	86	75
シンジケートデータ(*)	40	17

資料:「Integrated Marketing Communication: Best Practices Report」アメリカ生産性品質センター(APQC) (Houston: APQC, 1998)より。APQCの許可によって使用。
*訳注:「シンジケートデータ」は広告・マーケティング用語で、商品の消費・購買傾向に関するパネル調査の結果の総称。

象企業に比べて、顧客によるフィードバック・データをはるかに幅広く活用しているうえに、部門を越えて共有される情報も多い。ここで見逃せないのは、ベスト・プラクティス企業では比較対象企業に比べて、以下のような項目に「あてはまる」と回答する割合が高いことだ。

1. 市場調査で得られたデータを従業員の間に広く浸透させることで、顧客の行動・態度に対する理解が深まるようにしている
2. 販売活動や顧客サービスからのフィードバックを通じて、顧客の関心事・ニーズ・欲求に関する情報を定期的に入手・活用することで、顧客の関心

事にかなうメッセージの発信に努めている
3．フリーダイヤル、クーポン、インターネットといった双方向メディアを利用することで、顧客からのフィードバックを促す

ポイント5：統合化を進めるうえで最も難しい課題は、社内での統合化の実践やプロセスを、外向きのコミュニケーションと連携させる取り組みである。

統合マーケティング発展の第2段階になると、企業はマーケティングの対象範囲を広げるとともに、顧客に対して行われる外向きのコミュニケーション以外の部分にも目を向けるようになる。もちろん、顧客や見込み客と対話を続けることは必要だ。しかしこの段階では、「マーケティング部門以外の従業員も同様に顧客との対話を支えている」という認識が高まる。こうした従業員の活動を支援するには、社内の実践や方針を調整しながら、外向きのコミュニケーション・チャネルによって顧客に発信されている情報と従業員の認識とが、矛盾しないようにすることが欠かせない。

ところが、ベスト・プラクティス企業でさえ社内調整を図り、企業のマーケティング活動の狙いを従業員に十分理解させるのは難しい。APQCによる調査でも、協力した企業の間で幅広く一致したのは、「統合化では社内の調整が最も難しい」という見解だった。さらに調査では、マーケティングの対象を社内にも広げられた企業が少ないことも分かっている。その証拠に、「顧客と定期的にコンタクトを取らない従業員を含めたあらゆる従業員が、自社のマーケティングの意図と、顧客ニーズを満たす際の自分の役割について理解している」という項目に「あてはまる」と答えた企業は、全体のわずか4分の1に過ぎなかった。

この調査を実施した当時の企業が「重要な課題」として認識しつつあったのは、内部マーケティングや統合化をめぐる社内の実践プロセスを、外向きのコミュニケーションに合わせて調整していくことだった。現に、シグナ保険、フェデックス、ヒューレット・パッカードといったいくつかの企業は、当時からすでにこの課題に取り組もうとしていた。振り返ってみると、いま述べた企業こそ、世界で初めてこの課題に本腰を入れて取り組んだのだ。この課題は、以降の統合マーケティングでも重要になっていく。

第3段階：情報技術の適用

　統合マーケティング発展の第3段階では、情報技術（IT）の持つ能力や可能性を生かしながら、マーケティングの統合を超えて業務の統合化をいっそう進めていく。ITの活用方法には、以下の3つがあると思われる。

1．1つまたは複数のデータベースを利用しながら、顧客や見込み客に関する情報を入手・保存・管理する。そこで特に重視されるのは、顧客が企業にもたらす経済的価値に関する情報である。
2．最新技術の利用によって、顧客や見込み客といったターゲットへの情報伝達の方法やタイミングを改善する。
3．eコミュニケーションの活用によって、顧客に向けた情報と顧客に関する情報の社内共有を促すことで、企業を通して発信させるマーケティングの状況をさまざまな事業部門で常に把握させる。

　ポイント6：それぞれの業界のリーディング・カンパニーであるベスト・プラクティス企業は、比較対象企業に比べて、自社で保有するデータ・ソースが多い。また、マーケティングの立案を担当する従業員が許されているデータへのアクセス権も大きい。

　先に述べたように、調査に協力した企業はたいてい、大量の顧客情報を獲得・維持している。しかし、そのデータをマーケティングに活用できるようにしている事例は少ない。もっとも、ベスト・プラクティス企業は比較対象企業に比べて、多くのデータへ随時アクセスできるようになっている。

　ポイント7：ベスト・プラクティス企業は、ターゲティングとセグメンテーションを行う場合、財務志向のアプローチを行う傾向が強い。

　企業が第3段階でデータを活用する目的は、顧客に関する経済性および行動的

図表2-4● 統合マーケティングにおける顧客データの活用方法

項目	ベスト・プラクティス企業（8社）	比較対象企業（15社）
コミュニケーションやメッセージの伝達において顧客データを定期的に活用している	88%	67%
販売金額が最も高額で最も良質な顧客を識別したり、その顧客とのリレーション構築を優先するためのプログラムを作成している	71%	20%
顧客が企業に対して長期にもたらす収益性を予測できる	50%	33%
新規顧客の開拓や既存顧客の維持にかかるコストを把握したうえで、そのデータをマーケティング予算の算出に活用している	29%	13%

資料：「Integrated Marketing Communication: Best Practices Report」アメリカ生産性品質センター（APQC）(Houston: APQC, 1998)より。APQCの許可によって使用。

知見を深めることにある。APQCの調査では、ベスト・プラクティス企業は、顧客行動のデータに基づいた統計手法を活用する傾向が強いとされる。そこには、プロファイリング、スコアリング（顧客行動分析モデル）、顧客維持率の算出、十分位数／五分位数分析、顧客生涯価値の測定といった、企業と顧客をめぐる経済的な関係の理解に役立つ手法が含まれる。特に、フェデックス、フィデリティ・インベストメント、ダウ・ケミカルといった企業は、データ分析の技法に非常に精通しており、アナリスト、統計学の専門家、リサーチャーといったプロフェッショナルを整備することで、顧客の経済性に対する理解を深めるプロセスの改善に努めている。

しかし、顧客や見込み客に関する広範囲のデータを獲得するだけでは、統合は実現しない。また、顧客を深く理解できるとも限らない。**図表2-4**では、調査の時点で企業が実施していた顧客データの分析状況を示した。そこで明らかになったのは、ベスト・プラクティス企業では豊富なデータを利用できるだけにとどまらず、データに対する理解を深めるための分析手段も幅広く活用していることだ。もっともその時点では、新規顧客の開拓や既存顧客の維持にかかるコストの

算出を体系的に実施していた企業は、ほとんどなかった。これは、ベスト・プラクティス企業にも改善の余地が大きく残されていたことを示唆している。

第4段階：財務・戦略面での統合

　企業に最高レベルの統合化への道が開かれるのは、第1段階から第3段階で開発した資産やスキルをうまく活用できるようになってからである。経営者は、統合化をめぐる基本的な課題に正面から取り組むことで、全社を挙げて統合化に対する理解を浸透できる。ここで主に焦点があてられるのは、マーケティングの投資効率（マーケティングROI）のような、企業戦略にとって重要な課題である。端的に言えば、第4段階での統合マーケティングは、もはやマーケティング部門の課題ではなく、むしろ、経営陣が対処すべき課題として捉えられるのだ。それでも、マーケティング部門のマネジャーたちには当然ながら、自分の任務や限りある企業資源の投資方法に対する戦略的視点をさらに養うことが求められる。第4段階ではもっぱら、以下の2つの課題が挙げられる。

1．マーケティング活動の効果を測定するための、システムやプロセスを改善する必要性について
2．全社レベルでの戦略目標を達成するための、統合マーケティングのツールや原理を活用する必要性について

　我々の分析によれば、調査の時点で統合マーケティングの最先端を走っていたのは、第4段階に到達した企業だった。その一方で明らかになったのは、一歩進んだ顧客価値重視の統合マーケティングの開発で生じる戦略的な課題をすべて適切に解消できている企業が少ないことだった。

　ポイント8：マーケティング部門の役割に対する認識は、ベスト・プラクティス企業と比較対象企業で大きく異なる。ベスト・プラクティス企業は、マーケティング部門が純利益に対する責任を負う。また、戦略の立案や新製品の導入の際に、マーケティング部門が重要な役割を果たしていることが多い。

APQCの調査によれば、マーケティング部門が純利益に対する責任を負うのは、ベスト・プラクティス企業全体の3分の1にのぼるという。これに対して、比較対象企業では、その割合が2割に落ちる。ベスト・プラクティス企業とされた数社の企業では、顧客データの活用能力とマーケティングの効果を測定する関連技術の開発が、マーケティング部門の存在感を強化して企業戦略の立案に対する積極的な関与を促したことを認識している。フィデリティ・インベストメントのマーケティング担当執行役員は、「顧客データの活用と統合マーケティングの採用によって、マーケティング部門が従来よりも深く新製品のプランニング・プロセスに関わるようになった」と述べている。

　ただし、少なくとも調査時点でのベスト・プラクティス企業で、本腰を入れて統合化の第4段階を全社で実施していた企業は少なかった。APQCの調査でも、統合マーケティングを財務・戦略とどのように関連づけているかという一連の質問への回答から、いまなおマーケティングの役割に関して従来の考え方にとらわれている企業が多いことが明らかになった。図表2-5で示したように、この傾向はベスト・プラクティス企業でも比較対象企業でも変わらない。結局のところ、複数の企業で「マーケティングは企業戦略の立案に欠かせない」と感じていながら、その役割を拡大できている企業はほとんどいなかったのだ。

　ポイント9：ほとんどの企業では、豊富なツールを利用しながら、マーケティング活動の効果を測定している。しかし、財務的価値への貢献を評価に盛り込んでいる企業は、ほとんどない。

　APQCの調査で、マーケティングの投資効率の測定に最も有効なツールや技法について質問したところ、共通して用いられているものはないことが判明した。この回答は我々の予想した通りだが、調査に協力した企業が挙げた測定手法は10種類にのぼる。それも、顧客反応の分析、顧客の獲得率や維持率の測定、長期での財務的価値への貢献と顧客獲得コストの評価といったように、多岐にわたっている。調査に参加した企業の過半数が利用していた手法は、わずか4種類に過ぎない。すなわち、顧客反応の分析、短期の財務効果の測定、コミュニケーションの実施前後における効果の測定、およびコミュニケーションの成果や効率性の測

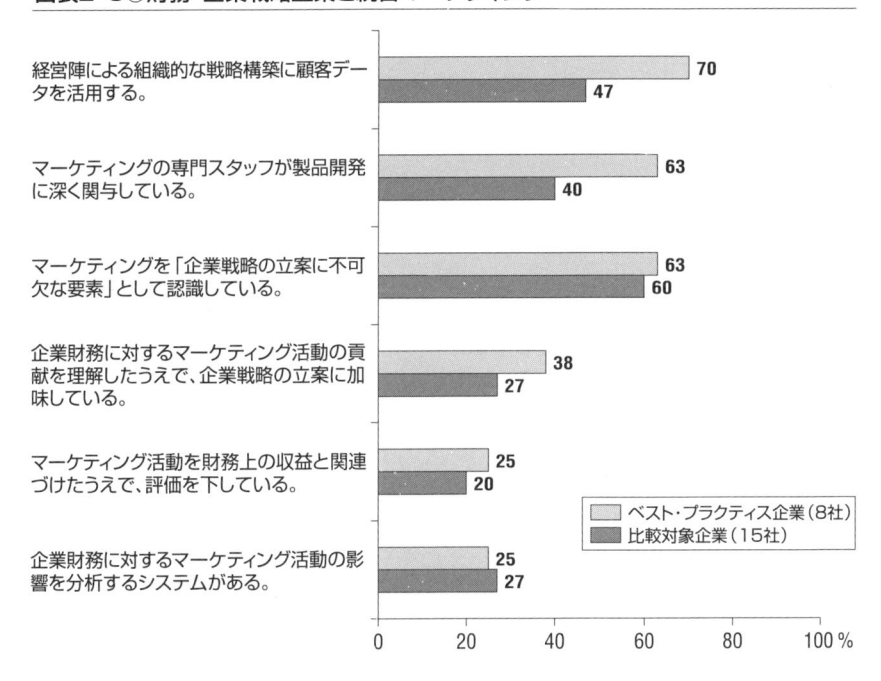

図表2-5 ● 財務・企業戦略立案と統合マーケティング

項目	ベスト・プラクティス企業(8社)	比較対象企業(15社)
経営陣による組織的な戦略構築に顧客データを活用する。	70	47
マーケティングの専門スタッフが製品開発に深く関与している。	63	40
マーケティングを「企業戦略の立案に不可欠な要素」として認識している。	63	60
企業財務に対するマーケティング活動の貢献を理解したうえで、企業戦略の立案に加味している。	38	27
マーケティング活動を財務上の収益と関連づけたうえで、評価を下している。	25	20
企業財務に対するマーケティング活動の影響を分析するシステムがある。	25	27

資料:「Integrated Marketing Communication: Best Practices Report」アメリカ生産性品質センター(APQC)(Houston: APQC,1998)より。APQCの許可によって使用。

定である。

ポイント10:「企業の経営が顧客志向に変わってきた」と言われる割に、戦略的・組織的な思考をうまく取り入れている企業は少ない。

結局のところ、マーケティングとは、顧客や見込み客と企業の間で交わされるコミュニケーションである。顧客志向、顧客中心主義というコンセプトを社内で実践するのは、ほかならぬマーケティング部門であるはずだ。しかし、APQCの調査から明らかになったのは、1997年の時点で顧客志向、顧客中心主義というマ

ーケティング・コンセプトは、それ自体は、実践的見地から評価を獲得しつつあったのだが、その実現に向けて必要なステップに乗り出している企業は数えるほどだった。

　図表2-5で示したように、ベスト・プラクティス企業は、企業戦略の領域において顧客データを生かそうとする傾向が強い。しかし、生産計画、流通、人事、経理といった企業経営に関わる領域を支える目的で顧客データを活用している企業は、調査対象全体でもわずか13％に過ぎなかった。さらに、「賃金体系や昇進に関する方針が、顧客の開拓という目的に合致するように見直されている」という質問に、「まあまああてはまる」「非常にあてはまる」と回答した企業は、ベスト・プラクティス企業全体でも3分の1にとどまり、比較対象企業にいたっては、全体のわずか5分の1だった。この調査結果は、顧客に訴えている内容と社内の方針が一致していない企業が多いことを示している。統合マーケティングの成功を目指すべく、その構築・改善を積極的に試みる企業は多い。それでも、この外向きと内向きの活動の両輪が統合されていないという点が、統合マーケティング推進の大きな壁になっているものと多くの企業が感じている。

◉──────新しい展開

　統合マーケティング発展に関する1997年の調査で得られた情報は、明らかに本書に掲載できる分量を上回っている。しかし、本章で「ポイント」として挙げた事項は、以後の章でさらに詳しく述べる多くの課題をすでに示唆している。調査の後で爆発的に発展したeコミュニケーションも、調査を実施した時点はまだ発展を始めたばかりだったことに留意していただきたい。

　調査対象がアメリカ国内の企業に限られていることにも、注意が必要である。調査では、アメリカの広告会社に起こりつつあった変化や、海外企業での統合マーケティングの発展などを考慮していない。本章の残りの稿では、以上2つの要素によって調査結果に生じた隙間を補足する。

3　広告会社の役割：グローバルな視点から

　マーケティングに力を入れている企業のほとんどは、「マーケティング・プログラムの統合は我が社自身の役割である」という信念のもとに、統合を社外の広告・マーケティング会社に一任するのは好ましくない、と考えている。これは、APQCによる調査ばかりか、アメリカ広告業協会（AAAA）や全米広告主協会（ANA）が実施した調査からも言える。しかし一方で、広告会社の貢献も大きかったことが明らかになった。1990年代の末には、複数の広告会社を対象に、グローバルな視点に基づく本格的な調査が実施された。以下では、この調査に焦点を当てながら、総合マーケティングに対する広告会社の役割への理解を深める。(原注5)

調査方法と協力企業

　この調査ではまず、アメリカとイギリスの広告会社を対象に、一連の予備調査が実施された。その後調査の範囲は、オーストラリア、ニュージーランド、インドに広がった。また調査は、自記入式質問票によって実施され、上記5カ国の広告業協会加盟社に送付された。従業員や組織の基本特性をはじめとして、統合マーケティングの推進要因や実施に対する考え方に加えて、プログラムを適切に実施できない要因など、89の質問が設けられた。(原注6)

　この調査に協力した広告会社では、事業の規模だけでなく、総広告取扱額にもばらつきがある。後者の金額を例に取れば、ニュージーランドの広告会社で280億ドル（NZD）なのに対して、アメリカの広告会社では1620億ドル（USD）である。しかし、ここで重要なのは、取扱額自体ではない。むしろ、クライアント企業が広告会社を通じて統合マーケティング活動のために使う費用の割合こそ重要である。ちなみにこの費用の割合が最も高い国別の数値は、アメリカ：52％、イギリス：42％、ニュージーランド：40％、オーストラリア：22％、インド：15％である。

広告会社同士の相互交流

　統合化プロセスを主導するクライアント企業の課題が、統合マーケティングの開発・実施のために、多様な広告会社をいかに協働させていくかにあることは明らかだ。5カ国での調査によれば、広告会社の経営者はおおむね、広告以外にも幅広い種類のサービスをクライアント企業に提供することを想定している。また彼らは、広告主が複数のサービス提供業者にプロジェクトを依頼することを予想している。さらに、今後もクライアント企業に向けて統合マーケティングを実施するには、PR、ダイレクト・マーケティング、セールス・プロモーションといった業務を請け負う専門会社との間で従来よりも親密な協調関係を築くことが欠かせないものと予測していた。

統合マーケティングに対する広告会社の認識

　総じて、この調査に協力した広告会社の経営者たちは、「クライアントである企業が統合マーケティングの構想を推し進めている」と考えていた。そして当然ながら、特に重要な旗振り役として認識されていたのは、クライアント企業のマーケティング、広告マネジメント部門である。この調査結果は、広告会社とクライアントの接点を反映したものと言えるだろう。ここで興味をそそられるのは、調査対象に含まれていたクライアント企業が、かなり高い割合で販売部門を統合マーケティングの推進要素に挙げていることだ。この傾向は、CRMや販売チャネル・マネジメントなどのテクノロジーを活用した顧客管理プログラムが発達したことによるものと見られる。

　この調査でとりわけ面白いのは、広告会社の経営者の認識が明らかになったことだ。どの国の広告業界でも、図表2-6でまとめたように、「統合マーケティングというアプローチはあらゆるコミュニケーション全体に対する影響や効果を大幅に高める」と考える経営者が大半を占めている。経営者たちは、統合マーケティングが時間や労力ばかりか、コストの面でも従来の手法より有利であると認識していたのだ。だが、予測されたことではあったが、広告会社はそうした統合

図表2-6●統合マーケティング・プログラムの実施に関する社内の意見

意見の要約	アメリカ	イギリス	ニュージーランド	オーストラリア	インド
インパクトが増す	9.4	9.0	9.1	8.5	9.1
統合マーケティングを使うとクリエイティブ・アイデアの効果がさらに高まる	9.4	9.0	—	8.9	9.5
コミュニケーションの効率がアップする	9.3	9.3	9.3	9.0	9.1
ブランド・パーソナリティの統一、メッセージの統一(ワンボイス)の重要性が増す	8.5	8.6	—	—	7.2
複数の代理店を使用したときに生じがちなコンセプトの不統一を避けることができる	8.3	7.6	8.2	8.3	8.3
クライアントにとってコミュニケーション予算の管理がしやすくなる	7.9	7.5	8.2	8.4	7.8
クライアント内の専門知識が増える	7.5	7.3	9.1	7.6	7.4
会議の数が減る	7.0	7.1	7.3	6.8	5.8
クライアント側の責任の統合を可能にする	6.9	7.0	—	6.6	6.9
代理店のソリューション提供のスピードがあがる	6.9	6.2	6.9	6.9	6.9
効果的な測定方法が提供される	6.9	6.6	6.1	7.1	7.2
コミュニケーション・プログラムの費用を削減できる	6.8	6.9	6.8	6.3	7.6

数字はすべて、10ポイント評価(1=まったくそう思わない、10=非常にそう思う)の平均値

出典：「A Multi-Country Comparison of the Drive for IMC」(統合マーケティング推進の国際比較)、フィリップ・J・キッチンとドン・E・シュルツ、Journal of Advertising Research 誌(1999年1月・2月号)。Journal of Advertising Research 誌から許可を得て掲載

マーケティングのビジネス面での効果よりも、表現やコミュニケーション面に、より関心を集中させていた。

●──統合マーケティングの発展を阻む壁

　APQCによるベンチマーキング調査が浮き彫りにしているように、企業はしばしば統合マーケティングの発展を阻む壁に突き当たっているが、**図表2-7**に要約されている通り、広告会社も同じような壁に阻まれているようである。ここで注目していただきたいのは、広告会社の幹部では、「従業員をゼネラリストにす

図表2-7◉統合マーケティング・プログラムの障害と考えられること

意見の要約	アメリカ	イギリス	ニュージーランド	オーストラリア	インド
1社の代理店で統合マーケティング・プログラムを実施すると、クライアントで戦略事業ユニット（SBU）の統合が進む	7.0	7.0	—	4.5	6.9
社員のゼネラリスト化が求められる	6.3	6.4	—	5.5	6.4
統合型代理店に、すべてのマーケティング領域を横断して統合する人材がいない	6.0	6.9	6.8	5.6	7.0
社員は新たなスキルを身につけなくてはならない	5.7	6.7	6.9	5.5	6.7
少数の者が大きな支配権を持つことになる	5.5	6.4	4.8	4.0	6.4
クライアントが統合マーケティング・プログラムの目的と方法を決定することになる	5.2	5.0	4.8	5.3	5.0
クライアントの社員には、統合マーケティング・プログラムを実行するだけの専門知識がない	5.2	6.3	6.1	5.5	6.3
クライアントの中央集権化が難しい	4.8	5.2	4.9	3.2	5.2
クライアントの組織体制が統合マーケティングの足かせになる	4.7	6.1	6.4	3.8	6.1
クライアントの企業文化と合わない	4.2	4.4	4.0	3.3	4.4
1つのサプライヤーに過度に依存することになる	4.1	5.0	5.0	4.4	5.0
プログラム管理のために社員を増員しなくてはならない	3.7	4.2	3.9	4.8	4.2
プログラムの修正が難しくなる	3.3	3.9	3.9	7.4	3.9
広告代理店が大きな支配権を握ることになる	3.2	3.5	3.3	3.3	3.5
費用が増す	2.9	3.8	3.9	5.6	3.8

数字はすべて、10ポイント評価（1＝まったくそう思わない、10＝非常にそう思う）の平均値

出典：「A Multi-Country Comparison of the Drive for IMC」（統合マーケティング推進の国際比較）、フィリップ・J・キッチンとドン・E・シュルツ、Journal of Advertising Research誌（1999年1月・2月号）。Journal of Advertising Research誌から許可を得て掲載

ることが必要である」「新たなスキルの開発が必要である」「すべてのマーケティング・コミュニケーション領域を横断して統合する力量が広告会社側に不足している」といったように、社内の能力との関連が特に強い項目を肯定する割合が最も高いことだ。それに比べて、「クライアントの企業文化が合わない」「クライアントの組織構造の関係で、事業活動が制約されている」といった、クライアントの社内問題と直接関係のある項目を肯定する割合ははるかに低かった。

　つまり、この調査で明らかになったのは、広告会社の幹部たちが「統合マーケティングの発展を阻む壁を自社で乗り越えなければならない」と認識していることだ。幹部たちは、統合マーケティングの発展が思うように進まなくても、クライアントの問題に帰すことを戒めている。

4　第3章への論点

　本章では、1990年代の初期から中期にかけて統合マーケティングの適用を始めた企業を対象に、その進化を概観した。また、広告会社をクライアント企業と比較しながら、少なくともこの期間における両者の認識の違いを示した。このように本章では、統合マーケティングのスキルや手順の開発ですでに明らかになっていることを、改めて確認した。第3章からは、企業戦略に沿った顧客価値重視の統合マーケティングを活用する方法を取り上げる。

第3章 統合マーケティングの実施原則

　第2章では、ベスト・プラクティス企業へのベンチマーキング調査について述べた。さらに、企業がマーケティング・プログラムを完全に統合させるまでに、おおよそ4つの段階があることを明らかにした。企業にとってもマーケターにとっても、このプロセスを実施するためには、新たに必要なことがある。また、統合マーケティングに成功している企業で、いかに各段階へとスムーズに移行しているかを見ていく。本章ではまず、最低レベルの原則を特定・明示することで、統合プロセスの下地をつくる。さらに後の章で、移行の方法を検討する。これらの原則は、初期の段階で部門ごとに区分けされた従来型のマーケティング機能を統合する際の前提条件として欠かせない。

　原則の解説を始める前に、これまで見てきたことをおさらいしておこう。前章では、統合マーケティングを次のように定義した。「統合マーケティングとは、戦略的なビジネス・プロセスである。このプロセスは、ブランド・コミュニケーションに関して説得力のある体系的なプログラムを、長期にわたって計画、開発、実施、評価する際に活用される。対象になるのは、消費者、顧客、見込み客のほかに、目標に定めた国内外の関連企業である」。

　この定義には、重要な要素が4つある。第1は、マーケティングへの評価を明確に引き上げたことだ。ここでは従来と違って、マーケティングを「戦術上の活動」として評価していない。限りある経営資源をもとにした投資の決定と、その収益の測定を可能にする「戦略的な経営ツール」なのだ。つまり統合マーケティングを、単なるマーケティング戦術から、事業戦略に格上げしたのである。

　第2は、マーケティング・コミュニケーションの範囲を広げた点である。ここ

では、着目する対象を、コミュニケーションのスペシャリスト以外にも広げている。彼らが主に活動するのは、目標に定めた顧客や消費者・見込み客に向けた外部コミュニケーションである。

新たな定義では、活動範囲について、企業全体も視野に入れているのだ。この定義では、重要度に関係なく、ブランド、顧客、製品、サービスといった分野ごとに生じるステークホルダーとの接点を網羅している。

第3は、統合マーケティングには持続的な測定・評価システムが必要だと明記した点である。統合マーケティングによる投資収益の管理・測定は、その開発プロセスに欠かせない。それどころか、すべてのマーケティング計画に組み込まなければならないのだ。

第4は、統合マーケティングは長期にわたるプロセスと定義することで、従来のものと区別している点である。統合マーケティングのプロセスは、従来のコミュニケーション事業の代表格であるキャンペーン広告のアプローチよりも長期的である。また短期はもとより、長期の業績の向上にも貢献する。確かに、個々のプロモーション活動やイベントには即効性がある。しかし統合マーケティングでは、それらのイベントを別々に評価せずに、進行中のコミュニケーション・プログラムの一部と見なす。つまり、このようなプログラムは、長期にわたって業績の向上や顧客関係の構築に貢献するのだ。

新しいコンセプトを理解するには、実例を参照してみるのが最もよい。特に、インテルの「インテル・インサイド」プログラムは、新しい統合マーケティングを最もうまく活用している。長期にわたる統合を高いレベルで実現するためにも、インテルの成功例から、統合マーケティングの主な要素をうまく活用する方法を学習していただきたい。

1 統合マーケティングの事例：「インテル・インサイド」

「インテル・インサイド」プログラムは、もともと統合マーケティングの取り組みとして提唱されたわけではない。インテルは、重要な時期に厳しい競争にさら

された。そこで、競争への対応策として、このプログラムを開発したのだ。同社は1980年代に、技術レベルを区別する番号を自社製品につけ始めた。たとえば、「386」という番号がついた製品の技術レベルは、「286」の製品よりも高い。「486」では、さらに高度になる。ところが、シリコンチップ業界では競争が激しさを増すにつれて、他のメーカーもこれらの番号で技術レベルを示し始めた。つまり、インテルのライバルたちが、自社開発のシリコンチップを「386」などと表示するようになったのである。インテルは、正当な競争を維持しようと、数字を自社の商標として認可させるための訴訟に乗り出した。しかし、同社の主張は、アメリカ連邦裁判所で却下された。その結果、インテルの考案による数字は、事実上シリコンチップの技術上の開発レベルを表す一般名詞になったのである。

当時のインテルが模索を要したのは、自社製品の差別化の方法だけではない。研究開発（R&D）への投資を続けたり、そこからもたらされる知的財産を保護したりする方法も考えなければならなかった。そのために同社では、まず「インテル・インサイド」を商標にすることで、多くのコンピュータ・ブランドに内蔵されている自社製のチップを識別できるようにした。また、ペンティアムやセレロンなど、従来よりも性能の高い製品を開発するたびにロゴを作成した。そして、目を見張るほどの成功を収めることになる。

インテル株の時価総額は、「インテル・インサイド」プログラムを実施する直前の1991年で100億ドルだった。しかし2001年には、2600億ドルに達した[原注1]。「インテル・インサイド」は、市場価格の上昇にはそれほど貢献しなかった。それでも、このマーケティングやコミュニケーション、ブランディング・プログラムがもたらした10年間での純利益は、250億ドルを上回った。同社は2002年に、『ビジネスウィーク』誌によるグローバル・ブランド年間ベスト100社に選出された。この企画には、インターブランド社が独自に開発した評価手法が用いられている。その評価手法によれば、インテルのブランド価値は306億ドルと算出された。この金額は、コカ・コーラ（696億ドル）、マイクロソフト（640億ドル）、IBM（512億ドル）、ゼネラル・エレクトリック（413億ドル）に次いで、世界5位にあたる[原注2]。

競合ブランドとの差別化を目的に始まった「インテル・インサイド」で実施されたのは、ロゴの作成だけではない。市場価値ばかりか、消費者価値をも高めたインテルの方法とは、どのようなものだったのか。シリコンチップ業界への参入

がかなり遅れたにもかかわらず、同社はなぜ業界のカリスマ的存在となり得たのか。また、シリコンチップを知るエンドユーザーがほとんどいない状況で、なぜ市場価値を確立できたのか。この点は特に重要だ。インテルは、ライバルの動向の把握どころか、市場価値の測定も事実上不可能だった。つまり、他社との比較などままならなかった。結局のところ、シリコンチップとは、コンピュータを構成する1つの要素に過ぎないのだ。それでも同社は、「インテル・インサイド」を通じて、部品メーカー、流通チャネルを構成する企業、および消費者に製品の卓越性をうまく伝えた。そして、コンピュータ・チップ業界のトップに上りつめていったのだ。このように「インテル・インサイド」は、テクノロジー業界でブランド創造・ブランド価値の確立を果たすばかりか、一般にもなじみのある名称となった。

インテルがマーケティングの第1段階（**図表3-1参照**）で進めたことは、いずれも適切なものだった。まず、「インテル・インサイド」ブランドの創造という明確なコンセプトを設定した。さらに、市場へのアピールで最大の効果を得られるように、独創性のある鮮やかなグラフィック・デザインで個性的なイメージをつくった。そして、コンピュータ購買者の多くが製品選びに苦慮している市場に対して、明快かつ確実なサービスを打ち出した。顧客や消費者がコンピュータという大きな買い物の際に求められることを、余すところなく提供できるようにしたのである。

インテルの成功で見逃せない要因は、マーケティングとコミュニケーションの両活動を統合したことだ。すべてのマーケティングおよびコミュニケーション活動に「インテル・インサイド」のロゴを使用したことで、プログラム全体の基礎が固まったのだ。さらに、優れた視覚効果をもたらすロゴを広告、ダイレクト・マーケティング、パッケージング、PRなどに使うことで、どのコミュニケーション活動でも相手に同じ印象や感触を与えられるようにした。その結果として、あらゆるステークホルダー（消費者、メーカー、流通チャネルを構成する企業、財界、株主、従業員など）が、インテルに対して共通のイメージを持つようになった。このように、「インテル・インサイド」は戦術のレベルで、同社のマーケティング活動を完全に統合したのである。それは、「統一されたデザイン、統一されたメッセージ（one sight, one sound）」というコンセプトを見事に実現した例

図表3-1● 「インテル・インサイド」初期の広告

How to spot the very best PCs.

インテルコーポレーションの許可によって使用。

と言える。図表3-1は、「インテル・インサイド」の開始当初につくられた広告である。今日インテルが多くの雑誌で使っている広告と比べても、同社が長らく同じ戦術を一貫して用いていることがうかがえる。

「インテル・インサイド」の成果は、「統一されたデザイン、統一されたメッセージ」の実現にとどまらなかった。その真価は、営業とマーケティングの間に従来から存在する「境界」を越えたプログラムを実施したところにある。つまり、製品コンセプトを市場に押しつけるだけではなく、メーカーや流通チャネルを通じて広めるようにした。これを成功させた要因は、デル、IBM、東芝、ゲートウェイといったコンピュータ企業に多くのインセンティブ・パッケージを提供することで、製品にインテル製のチップの導入を推奨したことにある。インテルは、自社製のチップをすでに利用しているメーカーにも、「インテル・インサイド」のステッカーをコンピュータの外側に貼るよう働きかけた。また、さまざまなかたちで共同宣伝の契約を結び、メーカーに「当社の製品にインテルのプロセッサは欠かせない」と宣伝するインセンティブを与えた。

このように積極的なインセンティブは、宣伝活動の協調だけにとどまらず、流

通チャネル全体にも押し広げられた。インテルは、地域別マーケティングの資金を提供したり、店頭での製品の展示やそれに類する計画を立案したりした。そこでは、コンピュータ・メーカーはもとより、小売店や流通業者にも「インテル・インサイド」の価値の提示、宣伝、販売を促した。同社の最終目標は、なるべく途切れのないようにメーカーとチャネル間の連結体制を築くことにあった。

最後にインテルは、消費者に対するマーケティングとコミュニケーション計画に多額の資金を投じた。その目的は、消費者やエンドユーザーに「信頼のおける最新鋭のチップ・テクノロジーを手に入れるには、『インテル・インサイド』のロゴを探すだけでいい」と確信してもらうことにあった。それは「インテルのコンピュータが最も優れている」という認知にもつながる。同社にとって、エンドユーザーを対象としたこのプログラムは特に重要だった。コンピュータの購入者の大半は、シリコンチップ技術の知識を持たないために、価格に対する革新的なチップの価値の見極めが難しかったからだ。コンピュータを初めて買う人たちにとってはなおさらである。しかし実施後は、インテルのチップが内蔵されていることを知らせるだけで、こうした疑問や不安が解消された。

インテルは、マーケティング活動を1つのアプローチに統合した。そして、「製品をコンピュータ・メーカーに売り込んだ後に、流通チャネルに乗せて最終購買者のもとへ届ける」という流れを作り出した。図表3-2では、「インテル・インサイド」の進行プロセスを示した。「インテル・インサイド」が始まったのは、社内からだった。営業、マーケティング、製品開発グループのチームを統合したのである。次に、社外のあらゆるパートナーを統合・連携させた。社外のパートナーには、コンピュータ・メーカーや流通チャネル・システムを構成する企業など、外部コミュニケーションのプログラムに関わる企業も含まれている。そこで焦点があてられたのは、最後に製品の購買を決めるエンドユーザーへの支配力を、プログラムのあらゆるプロセスで強化することだった。

インテルも、統合マーケティング構想を成功させた他の企業と同じように、まず社内から統合を実現する必要があることを認識していた。ここに注目することが大切だ。つまり、エンジニアリング、製造、事業運営、物流、財務などの領域を一体にしたうえで、主な活動に焦点を絞ることが必要だったのだ。「インテル・インサイド」のプログラムでは、ブランド計画とコミュニケーション・プロ

図表3-2●企業内外の連携システム

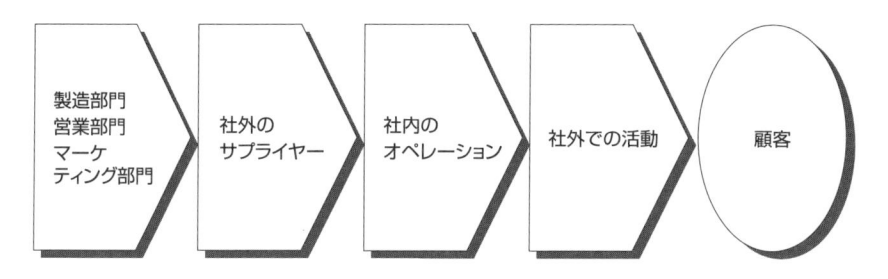

製造部門
営業部門
マーケティング部門 → 社外のサプライヤー → 社内のオペレーション → 社外での活動 → 顧客

ばらばらに活動するのではなく、システム全体を統合する。

グラムの支援が該当する。これを果たすためには、さまざまな訓練や開発を要した。そして何よりも、経営幹部が、プログラムのコンセプトとその実施に取り組み続けることが欠かせなかった。

　次にインテルには、計画を進める一方で、コンピュータ・メーカーをはじめとする直接の顧客との連携が必要だった。そこで同社は、チャネル・パートナー（コンピュータ量販店、流通業者、付加価値のある小売業者、通信販売業者など）を連携させた。また、消費者、顧客、見込み客がインテルのプロセッサを搭載したコンピュータを購入する際の形態や方法も統合した。同社が最後に焦点をあてたのは、外部コミュニケーション・プログラムである。そこには、広告、プロモーション、店頭広告、PR、製品デザイン、パッケージングなど、「インテル・インサイド」を最終購買者に伝達するコミュニケーション経路をすべて含んでいる。

　ここで頭に入れていただきたいのは、プログラムの最後に登場する消費者が、実は最も重要なグループであることだ。結局のところ、「インテル・インサイド」を搭載したコンピュータを消費者に購入させられなければ、プログラム全体が失敗に終わるのだ。「インテル・インサイド」が成功したのは、どの段階でも最終消費者に焦点を絞ったからだ。このプログラムでは、どの段階でもコミュニケーション活動を完全に統合している。そのために、すべてのバリューチェーン関係者の連携による最終購入者への価値の提供が可能になったのである。

　統合マーケティングは、「インテル・インサイド」の例からも明らかなように、

従来のマーケティングやコミュニケーションの戦術・テクニックをはるかに凌ぐ役割を果たしている。それは、企業活動だけではなく、企業内外で生じるあらゆるコンタクトを対象とする。そして、他のマーケティング関連のプログラムと違って、戦略的な性質を備えている。つまり統合マーケティングは、マーケティング活動だけではなく、企業全体を視野に入れたプログラムなのである。

統合マーケティングを定義する4つの要素を、「インテル・インサイド」の例で見てみよう。まず、インテルは統合マーケティングをマーケティング部門の課題にとどめなかった。そればかりか、事業戦略のプログラムとして明確に認識している。第2に、インテルはあらゆる事業領域を視野に入れている。そこには、社外のパートナーや、流通チャネルを構成する企業も含まれる。インテルは、すべての市場、セグメント、顧客、見込み客に対して、共通のコンセプトを理解させたのである。第3に、インテルは自社の目的に合わせて、プログラムを開発、実施、測定している。最後に、インテルは、「インテル・インサイド」に「長期にわたって」取り組み続けているのだ。

2 統合マーケティング実施のための8つの原則

「インテル・インサイド」のような事例を見れば、顧客価値重視の戦略的統合マーケティング・アプローチの主な構成要素を見つけ出せる。ここで検討する統合マーケティングの8つの原則は、統合化プログラムを開発・実施する際に中心となる。

これらの原則は、統合マーケティングの実施例や明確な理論に基づく。また、メディア、流通チャネルを構成する企業、消費財メーカーへの幅広い調査も踏まえてつくられている。その意味では、国家や文化の境界を越えて通用する原則と言える。国際化の進む21世紀の市場では、顧客を中心にした双方向型の交流が主流になる。これらの原則は、企業が21世紀の市場で成功するために欠かせないコンセプトだ。だからこそ、国の内外を問わずに実施することが必要なのだ。

●───────原則1：顧客中心型の組織をつくる

　どのような形態の統合であっても、エンドユーザー、最終顧客、最終消費者を中心に据えなければならない。国際化の進む市場では、顧客志向という考え方が多くの意義を持つ。統合マーケティングが指す顧客志向（顧客中心）の企業とは、製品の最終購入者や消費者を何よりも優先させて考える企業である。確かに、顧客中心の企業では、卸売・小売業者などの中間業者も大切だ。それでも、最後に製品を購入・利用する人々ほどではない。バリューチェーンの仲介役である中間業者にそれなりの役割はあっても、最終顧客の次にくる存在と言えよう。

　企業の組織づくりでは、長年にわたって、さまざまなコンセプトが注目を集めては消えていった。そのなかには、配当や株価の増大による株主資本の構築に狙いを定めたものもあれば、従業員や地域社会全体の利益を優先させる組織づくりに目を向けたものもあった。

　我々は、「企業が焦点をあてる必要があるのは、エンドユーザーである顧客と消費者」という単純明快な立場にある。顧客と消費者こそ、企業の収益を生み出す唯一の存在だ。顧客からの収入フローがあれば、従業員の所得が増えるばかりか、リスクを負って投資した株主にも報いることができる。また、経営状態の改善によって、社会に対する貢献度も高くなる。企業の財務状態がよくなければ、従業員、株主、経営陣、社会のどこにも恩恵をもたらせない。だからこそ、本書では「企業は最終顧客に焦点を絞らなければならない」という明快なアプローチが生まれている。企業にとって唯一の収益源である最終顧客が、あらゆるステークホルダーの利益を左右するのだ。

　ほとんどの企業の組織構造は、階層制を基盤とする指揮統制型のアプローチに基づいている。このアプローチの起源は、古代ローマの軍団（レギオン）の編成方法に見ることができる。階層制の企業でマネジャーが着目するのは、自分がある程度の指揮・統制権を行使できる事業の活動、領域、部門に限られる。また、縦割りに区分けされた部門は、それぞれの得意分野に焦点を絞る。そのため、企業が最終的に接触する顧客が、必ずしも考慮の対象にはならないことがある。また、「部門の壁を越えた交流・連携によって顧客の利益を増やそう」という動き

も、あまり見られない。つまり、このような企業は「内向きの組織構造」をつくっているのだ。そして従業員も、次のような意識を植えつけられている。「企業の成功の源になるのは、それぞれの事業や任務を効率よく完了させることだ。顧客に喜びや満足感を与えることではない」。

このような縦割り型の組織に適さない統合マーケティングは、顧客を中心に動く組織のなかで発達した。図表3-3では、従来の組織と統合マーケティングで統合された組織の違いを示す。顧客中心の組織では、図の中心になるのも顧客である。そこでは、どの事業の活動、領域、部門でも、顧客の利益の創出や顧客のニーズ・欲求の充足に向けて統制されていることが分かる。こうした企業では、顧客の開拓・満足だけを目標にしていない。顧客とのロイヤルティの構築や、顧客からの収入フローの継続も、重要な目標に設定している。

顧客中心型企業の従業員は、だれもが共通の視点で行動している。そのため、最良の製品・サービス・ソリューションの提供に向けて、一体となって動く。たとえば、顧客をあらゆる面で満足させるには、製造部門と物流システムでの情報交換が欠かせない。当然ながら、マーケティングなどの部門と話し合いの場を設けることも必要になる。つまり、顧客中心型の組織への移行、というコンセプトを設定すれば、社内のさまざまな部門をひとまとめにすることの必要性が浮き彫りになる。この状況では、企業のあらゆるレベルで、統合が頻繁に起こる。

顧客中心型の企業として最も優れているのが、デルである。デルのビジネスモデルと企業文化は、いずれも顧客ニーズの充足という目的に根ざしてつくられている。例を挙げれば、同社は「プレミア・デル・ドットコム・サービス」というサイトをインターネットに立ち上げて、大企業クライアントを対象に、製品やサービスのカスタマイズを実施している。クライアントは、特注で制作された自社専用のプレミア・サイトにログオンすることで、デスクトップ、ノートパソコン、サーバ、ストレージの購入や有償の関連サービスの利用が可能になる。また、購入するデル製品の契約価格を参照したり、自社が認可している部品や補助製品のリストを見たりすることもできる。さらに、自社の購入履歴や、デルのカスタマー・サービスの担当者への連絡方法も分かるようになっている。デルは、契約内容に関する情報を適宜エンドユーザーに提供することで、自社の製品やサービスを直接利用する人々とワン・トゥ・ワンの関係を築いたのである。(原注3) 同社のサイト

図表3-3●比較：従来型組織と顧客志向の統合型組織

従来型の組織

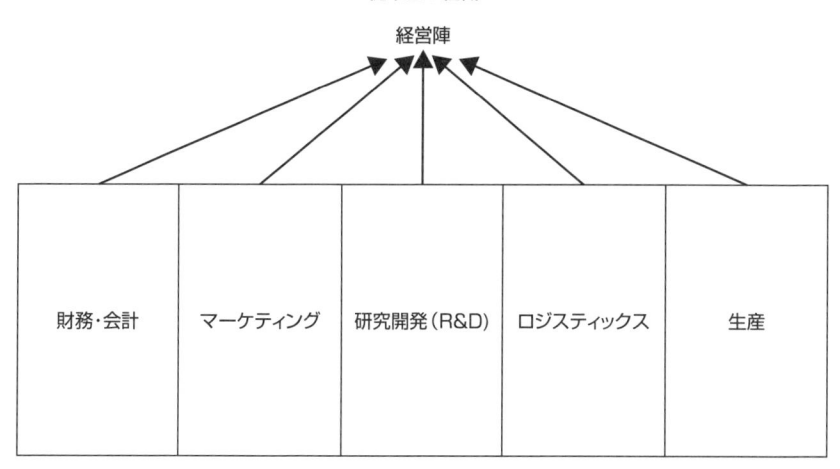

経営陣

| 財務・会計 | マーケティング | 研究開発（R&D） | ロジスティックス | 生産 |

統合型の組織

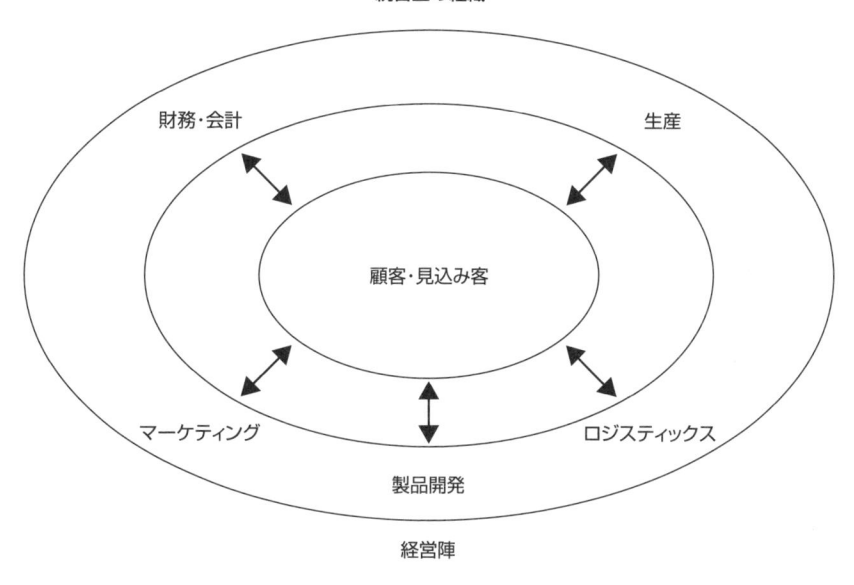

財務・会計　　　　　　　　　　生産

顧客・見込み客

マーケティング　　　　　　　　ロジスティックス

製品開発

経営陣

では、オンラインでコンピュータの購入手続きをすると、即座に注文状況や発送日を確認できる。顧客が製品に関して疑問を持ったり、利用上のトラブルが生じたりした場合には、電話または電子メールで手軽にサポートを頼める。また、電子メールによる顧客の満足度の確認も行われている。このように同社では、顧客サービスのフィードバック・システムをさまざまなチャネルで提供することに成功したために、他の多くのコンピュータ・メーカーに差をつけることができたのだ。

原則2：アウトサイドイン（企業の外から内へ向けた）・プランニングを活用する

　企業がマーケティング計画に対するアプローチを一変させなければ、顧客志向のシステムを確立できない。予算・事業計画の策定から営業、流通、業績評価に至るまで、顧客や見込み客を中心に事業システムを構築していない企業は、顧客志向の企業とは言えない。それだけに、多くの企業で大がかりな変革が必要になる。

　図表3-4には、マーケティングのプランニングと予算編成で最も広く使われる手法を示した。我々はこの手法を、「インサイドアウト（内から外へ）・プランニング」と呼んでいる。このアプローチでは、企業の達成目標が出発点になる。そこから、成果が得られるように、各種の活動を一連のステップに分けて実施する。そして、計画で定めた売上高や財務目標から、マーケティングやコミュニケーションへの投資・支出額を決定する。そこで目標が達成された場合には、売上げの一部を次のマーケティングやコミュニケーション活動に投資することになる。

　インサイドアウト・アプローチでは、マーケティング費用と、見込み売上高との関連性は考慮されていない。むしろ、「売上げの増大によってマーケティング資金を確保する」というねじれた構造になっている。このようにきわめて不合理なアプローチだが、実はさまざまな分野の企業で広く採用されている。そうした企業の経営陣は、マーケティングと売上高の相関性を認めていないため、「マーケティングやコミュニケーションへの投資によって収益が得られる」という期待もほとんど持たない。むしろ、彼らはおおむね、次のようなことを考えている。「マーケティングへの支出を減らせば、企業の純利益もかなり回復するだろう。資金を無駄に使わずに保留すれば、純収益の確保になるのだから」。

図表3-4●比較：インサイドアウト・プランニングとアウトサイドイン・プランニング

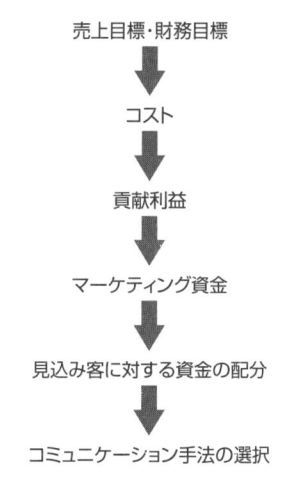

インサイドアウト・プランニング

売上目標・財務目標
↓
コスト
↓
貢献利益
↓
マーケティング資金
↓
見込み客に対する資金の配分
↓
コミュニケーション手法の選択

アウトサイドイン・プランニング

- 既存顧客の維持
- 顧客グループの移動
- ライバルにわたった顧客
- 新規顧客の開拓
- 既存顧客の拡大
- 新たな見込み客

↓

マーケティング組織

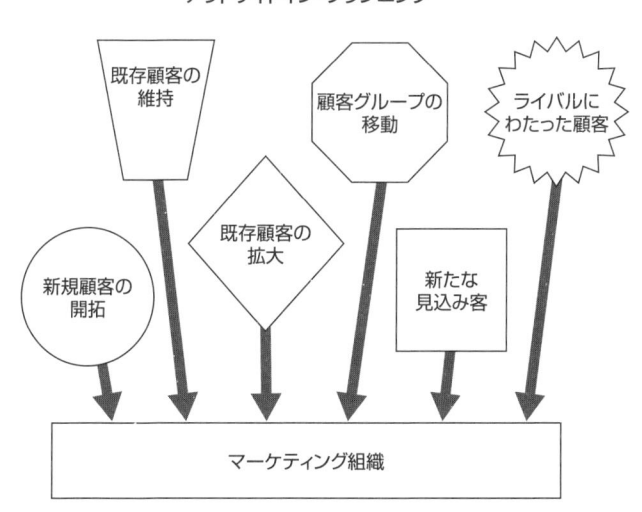

このアプローチには、非常に多くの欠陥がある。しかし、世界中のほとんどの企業が、マーケティングやコミュニケーション・プログラムの開発・実施の際にこの手法を採用している。統合マーケティングでは、インサイドアウト・アプローチの代案として、図表3-4の右側でアウトサイドイン（外から内へ）・アプローチを示している。このアプローチでは、マーケターやコミュニケーション・マネジャーが、顧客や見込み客を支出の対象ではなく「収入フローをもたらすもの」として捉える。その最終目的は、製品やコストの管理ではなく、あくまでも需要と収入フローの創出にある。

統合マーケティングのアプローチでは、マーケティングの主な役割として、さまざまなツールやプログラム・活動によって顧客や見込み客の収入フローを創出・維持することを挙げる。ここでは、その収入フローの主な管理者を、マーケティングやコミュニケーションの関係者に設定している。しかし実際には、顧客の収入フローを長期にわたって開拓・維持する責任は、企業のあらゆる従業員、部門、事業領域にある。

原則3：顧客満足度に焦点をあてる

統合マーケティングに対する戦略的アプローチを理解することは、顧客中心の組織に必要な条件と密接に関わっている。そこでは、製品や企業が顧客にもたらす経験をまとめて見ていく。つまり、決してマーケティング活動だけに焦点をあてるわけではない。統合マーケティングの担当者は、社外を対象とする従来のマーケティング活動の狭い視野から抜け出して、顧客とブランドや企業の関係を総体的に把握することに目的を置かなくてはならない。市場における製品やサービスの地位。製品の入手方法。製品を時期に応じて効率よく提供する流通関係者の能力。そして、顧客サービスの提供状況。顧客満足度（TCE）とは、このような要素に加えて、企業が本拠を置く地域社会に与えている影響の性質などから形成される。

統合マーケティングに対する戦略的アプローチの狙いは、過去の顧客経験を検証することと、その経験に沿った経営を展開することにある。顧客経験の検証は、顧客が知覚した要因のなかから、顧客経験によくも悪くも影響を与えた要因を見

極める作業になる。以下では、そこで必要になることを示す。

- 顧客行動などのデータから顧客を特定する
- 顧客が自社とのコンタクトによって経験したことを検討する
- 望ましい顧客経験をつくり出すマーケティングやコミュニケーション・プログラムを実施する方法を探る
- 望ましい顧客経験をつくり出す製品、サービス、従業員の構成方法を探る

「これらは我々の業務ではない。製造、販売部門やチャネル・パートナー、あるいは経営陣の果たすべき仕事だ」。従来のマーケティング担当者であれば、こう主張するだろう。しかし、国際化の進む今日の市場では、双方向の交流・関係やネットワーク社会への移行が起きている。この状況では、彼らの主張もほとんど通じない。いまは、企業自体がブランドになる時代だ。製品やサービスに関連するものをはじめ、顧客の経験を形づくるすべてのメッセージを検証・管理・測定する必要があるのだ。

かたちばかりのマーケティングやコミュニケーション・プログラムを開発・発信しても、顧客と企業・ブランドとの接触で生まれる顧客経験のほんの一部を形成するのに過ぎない。企業が顧客や見込み客と交わすコミュニケーションには、計画性の有無にかかわらず、無数の種類があるのだ。マーケティングやコミュニケーション・プログラムの真の課題は、コミュニケーション・システムの完全な統合にある。企業が自ら開発・発信することで統制できる部分だけが対象になるわけではない。

簡単に言えば、コミュニケーションの統合を試みていない企業でも、最後に統合するのは顧客である。統合マーケティングの主旨は、顧客の負担を減らしながら、企業に有利なメッセージを確実に発信することにある。

ブランドや企業の統合は、計画性の有無によらず起こり得る。そうなれば、できる限りまとまった統合化を試みるのが自然だろう。ただし、ここで確認を要することがある。統合後の視点や製品が、企業の望みを顧客に対して押しつけたり、持続的な関係の構築を妨げたりしないことである。

戦略的な統合は、従来のマーケティングやコミュニケーションの役割や活動の

範囲をはるかに超えている。統合の対象には、顧客とその考え方・感じ方はもとより、企業を対象とした顧客経験も含まれる。どの顧客経験も、顧客・見込み客が企業やブランドと接触することによって生じているのだ。

原則4：顧客の目的に合わせて自社の目標を調整する

　社外のコンサルタントから見れば、マーケティングやコミュニケーションの部門は殻に閉じこもる傾向が強いという。そこでは、自社の製品やサービスを宣伝する際にも、経営方針を把握していないことが多い。この問題を象徴していたのが、1990年代のドットコム企業の試みである。確かに、この種の試みは独創的であるのに加えて、時代の先端を行ってはいた。しかし、連携が不十分だった。マーケティングがうまくいかなかったようだ。創造的である一方で、有効な事業戦略を基礎として持っていた企業は、ほとんどなかったのである。

　企業にとって難しいのは、自社の目標を顧客の目的に合わせて調整することと、その目標にふさわしいマーケティングやコミュニケーションのプログラムを持つことだ。「競争の激しい国際的なビジネス環境のもとで事業を持続させなければならない」という現実が、顧客の欲求と自社が提供できるもののすり合わせを難しくしている。企業の目標を顧客の欲求やニーズに適したレベルに設定・維持できなければ、自らを破綻に追い込むことも十分にあり得る。目まぐるしく変化する市場で自社の目標と顧客の欲求をすり合わせるには、マーケティングやコミュニケーションの目的と全社レベルの目標を、従来よりも密接に連携させることが必要になる。

　ほとんどの企業では、経営陣が経営方針を定める。マーケティング部門でも、その方針と歩調を合わせることが必要だ。マーケティングと経営方針が完全に一体になって初めて、関連する統合マーケティング・プログラムの開発も可能になるのである。市場が変貌を遂げれば、企業の目標も変化する。今日のビジネス状況を例に取れば、企業の主な目標は、長期にわたる株主価値の構築・創造よりも、短期でのキャッシュフローの獲得に移っている。また、株の時価総額を押し上げることで株主価値を高めるという試みが主流になっている。この2つの傾向を踏まえれば、経営陣が取り得る戦略上の手段は、以下の3つに絞られると言えよう。

- 製品やサービスのための投資・開発──研究開発（R＆D）の推進
- サプライチェーンへの投資──効率的消費者対応（ECR）とERPの推進
- 顧客関係の構築を目的にした投資──コミュニケーションやCRM（顧客関係管理）などの方法によるブランド構築の推進

　これらの手段は、企業経営を推進するうえで大切なツールである。画期的な新製品が次々と市場に登場する時代では、R＆Dだけが成長の原動力だった。しかし今日では、テクノロジーの発達で、自社で開発した画期的な製品もライバルに模倣・改良されやすくなっている。そのため、R＆Dの推進力は、以前より弱くなっている。企業全体の成長を考えれば、技術革新にばかり目を向けることは危険と言えるだろう。

　サプライチェーンの効率を高めれば、工場で生産された製品が流通システム経由で顧客の手に届くまでの流れを円滑にできる。このことは企業の成長要因になる。今日の企業は、製品やサービスの開発や配送に加えて、ロジスティックスや流通システムの効率化への取り組みにも多額の資金を投じている。その取り組みには、ECRや販売力を上げるための投資配分モデルの導入のほかに、バリューチェーンの短縮などがある。

　3番目の手段は、顧客に対する理解や、顧客関係の改善と強化を目的としている。言い換えれば、マーケティングやコミュニケーションの効率を高めることで、利益率の高い顧客の獲得と長期にわたる関係の構築を狙っているのだ。

　このような3つの手段を検証すれば、マーケティングが企業全体の目標の達成に向けて果たす重要な役割を明白に見て取れる。従来の企業では、マーケティングを戦術的な活動と位置づけることが多かった。つまり、戦略的な手段と認識しなかったのだ。ところが、新たなテクノロジーの発達で、大量の顧客データの入手・保存・分析が可能になった。また、顧客志向の経営手法も実用性を帯びてきた。その結果として、マーケティングにも新たに戦略的な役割が期待されるようになったのである。

　しかし、以上の手段を戦略上のツールとして認められるには、収益性がはっきりと証明されることが必要だ。統合マーケティングでは、従来の活動ではうまく

いかなかったこの点で成功を収めた。収益を明確にすることで、統合マーケティングの役割が従来のコミュニケーションをはるかに凌ぐことを示せたのだ。統合マーケティングにとって望ましいのは、ブランド認知度の強化だけではなく、財務目標の達成にも活用されることだ。企業がマーケティングやコミュニケーションに投資する場合を例に取れば、「売上高や純利益の増加」や「市場シェアや顧客1人当たり売上高の拡大」といったように、経営陣が具体的な財務目標を設けなければならない。つまり、以下に挙げるように、統合マーケティングの目的を自社の目標に合わせて完全に調整するのだ。

- 短期・長期のキャッシュフローを改善すること——マーケティングやコミュニケーション・プログラムにかかるコストを上回るだけの収益を実現する。
- キャッシュフローの高速化を実現すること——顧客や見込み客がもたらす収入フローの循環速度を上げる。すなわち、キャッシュフローの循環を加速させる。
- 安定したキャッシュフローをもたらし続けること——多くの企業では、キャッシュフローの増減が激しい。ある月に伸びたかと思うと、翌月には減少するのだ。マーケティングやコミュニケーションを実施することで、起伏のないキャッシュフローを実現できる。その結果として、企業の事業運営のコストも減少する。
- 自己資本やブランド・エクイティの拡大によって株主価値を高めること——ブランド・エクイティが高まれば、金融市場での認知度が高まるばかりか、往々にして株価も上昇する。この両方の作用が、株主価値を高めていくことになる。(原注4)

　我々は世界中のあらゆる産業や業界を調査したうえで、上記4つの目的の1つを見落としていたり、すべての目的を無視したりしているマーケティング・プログラムを観察した。マーケティングの担当者は、プログラムを実施するために、自社の財務資源を投じている。だからこそ、その投資がもたらした（あるいはもたらす可能性のある）財務上の成果を見極めることが欠かせない。このテーマは、本書で繰り返し検討していく。

原則5：顧客行動に関する目標設定

　マーケティングやコミュニケーション計画は、一見したところ複雑に映る。それでも、計画の目的は以下のようにまとめられる。

- **新規顧客の獲得**　マーケティングのなかできわめて単純な目標。従来から多くのコミュニケーション活動で、最も強く焦点があてられてきた。
- **既存顧客の維持**　既存の顧客をマネジメントする目的は、最低でもその時点での自社の事業活動やキャッシュフローのレベルを維持することにある。一定期間での商品の購入回数が限られた分野もある。たとえば、自動車のオーナーによる車両保険の更新は、一般には年に1度である。雑誌の購読者も、少なくとも個人で読むのであれば、年に1回購読料を払う程度で済む。こうした条件を踏まえれば、その時点での顧客とのビジネスを確実に維持することが最も重要である。新しい製品やサービスを繰り出す試みは、その後でもよい。
- **既存顧客による売上高と利益の維持・拡大**　ここでの課題は、既存顧客による製品・サービスの購入量や利用頻度を高めたり、購入済みの製品・サービスの新たな活用方法を顧客に提案したりすることになるだろう。この課題を解決することが、売上高や企業価値の拡大につながる。最大の狙いは、すでに購入されている製品・サービスに対する需要の拡大にある。
- **既存顧客による他の自社製品・サービスへの乗り換え**　ここでの目的は、現在より価格も収益性も高い自社製品やサービスを顧客に提案したうえで、乗り換えを促すことにある。ビジネスホテルの場合なら、宿泊代が高くなる代わりに、接客係つきのエグゼクティブフロアを利用することのメリットを宣伝する。自動車メーカーの場合には、自動車の購入者に対して、現在より豊富な機能を備えた車に買い替えることを勧める。

　上記4つの活動で欠かせないのは、マーケティングによって顧客や見込み客の行動に影響を与えることである。まず、「自社に利益をもたらしている」と考え

られる顧客の行動には、現状の維持に努める。自社の新製品・サービスのテストや、既存製品のさらなる利用を促したい場合には、顧客行動に変化をもたらすことが必要になる。統合マーケティングのプロセスでは、このように顧客行動に影響を与えることを中心に据えなければならない。顧客や見込み客の行動が、企業に対する収入フローの源になるからだ。そこで我々は、今回のアプローチで、どのような企業にも使える成果測定システムを用意した。このシステムのベースは、以下に挙げる統合マーケティングの2つの主な特徴にある。つまり、統合マーケティングを設計する目的が顧客と見込み客の行動に影響を与えることと、その成果を財務上の観点から測定・評価できることだ。統合マーケティングの最終目標は、「顧客・見込み客の行動に測定できるほどの変化をもたらす」ことなのだ。だからこそ、今後実施される統合マーケティングや同じ役割を担うプログラムの成果を測定する際にも、過去の統合マーケティングで測定された成果を指標にできる。本書では、統合マーケティングのプロセスが顧客行動に及ぼす影響と、そこから生じた変化に繰り返し言及する。

原則6：顧客を「資産」として扱う

　ここで提示する考え方は、原則4と原則5で解説した財務上の課題と密接につながっている。企業には、顧客こそ本当の「資産」であると認識する必要がある。ほとんどの企業では、収入フローを最も活発にもたらしているのは顧客である。顧客を別にすれば、企業の事業や取り組みのほとんどがコストセンターであることは明らかだ。そのため、顧客価値重視の統合マーケティング・システムをつくる際には、マーケターやコミュニケーション・マネジャーが「アセット・マネジャー」（資産管理者）と自認することが特に重要である。彼らは、顧客関係の開拓、継続、維持に責任を負って当然なのだ。顧客こそ、企業の収入フローの源泉になるからである。

　顧客を、収入フローの源として認識し始めた企業は、必ず「顧客を資産として扱う」という次の段階へ進むようになる。この段階に至った企業は、投資収益を予測したうえで、顧客・見込み客へ資金を投じるようになる。そして、統合マーケティングの担当者はさらに成長する。広告、ダイレクト・マーケティング、

図表3-5●統合マーケティングのクローズド・ループ・システム

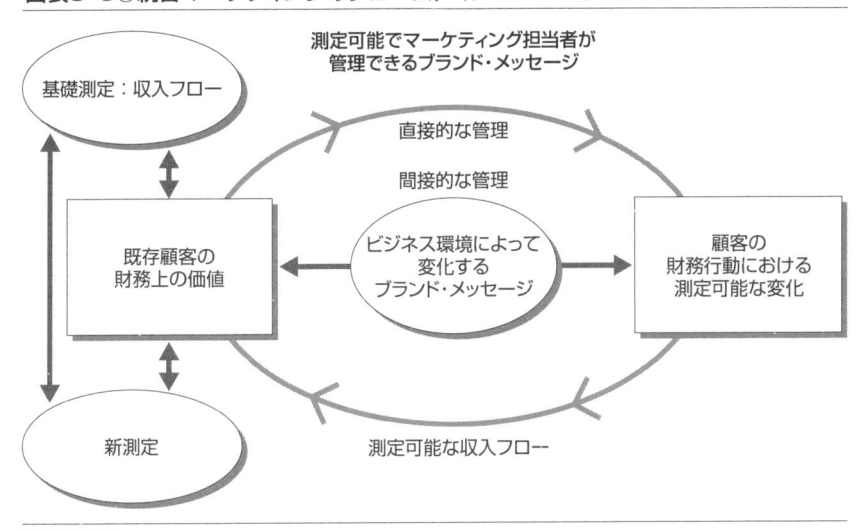

測定可能でマーケティング担当者が
管理できるブランド・メッセージ

基礎測定：収入フロー

直接的な管理

間接的な管理

既存顧客の
財務上の価値

ビジネス環境によって
変化する
ブランド・メッセージ

顧客の
財務行動における
測定可能な変化

新測定

測定可能な収入フロー

PRに対する投資が、単にプロモーションの促進を目的とするのではなく、そのプロモーションを受けて反応する顧客・見込み客を対象とすることを認識するようになるのだ。優れたコミュニケーション・マネジャーであれば、テレビ広告に投資する際にも、「テレビ広告そのものが収益源になる」という発想はしない。「テレビCMを視聴する顧客への投資」と理解しているからである。彼らは、顧客が企業の収入フローを増加・継続させることを知っているのだ。

　図表3-5では、この「クローズド・ループ（閉じた環）・システム」の考え方を示した。ここではまず、さまざまなタイプのマーケティングやコミュニケーションのプログラムを通じて、顧客への投資を実施する。その成果が、企業への収入フローとして現れる。これこそ、顧客を資産として扱うことで生じる「ループ・システム」なのだ。このループが完成するのは、統合マーケティングの担当者が何らかのかたちで、顧客（顧客層）の価値の測定方法を確立できたときである。統合マーケティングの戦略的アプローチでは、財務上の価値を基準に、次のように測定する。まず顧客グループを対象に、過去の財務上の価値を算出する（図左の枠を参照）。財務上の価値が判明すれば、統合マーケティングの担当者は

財務上の意思決定（顧客グループに対する投資額）を合理的に下せる。ちなみに投資額は、自社の製品やサービスのポートフォリオの充実とともに、顧客（顧客層）の維持、開拓、移動の実現に足る額を目安に決められる。このように、顧客グループのその時点での価値が判明すれば、統合マーケティングの担当者が投資額を決定できるのだ。最後に以上の方法では、コミュニケーションの実施前後の効果も測定できる。そのために、投資によって収入フローに生じた変動を明らかにできるのだ。マーケティングとコミュニケーションに対する投資のループは、このように完結する。そして、このプロセスでは、ループを完結させる効果測定の段階が最も重要である。統合マーケティングの担当者は、効果測定の結果を踏まえることで、自社のさまざまな財務目標を実際にうまく達成できる。また、マーケティングへの投資を収益に結びつけられるのだ。

「広告活動への投資のうち半分は、明らかに利益をもたらしていない。しかし、どの部分がそれにあたるのかが分からない」。統合マーケティングをクローズド・ループ・システムとして使えば、かねてからのこのような問題も解決できる。(原注5)適切なプランニングと効果測定さえ可能になれば、利益を上げていない投資部分を的確に特定したり、長期にわたって有効な解決策を実行したりすることに確信を持てるようにもなる。

　クローズド・ループ・システムは、「増分収益の獲得」という企業の課題に対応している。合理的な企業なら、わざわざ収益が減るような投資はしない。マーケティング・プログラムの実施にしても、投資額を上回るだけの収益を確保できなければ意味がない。マーケティングやコミュニケーションに投資しても増分収益が得られないとすれば、「収支ゼロ」という結果でもよしとすべきだろう。もっとも、競争の激しい今日の市場にあって、この成果はあまり芳しいものと言えない。簡単に言えば、利益を拡大するには、投資収益が投資コストを上回る必要がある。100ドルの新規売上げの獲得に必要な費用が、初期投資の10ドルと売上原価・間接費の50ドルだけである場合を例に取ろう。その場合には、10ドルの投資から、40ドルの収益がもたらされる。つまり、収益が投資額を上回るので、増分収益がもたらされるのだ。

　これまでの企業では、マーケターやコミュニケーション・マネジャーは自社の財務計画にほとんど携わらなかった。また、自分の活動領域を財務状態の改善に

結びつけようと考えることも、ほとんどなかった。要するに、経営陣が決めた通りに投資や資源配分を実行していただけで、収益を得られるような投資の実践を主張することはなかった。このようなマーケターが、顧客投資と投資収益に対する戦略眼を養ったうえで、顧客や見込み客からの収入フローのマネジメントに着手すればどうだろうか。その場合には、ここに紹介した「増分収益」のアプローチが統合マーケティングのプロセスの開発・管理にとって有効なツールとなるだろう。

原則7：機能ごとに区分けされた事業を効率化する

　機能ごとに区分けされた組織構造や事業活動の混乱状態を改善することは、組織の統合化で最も難しい課題に数えられる。現在のマーケティングやコミュニケーションは、このように混乱した状況のもとで発展してきた。そして、担当者は長年にわたって、それぞれの専門分野の間にわざわざ境界線を引いてきた。第1章でも見たように、旧来の4Pコンセプトでも、プロモーションが3つの機能（販売、広告、PRの各部門）に分けられている。新たに発達したプロモーション形態の担当者たちも、別々の事業体に区分けして管理する手法を試みた。1970年代のセールス・プロモーション、1980年代のダイレクト・マーケティングやデータベース・マーケティング、1990年代のスポンサー活動、イベント・マーケティング、eマーケティング、ステルス・マーケティングは、その例に挙げられる。今日では、eコミュニケーションを他のプロモーション形態と区別している企業でも、総じてうまくいっていない。我々には、マーケティング部門の極度の分割が、マーケティングへの取り組みの停滞や縄張り・予算をめぐる無駄な争いを招いているように見える。部門をわざわざ分割する場合には、往々にして、広告、PR、データベース・マーケティングといったメッセージの伝達システムの開発に主眼を置きがちだ。そこでは、基本レベルでのマーケティングやコミュニケーション戦略の改善・向上に焦点をあてていない。

　だからこそ、ほとんどの企業では、統合化を阻む要因が社外の顧客以外のところにある。マネジャーが部門ごとに予算や従業員を明確に区別しようとすることが、統合化への取り組みを阻んでいるケースが実に多い。たいていのマネジャー

は、自社や顧客のことを考えるあまり、自分の専門領域の職責や技術を放棄したがらないのだ。

逆に、このことを顧客の視点から検討してみよう。これまでに見たように、マーケティングやコミュニケーション活動に対する意見や考え方は、顧客と企業内部の担当者で違う。顧客の見方は、簡潔で筋が通っている。顧客は、マーケティングについての質問に対して、おおむねこのように答えるものだ。「マーケティングで企業に欠かせないのは、私たちにメッセージを伝えることと、私たちにインセンティブを出すことに集約されます」。企業が当該分野で購買活動をする顧客にメッセージを伝えれば、その顧客は、自社の製品やサービスに着目・利用するようになる。また、顧客に対するインセンティブの提供例には、新製品の早期購入やテストといった行動に特典を与えることが挙げられる。要するに、顧客から見れば、企業のマーケティングやコミュニケーション活動の基本は「メッセージの伝達」と「インセンティブの提供」に絞られるのだ。

顧客価値重視の統合マーケティングは、こうした顧客の考え方を反映している。つまり、マーケターやコミュニケーション・マネジャーが長らく機能ごとに分けてきた要素をすべて取り込んだうえで、以下の2つのグループにまとめている。

- メッセージ：ブランド・コンセプト、ブランド・アイデア、ブランド連想などのブランド経験。顧客や見込み客の記憶にとどまってほしいもの。
- インセンティブ：短期の特典。自社と消費者・顧客の双方の利益になると判断できる顧客行動を対象とする。

メッセージやインセンティブに焦点をあてる考え方は、マーケティング・プログラムを開発する担当者にも大いに役立つだろう。また、統合マーケティングの計画・開発の簡素化も可能になる。たとえば、従来の手法で製品・サービスに関するメッセージを伝えている担当者も、他の伝達方法（広告、セールス・プロモーション、PRなど）を視野に入れられるようになるのだ。インセンティブにも同じことが言える。インセンティブには、買い物優待券を発行したり（セールス・プロモーション）、期間限定で小売店で特典を提供することを広告したり（広告）、製品の試供品を入手できるフリーダイヤル番号をプレスリリースに掲載したり

(PR)、自社の車が使われそうなストックカーレースへの割引招待券を配布したりする（スポンサー活動やイベント）といった形態が挙げられる。このように、コミュニケーション手法を「メッセージ」と「インセンティブ」の2つに分類して検討することで、かえってコミュニケーションの選択肢が増えることになる。

　マーケターは、このような手法の合理化によって、戦術という見地以外にも戦略という視点でコミュニケーションを捉えざるを得なくなるだろう。マーケティング手法の効率化では、ここに最も大きな意義があるのだ。確かに、戦術としての要素も重要だ。それでも、マーケティングへの取り組み自体を左右するほどではない。マーケティングの測定・評価でも、戦術としての要素の役割は希薄である。

原則8：一点集中型のマーケティング活動を展開する

　マーケティングやコミュニケーションのプログラムは、一点集中型にすることが鉄則である。一点集中型と言えば、1990年代の半ばまでは、もっぱら「さまざまなマーケティング活動を1つに束ねること」を指していた。しかし今日では、意味が少し違っている。「従来のマーケティングとeマーケティングやeコミュニケーション活動を融合させる」という意味を帯びてきたのだ。

　電子商取引やeコミュニケーションが発達しても、そのようなマーケティングやコミュニケーション手法に相互の関連性を認めなかったマーケターは数多い。彼らは、ウェブサイトの開発、電子商取引、電子メール、電子技術による消費者調査などの技術ごとに、別々の事業部門を編成した。そして、初期の段階では、こうした区分けが功を奏したようだった。総じて見れば、テクノロジーを用いたコミュニケーションを扱う部門の従業員は、従来のコミュニケーション領域の部門の従業員と趣を異にしていたのだ。確かに、前者の部門で双方向のマーケティングやコミュニケーションのプログラムの構想・計画・開発を進めるには、従来のコミュニケーション・チャネルの部門とは別に動くことが大切だ。企業の内部でも、この区分けによるアプローチは依然として機能している。それでも、顧客の視点で考えれば、このアプローチは不合理でしかない。あるブランドのテレビCMを見ている顧客は、往々にして、そのブランドのウェブサイトやネットショップにもアクセスするものだ。言い換えれば、マーケティングやコミュニケーシ

ョンでは、今後も従来の形態と電子形態が区別されることはないのだ。どんな企業でも、「クリック・アンド・モルタル」といったかたちで、特定の地域に実在する小売店と仮想空間を対象とする電子商取引を融合せざるを得ないも同然なのだ。

マーケティング活動を一点に集中すれば、活動の統合も進展する。さらに一点に集中できれば、当初の計画や予想以上に統合が進展するだろう。マーケティング活動の統合は、単なる絵空事でも、資金の節約のためのアプローチでもない。21世紀の市場で成長を続けることを望む企業には欠かせない作業なのだ。

3　報酬賃金体系

ここまでに概観した統合マーケティング・コミュニケーションの8つの実施原則には、報酬体系という重要な要素が欠けている。統合マーケティングの価値を高める報酬体系とは、従業員、マネジャー、チャネル・パートナーなどの取り組みや活動に対する報酬の出し方を示すものだ。この体系がおろそかにされている理由は、実に単純だ。目下のところ、マーケターは賃金に対する自社の取り決めに口出しする権利をほとんど持たないのだ。しかし、報酬体系は、「統合の実施」「顧客中心型組織への移行」「顧客の欲求・ニーズの開拓と対応」などを後押しするほど重要なのだ。人は、与えられる分しか働かない。それだけに、優れた計画や情熱を持ってマーケティング活動の統合に取り組んでも、企業の報酬システムがこのアプローチに対応していなければ幻に終わるだろう。

ここで見逃せないのは、報酬額が「顧客に対する取り組み」や「顧客の満足度」ではなく、「作業の成果」に応じて決められている点である。自社製品や企業の内部に焦点を合わせた経営手法が、統合化にふさわしい報酬体系の導入を妨げているのだ。カスタマー・サービス部門の従業員の報酬が「電話で1時間に対応した問い合わせの平均件数」で決まるとすれば、顧客ニーズや顧客からの要請は二の次と考えられてしまう。販売部門の社員に対する給与が、一定の期間における製品の販売個数・量に比例すれば、顧客の本当の欲求やニーズについての学習が

後回しになる。この場合には、顧客へのサービスではなく、「自社製品を売りさばく手腕」に対して報酬が支払われるのだ。また、マーケターの賃金が、メディアに対するコスト効率の向上の程度に応じて支払われるとしたらどうだろうか。「顧客を的確に獲得できるメディアを選ぶ」という検討項目は、おのずと優先順位が下がる。広告会社が、顧客行動やそれに伴う顧客からの収入フローに影響を与えることよりも、独創性に応じて報酬を得る場合はどうだろうか。その場合には、広告会社の最優先事項がクライアントの会社の利益ではなくなる。こうした事態を避けるには、企業全体の報酬体系の焦点を、今後に向けた顧客の獲得・維持・開拓・移動に置くようにすることだ。マーケターには、財務におけるマーケティング活動の価値を定めることで、公正な報酬を得るようにすることが欠かせない。取り決めに関わる権限がなくても、全社での完全な統合を促すような報酬体系を模索することが必要なのだ。

4 統合マーケティング：5つのプロセス

　顧客価値重視の統合マーケティングを推進する8つの原則を理解したところで、完全に統合されたコミュニケーションの開発プロセスに目を向けてみよう。すでに指摘したように、従来のマーケティングは、それぞれの要素が相互に結びついていなかった。それぞれの活動が関連づけられていないことが多かったのである。広告会社は、自分たちの仕事を独立した業務単位として考えていた。その点ではダイレクト・マーケティングやPRの担当者も同じだった。しかし、統合マーケティングで用いるのは、顧客に焦点を絞る多角的なマーケティング手法である。これによって顧客の獲得・維持・開拓・移動を実現して、安定した収入フローを長期にわたって確保するのだ。統合マーケティングでは、全社を挙げての意識改革が求められるため、明確さと一貫性を備えたプロセスを追うのが最も効果的である。そこで我々は5段階に分けた統合マーケティング・プロセスを紹介する。ここ数年、世界の至るところでこのプロセスの効果が実証されている。このプロセスの各段階は、相互に結びついており、顧客に焦点をあてた経営ツールになっ

図表3-6●統合マーケティング:5つのプロセス

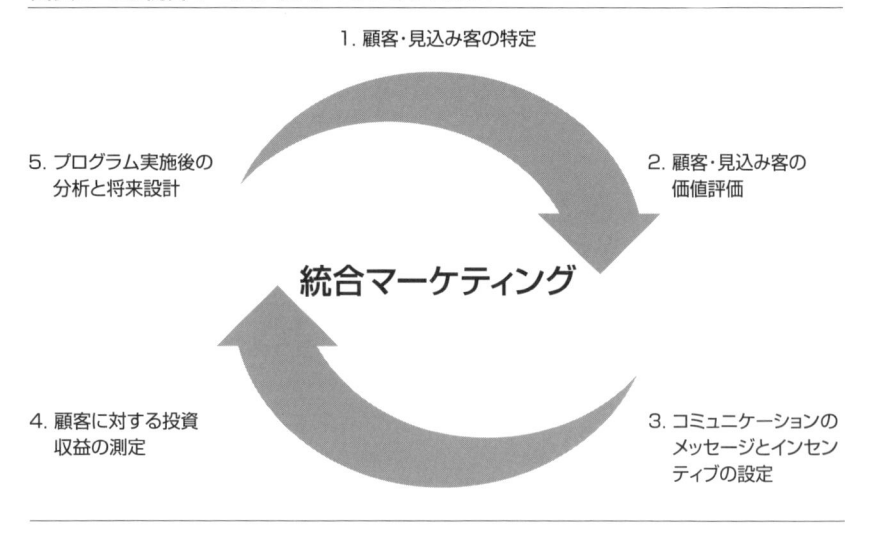

1. 顧客・見込み客の特定
2. 顧客・見込み客の価値評価
3. コミュニケーションのメッセージとインセンティブの設定
4. 顧客に対する投資収益の測定
5. プログラム実施後の分析と将来設計

統合マーケティング

ている。これらの段階を経ることで、完全に統合されたマーケティング・プログラムの開発・実施を果たせるようになるのである。

　図表3-6では、このプロセスの全体像を示した。そこでは、5つの段階に分かれていても、相互に関連性がある。機能ごとに区分けされた従来のマーケティングの要素も数多く含まれている。しかし、それらをただ組み合わせるのではなく、新たなかたちで融合することで効果・効率を高めている。「原則6」で、クローズド・ループ・システムの必要性に着目したことを思い出していただきたい。このシステムによって、マーケティングへの投資から生じた増分収益(損失)の流れを管理することができる。5段階のプロセスは、このマネジメント体制を短期・長期の両面から強化できる仕組みになっている。

　図表3-7では、プロセスのそれぞれの段階を構成する要素を、フローチャート形式で詳しく示した。ここでは、ある段階で得られた成果が、次に設定された段階では投下資本として用いられている。これも、1つのクローズド・ループ・システムなのである。

図表3-7 ◉ 5段階の統合マーケティング・プロセス詳細

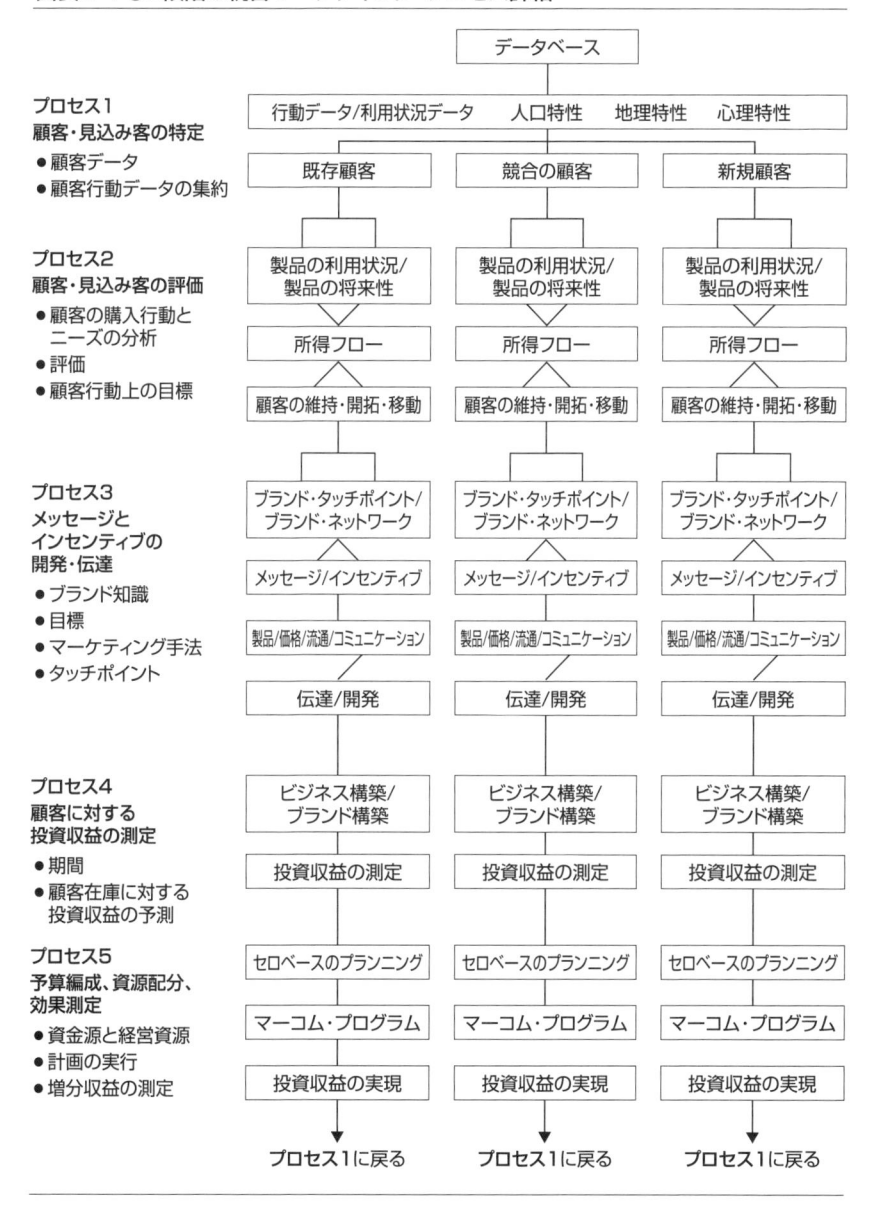

プロセス1
顧客・見込み客の特定
- 顧客データ
- 顧客行動データの集約

プロセス2
顧客・見込み客の評価
- 顧客の購入行動とニーズの分析
- 評価
- 顧客行動上の目標

プロセス3
メッセージとインセンティブの開発・伝達
- ブランド知識
- 目標
- マーケティング手法
- タッチポイント

プロセス4
顧客に対する投資収益の測定
- 期間
- 顧客在庫に対する投資収益の予測

プロセス5
予算編成、資源配分、効果測定
- 資金源と経営資源
- 計画の実行
- 増分収益の測定

データベース: 行動データ/利用状況データ、人口特性、地理特性、心理特性

既存顧客	競合の顧客	新規顧客
製品の利用状況/製品の将来性	製品の利用状況/製品の将来性	製品の利用状況/製品の将来性
所得フロー	所得フロー	所得フロー
顧客の維持・開拓・移動	顧客の維持・開拓・移動	顧客の維持・開拓・移動
ブランド・タッチポイント/ブランド・ネットワーク	ブランド・タッチポイント/ブランド・ネットワーク	ブランド・タッチポイント/ブランド・ネットワーク
メッセージ/インセンティブ	メッセージ/インセンティブ	メッセージ/インセンティブ
製品/価格/流通/コミュニケーション	製品/価格/流通/コミュニケーション	製品/価格/流通/コミュニケーション
伝達/開発	伝達/開発	伝達/開発
ビジネス構築/ブランド構築	ビジネス構築/ブランド構築	ビジネス構築/ブランド構築
投資収益の測定	投資収益の測定	投資収益の測定
ゼロベースのプランニング	ゼロベースのプランニング	ゼロベースのプランニング
マーコム・プログラム	マーコム・プログラム	マーコム・プログラム
投資収益の実現	投資収益の実現	投資収益の実現
プロセス1に戻る	プロセス1に戻る	プロセス1に戻る

⦿ プロセス1：顧客・見込み客の特定

「原則5」に示した通り、統合マーケティングでは顧客行動データに基づいて顧客・見込み客を識別する。顧客行動データは、過去の顧客行動や、顧客が将来影響を受けると考えられる要因について示している。担当者は統合マーケティング・プロセスの第1段階で、人口・地理・心理の特性に関するデータをはじめ、さまざまな種類の情報を収集する。そして、顧客行動だけにとどまらず、行動の動機も理解したうえで顧客の識別に臨まなければならない。

ここで焦点をあてるのは、データの集約と統合である。これによって、マーケティング・プログラムの対象となる個人や企業への理解を深めることができる。そして、行動データをもとに顧客への理解を深めるとともに、それぞれの顧客層と関連づけたマーケティング・プログラムの開発を促進する。図表3-7の例にあるように、顧客はおおよそ3つの層に分けられる。既存顧客、競合の顧客、新規顧客である。ターゲットの顧客層を定義するアプローチは、次章でさらに詳しく検討する。

Column⦿顧客はだれか

「顧客はだれか」「顧客とは何か」このように、顧客を正確に判断するという課題は、マーケティングに関する議論で必ず挙げられる。メーカーを例に取れば、自社製品を直接販売する対象である卸売業者や小売店を「顧客」と見なす場合がある。また、小売店で品物を購入する人々は「消費者」あるいは「エンドユーザー」と呼ばれる。複雑な構造を持つバリューチェーンでは、製品・サービスがエンドユーザーに行き着く前の段階で、長期にわたる顧客関係がずらりと構築されることがある。この事例は、BtoBマーケティングでよく明らかにされる。

本書では、製品・サービスを購入するあらゆるタイプの個人・法人を、まとめて「顧客」と呼んでいる。また、バリューチェーンをレベルごとに区別する必要があるため、「チャネ

ル顧客（中間業者のこと）」、「消費者・エンドユーザー（製品・サービスを最終的に消費・利用する人々）」という呼び方を用いる。

プロセス2：顧客・見込み客の価値評価

　顧客価値重視の統合マーケティングは、企業財務にもたらす影響や効果に焦点をあてている。そこで次の段階では、顧客や見込み客が企業にもたらす収入フローを見極めたうえで、その財務価値を測定する。この段階は、顧客を識別する作業の基盤として欠かせない。この基盤をもとに顧客を識別することで、限りある経営資源の配分方法を決めるのだ。

　プロセス2は、ターゲットに定めた顧客の製品の利用状況を明確に把握することから始まる。それと同時に、その時点または将来に顧客がもたらす収入フローを算出することで、顧客の潜在的な可能性を測る。ここで得た成果は、顧客行動に関する目標を具体的・体系的に設定するために利用する（原則5に対応）。つまり、目標に定めた顧客層ごとに状況を把握したうえで、顧客の獲得・維持・移動に着手するのだ。第5章では、この顧客価値の測定のアプローチについて述べる。次のプロセス3でのマーケティング・コミュニケーション・プログラムに関するプランニングの基盤になる部分である。

プロセス3：コミュニケーションのメッセージとインセンティブの設定

　プロセス3では、コミュニケーションの内容に説得力を持たせるための企画を立てる。企画の対象になるのは、目標に定めた顧客である。ここでの目的は、時宜にかなった説得力あるコミュニケーション・プログラムを設計するのと同時に、コミュニケーションを最も強く求めている顧客や見込み客に接近することにある。このプロセスは、マーケターがそれぞれの顧客に特有のブランド・タッチポイントやブランド・ネットワークを徹底的に理解することから始まる。つまり、顧客

とブランド・タッチポイントのありかや、顧客が確保しているブランドへの「ネットワーク」の状況を把握するのだ。

　プロセス3では、原則7で見た「機能ごとに区分けされた事業を効率化する」という作業が中心になる。メッセージやインセンティブというアプローチでは、必ず伝達システムが利用される。このシステムを通じて、顧客、消費者、エンドユーザー、見込み客との間にコミュニケーションが確立するのだ。マーケターは、メッセージやインセンティブ戦略を適切に実施することで、基本的なマーケティング・ツール（製品特質、プライシング方針、流通・チャネル戦略、コミュニケーション）に最もふさわしい利用方法を見極めることができるようになる。最後に、実施するコミュニケーション・プログラムを、その本質に沿って2つの要素に分ける。1つは、メッセージやインセンティブを目標とした顧客に届ける伝達システム。もう1つは、実際にプログラムをつくる際に利用されるツール（言葉、視覚効果、広告コピー、広告宣伝の題目など）である。

●――――――プロセス4：顧客に対する投資収益の測定

　統合マーケティングのアプローチでは、財務上の価値がきわめて重要だ。マーケティング担当者は、「原則6」に沿って顧客を「資産」として扱えば、自社のマーケティング・プログラム全体が企業財務にもたらす影響を具体的に測定するための足がかりをつくれる。つまり、統合マーケティングを活用することで、マーケティングによる投資収益がプラスであることを示せるのだ。そればかりか、個々の事例を掘り下げることで、最も効果・効率の高かった要素を特定することも可能になる。

　プロセス4では、マーケティングの成果を短期の成果（事業の構築）と長期の成果（ブランドの構築）に分類する。インセンティブを例に取れば、増分収益をすぐに確保することを目標に、短期の成果を上げるように設けられることが多い。その一方で、ブランドの創造は、長期にわたる作業になる。そのため、ブランド・エクイティで得られた収益を測定するには、測定期間を長めに設けておくことが必要である。

プロセス5：プログラム実施後の分析と将来設計

プロセスの最終段階は、いくつかのステップに分かれている。

1．適切な時期に市場で統合マーケティング・プログラムを実施する
2．プログラムに着手した段階で、プログラムに対する評価を開始する
3．再投資の戦略を練る

統合マーケティングのプロセスでは、マーケティングを「終着点のないプログラム」と見なす。つまり、企業の会計年度に合わせて開始・終了しない。このことから、統合マーケティングによるアプローチでは、マーケティングを「途切れなく続くコミュニケーション」と考える。要するに、完結や終了に至ることは決してないのだ。

5　第4章への論点

　以後の章では、統合マーケティングの5つのプロセスごとに、それぞれ詳しく検討する。しかし、本章で手短に述べた情報だけでも、自社のマーケティングやコミュニケーションのプログラムと統合マーケティングのプロセスとの相性を判断することは可能だろう。顧客価値重視の統合マーケティングの原則、手法、プロセスが自社のためになると判断できる場合には、このまま読み進めていただきたい。役に立たないと考えられる場合や、「統合に必要な手段を実行に移す準備がまだ十分でない」と思われる場合には、ここで本書から離れることをお勧めする。以上の場合には、ひとまずこれまで通りの方法でプログラムの開発・実施を続けたほうがよい。そして、あなたやあなたの企業の意識が完全に変わった後に、再び本書を手に取っていただきたい。願わくば、次章でもあなたとお会いしたいものだ。

Identify Customers
and Prospects

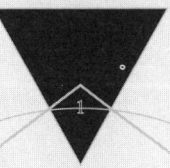

Part II

プロセス1：
顧客と見込み客の特定

第4章 行動データに基づく顧客・見込み客の特定

　顧客価値重視の統合マーケティングの開発において最初の段階にすべきことは、顧客行動のデータベースをもとに顧客・見込み客を識別することである。こうした背景には、顧客・見込み客を市場としてではなく「個人」として扱う、という考え方がある。個人は、市場セグメント、人口特性のグループ、地域単位、社会階級といった恣意的なグルーピングによって識別できるわけではない。にもかかわらず、従来のマーケターは、洗練された統計分析を可能にするような技術に惹かれがちなために、上記のようなグルーピングに基づく市場セグメンテーションに重きを置き過ぎてきた。この傾向を覆すのが、統合マーケティングである。そこでは何よりも、企業に収入をもたらす存在である顧客を個人として捉える。このことはBtoB（企業間取引）企業でも、消費財メーカーでも変わらない。ディスカウント・ショップでの購入、見本市での購入、販売スタッフからの直接購入、そして、電話やネットによる事務用品の定期的な再注文、いずれにしてもすべてのコミュニケーションは人間により人間のために行われる。マーケターが、購入行動の背後にいる個人の存在に目を向けなければ、コミュニケーションの目的も見失う。統合マーケティングは、市場や市場セグメントよりも個人に焦点をあてることで、この落とし穴を避けているのだ。

1　顧客を行動特性で集約する

　顧客価値重視の統合マーケティングは、顧客や見込み客の「行動」に基づいている。そこではまずマーケターが、製品の使用方法などが似ている顧客や、共通のメッセージやインセンティブを適用することができそうな顧客を、集約しまとめる。この集約化プロセスによって、行動によって識別された特定の顧客・見込み客のグループに焦点をあてる一方で、従来の多様なメディアが持つ効率性も活用できるようになる。さらに、場合によっては、個人単位でのグループ化も可能だ。図表4－1を見れば、この集約化の手法と従来の市場セグメンテーションとの違いがはっきりと分かる。集約化のプロセスでは、識別可能な個人に着目してから、行動の性質ごとに集約していくのである。

　通常、セグメンテーションは市場全体から出発し、データ分析などの識別手法の活用で全体を複数のグループに分けることにより、マーケティングやコミュニケーションで管理しやすいようにしている。たとえば、アメリカ合衆国商務省センサス局（U.S. census）は、人口特性と地理特性の要素に基づいた人口調査を以前から実施・発表してきた。人口特性による分類は、年齢、性別、教育、所得水準などの要素に基づいている。また、人口調査報告では、州、町、郊外、都市などの地理的な特性をもとに分類している。こうした政府が収集した情報は、後で一般に公開するため、マーケターも割と安価で入手できるデータである。

　アメリカ合衆国商務省センサス局の情報は、分類には威力を発揮するが、顧客や見込み客に関するインサイトは与えてくれない。この点を補うために、多くの企業は独自に調査を実施したり、地域別データを加えたりしている。追加情報の多くは、第三者やシンジケートになった業者から得られる。このような方法は、有効性を備えていても、年齢、性別、所得水準、地域などをベースとした「市場は同質の集団から形成される」という前提のうえに成り立っているのだ。

　BtoBのマーケターによるセグメンテーションも、アメリカの標準産業分類（SIC）のコードをもとに実施される。このデータの収集も、アメリカ合衆国政府によって行われている。そして、産業、業種、従業員数、生産高などを軸として

図表4-1●市場のセグメンテーションと集約化の違い

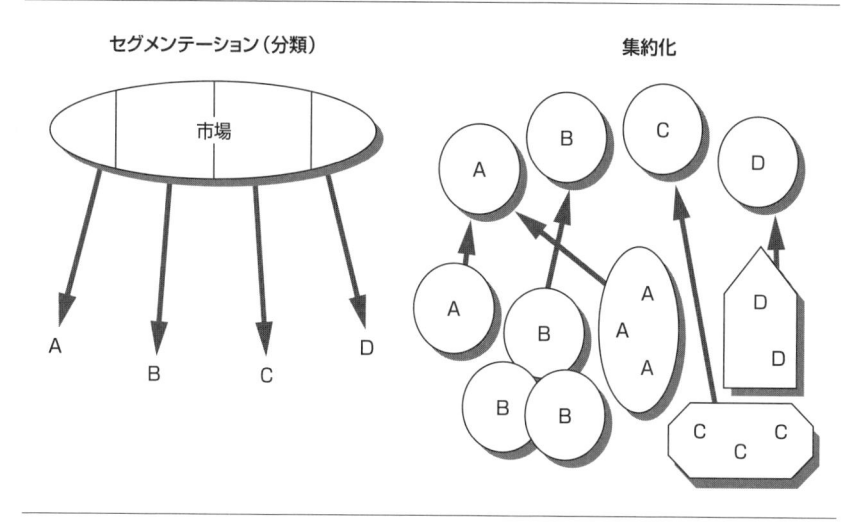

企業を分類している。このデータは、市場を幅広く理解する際に興味深く、有効性も高い。しかし、マーケティングやコミュニケーションの観点から顧客や見込み客の価値を把握しようとするには、あまり役に立たない。

　統合マーケティングは、「セグメンテーション」というコンセプトを超えていく。つまり、市場における個々人の行動から、個人のグループを集約するのだ。要するに、「顧客グループ」というものは、マーケターによる恣意的な分類軸によって形成されるのではなく、顧客自身の行動から形成されるのだ。言い換えれば、「人々」に焦点をあてることがまず必要なのだ。つまり、彼らの行動を識別してから、おのずと形成された市場グループに彼らをあてはめていく。マーケターはこの手法で、製品を購入している顧客・企業グループを識別したり、購入方法・時期・量や将来に見込まれる購入量を推測したりできるのだ。

　企業は、往々にして顧客とブランドとの関係の強さに基づいて顧客の集約化を行う。たとえば、顧客や見込み客を、既存顧客、浮動顧客、新規顧客という3つの大まかなグループにまず分類する。既存顧客はすべて、単一のターゲットとして扱うか、いくつかのサブカテゴリ、たとえば「大量購入―高利益顧客」と

「低頻度―低利益顧客」に分割して扱うことが可能だ。同じように、浮動顧客も、競合へのロイヤルティがきわめて強い層や、競合からの乗り換えを示唆する行動が見られる層、といったサブカテゴリに分割できる。新規顧客は、マーケティングの対象としては、他のカテゴリのユーザーと趣を異にする。つまり、新規顧客には、そのカテゴリにとって新しくエントリーした層が多いのだ（母親になったばかりの女性、学生寮に入ったばかりの大学１年生、最近定年で退職した人々など）。つまり、まだこの層と強固な関係を築いている競合は存在しない。しかし、新しくエントリーした層だからこそ特別な情報ニーズを持っている可能性もある。彼らを顧客として獲得するには、既存のカテゴリのメンバーとは違う場所や経路の活用を要する場合もあろう。

　顧客や見込み客が行動に関する情報に沿って識別・集約されると、マーケターは人口的・地理的・心理的情報などの従来のツールを利用することによって、顧客に関する情報をさらに強化できる。これらのデータは、マーケターが「すでに観察された」行動を理解したり、頻繁に生じる行動の動機を解明したりする際に役立つ。

　我々は、このような集約化の手法を、従来のセグメンテーションの手法よりもはるかに有効で、顧客へのインサイトを深められるアプローチだと考えている。その根拠は、顧客を「人口調査のセグメント」としてではなく、「個人の集合」として把握するところにある。顧客の行動データや、顧客の製品やサービスに関する履歴のデータは、顧客の年齢・性別・所得・地域に関するデータよりはるかに役に立つ。また市場でも、おおむねこのことは立証されている。さらに、顧客行動に関するデータは、特に欧米市場において、以前よりもはるかに入手しやすくなっている。往々にしてマーケターは、最優良顧客の名前や住所をすでに把握しているのに加えて、第三者を介してこれらの情報を入手できる場合が多いからだ。

Column◉顧客の財産の共有

　ロンドンに本拠を置くデータベース・コンサルティング・グループのダンハンビー・アソシエーツ社の調査によれば、BMWのイギリス法人は、1980年代初頭からさまざまな形態を用いて顧客データを収集・統合してきた。新車・中古車の購入履歴、ダイレクトメール、インターネット上の情報源、そして、競合他社の売上げを示す社外のデータソース。このように、同社はさまざまなデータソースから情報を集めている。そして、これらの情報から構築するマーケティング・データベースによって、顧客についての理解の深化や市場における競争優位の獲得を実現している。また、自社製品の使用状況の情報を、従業員に提供することも可能になる。

　このデータベースの利用目的は、多岐にわたっている。顧客による車種の買い替え時期の予測にも、しばしば用いられている。イギリス国内にあるBMWのディーラーも、このデータがあれば、「次の購入計画に関する顧客の相談に乗る」といった役割を果たせる。また、データベースの情報は、広告にも利用されている。ダンハンビーの報告によると、BMWが実施したさまざまな宣伝広告への反応率は、ここ数年で従来の3倍になったという。この改善の要因は、同社のアナリストが顧客のセグメンテーションとターゲティングを正確に実施することで、コミュニケーションに反応する意思がある顧客と接触できたことにある。

　ここで最後に指摘しておきたいのは、BMWではカスタマー・サービスでの評価を維持するために、それぞれの部門で第一線に立つ従業員にもデータベースの情報を与えていることだ。同社のデータベース・オペレーターは、顧客生涯価値に関する詳しい情報ばかりか、顧客とBMWのタッチポイントに関する細かな情報も持っている。また、顧客がどの購入経路を利用しても、同じように情報を得られるようになっている。(原注1)

2　顧客と見込み客を理解する

　収集したデータを山のように蓄積している企業は数多い。こうした状況になる大きな理由は、単に入手可能な情報が多かったり、可能な限りデータ収集を続け

たりすることによる。「顧客を理解する」意欲のある企業は、「後で整理する（できる）」と言わんばかりに、往々にして入手できるすべてのデータを集めてしまう。今日の市場環境でデータを集めることは、消防ホースから出る水を飲もうとするようなものだ。企業は、入手可能なデータの多さに圧倒されるあまり、しばしば途方に暮れてしまうだろう。そして、解決策として、究極のデータベースやテクノロジーを探そうとする。しかし、データの識別・再識別の作業に手間を取られているうちに、データ収集の成果を活用する時間がなくなってしまう。

　マーケターが収集したデータを統合マーケティングの視点から見る際に必要なのは、データを「戦術的」および「戦略的」な価値という視点で分類することだ。戦術上の意思決定をサポートするデータとしては、マーケティング活動の実施方法、主なメディア形態、伝達システム、メッセージ、提供方法などに関するデータがある。また、戦略的な価値のある情報・データを用いることで、組織全体の行動の意思決定を下すことができる。データが収集・保存するに値するかどうかを判断する際には、マーケティング担当者は以下のような簡単な3項目のチェックを行えばよい。少なくともいずれか1つの項目を満たすようなデータであれば、獲得、管理、分析に値すると言えよう。

1．
- そのデータが、自社が顧客および見込み客にとってより役に立つ企業となるうえでサポートするか
- 製品・サービスを自社の都合で売り込むだけではなく、顧客・見込み客の論理的な欲求やニーズに呼応するべくサポートするか
- 顧客に対して有益なコミュニケーションが取れるようにサポートするか

2．
- そのデータは学習する企業となることを、サポートするか。顧客行動への理解が深まったり、知識を将来の顧客経験の充足に役立てたりすることが可能になるか
- そのデータによって、企業の失敗・成功経験を、それぞれ有効に活用できるようになるか

- 顧客および顧客の欲求・ニーズとともに、自社が変化・成長できるようになることをサポートするか

3.
- 限りある経営資源を現在と将来にわたって有効に配分するうえで、そのデータはサポートするか
- マーケティングに関する意思決定の質が向上するか
- 何が効果があり、何が効果がないか、さらに重要なこととして、それがどうしてか、ということを決定できるか
- 将来にわたって自社の限りある経営資源を、有効に活用する能力が向上するか

Column◉「態度」は「行動」に影響を与えるのか

「ある顧客態度が、特定の顧客行動をどの程度誘発するのか」。この課題は、顧客行動の研究にはつき物である。そして、マーケティングやコミュニケーション関連のコミュニティでは、この課題をめぐる論争が繰り返し持ち上がっている。その起源は、「広告がどのように効果を発揮するか」を説明するための試みとして開発された仮説に遡る。その原型となった40年前の仮説では、コミュニケーションに接触した消費者がたどる心理プロセスが提示された。その仮説によれば、消費者は「認知」「知識」「選好」という段階を経てから、ある時点で「行動」を表すという。もっとも、この仮説が市場で立証されることはなかった。顧客態度の変化と市場での顧客行動との結びつきを立証し得なかったことが、論争を呼んできたのだ。ここで、論争に決着をつけるべく、1961年にロバート・ラビッジとゲーリー・スタイナーが初めて開発した「効果階層モデル」という有名なコンセプトを簡単に見直してみよう。(原注2)

図表4-2のように「効果階層モデル」(または従来の広告効果モデル)は、1人の消費者が購買の意思を決める過程で一連の「態度の段階」を通過することを想定している。そして消費者は、広告メッセージとの接触によって、メッセージを「認知」する段階から最終的な

「行動」である「購入」に至る一連の過程を通るものとされる。さらに、このモデルでは、マーケティング・コミュニケーションも「一連の動きを促すツール」であると想定している。そのために、顧客・見込み客を対象とするメッセージの量が増えれば、彼らがこの一連の心理プロセスをたどって製品・サービスの購入を決定するまでに要する時間も短くなる。「効果階層モデル」を受け入れることにより、「リーチとフリクエンシー」「シェア・オブ・ヴォイス」などの、マーケティングやメディア・プランニングに関する多くの重要な仮説が生まれた（第8章を参照）。

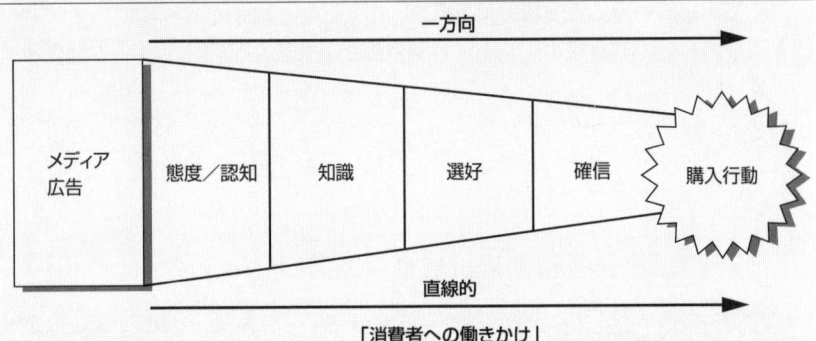

図表4-2● （広告による）コミュニケーション効果階層モデル

一方向 →

| メディア広告 | 態度／認知 | 知識 | 選好 | 確信 | 購入行動 |

直線的 →

「消費者への働きかけ」

　従来型のこのモデルは直感的には正しいように思えるが、数多くの問題点を秘めている。このモデルが開発されたのは、いまから40年以上前である。当時は、マーケティング・コミュニケーションの手法がいまよりも少ないうえに、市場での競争も今日ほど激しくなかった。そのために、従来のモデルは競争を前提としたメッセージによる影響を考慮していない。また、対象とするコミュニケーションの形態も、当時のものに限られている。何よりも、「仮説の域を出ていない」という点が最大の問題だった。この仮説は、確かに広く受け入れられてはいた。しかし、科学的な裏づけどころか、「広告やマーケティング・コミュニケーションに対する人間の心理における反応が正確に反映されている」という保証もなかった。

　「売上げというものは顧客の行動の結果であって、顧客態度の変化によるものではない」。この認識は、マーケティング・コミュニケーションの影響を理解するうえで非常に重要だ。そこで統合マーケティングでは、消費者行動データの活用に焦点をあてたうえで、それらの行動を説明するために顧客態度に関する情報や資料を活用するようにしている。この手法は、「効果階層」を従来とは逆の方向から検討することから、きわめて画期的な変化と言えよう。

統合マーケティングにおいて、マーケティングが戦略的な価値を持つためには、顧客や見込み客の現在と将来の行動に影響を与えることが必要だ。マーケターの仕事は、将来の顧客行動や、将来の製品・サービスの購入状況を予測することではない。顧客行動を既成の事実として捉えたうえで、それらの行動を促進したり変化させたりすることを試みるのだ。だからこそ、マーケターが将来の顧客行動に影響を与える要素や担当するプログラムの将来を見越した評価を考えるには、過去の顧客行動の知識を持っておくことが不可欠である。

顧客行動のマネジメントにこのアプローチを用いた事例で最も優れているのは、ダンハンビー・アソシエーツによって開発されたプロセスだ。(原注3) 多数のクライアントを持つダンハンビー社は、スーパーマーケット、自動車メーカー、衣料品小売店といった組織から顧客の購入データを集め、顧客の行動を3つ以上の次元でプロットできるような大規模で多角的なマトリックスをつくった。同社はさらにこのマトリックス上に、既存顧客の行動や、個人顧客の長期にわたる購入行動の情報を実装した。ちなみにこれらの情報は、ある種の顧客ロイヤルティ・プログラムから獲得したものである。

既存顧客をマトリックス上に配置することによって、ダンハンビー社はマーケターにも顧客にも最も大きな利益をもたらすと想定されるマトリックスの状態を明確化することもできる。既存顧客のマトリックスが分かっていることにより、ある顧客（顧客層）をマトリックス上での望ましい位置に「移動」させることを目的にしたマーケティングやコミュニケーション・プログラムを開発・設計することが可能になる。たとえば、スーパーマーケットの顧客について、マトリックス上で顧客があるボックスから次のボックスへ移動するのを週単位で観察することも可能である。つまり、マーケターは、さまざまなマーケティングやコミュニケーションのプログラムの状況をリアルタイムで把握できるのだ。

3 データベースを統合マーケティングの観点から理解する

ここ10年から15年ぐらいの間に、データベースの魅力を世界中のマーケターが

語るようになった。1980年代の半ばから後半には、顧客のデータベースを持たなかったり、顧客との関係をワン・トゥ・ワンで構築できなかったりした企業は「必ず行き詰まる」と考えられていた。しかし、現実は違った。我々は、LCIの調査でベスト・プラクティスとされた企業に、従来のコンピュータ・システムをそのまま使っているところが多いことを発見した。また、従来のコンピュータや情報システムと各種の手法との組み合わせによって、顧客や見込み客を認識・理解したり、彼らに向けたマーケティングやコミュニケーションを実現したりする企業も少なくなかった。現に第2章で見た通り、業績が好調な企業は、顧客志向を焦点に据えた企業文化をつくり上げることで、テクノロジー上の劣勢を乗り越えてきた。

　ダイレクト・マーケティングやデータベース・マーケティングの人気が頂点に達した時期には、企業もデータの獲得や管理によってもたらされると予想される利便性に関心を向けていた。当時の企業は、コンピュータの購入・リースや高性能ソフトウェアのインストールはもとより、IT関連スタッフの雇用や徹底したデータ収集にも多額の資金を投じた。そして、集めたデータを1つ残らずコンピュータ・システムに詰め込むと、「これで成功は約束された」と考えた。しかし残念ながら、データやテクノロジーに焦点を絞ったために、その目論みは失敗に終わってしまった。失敗の原因は、顧客や見込み客へのインサイトや、顧客の行動に影響を与えるようなデータの活用方法に焦点を絞らなかったことにある。もちろんこのことは、すべてのデータベース・システムが使い物にならない、ということを意味するわけではない。しかし、ここで確かめておきたいのは、データベースの目的は、マーケティング課題の解決策を導くことではなく、企業のマネジャーに情報や知識を与えることにあることだ。

　統合マーケティングにおけるデータベースに対する態度はいたってシンプルである。つまり、データベースを必要とする企業もあれば、必要としない企業もある、ということだ。確かに21世紀の市場は、インターネットの普及や電子化が進んでいる。しかし、顧客に関する保有情報が（購入商品と購入時期の情報だけというように）割と限られていても、実に順調に勝ち残っている企業もある。顧客や見込み客を理解するカギは、入手するデータの量ではなく、その活用方法にあるのだ。統合マーケティングでは2種類の顧客データを入手するだけで、すぐに

顧客や見込み客の的確な把握や、時宜にかなうようなマーケティングやコミュニケーションのプログラムの構築が可能となる。言い換えれば、顧客の生活の改善に役立たない情報まで集める必要はないのだ。

●───── データ・オーディット

　適切なデータベースの開発のための第1ステップとして、多くの場合データのオーディットを行う。我々は、ここ20年あまりの間に、世界中のあらゆる業種の企業を見てきたが、より多くのデータを必要とする企業にはいまだに出会ったことがない。もっとも、必要なデータを確保している企業にも、次のような例がきわめて多かった。

①自社の内部にも情報が存在することが分かっていない
②マーケティングやコミュニケーション目的のためにそのデータにアクセスできない
③有効なカスタマー・インサイトを新たに獲得できるように、データを結合・分析できない

　その結果として、統合マーケティングの開発を目論むマネジャーは往々にして以下のように考える。まず、当社はデータベースの構築を行わなければならないと考え、次に、当社は調査や社外のデータベンダーからの購入といったさまざまなデータ収集の手法を駆使することで、現在より多くのデータの収集に努めなければならない、という考え方だ。そこで我々は、「誘惑に負けないこと」を勧めたい。必要なデータのほとんどは、すでに企業の内部に揃っている。そのデータを探し出すことこそ、「データ・オーディット」なのだ。通常のデータ・オーディットは、図表4−3で示すように、企業のそれぞれの部門にすでに存在する利用可能なデータを見直すことから始まる。
　企業が顧客と接触すれば、社内には必ず利用できるデータがあるはずだ。まず社内から始めよう。営業・経理・顧客サービスといった部門で、顧客や見込み客に関するデータの状況を尋ねればよい。往々にして、必要なデータを早くかつ低

図表4-3◉部門別の社内情報源

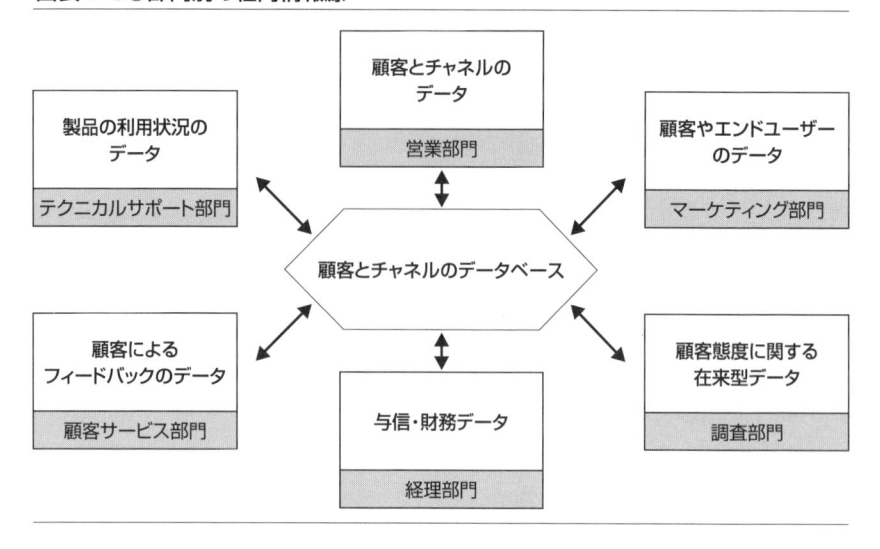

- 製品の利用状況のデータ — テクニカルサポート部門
- 顧客とチャネルのデータ — 営業部門
- 顧客やエンドユーザーのデータ — マーケティング部門
- 顧客によるフィードバックのデータ — 顧客サービス部門
- 与信・財務データ — 経理部門
- 顧客態度に関する在来型データ — 調査部門

中央：顧客とチャネルのデータベース

　いコストで探し出せる。そこで当然ながら、手に入れたデータをいかに統合するかが課題になる。

　USウェスト・ダイレクトとして知られたクエスト社の事例は、データ・オーディットの効用を如実に示している。クエスト社は、『イエローページ』の広告スペースの販売方法を変えようと試みていた。同誌では、これまで営業担当者が広告の種類（大きさ・色・優待クーポンなど）に応じてスペースを販売していた。そこでクエスト社は、顧客のニーズに対する理解を深めるために、調査を実施した。さらにその結果を踏まえたうえで、顧客をいくつかの層に集約した。するとさまざまな顧客の層が、マーケターの前に浮かび上がった。事業の成長を望む顧客。ニッチ市場向けのサービス・製品を扱うことから、小さめの広告を多くの地域で掲載したい顧客。BtoB企業。広告の掲載スペースにまだ迷いのある顧客、などだ。また、同じ顧客層のなかでは、顧客のニーズが似通っていることも分かった。クエスト社では、このような単純な発見を踏まえたうえで、営業担当者向けの研修を実施した。つまり、顧客に若干の質問をするだけで、相手を該当する顧客層に組み入れられるようにしたのだ。さらに、販売メッセージの焦点を、

「製品」から「顧客のニーズ」に変更した。こうしてクエスト社は、1つの調査を実施することで、広告販売事業の改善に成功した。また、営業プロセスの効率性が一気に向上したことから、コストを大幅に減らせたのである。^(原注4)

さらにここでは、タイム社の事例も挙げておこう。AOLタイムワーナーの出版部門であるタイム社は、世界最大のメディア・エンタテインメント企業でもある。同社では、マーケティング情報部門（MID）による管理のもとで、いくつかの購読者データベースを保有していた。そこでは、データベース間の情報のやりとりも可能だった。また、マーケティング活動の効果の最大化に向けた取り組みを続けることで、新規読者・定期購読者へのターゲティングや勧誘活動の向上に努めた。さらに、社内で保有するデータに数多くの外部データを加えることで、その取り組みを後押しした。顧客が『タイム』と『ピープル』両誌を購読する場合を例に取れば、顧客が求める別の雑誌や関連商品をクロスセリングすることを試みている。MIDのスタッフはデータの管理・活用に責任を負うことで、新しいオファー、料金、リニューアルといった取り組みをできるだけ的確に進められるようにしている。見込み客の獲得によりリストの改善を行うことや、データベースの綿密な検証により既存の購読者・加入者に関するインサイトを得たりすることにも責任を負っている。タイム社が統合マーケティングの好例に挙げられるのは、多角的なデータベースをうまく統合・利用することで、既存および将来の顧客とのコミュニケーションの改善や行動に対するインサイトの深化を実現したことにある。^(原注5)

●────データベースの種類

統合マーケティングにとって、データベースは保有すれば役に立つものの、欠かせないものではないということをこれまでに見てきた。それでは、開発プロセスでの情報の収集・集約化に最もふさわしい手法は何だろうか。その意味では、**図表4-4**が解決の助けになるだろう。このフレームワークを開発したのは、アメリカ・テキサス州ダラス郊外のアービングに拠点を置くターゲットベース社である。このフレームワークでは、開発中のマーケティング・プログラムの有効性を高めるために必要と考えられるデータベースのレベルや性能を、すでに実用性

図表4-4◉適切なデータベースの選択

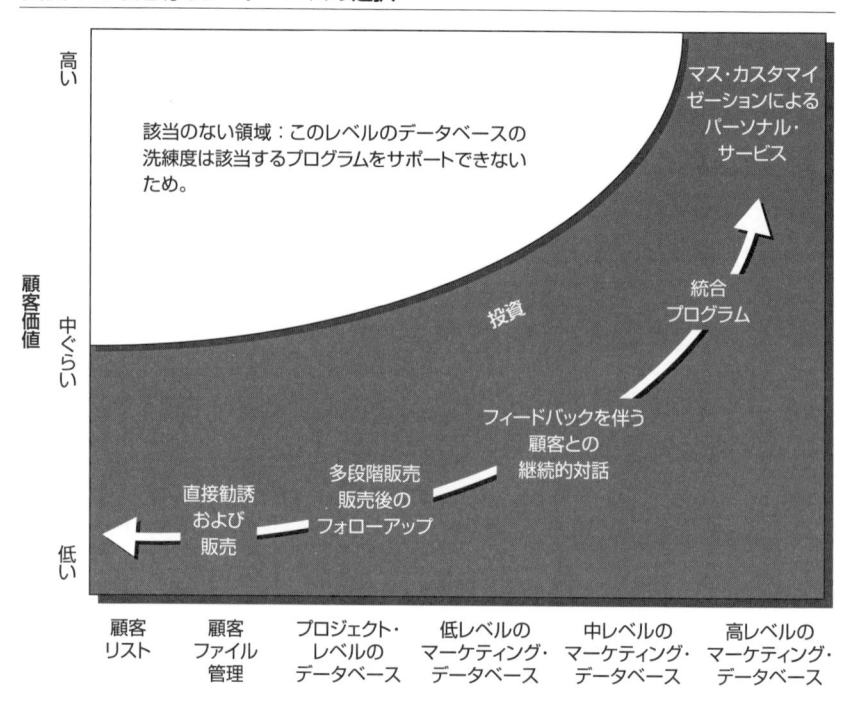

縦軸：顧客価値（低い／中ぐらい／高い）
横軸：データベース技術の洗練度
　顧客リスト／顧客ファイル管理／プロジェクト・レベルのデータベース／低レベルのマーケティング・データベース／中レベルのマーケティング・データベース／高レベルのマーケティング・データベース

該当のない領域：このレベルのデータベースの洗練度は該当するプログラムをサポートできないため。

投資

直接勧誘および販売
多段階販売 販売後のフォローアップ
フィードバックを伴う顧客との継続的対話
統合プログラム
マス・カスタマイゼーションによるパーソナル・サービス

資料：ターゲットベース社の許可によって使用

　が認められた方法で判定することができる。
　必要とされるデータベースの種類は、開発しようとするマーケティング・プログラムの種類に対応する。図の縦軸は、顧客価値のレベルを表している。横軸は、データベースの性能レベルの上昇を連続的に示している。この図では、データベースを「企業の投資対象」と見なしたうえで、企業に必要と考えられるデータ管理のレベルを示している。そのレベルには、簡単な顧客リストの作成から、高性能のマーケティング・データベースまで含めている。そのような高性能のマーケティング・データベースを使うことで、自社製品やサービスのマス・カスタマイゼーションがある程度可能になることが分かる。また、価値の高い個人顧客にも、

個別にサービスを提供できるようになる。

　統合マーケティングが進むと、中レベルから高レベルのマーケティング・データベースが必要になってくる。しかしそれは、「統合化プログラムを開発するには、テクノロジーに多額の資金を投じなければならない」ということではない。本当の意味でインタラクティブな統合化プログラムを開発するには、非常に包括的なデータベースが必要なのだ。この図で特に興味深いのは、曲線のくぼみ部分だ。そこは、企業において「データベースが本来の価値を発揮しない」と考えられる領域の存在を示している。「統合の第1段階（対外コミュニケーション活動の統合・調整）だけを達成できればいい」と考えているような企業を例に取れば、高性能のデータベースでも本来の威力を発揮しないだろう。少なくとも、データベースのコストに見合うだけの増分収益の拡大は期待できない。

　データの活用によって顧客や見込み客の行動に対するインサイトをいかに深めるかが、データベースの必要性よりも重要な課題である。そのために往々にして、複数の情報源から得たデータの集約と統合が必要となる。このテーマは、次の節で扱う。

4　顧客データの結合と共有

　顧客や見込み客を識別する作業では、データや情報の獲得が大半を占める。しかし、顧客や見込み客の本当の姿を見出すには、関連するデータを何らかのかたちで結合・分析することで深く掘り下げた情報が得られるようにしなければならない。データ結合の目的は、顧客や見込み客の状況を正確に把握することにあるのだ。2つの異なるデータを結合すれば、3つの、あるいはさらに多くの見識が得られるものである。この相乗効果が、顧客に対するマーケターの理解を大きく高めるのだ。

　価値の高い顧客についてのインサイトを得られれば、顧客と見込み客を識別できる。利用可能なすべてのデータは、2つの軸を用いた4つの領域に分類することができる。

- **横軸：定量データと定性データ** 定量データは、多数の顧客・見込み客に関する具体的・体系的な情報である。定性データは、特定の調査手法や、顧客との接触、顧客の意見などから得られる。
- **縦軸：観察データと調査データ** 観察データとは、実地で確認できる顧客行動や顧客データに基づく。「調査データ」は、サンプリングによる調査手法で収集した情報をもとに構成したデータである。

縦軸と横軸のデータを結合すれば、**図表4-5**のようなマトリックスをつくることが可能になる。ここでは、企業が一般によく集めるデータを4つの領域に配置した。このマトリックスは、すべてのデータを網羅しているわけではないが、マーケターが社内で得られるデータの類型をうまく示している。また、データの結合に関する1つのアプローチを得ることで、分析や計画の役に立てることができる。

データが価値を持つのは、何らかの方法で分析することによって、顧客や見込み客へのインサイトが得られたときである。これらの作業は往々にして、ある種のデータ収集・管理・統合プロセスを通じて進められる。社内のあらゆるデータを集めたうえで、「顧客情報」として何らかのかたちで有効に活用するには、組織・技術両面で活用を推進するだけの要因がなければならない。

「組織面での推進要因」とは、企業の内部においてデータの統合やカスタマー・インサイトの獲得を可能にするものを指す。一般に、企業文化（顧客志向の度合、経営陣による支援の度合、部署・部門・戦略的事業単位（SBU）間の協力の度合など）もこの要因に含まれる。

「技術面での推進要因」とは、コンピュータのハードウェア、ソフトウェアの互換性、データ転送システム、データ収集の仕組みなどを指している。統合を成功に導くには、この両者の推進要因が欠かせない。

多くの企業にとって、カスタマー・インサイトは、データの結合の成果として得られるものである。データの結合には、ハードとソフトの両面がある。ハード的な結合とは、「顧客の購入履歴」と「第三者機関から得られる人口特性データ」の結合といったデータ同士の物理的なマッチングを可能にする取り組みのことだ。ソフト的な結合は、スタッフがデータを的確に扱うために介入・活動するような

図表4-5 ●観察×定量データ・マトリックス

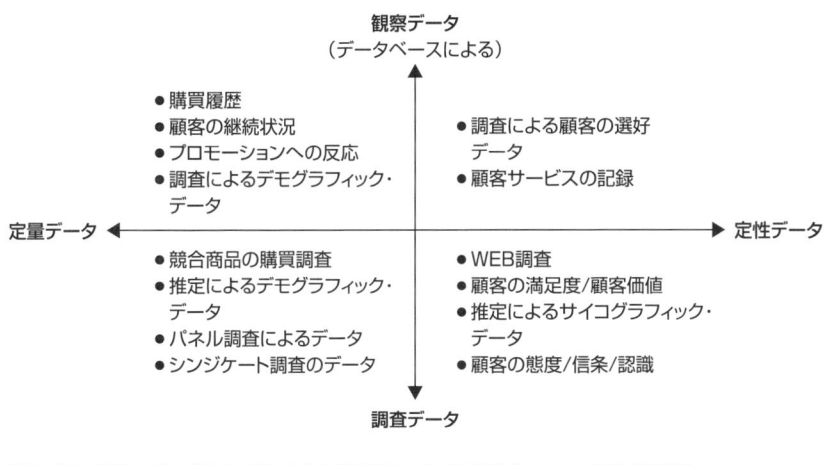

```
                    観察データ
                 (データベースによる)
                        │
    ●購買履歴            │    ●調査による顧客の選好
    ●顧客の継続状況      │      データ
    ●プロモーションへの反応│    ●顧客サービスの記録
    ●調査によるデモグラフィック・│
      データ              │
定量データ ──────────────┼────────────── 定性データ
    ●競合商品の購買調査  │    ●WEB調査
    ●推定によるデモグラフィック・│ ●顧客の満足度/顧客価値
      データ              │    ●推定によるサイコグラフィック・
    ●パネル調査によるデータ│      データ
    ●シンジケート調査のデータ│  ●顧客の態度/信条/認識
                        │
                    調査データ
```

資料:「顧客情報をレバレッジするには」アメリカ生産性品質センター(APQC)(Houston: APQC, 2000)。
APQCの許可によって使用。

取り組みを指す。顧客プロファイリング、顧客スコアリング、標本設計(サンプリング)に基づくデータ収集は、いずれもソフト的な結合である。いずれの手法も、各種モデルの設計・開発にあたるスタッフの資質・スキルに加えて、有益なアウトプットを出すためのアルゴリズムに大きく依存している。

　最後に、どのようなデータを集めるにせよ、管理と統合に対する取り組みが中心になることを挙げておく。この取り組みがあればこそ、あらゆる情報源から集めたデータを分析にかけられる。その結果として、価値のあるカスタマー・インサイトを獲得できるのだ。

5　カスタマー・インサイトの獲得

　これまで見てきたマーケターの取り組みの目的は、カスタマー・インサイトの獲得に尽きる。ここで、図表4-6を見ていただきたい。右側に、集約したデー

図表4-6◉顧客データ活用モデル

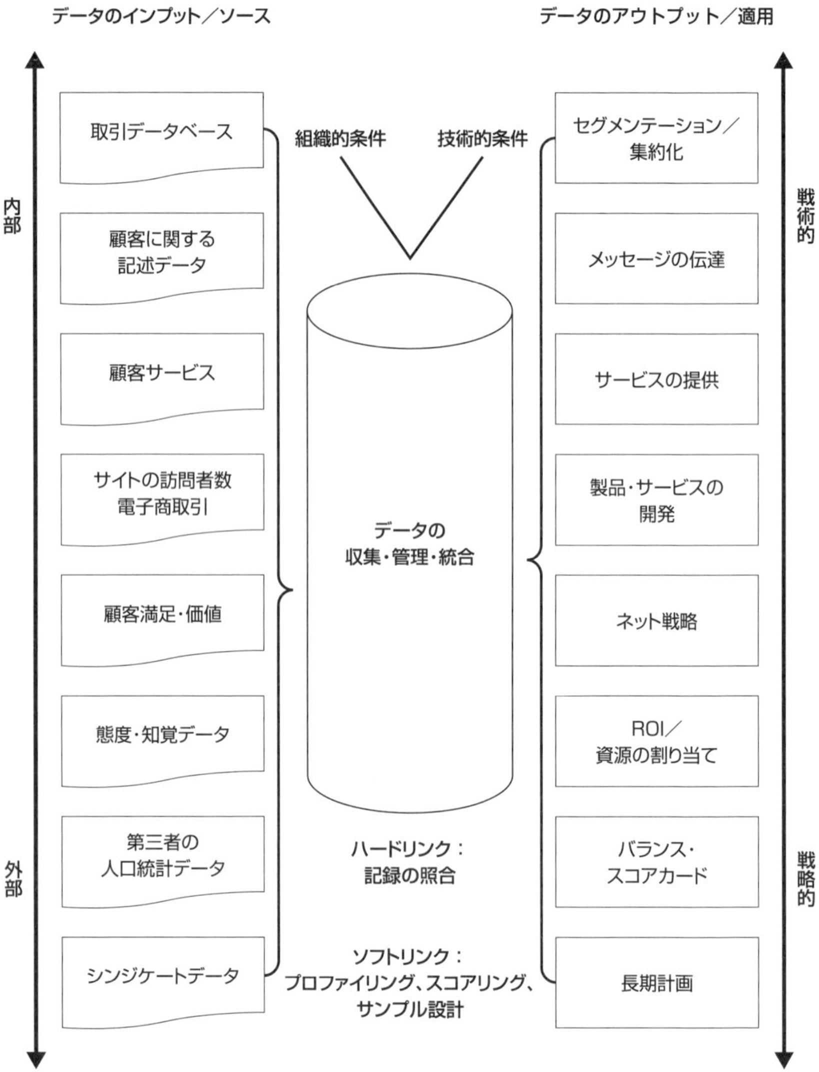
データのインプット／ソース
データのアウトプット／適用
内部
外部
取引データベース
顧客に関する
記述データ
顧客サービス
サイトの訪問者数
電子商取引
顧客満足・価値
態度・知覚データ
第三者の
人口統計データ
シンジケートデータ
組織的条件
技術的条件
データの
収集・管理・統合
ハードリンク：
記録の照合
ソフトリンク：
プロファイリング、スコアリング、
サンプル設計
セグメンテーション／
集約化
メッセージの伝達
サービスの提供
製品・サービスの
開発
ネット戦略
ROI／
資源の割り当て
バランス・
スコアカード
長期計画
戦術的
戦略的

出典：「Leveraging Customer Information」（顧客情報の活用）、米国生産性品質センター（APQC、ヒューストン、2000）。
米国生産性品質センターから許可を得て掲載

タを事業活動・戦略に適用する方法を列記している。縦軸に沿って、適用方法を「戦略的」から「戦術的」といったように並べている。マーケターにとって、「戦術」としての適用方法として最も重要なのは、縦軸の最上部に示した「顧客・見込み客のセグメンテーションもしくは集約化」である。これは、図表4−6を見ればすぐに分かる。顧客や見込み客を集約することで、メッセージやサービスの伝達手段などの開発が可能になるからだ。縦軸のもう一端に並ぶのは、「戦略」としての事業の局面にデータを適用する方法である。これらの方法を用いて顧客データを分析すれば、長期にわたるプランニングやバランス・スコアカードの開発などさまざまな手法を開発できる。(原注6)

6 第5章への論点

　図表4−6の右側を見直して分かることは、さまざまな情報源からさまざまな形態で集められた顧客・見込み客に関するデータは、顧客とのタッチポイントを適切に管理するという目的で使われようとしている、ということである。まさに新しいマーケティングとは、企業と顧客・見込み客との間にある、意図する、しないにかかわらずすべてのタッチポイントをよりよくマネジメントすることそのものなのである。タッチポイントのマネジメントという論点は、後の章で詳しく述べる。しかし、顧客・見込み客に関して集めたデータの分析によって、マーケティング・プログラムの統合化を成功させるうえで大きな役割を担うことは明らかだ。また、この種のデータを適切に分析すれば、マーケティングがターゲットにしようとしている個々の顧客にとって有意義な統合が可能になる。

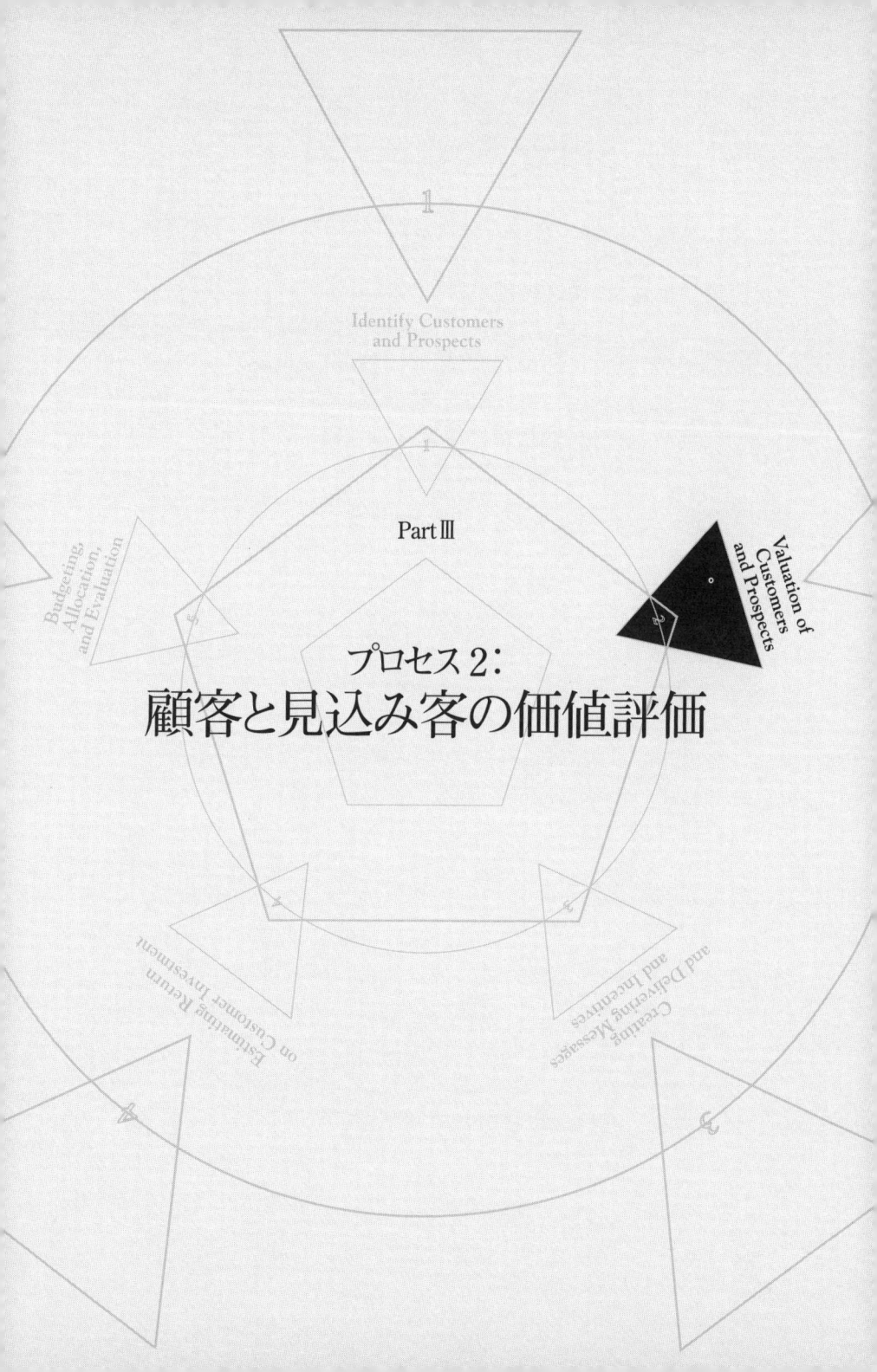

Part III
プロセス2:
顧客と見込み客の価値評価

第5章 顧客・見込み客の財務価値の測定方法

　統合マーケティング・プロセスの第2段階の目的は、顧客・見込み客の財務価値を測定することにある。この段階は、マーケティングへの合理的な投資を行うために必要だ。顧客価値重視の統合マーケティングは、財務価値の測定を目標に据えることで、従来のマーケティング計画へのアプローチとは明らかに区別される。統合マーケティングの手法には、「マーケティングは行き当たりばったりの戦術として使うのではなく、戦略的な経営活動のレベルに引き上げることができる」という前提が含まれている。企業は、マーケティングを負担すべき「支出」としてではなく、戦略的なツールとして生かせる「投資」と捉えなければならない。そして最後に、統合マーケティングの手法では、顧客こそが企業のバリューチェーンで最も大切な要素であり、そのように考えるべき理由も明示している。顧客や、顧客がもたらす価値・収益は、「企業の財務収益を生み出す主な要素の一角を成す」というそれだけの理由で、企業の投資行動の基礎になるのである。
　戦略上の観点から見ても、顧客には「資産」としての価値がある。メッセージの創造や伝達システムは、マーケティング・プログラムを成功させるために重要である一方、統合マーケティングの実施の観点では、それとは別の新たな役割を担うことになる（この点は第7章、第8章で詳しく触れる）。本章では、顧客を「資産」として扱う。これは、企業のコミュニケーション投資に対して、常に安定した財務収益をもたらす存在であることを意味する。さらに本章では、統合マーケティングの担当者が「コミュニケーションのための資源配分」にとどまらず、「顧客による収益の管理」という役割を担うための基礎になる要素を示す。

1　財務価値の測定

　統合マーケティングのプロセス2で欠かせないのは、顧客・見込み客の財務価値を測定する手法を開発することだ。それにはまず、顧客グループごとに商品購入の内訳を把握しなければならない。そして、あるカテゴリで購入した商品のうち、自社ブランドの商品が占める割合をつかむ。このアプローチでは、自社の商品・サービスに対する現在の需要水準とともに将来の需要予測を含め、理解することが基本になる。第3章でも見たように、顧客の持つ需要は、財務上の数値から求められる。財務上の数値とは、販売量、製品単位、製品の性能ではなく、予想される売上げ・収益を指す。統合マーケティングでは、顧客の財務価値の評価をもとに、それぞれの顧客層に望ましい企業行動を設定する。「現在の支出レベルの維持」が適している顧客層がある一方で、「支出レベルを高める」「収益性の高い別の商品群に顧客を移動させる」という顧客層も将来的にあるかもしれない。得意先として獲得できることを見込んで、まだユーザーになっていない人々をトライアル購入の対象として計画化することも考えられる。いずれの計画にも、初期の時点で財務計画の基準になるような評価システムが必要だ。統合マーケティングの担当者は、このシステムによって、プロセス4やプロセス5で顧客に対する投資収益を測定できるのだ。

　収益の測定でまず必要なのは、顧客価値の初期値をある程度把握することである。企業の顧客・見込み客や顧客層に対する投資額を期間別に測定する際の基本になるからだ。また、顧客価値の初期値をつかんでいれば、過去ばかりか将来の投資収益も測定できる。

2　「資産」としての顧客と「投資」としてのコミュニケーションを考える

　ほとんどの企業は、現在の会計慣行をもとに、マーケティングを経営・事業単

位の支出科目として扱っている。概して企業は、マーケティング・プログラムに投じる一定期間（通常は１事業年度）の費用を測定したうえで、予算項目に（少なくとも見込み費用として）組み入れる。次に、収益を管理する目的で、予算の管理システムを開発したり財務の管理・制約のルールを確立したりする。

ほとんどの企業が以上の作業を実施しているのは、マーケティングをコストセンターの活動と見なしているからだ。「支出として管理・分配・監視する必要がある」と考えているのだ。予算枠を定めるのも、マーケターやコミュニケーション・マネジャーを規制することで、当初の計画や許容範囲を超えた支出をするのを防ぐためだ。このような企業では、マーケティング活動の統合・最適化はもとより、当初の予算内にあった支出を行わないことで予算の余りが費用の削減となり、直ちに純利益に組み入れられるのだ。

一般に、企業の経営陣は、マーケティングをコストとなる活動と考えている。そのために、「マーケティングへの投資が財務収益をもたらす」という期待をほとんど持たない。これは、紛れもない事実である。それでも、経営陣は往々にして、マーケターに「マーケティングの価値を証明せよ」と要求しがちだ。その場合には、マーケティングへの投資によって商品・サービスの売上げ、利益、販売量といった財務上の数値が改善したことを示さなければならなくなる。この課題は、統合マーケティング・プロセスで非常に重要なので、プロセス４、プロセス５でさらに詳しく扱おう。

図表３−７のプロセス２の部分をもう一度見ていただきたい。プロセス１では、顧客の行動に応じて、顧客を「既存顧客」、「競合の顧客」、「新規顧客」というカテゴリに集約している。プロセス２では、マーケターがコミュニケーションへの取り組みを通じて達成しようとしている行動目標を列記している。それぞれの顧客・見込み客のグループが企業にもたらす収益には、明らかに格差がある。グループによっては、他のグループよりも管理コストが高いために、採算性が低くなる場合もある。また、顧客獲得にかかるコストが高ければ、収益性が高まるまでに時間がかかる。顧客を失った場合には、その分だけキャッシュフローが落ち込む。そして、顧客を改めて獲得するには、さらに多くの投資が必要になる。マーケターは、これらの特質から顧客・見込み客を把握することによって、多彩なプログラムからそれぞれの顧客行動に影響を与えるために必要なものを選んで検討

できる。さらに、マーケティング活動への投資額の変更が必要になることも分かるだろう。そうすれば、投資からもたらされる収益の額も変わってくるからだ。

顧客や見込み客を「企業に収益をもたらしているか、将来に収益をもたらしそうな存在」として捉えることは、顧客価値重視の統合マーケティングのアプローチを理解するうえでも重要だ。この段階でのマーケターの課題は、以下の通りである。

- 影響を与える顧客の行動と、その目的を設定する
- 獲得の対象になる顧客・見込み客を見極める。また、そのコストを予測する
- 収益をもたらす顧客を識別したうえで、財務上の価値を測定する
- 維持する必要がある顧客を識別する
- マーケティングへの投資によって、現在より収益性の高い層へ移動させる必要のある顧客を識別する

マーケティング活動の目的は、顧客からの収益に影響を与えることにある。以上の課題に取り組めば、その目的は改めて明らかになる。統合マーケティングのアプローチでは、顧客を企業の「資産」と割り切っている。つまり、企業に所得や収益をもたらす他の資産と同列で扱っているのだ。企業が工場や生産設備を建設する際には、そこから生み出される製品（アウトプット）が将来に企業へ収益をもたらす可能性を想定する。研究開発や情報システムへの投資でも、収益を成長させるような成果（技術革新、製品の性能の向上、コスト削減）を生むことを期待する。

マーケティング活動も、これらの「資産」と同じだ。企業が「資産」を利用する目的は、自社に売上げや利益をもたらすことにある。そして、顧客も同じような存在だからこそ、「資産」として管理する必要があるのだ。フェデラル・エクスプレス、プルデンシャル保険、マリオット・ホテル、そして、イギリスの大手チェーンスーパーであるテスコ。いずれの企業も、過去の教訓から、顧客を「資産」として扱うことをしっかりと身につけているのだ。

Column●テスコの方法

　今日では、買い物客のデータを収集するために、何らかのかたちでのロイヤルティ・プログラムを用いているチェーンスーパーが世界のあちこちにある。しかし、ほとんどの店では、集めたデータをあまり活用していない。「顧客ロイヤルティに真の影響を及ぼすようなデータの適用に成功した」という事例も、あまり見られない。もっとも、イギリスの大手チェーンスーパーであるテスコには、見事な例外が存在する。テスコは1994年に、「クラブカード」という顧客向けプログラムをさらにグレードアップさせる必要があると判断した。そこで、データ分析企業であるダンハンビー・アソシエイツの手を借りながら、クラブカード利用者のデータの活用を通じて顧客の価値観、行動、ニーズを探ったのである。
　テスコのクラブカードは、顧客の支出額、購入商品の種類、購入の場所と時間、のデータが記録される。テスコは、このクラブカードと販売状況のデータをもとに、顧客を的確に識別し、顧客をいくつかのマーケティング・グループに集約した。顧客層を細かくセグメントして捉えるこのスキームや枠組みを利用することで、さまざまな顧客層に応じて、価格、製品、プロモーションを柔軟に設定できる。
　ダンハンビー社では、この件で以下のようなコメントを出している。

　「たとえば、限られた予算で買い物をする顧客にとって大切なものを把握することで、購入対象商品の本当の競争力を高められる。テスコとその取引業者は、顧客に有効に作用する施策への理解を深めることで、店内での無駄なプロモーションの量を減らし、さらに、全体の収益を拡大できる。また、さまざまなブランド購入状況のデータを活用すれば、品揃えを細かく調整できる。製品データを使うだけではあり得ないような細かい調整が可能になるのだ」

　テスコではかねてから、世帯を対象とするプロモーションや優待クーポンの種類を、データによって決めていた。1995年には6種類しか存在しなかったテスコのクーポンは、今日では10万種類を超えている。しかも、1週間ごとに内容を修正している。つまり、特定の商品・サービスに関して「購入品目」「特定の商品への出費額」「売り込みに対する反応」といった多岐にわたるデータをもとに、顧客に対して的を得た案内を送ることができるのだ。
　テスコは現在、世界で最も成功しているチェーンスーパーに数えられる。そして、どの小

売店チェーンでも、同社による顧客データの活用方法の模倣を試みている。テスコの成功を際立たせている要因は、あらゆる地域の小売店から収集したデータの適用に力を注いだことにあるのだ。(原注1)

3　顧客・見込み客の評価手法を開発する

　顧客評価の有効な方法を確立するには、顧客の財務価値を過去・現在・将来にわたって把握することが欠かせない。従来の財務価値の測定手法では、過去のデータしか利用しないことがきわめて多かった。これでは、過去の顧客価値しか評価できない。また従来は、顧客・見込み客の将来価値の予測も、過去の顧客価値にもとづいてきた。このアプローチも役には立つものの、顧客の維持や拡大において限界があることまでは考慮していない。別の言い方をすれば、そこでは、マーケターがマーケティング活動ばかりか、顧客や市場も何ら制限なく自在に操れることが前提になっているのが問題なのである。

　さらに、従来の評価手法では、すべての顧客が「等しい」と仮定している。「等しい」とは、「顧客価値に差はない」という意味だ。しかし、マーケティングの視点から調査を進めたところ、ほとんどの製品カテゴリではこの仮定が間違いであることが判明している。つまり、「支出が多い」「収益性が高い」「ロイヤルティが強い」というように、あるカテゴリでの価値が相対的に高い顧客や見込み客も存在する。この種の顧客のグループは、平均レベルのグループに対して「優良顧客」と言える。

　たとえば、ほとんどの商品カテゴリでは、「80対20の法則」と言われるパレートの法則が存在する。イタリアの経済学者ヴィルフレド・パレートにちなんで名づけられたこの法則では、「一般には、顧客のうちのおよそ20％が、企業の売上げ・利益・所得の約80％に貢献している」と明快に定めている。「80対20の法則」の重要性は、いくら強調しても足りない。たいていの場合には、この法則が市場

図表5-1●デシル分析：総収益から見るホテル利用客ランキング

デシル(%)	利用客数	累積利用客数	総収益(ドル)	累積収益(ドル)	比率(%)	最低支出額(ドル)	平均支出額(ドル)
10	1,942	1,942	13,501	13,501	57.5	2,322	6,952
20	1,942	3,884	3,257	16,758	71.4	1,248	1,677
30	1,942	5,826	1,987	18,745	79.9	843	1,023
40	1,942	7,768	1,402	20,148	85.9	613	722
50	1,942	9,710	1,045	21,192	90.3	468	538
60	1,942	11,652	790	21,983	93.7	348	407
70	1,942	13,594	602	22,585	96.3	278	310
80	1,942	15,536	487	23,072	98.3	226	251
90	1,942	17,478	349	23,421	99.8	100	180
100	1,942	19,420	40	23,460	100.0	0	21
合計	19,420		23,460				

顧客の30％＝総収益の80％を上回っている

の集約化の基盤になるからだ。つまり、どのような企業でも、相対的に少数の顧客層が成功のカギを握っている。ガース・ハルバーグは、著書 Not ALL Customers Are Created Equal のなかで、ヨーグルトを対象に実施された調査について報告している。その報告によれば、「アメリカ世帯の16％が国内で販売されるヨーグルトを購入する総量は、全体の83％を占めている」という。同様に、「アメリカ国内の全世帯のうち15％は、フォルジャー・コーヒー・カンパニーの売上高の70％に貢献している」といった例にも言及している。あるマーケティング担当者は、我々にもなじみのあるクレジットカードの顧客層の収益性を検証するために、一歩進んだ分析を施した。この分析によれば、カード会社の収益の90％は、その時点でのカード保有者のわずか12.8％の貢献によるものだったという。

図表5-1は、サービス業にもパレートの法則があてはまることを示している。この表で使用しているのは、最近1年間でのリゾートホテルの顧客データである。ここではまず、対象になった1万9420人の顧客を、滞在したホテルでの総支出額ごとに分類した。そして、支出額の大きさに沿って顧客を降順に並べたうえで、

1つのグループに属する顧客を1942人として、すべての顧客を10のグループに分けたのである。デシル分析と呼ばれるこの方法で顧客を10のグループに分ければ、財務上の価値が相対的に高い顧客を浮き彫りにできる。ここでは、最初の3グループ（顧客全体の30％）が、全支出額の80％近くを占めることが分かった。一般に、デシル分析は、顧客のカテゴリ分けに利用するアプローチである。以降の章では、このアプローチをさらに詳しく扱う。

ここで注意していただきたいのは、デシル分析の対象が「顧客の支出額」に限られていることだ。つまり、顧客の年齢、性別、世帯規模、過去の支出額、地域などの情報から支出のパターンを分析できないのだ。しかし、顧客の行動と、その行動における財務価値は統合マーケティングの中核にあたる。ここでの分析例は、顧客に「資産」としての価値を見出すための優れた出発点と言えよう。

ブランドに対する顧客価値

アメリカ・テキサス州アービングに拠点を置くデータベース・コンサルティング・グループのターゲットベース社は、顧客価値を評価する画期的なアプローチを開発した。単なるデシル分析をはるかに凌ぐこのアプローチの目的は、「ブランドに対する顧客価値」（CBV）の全貌を明らかにすることにある。[原注3] ターゲットベース社は、顧客（あるいは顧客層）がブランドに収益をもたらす可能性を示す財務上の価値を足がかりに、調査を開始した。図表5-2に示されている通り、CBVの評価手法は4つの基本要素からなる。

- 浸透率（P）　そのカテゴリの顧客全体に占める自社の顧客数を％で表示したもの。たとえば、総顧客数が1000で自社顧客が400ならば、浸透率は40％となる。
- 購入量（BR）　特定のカテゴリに対して顧客が持つ1年間の（あるいはある期間内の）平均需要。たとえば、インクカートリッジ市場では、プリンター所有者が平均2台のプリンターを所有し、1台当たり年間12個のインクカートリッジを購入していたならば、購入量は顧客1人当たり年間24個となる。
- 購入シェア（SOP）　購入行動全体に占める自社の割合。特定カテゴリでの顧

図表5-2●ブランドに対する顧客価値

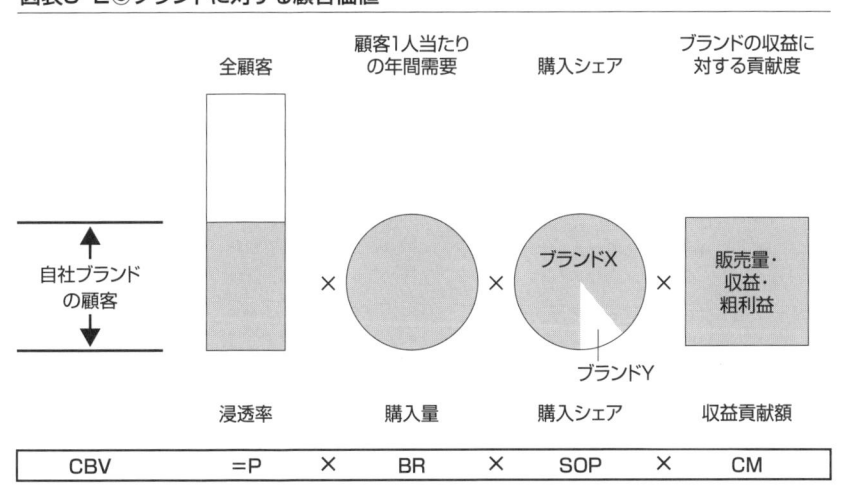

全顧客	顧客1人当たりの年間需要	購入シェア	ブランドの収益に対する貢献度
自社ブランドの顧客	×	× ブランドX / ブランドY	× 販売量・収益・粗利益
浸透率	購入量	購入シェア	収益貢献額
CBV	=P ×	BR ×	SOP × CM

資料：ターゲットベース（Targetbase）の許可によって使用。

客の購入行動のなかで、自社ブランドを対象とした購入行動の割合。たとえば、粘着テープの購入に年間100ドルを使う顧客が、自社ブランドの粘着テープに支出する割合。

- **収益貢献額（CM）** 顧客の総購入のうち、自社の収益につながっている金額。小売レベルでの売上総額ではなく、企業に実際にもたらされる財務利益を用いる。この指標は、顧客を評価する際の重要な要素になる。さまざまなマーケティング活動に対する投資額は、純支出額で表される。そこで、コストの全額を差し引いた純利益の額を知ることが大切になるのだ。

ブランドに対する顧客価値を求めるには、次の公式を使用する：

ブランドに対する顧客価値＝浸透率×購入量×購入シェア×収益貢献額

4 顧客と市場価値の創出

　ここまでの段階では、顧客・見込み客を、マーケターの意図に操られるような受け身の存在と見なしてきた。この解釈を言い換えれば、顧客・見込み客の行動をマネジメントするツール、専門知識、スキル・能力をマーケターが持ち合わせていることにもなる。しかし、一般に信じられているこの考え方は、現実とまったくかけ離れている。価値とは、受け取る人が決めるものだ。つまり、商品やサービスの価値を決めるのは、それぞれの顧客である。商品やサービスを利用する目的に応じて決まる価値と価格の関係も、顧客や見込み客が定めている。ブランドや企業に対するロイヤルティの程度を決めるのも、マーケターではなく、顧客や見込み客なのだ。企業がネットワーク化に拍車をかければ、市場における顧客との双方向の対話も実現に近づくだろう。

　それでは、顧客の視点から価値をつくり出すために、マーケターは何をすればよいのか。マーケティング計画に対するアプローチのほとんどには、「顧客価値は企業が提供する製品やサービスのなかに本来的に備わっている」という前提がある。それゆえ、従来のマーケターの仕事は、その顧客価値を選り分けることと顧客・見込み客への伝達にあった。場合によっては、商品やサービスに備わっている利益や価値が、表面に見えにくいこともある。そこで担当者は、このように隠れた価値を見極めたうえで、商品やサービスの利点や価値について顧客や見込み客を説得する。いずれの場合でも、価値を決めるのはマーケターだ。つまり、少なくとも顧客や見込み客にとっての価値を決めたうえで、その価値を表すと思われる商品・サービスの特徴まで定めてしまう。従来の広告活動では、「マーケターが、製品の販売や価値を管理できる」という前提によって、独自のセリング・ポイントやブランドにある「内在化されたドラマ」に重きを置いていた。従来のマーケターは、商品・サービスの構成や流通方法ばかりか、商品・サービスに求められる価格や価値を伝達すべき顧客はだれなのか、そのタイミングはいつかということも決めていたのだ。

　この見方には以下の共通の認識がある。それは、マーケターは、十分な資金と

時間を与えられたうえで、マーケティング・プログラムをうまく実施すれば、すべての商品・サービスを消費者に「売りさばく」ことができるという認識である。そういう理由によって、現在のプロモーション計画の多くは、マーケターが管理できるコンセプト（広告表現、ブランド想起率、流通網の整備など）にもとづいている。第1章で見た4Pモデルのもとでは、マーケターの「支配力」次第で、あらゆる要素が決まる。このような従来型のモデルは、今日でも主流になっている。4Pでは、マーケターが製品、価格、流通、プロモーションを適切に施行すれば、顧客は長期にわたって商品を購入すると考えられている。そこで想定されるのは、市場のあらゆる要素（資金、原材料、製造技術、情報技術、流通チャネル、メディア、コミュニケーション）を支配するシステムだ。つまり、マーケターや企業のコミュニケーション・プログラムにとって、「消費者」はチェスのコマ程度の存在でしかない。

　しかし現実には、今日の双方向型市場で、マーケターの支配力が急速に衰えつつある。インターネット、モバイル・コミュニケーション、ワイヤレス・コミュニケーション、インスタント・メッセージなどの新技術が広まった今日の市場では、顧客が優位に立っている。リアルの店舗・小売店から電子商取引サイトに至るまで、多岐にわたる選択肢を評価・検討したうえで、購入のシステムを決定できるのだ。そこでは、地理や時間の制約に関係なく、商品・サービスを速やかに入手できる。顧客や見込み客は、世界各地の商品・サービスを識別・評価・購入の対象にするばかりか、購入の時期やプロセスを自ら設定することが可能なのだ。そして、購入の時期やエリアを決める権限も、あっという間にマーケターから個々の顧客・見込み客に移ることになる。

　この新たな状況で顧客の支持を得ているのは、自社のブランド価値を消費者の視点から強化する企業である。そのなかには、大量生産した自社製品を、個々の顧客に合わせてパーソナル化する手法を開発した企業も多い。リー・ジーンズを例に取れば、顧客ごとにサイズを測定したうえで、顧客の要望と一致するようなジーンズを販売している。また、デルの直販サイトでコンピュータを購入する際には、顧客が付属の部品まで指定できる。アジアとヨーロッパで幅広い種類の携帯電話を販売中のノキアも、着信音などのパーソナライズ・サービスを提供している。さらに、マイ・ヤフーでは、顧客ごとの希望に合わせたオンライン・サー

ビスを提供している。

　従来のマーケティングでは、製品ばかりか、バリューチェーンに対する支配権も追求した。マイケル・ポーターは、著書 *Competitive Advantage*（邦訳『競争優位の戦略』土岐坤訳、1985年、ダイヤモンド社）のなかで、従来型のプロセスを次のように述べている。まず、従来ではマーケター、流通チャネル、メディアが共同で「バリューチェーン」を形成していた。この種の人々や業者は、バリューチェーンの内部で、商品やサービスに望ましい特徴や要素を加える。そして、その商品を売り手から買い手のもとに運ぶものとされる。またマーケターやパートナー企業は、組み立て・流通・在庫などの手法を通じて、基本商品やサービスに対して顧客向けの付加価値を生み出すことができると考えられていた。バリューチェーンのそれぞれの段階で、マーケターは、最終顧客に対する付加価値を生むことができると仮定されていたのだ。企業もこの付加価値を高める取り組みによって、利益や収入を得られると考えた。その結果として、実際にエンドユーザーが商品を入手する時点でのコストは、製造時のコストの3倍から20倍に膨れ上がっていた。さらに、従来のマーケティングでは、バリューチェーンは段階的であると想定している。メーカーから始まるこの一連の流れは、段階的に価値を付加しながら、エンドユーザーに到達するのだ。

　この視点で明らかになったのは、「コストがかさむバリューチェーンでは、消費者の欲求やニーズにそぐわない場合が多くなる」という問題だ。そのうえ、今日の双方向型の市場でバリューチェーンの大部分を支配し、時に組み替えるのは、消費者であってマーケターではない。本を購入するエンドユーザーを例に取れば、地元の書店での購入に付加価値をほとんど見出せない場合に、アマゾンを選択できる。アマゾンでは、品揃えが豊富であるのに加えて、優れた購入・配送システムをはじめサービスの競争力も高い。それと同様に、ドア・メーカーでも、一定の規格のちょうつがいや金具のサプライヤーを決めるための選択肢がたくさんある。フリーマーケット・オンラインを例に取れば、広い範囲に分散するサプライヤーをまとめて把握したうえで、自社が求める（金具の）品質を満たすサプライヤーを識別できる。また、ドア・メーカーからの受注をめぐって主催するオンライン・オークションに、さまざまなサプライヤーを参加させることも可能だ。ここではっきりと分かるのは、従来型の役割分担が覆されていることだ。金具メー

カーが、「エンドユーザー」にあたるドア・メーカーに対して、マーケティングやターゲティングを実施するのではない。ドア・メーカーという顧客が、フリーマーケット・オンラインの手を借りるかたちで、この購入プロセスを支配しているのだ。そして、顧客の選定候補になったサプライヤーは、自分の望む価格での落札に向けてオークションで競うのだ。

　売り手から買い手に向けた支配力の移動を示す好例は、アメリカの自動車業界にもある。ダイムラー・クライスラー、フォード・モーター、ゼネラルモーターズの各社は2000年に、部品メーカーのグローバル規模での相互乗り入れに向けて、互いに連携することを発表した。そしてこの取り組みは、コビシントという共同出資会社のもとで成果を見せている。OEMメーカーだけでなく、あらゆる規模の部品メーカーでも活用できる共通のツールやインターフェースを用いて同社をセンターハブの企業にすることが目的であった。コビシント社は設立当初、いずれはイーベイなどのように、インターネット業界の旗振り役になると予想された。そして、自動車メーカーに製品を販売するすべての部品メーカーを対象に、競売購入システムの確立に取り組んだ。また、サプライチェーンの効率性を高めることで、部品メーカー・自動車メーカー双方でのコストの削減を目指した。実際には、この新しい会社は、いくつもの課題を抱えてきたが、それでも、確かに言えることは、サプライヤーとメーカーの連携・協調体制が整えば、その双方の影響力・技術力の向上に結びつくという21世紀型のコンセプトに基づいて設立されたことだ。

5　統合マーケティングの「5R」

　このように、付加価値の決定者が企業から顧客に変わったことにより従来のバリューチェーンが逆転した。そのことは、統合マーケティングを理解するうえでも決定的に重要だ。統合マーケティングの考え方では、顧客を組織の中心に置くことが大切であり、そのことによって価値の考え方もまったく変わる。そこでは、従来のモデルと違って、価値がサプライチェーンの内部で段階的に加えられるわ

図表5-3 ◉ 統合マーケティングの「5R」

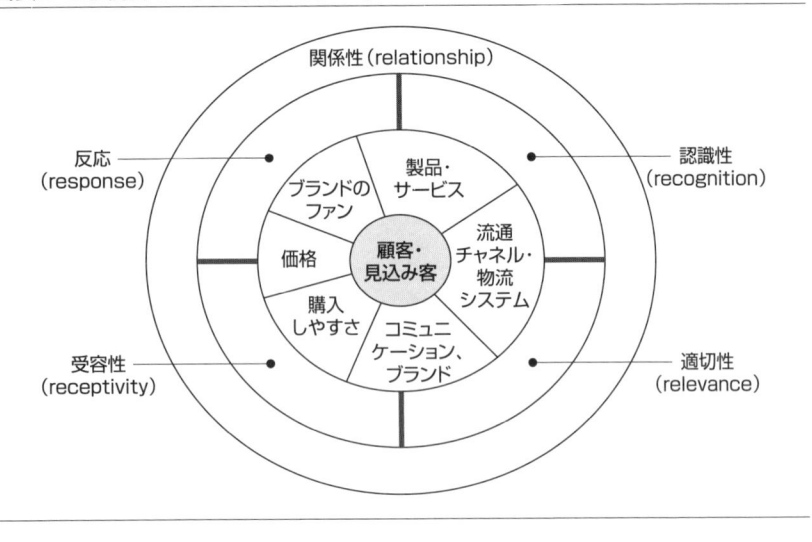

- 関係性(relationship)
- 認識性(recognition)
- 適切性(relevance)
- 受容性(receptivity)
- 反応(response)

中心：顧客・見込み客
内側の円：ブランドのファン／製品・サービス／流通チャネル・物流システム／コミュニケーション、ブランド／購入しやすさ／価格

けではない。むしろ、顧客が価値を決め、また付加価値を選択するのである。それは、顧客がマーケティング・システムのなかから最も価値が高い部分のみを選択し、利用することによってである。これは、サプライチェーンというより、デマンドチェーンと呼ぶべきだろう。**図表5-3**では、顧客にとっての付加価値を示している。ちなみに、中心の「顧客・見込み客」を囲む中間の円は、付加価値にあたる。顧客である個人や企業は、個人的な価値や企業にとっての価値を最大化するために、その商品・サービスを選択し、組み合わせ、組織化するのだ。

図表5-3の付加価値システムでは、顧客・見込み客が中心に位置している。そして、顧客のすぐ外側の円では、従来のマーケティングによる付加価値システム（特定の製品・サービス、価格、流通チャネル、物流システム、コミュニケーション、情報など）が示されている。そこでは、従来の4Pも、付加価値の要素になっている。しかし我々は、4Pのほかに、今日の市場環境に適した付加価値（ブランドのファンや推奨者、ブランド・コミュニティ、アクセスのしやすさ、商品・サービスの入手方法など）を付け加えた。もちろん、この円に記入した付加価値は完全ではない。しかし、次に挙げる新しいコンセプトの理解には役に立つだろう。「顧

客や見込み客は、付加価値を自ら選ぶことで、事実上大幅に価値を高める」。
　統合マーケティングでは、以下のように5Rと呼ばれる新しいコンセプトを提案する。

　1．**適切性(relevance)**　この言葉は、企業が実施するマーケティングが顧客にとってどの程度身近であり、適切であることを表す。マーケターは、この適切性を踏まえながら、競争力を備えた価格を設定し、顧客に身近な流通システムを利用しつつ、説得力のあるコミュニケーションを実施する。

　2．**受容性(receptivity)**　受容性という言葉は、以下の2つの場合に用いられる。まず、マーケターが顧客・見込み客にアプローチする際には、彼らの受容性が高いタイミングを狙う必要がある。たとえば、「ハンバーガーの販売に最も適したタイミングは、顧客が空腹のときである」といった具合だ。要するに、メッセージやインセンティブに対する顧客・見込み客の受容性が最も高いタッチポイントを探すのだ。もう1つのケースは、新しいアイデア・コンセプト、経営手法に対して企業がどの程度開かれているかという問題である。具体的には、企業が顧客にどのようにコミュニケーションするかということではなく、顧客が企業にコミュニケーションしたい、あるいは受け入れたいと思うことにいかに企業が対応するかという、顧客からのコミュニケーションへの対応である。そのため、企業やマーケターにも、新しいアプローチへの受容性が求められる。

　3．**反応性(response)**　統合マーケティングでは、この言葉も2つの局面で用いられる。1つは、顧客・見込み客が企業の提供したものにどのように反応を示すかを決めるときだ。「この企業は取引相手としてふさわしいだろうか」「この企業と接触を持てば、取引が活性化されるだろうか」。顧客は、このような問題について検討する。また、反応性という言葉は、顧客・見込み客のニーズと欲求に対して企業が知覚し、適合し、応答するかという際にも用いられる。双方向型の市場では、マーケティングとコミュニケーションのプログラムの計画、開発、実施に関するマーケターのスキルは主要なスキルとは言えない。そ

の代わりに、顧客のニーズや欲求に対して適切に反応する能力が必要になるのだ。

4．認識性(recognition) 受容性や反応性と同じように、認識性にも2つの意味がある。1つは、重要なブランド・タッチポイントに接している顧客を認識したり、社内にデータとして保存されている顧客情報に即座にコネクトする能力である。電話サービスのオペレーターを例に取っても、顧客がフリーダイヤルで問い合わせてきたときに、すぐに過去の取引・サービス情報を参照できるスキルが認識性にあたる。また、自社の公式サイトへ繰り返しアクセスする顧客を識別する能力や、そのアクセスを過去の顧客行動と関連づける能力も認識性に含まれる。これとは別に、顧客がブランドを選択する際の認識も挙げられる。顧客は、数ある選択肢のなかから、企業のブランドを選んでいる。顧客や見込み客は、ブランドを認識しているのか。特定のニーズや用途を満たすようにブランドを選べているのか。そして、自社とライバルとのブランドの違いを理解できるのだろうか。いずれの疑問も、顧客の認識性に関わっているのだ。

図表5-3では、中心である顧客から2番目に外側の円に4つのRを示している。この円では、顧客・見込み客が価値をどのように選択したかによって、彼らが得られる付加価値の種類を示している。これらの付加価値をもたらすのは、企業の組織構造であったり、経営上の選択と集中や変革への意思であったりする。簡単に言えば、この4Rは、マーケターが顧客に提供したいと考えるような付加価値を示しているのだ。

最も外側にある円は、新しい付加価値の循環システムである。関係性（relationship）というこの単一の要素こそ、5番目のRにあたる。

5．関係性(relationship) この言葉は、マーケティングで多用されるようになった。カスタマー・リレーションシップ・マネジメント（CRM）、顧客関係マーケティング、ワン・トゥ・ワン・マーケティングといった一連の潮流は、いずれも「関係性」をめぐる議論である。ただし残念ながら、マーケティングで関係性について論じられる際には、次のような示唆しか得られない。「デー

タや分析をもとに、情報技術を利用したコミュニケーションをいくつか実施するだけで、顧客との関係を築ける」というものだ。顧客価値重視の統合マーケティングでは、関係を築くのは顧客であって、マーケターではない。取引相手や、時間や場所の制約を決める権限も顧客にある。顧客の持つパワーこそ、統合マーケティングの顧客中心主義を理解するうえで重要なポイントになる。つまり、決めるのは顧客であって、マーケターはそれに対応する存在なのだ。

　最後に、実例を通じて５つのＲを総括してみよう。オンライン・コミュニティ・サイトのウィメンコム（women.com）では、女性に関する話題を扱った記事風広告と電子商取引サービスを提供している。ここでは、サイト内のチャットルームと掲示板によって、消費者に関するインサイト（人口特性、心理特性、行動情報など）が得られる。ウィメンコムではこの情報を、顧客の考えを理解するために活用するのだ。また、収集した人口特性データを幅広く活用することで、広告、プロモーション、記事風広告を個々の消費者に合わせて提供できる。ウィメンコムでは、顧客に対して適切性と認識性の双方を達成している。会員は、自分にとって最も都合のよい時間か、情報を最も必要とするときにサイトへアクセスできる。つまりウィメンコムでは、受容性が実現しているのだ。さらに、ウィメンコムの公式サイトでは、消費者との対話の場を設けている。つまり、消費者がサイトに寄せた内容をウィメンコムが学習することで、反応性を示しているのだ。「消費者との『関係性』を築いている」と言えるのは、ウィメンコムのように、消費者の聞き手になれるブランドである。このようなブランドは、関係性をまったく持たないブランドよりも、消費者に対して強い影響力を持つことになる。

　従来の４Ｐの代わりに、統合マーケティングの５Ｒを利用すれば、マーケティング・プログラムの開発に対するマーケターの意識は変わるだろう。本書では、顧客・見込み客に対する企業の評価モデルの変革を提案した。それと同様に、マーケティングやコミュニケーションのプログラムのプラニングに対する変革も提起しなければならない。

6 第6章への論点

　統合マーケティングのプロセス1、プロセス2を完了させたマーケターは、これまでのプロセスで収集した顧客・見込み客のデータをもとに、以下に挙げる3つの重要な問いに答えられるはずだ。

- いわゆる優良顧客はだれか。またその理由は何か
- 自社の商品・サービスを購入する可能性が最も高い見込み客はだれか。またその理由は何か
- マーケティング担当者が適切に顧客・見込み客を理解するには、どのような情報が必要なのか

　上記の3つの問いに答えられるマーケターは、プロセス3に進む準備ができたと考えてよい。しかし、その前に、顧客の評価に対するアプローチを見直すことをお勧めする。顧客に対する評価は、マーケターの顧客への理解が出発点になる。特に、顧客から得られる収入と貢献利益を把握することが大切だ。これらの観点から顧客を理解すれば、企業にとって最も重要な（あるいは重要になると予想される）顧客や見込み客を識別できる。しかし、有効なマーケティング・プログラムを開発するためには、ブランド、製品、企業に対する顧客からの評価を理解することも必要だ。これは、市場での互恵性に着目することにつながる。つまり、マーケティングの担当者には、企業による評価だけでなく、顧客による評価にも着目することが欠かせない。だからこそ、戦略志向であり、顧客価値重視の統合マーケティングのアプローチでは、顧客を総体的に把握することが要求される。把握できなければ、有効なマーケティング・プログラムの開発・実施などおぼつかない。そこで第6章では、プロセス3に進む前に、顧客と企業やマーケターの相互性のコンセプトについて解説する。そして、相互性と統合化の問題との関連性を検討する。

第6章 顧客との双方向の関係性

　ここまで、主にマーケターによる統合化へのアプローチに焦点をあててきた。マーケターの取り組みの目的について論じるとともに、その対象として最も高い投資収益が見込める顧客や見込み客の識別方法を提示した。そこでは、価値が双方向で創り出されることから、「価値創出型のコミュニケーション・アプローチは、マーケターが達成したいと思う目標だけを前提にしてもうまくいかない」と指摘した。これは企業と顧客・見込み客の間で「対話」することの必要性につながる。また、「企業の本当の成功は、短期の売上ばかりではなく、長期にわたる関係構築からももたらされる」と確認した。

　双方向性とは、共有状態のことを指す。つまり、マーケターと顧客、マーケターと流通チャネル、経営者と従業員、株主やステークホルダーと企業、などの間で、価値、目的、情報を積極的に共有することを意味している。しかし、マーケティングのアプローチでは、たいてい「共有」よりも「獲得」に焦点をあてている。これは、ターゲット市場、市場シェアの獲得、ライバルの駆逐、広告による急襲、価格の大幅引き下げ、といったように、「マーケターが相手に勝って、だれかが負ける」という対立の構図を遠まわしに示す専門用語が無数に存在することからも読み取れる。しかし、いくらマーケターの「勝ち取る」という態度を「共有する」という姿勢に改めたくても、60年あまりもの歳月にわたって発達してきたマーケティングやコミュニケーションのアプローチを、いまになってどうやって変えることができるのだろうか。

　実際は、もちろん変えることは難しい。そこで、新しい考え方や企業文化に加えて、マーケティングやコミュニケーションに対する新しいアプローチが必要に

なるのだ。本章では、「共有」と「相互性」を軸に、マーケターと顧客の間に双方向の関係性をもたらすプログラムの開発を論じる。

1　消費者との間に相互関係を築くこと

　これまでの企業は、マーケティングやコミュニケーションの主な価値を「自社の競争優位の識別と伝達」という役割に見出してきた。競争優位は、自社製品やサービスをライバルのブランドと差別化することを可能にする。もっとも、自社の競争優位の確立は、消費者の立場から見ると必ずしも常に得策とは言えない。たとえば、価格の高騰や製品の質の低下、あるいは無駄な製品変更などが生じてしまうのだ。マーケターが、顧客にとっての価値よりも、自社の競争優位の確立ばかり重視すると、こうした結果になる。しかし、双方向型の市場では、選択、選定の大部分を顧客が支配しており、豊富なブランドやソリューションの選択肢を持つことができる。世界は、経済学者が呼ぶところの「完璧な市場知識」を手に入れつつある。市場の主導権が顧客に移ったことで、競争優位の確立の意義も薄れ、マーケターには、顧客やエンドユーザーとの「価値の共有」に焦点をあてることが求められてきている。次の節では、こうした理由の背景にあたる理論的ベースになる部分を紹介していく。

◉──────アリストテレス学派の起源

　紀元前4世紀のギリシャでは、アリストテレスとその弟子たちが、正義を調整的正義と配分的正義の2種類に分類した。調整的正義とは、不正行為に対する公正な法の適用を意味し、配分的正義とは個人や共同体の間での投資、価値、利益の均等な配分を意味する。アリストテレスの記述のなかに、以下のようなものがある。

　　正義を表すには、少なくとも4つの変数が必要になる。当事者2名が平等な

関係にあるかという関係性の平等性と、両者がそれぞれ受け取る配分の平等性である。正義のもとでは、2人の関係は平等である。そのため両者が受け取る配分も均衡する。ところが、関係が不平等になれば、配分も不均衡になる。関係が平等でも配分が不均衡であったり、あるいは関係自体が不平等であったりすれば、対立や不満が生じるのである。(原注1)

さらに、アリストテレスはこうも述べている。

　つまり正義とは、均衡状態の一種である。「数量」の均衡ばかりか、関係全般の「質」の均衡も含まれる。そして、2つの性質の均衡を比率で表すには、少なくとも4つの変数が必要なのだ。(原注2)

アリストテレスが提示したのは、今日における「取引関係」、さらに言えば「顧客関係」の基本的要素でもある。それぞれの当事者が、「投資に見合った成果を得られている」と感じている間は、互いに取引関係に満足している。しかし、投資量や成果配分が不均衡であるという意識が生まれると、取引関係にひびが入るだろう。

●────アダムスが論じる社会的交換の不均衡

行動科学を研究するJ・ステーシー・アダムスは、ゼネラル・エレクトリック（GE）社に在籍していた1963年、アリストテレス学派の思想をもとに「経済的配分の正義」というコンセプトを開発した。

　取引関係における配分的正義とは、双方が投下資本に見合う利益を上げることである。ここで言う利益とは、取引で得られた成果からコストを差し引いたものだ。コストとは、この取引のために犠牲にしたもの（たとえば、成果を上げている他の取引を放棄すること）や、取引にはつきものの負担（損失リスクや、不確実性に対する不安など）のことだ。投下資本とは、当事者に関連する属性のことだ。たとえば、技能・労力・教育・訓練・経験・年齢・民族的背景など

である。(原注3)

大まかに述べると、以下の式が成り立つときには、AとBの2人の関係に「配分的正義」が存在していると言える。

（Aが受け取る成果－Aが費やしたコスト）／Aの投下資本
＝（Bが受け取る成果－Bが費やしたコスト）／Bの投下資本

さらにアダムスは、次のように述べている。

　均衡状態が崩れた場合には、取引の当事者は「不正義」を感じるようになる。そして、片方の当事者の受け取る成果が相対的に少なくなるはずだ。この当事者は、投資に対する利益の割合も相手より低くなる。(原注4)

アダムスは、不均衡の理論を利用したコンセプトを開発した。そのなかで「2人の当事者が取引を行えば、一方あるいは双方が不均衡を感じる可能性が常に存在する」と仮定した。取引が不均衡と感じられるのは、投資に対する成果の割合が、相手と一致していない場合である。このことを踏まえ、アダムスは、取引の不均衡を感じた当事者が取り得る行動として以下の6つを挙げた。(原注5)

1．不均衡を感じた人は、自分の投下資本を変えてしまうかもしれない。自分にとって不均衡の状況が好ましいか、好ましくないかによって、それに合わせて投下資本を増加あるいは削減するのである
2．不均衡を感じた人は、自分の生産量を変えてしまうかもしれない。自分にとって不均衡の状況が好ましいか、好ましくないかによって、それに合わせて生産量を増加あるいは削減するのである
3．もしくは、「認知的」に投下資本や生産量をゆがめてしまう。つまり、まるで実際の投下資本や生産量を変更したかのごとく、認知的にそれらの量を変更してしまうのだ
4．不均衡を感じた人は、単純に、取引関係を解消して、市場から撤退するか

もしれない
5．不正義にあって不当な扱いを受けた人は、取引相手に対し、投下資本や生産量の変更をさせるか、認知的にゆがめさせるといったことをするかもしれない。もしくは、その相手を撤退に追い込もうとするかもしれない
6．もしくは、比較している対象自体を変えてしまうということも起こる。特に「第三の当事者」が存在する場合には、この行動を選択する傾向が強い

相互性の理論と顧客関係

　アダムスの仮説をもとに考えると、選択肢が多岐にわたる双方向のネットワーク型市場では、顧客は自らの利益の最大化だけを目指したりはしない。顧客の目的は、製品やサービスを購入する相手として選んだ売り手との「相互関係」の構築にあるからだ。これらの顧客は、売り手の価値に対してはお金を払うが、「対等な価値の交換が行われている」という感触を取引相手と共有できなければ、ロイヤル顧客にはならない。やはり、それぞれの当事者が「投資に見合った成果を得ている」と感じることが必要なのだ。そこで、統合マーケティングのアプローチでは、ブランド・リレーションシップに着目する。ブランド・リレーションシップは、「長期にわたる商品・サービスの価値の交換を通じて形成される取引関係」と定義される。取引関係を決定づけるのは、こうした相互関係である。特に双方向型の市場では、この傾向が強い。そこでは、当事者が互いに相互性を追求している。この価値を共有することが、長期にわたって続く関係の構築につながるのだ。
　双方向のネットワーク型市場では、関係性の持つ重要性は容易かつ急速に認められるようになる。そのため、関係性は、顧客との交流や価値の共有に焦点をあてるブランド、企業、製品といったマーケターがこれから重要と感じるであろうものの基礎となる。アダムスが示したように、売り手も買い手も「正義」を追求している。正義が知覚されるのは、すべての当事者が、投資に見合う成果を得ている場合である。統合マーケティングが浸透した市場こそ、こうした相互関係を構築する場になる。そこでは、マーケターと消費者の間でさまざまなブランド・タッチポイントやコミュニケーションが展開されるたびに、新たな相互関係が生

まれ、再定義されるだろう。

Column◉ノードストローム：売り手も買い手も損をしないショッピング

相互性について論じる際に難しいのは、「対等な取引関係」の実例を市場から見つけ出すことだ。一般的な小売市場を例に取ろう。たいていの小売店では、消費者が商品を取捨・選択して、レジに並ぶスタイルを取っている。しかし、ノードストロームでは、こうした負担を軽減するためのサービスを個人の買い物客に提供している。買い物客は「ノードストロームズ・パーソナル・タッチ」というサービスを無料で利用できる。ここでは、パーソナル・ショッパーと呼ばれる自分専用の店員がつき、アパレル、靴、アクセサリーに関する注文のほとんどに対応する。ショッパーたちは、顧客が雑誌・新聞広告やダイレクトメールで興味を持った商品を探し出す手伝いもしてくれる。もし店内で扱っていない商品があっても、インターネットで探してくれる。

注目すべきなのは、ノードストロームが顧客との相互関係の構築に成功していることだ。購入を希望した顧客と、それに的確に対応するノードストロームの従業員は、相互関係にある。ネット上でもこの相互関係に変わりはない。同百貨店のサイトである「ノードストローム・ドットコム」では、顧客サービス部門の責任者が顧客とリアルタイムでやり取りしながら、どのような質問や注文にも対応しているのである。

ここで留意すべきは、アダムスが「一般に、取引への投資とその成果に対する感じ方というのは、主観による部分が大きい」と指摘したことだ。投資と成果の比重について、一方の当事者が妥当と感じていても、もう一方は不均衡と考えている場合もある。つまり、重要なのは「知覚された関係」なのだ。選択肢が幅広く存在する双方向型の市場では、この要因が大きく影響する。また、改めて確認していただきたいのは、こうした知覚の大部分を形成するのはコミュニケーションであるということだ。だからこそ、統合マーケティングは、一連のマーケティング戦略に欠かせない要素になるのだ。

さらにアダムスは、不均衡が知覚されると、取引に対立が生まれると示唆して

いる。こうした対立の解消には、いくつかの方法がある。取引関係で、不均衡を感じている当事者が取り得る手段には、以下のようなものが考えられる。

● 投資を減らす
　顧客：取引相手の製品が安売りしているときだけ購入し、そうでないときは、そのライバル社のブランドを購入するかもしれない。
　マーケター：製品の質を少し落としたり、無料のサービスを有料にしたりするかもしれない。

● 受け取る成果を増やす
　顧客：商品・サービスの値下げやサービスの追加を要求して、受け取る利益を増やすかもしれない。
　マーケター：収益を下げるようなクレジットカードの使用を拒否するかもしれない。もしくは、現時点での収入の減少を容認してでも、目先の利益よりも顧客の生涯価値を優先して、成果を増やすことを試みるかもしれない。

● 取引関係を解消する
　顧客：他のブランド・商品・サービスに完全に乗り換える。
　マーケター：サービスに対する要求が高過ぎる顧客や購入量が少ない顧客など、利益率の低い顧客を切り捨てる。

2　相互モデルの実践

　ここまでの段階では、売り手と買い手が対等な相互主義型市場を見てきた。次は、このコンセプトを現在のマーケティング環境に適用する方法について取り上げる。データベース・マーケティング協会のナショナル・センターの論文で紹介されたモデルでは、「相互性」のコンセプトがマーケティング関係者のための実践的なプランニング・ツールとして挙げられている。(原注6)

図表6-1●ブランドと顧客の関係をめぐるフレームワーク

ブランドにとっての顧客価値
（行動の尺度：浸透率×
　カテゴリーでの購入量×
　購入シェア）

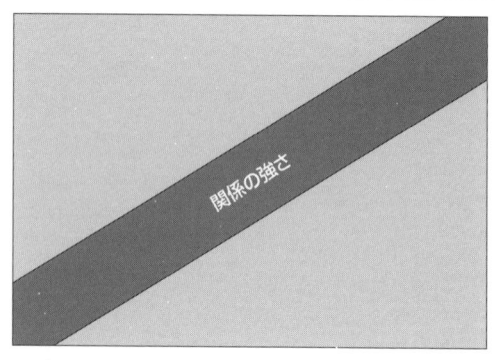

関係の強さ

顧客にとってのブランド価値
（態度の尺度：顧客ニーズ、心理、ビジネス環境との相性）

出典：ドン・E・シュルツ（Don E.Schltz）とダナ・ハイマン（Dana Hayman）の共著"Fully Understand Consumer Behavior Using Your Database" 1999年7月30日にアメリカ・データベース・マーケティング協会シカゴ・センター（National Center for Database Marketing Conference,Chicago）で刊行された論文集から、ターゲットベース社（Targetbase, Inc.)の許可によって引用。

　そのモデルをまとめたのが**図表6-1**である。ここでは、「ブランドにとっての顧客価値」と、「顧客にとってのブランド価値」を示している。前者は顧客の行動から、後者は態度や心理から測定している。ちなみに統合マーケティングのプロセス2（第5章を参照）では、顧客のブランド価値を次のように算出した。

$$浸透率（P）×購入量（BR）×購入シェア（SOP）×貢献利益額（CM）$$

　図表6-1の縦軸（ブランドにとっての顧客価値）は、顧客によってもたらされる収入と長期的な貢献利益から構成される。横軸（顧客にとってのブランド価値）は、ブランド価値に対する顧客の見方と、ブランドが提供している価値を表している。このほとんどは顧客の個人的な意見から測定している。つまり、ブランドと、顧客が持っているニーズ、市場、ビジネス環境などとの相性によって決まる部分が大きい。しかし一方で、ブランドは顧客のために価値を創造しているのだから、ブランド価値の多くの部分は財務的にも測定されなくてはならないはずである。こうした要因が絡み合うために、マーケターにとってブランド価値の測定は難し

い作業なのだ。
　統合マーケティングのアプローチでは、顧客にとってのブランド価値の測定の際に、以下の3つの要素を主に考慮する。

- 顧客のニーズ（当該カテゴリで求めてられているニーズ）
- 顧客の考え方（商品、マーケター、ブランド価値に対する顧客の態度・意欲・感情）
- ビジネス環境（さまざまな購入行動のタイプを決定する、環境による制約や影響）

　図表6-1を対角に横切っている領域は、マーケターと顧客との関係の強さを示す。これを見れば、関係が強いと共有する価値も高くなることが分かる。つまり、「ブランドにとっての顧客価値」と「顧客にとってのブランド価値」の双方が高くなれば、関係の強化と持続がさらに促されるのだ。この領域から外れると、ブランド・顧客関係の均衡が失われる。一方の当事者が相手よりも高い価値（金銭面の価値の場合もあれば、知覚価値の場合もある）を享受することになるからだ。対等な取引関係が保てなければ、双方の利益に影響し、関係自体が長続きしなくなるだろう。
　双方向のネットワーク型市場では、顧客価値に対する上記のような認識が当たり前になる。直販やオンライン販売を例に取ろう。そこでは、大半のマーケターが、購入率、購入頻度、利益率などを把握したうえで、顧客の支出額から、顧客獲得コスト、一時的あるいは継続的なサービスの提供によるコストを差し引くことで、すぐに顧客価値を測定できる。問題は、顧客が購入した品目は把握していても、なぜそれを購入したかの理由をつかみ切れていないマーケターが多いことだ。そこで、相互関係のコンセプトが必要になる。
　ブランド価値に対する顧客の見方は、ブランド間でだれの目にも明らかな格差が存在することもあるが、おおむね顧客の個人的な感覚で決まる。今日の市場の商品やサービスには、類似しているものが多い。そのため、たいていの顧客は、製品やサービスに対する自分なりの何らかの評価手法を持っている。その評価手法によって、さまざまなブランドの価値を測り、それに基づいて購入の決定を行っている。顧客とブランドの関係の強さは、前に挙げた3つの要素（ニーズ・考え方・ビジネス環境）から測定できる。

双方向のネットワーク型市場の利点は、マーケターが常にブランドと顧客の関係をつかみ、個別の顧客の要求に対応したマーケティング活動を続けられる点にある。たとえば、マーケターは、顧客とのコンタクトを終了するとき、相手に2、3の質問を投げる。それだけで顧客のブランドに対する態度を把握できるようになるのだ。こうしたリアルタイムのフィードバックが可能になったことで、マーケターと顧客との交流に費やされる時間が短縮している。この現象は、ランズ・エンド、L.L.ビーン、USAAなど、インターネット販売やカタログ通信販売会社で見受けられる。マーケターは、伝統的な顧客調査を用いる代わりに、上位顧客だけでなくあらゆる顧客との関係を「即座に」把握する能力を身につけることができるのである。

　マーケターは、図表6-1から顧客価値と取引関係の状態を把握すれば、顧客の分類が可能になる。その結果、取引関係の強さを把握・調整できる。まだ強い関係があまり築けていなければ、さらに強化すればよい。また、強力になっている関係であれば、いっそうの強化を試みることができる。顧客との関係に欠かせない「相互関係」を認識することで、マーケターは、価値をもたらす顧客・見込み客との関係の継続をさらに進化させることができるのである。

3　第7章への論点

　顧客が主導的な位置を占める双方向のネットワーク型市場では、相互性の分析が顧客関係の管理に欠かせない。その際、顧客関係における問題を発見した後に、その解決に有効で必要なマーケティングやコミュニケーションをどのように展開していくかが、今度は考慮すべき課題として浮上してくる。統合マーケティングのプランニングのプロセス3では、この課題を検討する。そこでは、マーケティング・コミュニケーションのメッセージとインセンティブについて扱うことになる。

Part IV

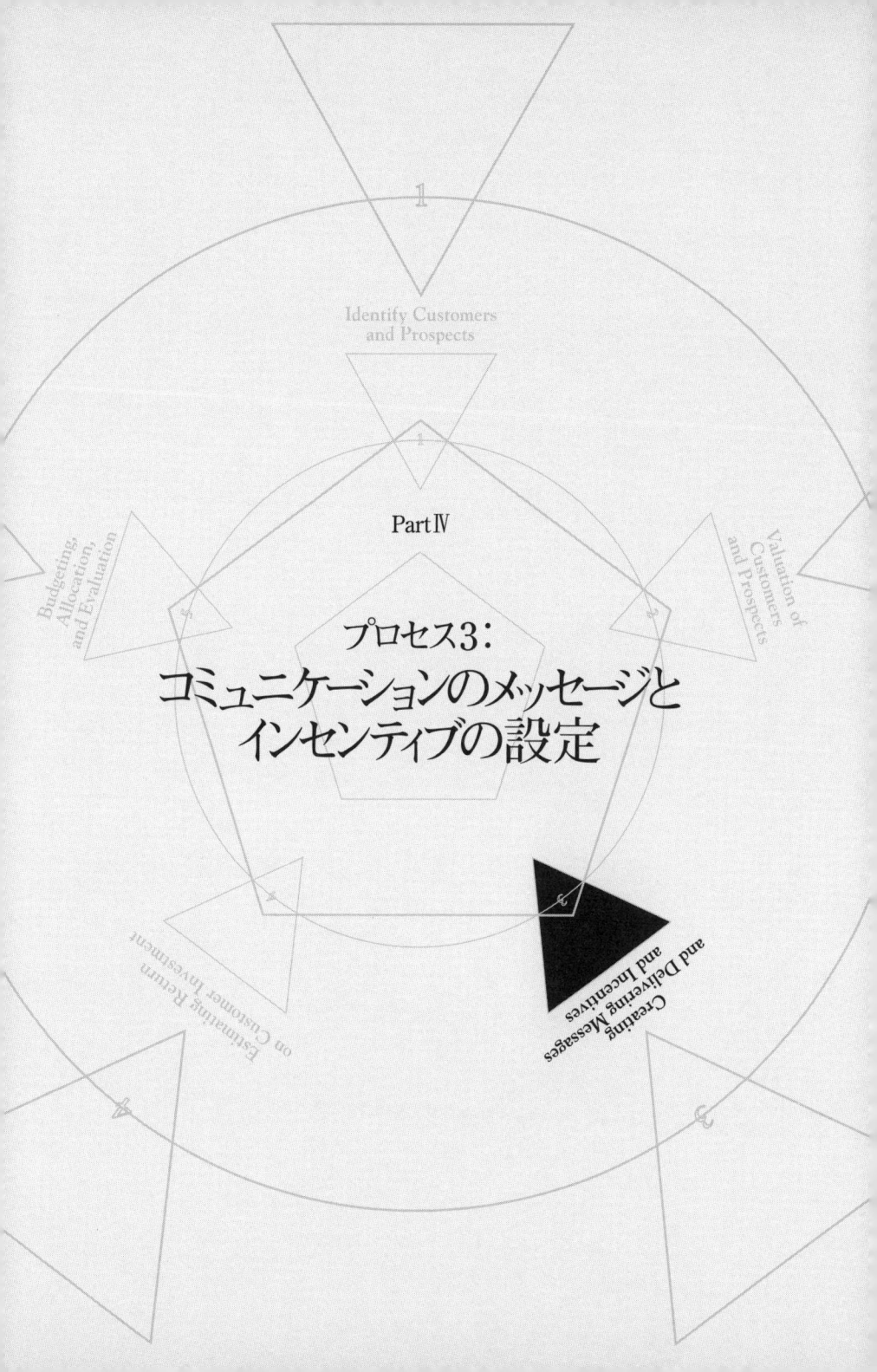

プロセス3:
コミュニケーションのメッセージとインセンティブの設定

第7章 コミュニケーションの伝達プラン

　統合マーケティングの３つ目のプロセスでは、マーケティング・コミュニケーションの核心に迫る。この段階は、メッセージとインセンティブを創出・伝達するプロセスにあたる。プロセス１（顧客の識別）とプロセス２（顧客の評価）で得た情報はいずれも、強力かつ有効なマーケティング・プログラムの開発を始めるうえで欠かせない。この２つの段階で、マーケティングの基礎の大部分は完成している。この段階のマーケターは、開発中のプログラムの対象になる製品・サービスについて理解を深めているはずだ。また、プログラムを展開する市場の構造や動きについても把握しているだろう。メッセージやインセンティブの開発にあたっては、顧客がどのようにブランドと接触しているか（ブランド・タッチポイント）および、顧客がどのようにブランドを認知しているか（ブランド・ネットワーク）について、詳細に理解する必要がある。本章ではこれらを中心に扱う。

1 ブランド・タッチポイント

　従来のマーケターは、コミュニケーションのプロセスを「クリエイティブな」内容のメッセージやインセンティブの開発から始めていた。その次に、広告などの伝達システムを選択する。最後に、テレビや雑誌広告といった媒体を決定する。このプロセスは、一見すると合理的ではあった。以前には、顧客はどの製品やサービスも同じようなものだという認識があった。そのため、顧客にリーチする手

段も、マスメディアを選ぶのが一般的だった。また、従来は伝達手段も、印刷媒体、放送、ダイレクトメールなど限りがあると考えられており、消費者が利用する手段もそれだけ限られていたため、ブランドを際立たせるにはコミュニケーションのクリエイティブが決め手だったのだ。当然、従来のマーケターにとって、メディア選択の重要度が軽視されてきた、というのが実情である。

　しかし今日、伝達システムは飛躍的に増えている。イベントの主催、スポンサー契約から、マウスパッド、衛星放送、インターネットに至るまで、毎日のように新しいメディアが現れている。帽子、衣服、携帯電話のディスプレイ、バスの停留所など、消費者が知覚できるものは、すべてコミュニケーションの媒体になる。結果として、マーケターにとって、クリエイティブや、マーケターが何を言うかについての重要性は低下し、どこでどのようにそれを言うかのほうに、重点が移ってきたのである。統合マーケティングでは、このような環境の変化を受けて、従来のプランニング・プロセスを覆す試みをしている。そこではまず、顧客や見込み客が、製品やサービスについて、どこで聞き、見て、学んでいるかを理解し、次に、適切性、受容性、反応性といった視点から、最良のタッチポイントを活用する。そしてその後に、マーケターがクリエイティブや、何を言うかについて検討するのである。

●───── ブランド・タッチポイントの分析

　以前の章で述べたように、消費者の購入行動は、企業によるコミュニケーション活動のほかに、クチコミなども含めたすべてのブランドとの接触によって決まる。このことを理解できたマーケターであれば、顧客とブランドが、どこでいつどのように接触するかを正確に把握することの重要性を理解するはずである。

　顧客がブランドと遭遇・接触する方法は、過去の購入やサンプリングといった直接的な経験だけではない。店頭の販売スタッフと接したり、商品やサービスを実際に利用したりすること、そして、さまざまな形態のマーケティング・コミュニケーションなどが含まれる。(原注1)

　ブランド・タッチポイント・オーディットという手法は、マーケターが顧客とのタッチポイントを理解するために利用する。たとえば、顧客とブランドや製

図表7-1●ブランド・タッチポイント

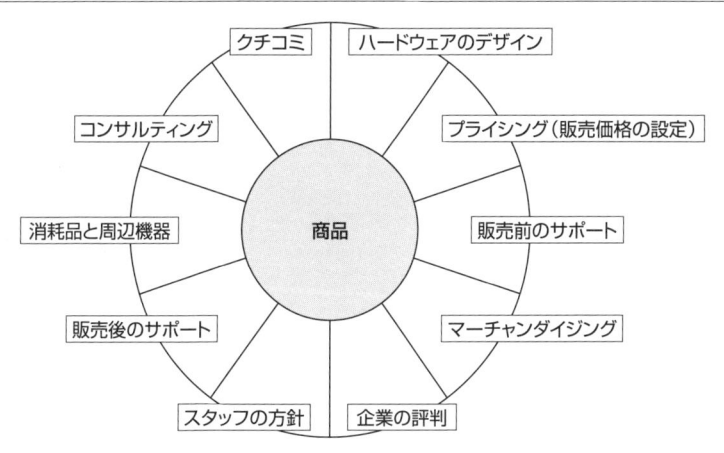

中心:商品

周囲(時計回り):
- ハードウェアのデザイン
- プライシング(販売価格の設定)
- 販売前のサポート
- マーチャンダイジング
- 企業の評判
- スタッフの方針
- 販売後のサポート
- 消耗品と周辺機器
- コンサルティング
- クチコミ

出典:リサ・フォルティーニ-キャンベル(Lisa Fortini-Campbell)
"Communication Strategy: Managing Communications for the Changing Marketplace" 1999年10月19日に、アメリカ・イリノイ州エバンストンにあるノースウェスタン大学で刊行された論文集から、執筆者の許可によって引用。

品・サービスとの接触は、マーケターが発信するメッセージやインセンティブによるのか。それとも、クチコミや商品の使用といった、マーケターのコントロールが及ばない方法によるのか、といったことを明らかにするために用いられるのだ。

本書では、このオーディットを実施する目的で、ブランド・タッチポイントを「顧客がブランドと結びつけて考える、製品・サービスに関わるすべての顧客経験の要素」と定義する。ブランド・タッチポイント・オーディットは、以下の2つの簡単な質問で評価することができる。

- ブランドに関わる特定の顧客経験の要素が、好ましいものであるとき、そのことに貢献しているのはだれか
- ブランドに関わる特定の顧客経験の要素が、好ましくないものであるとき、そのことに責任があるのはだれか。また、原因は何か

以上の質問で、答えが自社や自社ブランドになる場合は、その経験が「ブランド・タッチポイント」である。**図表7-1**では、ハイテク製品とのブランド・タ

ッチポイントの典型例を示した。^(原注2)図表を見ての通り、ブランド・タッチポイントには、伝統的なコミュニケーション以外の要素が非常に多く含まれている。従業員、クチコミ、マーチャンダイジング、販売後のサポートなどが含まれる。つまり、顧客・見込み客と商品・サービスとの接触について検討する際には、購入前の期間、使用中の期間、そして利用後の期間も視野に入れる必要があるのだ。

ブランド・タッチポイント・オーディットの実施方法

　マーケターがブランド・タッチポイント・オーディットを実施すれば、顧客や見込み客がブランド、商品やサービス、企業と、どのように、またどのような環境のもとで接するかを規定することができる。リサ・フォルティーニ-キャンベルが開発したオーディット手法は、以下の3段階に分かれている。^(原注3)

1．顧客や見込み客の視点から、ブランド・タッチポイントを特定する。企業によるコントロールや、マーケターによる直接的な関与があるかどうかにかかわらず、あらゆるブランド・タッチポイントを認識する必要がある。つまり、マーケターは、顧客や見込み客が接触しているあらゆるタッチポイントの棚卸しを行わなければならない。

2．顧客や見込み客の視点から、ブランド・タッチポイントを整理し、優先順位をつける。フォルティーニ-キャンベルは、顧客がファン化することを促進する好ましいタッチポイントと、その反対に拒否を生む好ましくないタッチポイントが生じる「決定的な瞬間」を識別している。そして、好印象を与えるブランド・タッチポイントと、顧客を遠ざける統合性のないブランド・タッチポイントを特定する。**図表7-2**のチャートによって、これらの情報はまとめられる。

　　図表7-2の1行目は、このプロセスの第1段階で明らかになったタッチポイントの網羅的なリストである。そこには、広告・カタログ・販売店内のディスプレイなど、対外的なマーケティング・コミュニケーションのあらゆる形態が含まれている。お客様サービスセンターへの電話、経理部門

図表7-2●ブランド・タッチポイント・インベントリー

ブランド・タッチポイント	重要性の評価	印象度の評価	顧客の期待	顧客の経験	顧客に送られたメッセージ	現在割り当てられているリソース

出典：リサ・フォルティーニ-キャンベル(Lisa Fortini-Campbell)
"Communication Strategy: Managing Communications for the Changing Marketplace" 1999年10月19日に、アメリカ・イリノイ州エバンストンにあるノースウェスタン大学で刊行された論文集から、執筆者の許可によって引用。

から届けられた請求書、配送スタッフやエンジニアとの会話、新聞記事や顧客によるクチコミなど第三者の接触もそれにあたる。いずれも、顧客とのタッチポイントである。

　2行目では、タッチポイントをその顧客にとっての重要度に応じて「高・中・低」という3段階で評価する。たとえば、製品・サービスの利用経験は、メディアによるコミュニケーションよりも重要度が高い。したがって、ここでも高い評価が与えられる。

　3行目は、顧客がタッチポイントで感じる印象を示すことになる。そこでは、顧客や見込み客がブランドに対して抱いた印象を、単純に「好ましい」と「好ましくない」に分ける。担当者にとっては、「好ましい」という評価のほうがよいに決まっている。

　最初の3行で提示する情報は、**図表7-3**のようなブランド・タッチポイントのグリッドに利用する。このグラフにより、すぐに手をつけるべき最も重要なタッチポイントを識別することができる。たとえば、第1象限と第2象限にプロットされるタッチポイントは、優先的に対処されるべきだ。一方、第3象限と第4象限に入るタッチポイントは、優先順位が低い。

　長期にわたるブランド・コミュニケーションの成功を実現するには、顧客や見込み客に対するメッセージが、あらゆるタッチポイントで完全に統合・連携されていることが大切だ。その最も簡単な方法は、第1象限と第3象限の改善が必要なタッチポイントを、第2象限と第4象限の顧客反応のよいタッチポイントに連携・統合させることである。管理・統制の難しいタッチポイントであっても、この調整・統合プロセスは欠かせない。まだ統合が不十分だったり、顧客反応が消極的だったりするタッチポイントを改善するには、違う予算項目から資源を再配分し、これによってブランドが成功に向けて前進することをより確かにすることも必要である。

3．それぞれのタッチポイントでのよりよい顧客経験を開発する。そのためには、顧客の実際の経験をかなり詳しく分析しなければならない。そこで、以下のような問いに対する回答を図表7-2の残りの4行にまとめるようにする。

図表7-3◉ブランド・タッチポイント・グリッド

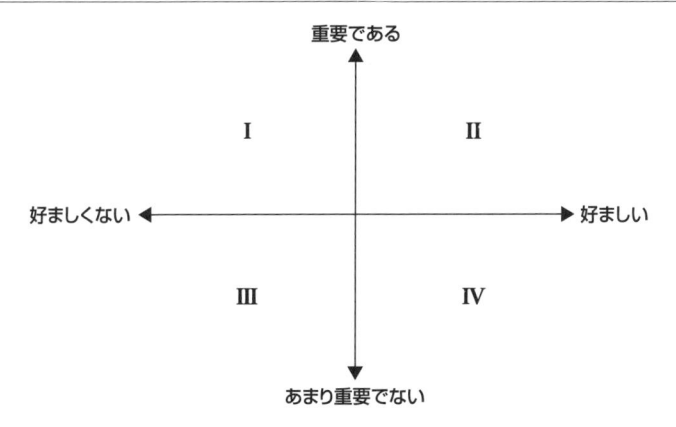

```
              重要である
                 ↑
          I     |    II
                |
好ましくない ←――――+――――→ 好ましい
                |
         III    |    IV
                 ↓
             あまり重要でない
```

出典：リサ・フォルティーニ−キャンベル（Lisa Fortini-Campbell）"Communication Strategy: Managing Communications for the Changing Marketplace" 1999年10月19日に、アメリカ・イリノイ州エバンストンにあるノースウェスタン大学で刊行された論文集から、執筆者の許可によって引用。

- 顧客は、それぞれのタッチポイントで何を期待しているのか。また、期待するブランドの内容やサービスのレベルはどのぐらいか。また、当社のブランドから、どのようなレベルの内容やサービス、あるいは知識やノウハウを望んでいるのか。また、顧客は自社にどのようなイメージを抱いているのか。
- 顧客はタッチポイントごとに、どのような経験をしているのか。つまり、自社は顧客の期待を満たしているのか。それとも、顧客の期待とは違う経験を提供してしまっているのか。
- タッチポイントにおいて実際にはどのようなメッセージを伝えているか。それぞれのタッチポイントで顧客および見込み客に対して、ブランド・自社そして我々のコミットメントについてどのように伝えているか。広告では迅速かつ親密なサービスを約束しているにもかかわらず、実際には劣悪で遅いサービスというメッセージを送ってしまってはいないだろうか。メッセージの内容は、顧客が期待するように導かれている内容に沿っているだろうか。

●我が社ではタッチポイントごとに、どのように資源を割り当てているのか。また、タッチポイントの重要度や顧客との関係にふさわしい割り当て方になっているか。顧客のブランド経験に大きく影響するタッチポイントへの投資が不足していないか。また、影響力の弱いコミュニケーション活動に資金を投じ過ぎてはいないだろうか。実際には悪影響を及ぼしているタッチポイントに、多額の資金を投じてはいないか(そのようなタッチポイントがあると、資金を浪費するだけでなく、顧客を遠ざけてしまう)。

ブランド・コンタクト・インベントリーとタッチポイント・グリッドを完成させれば、多くの対策の実施が可能になる。この図表を用いれば、マーケターがメッセージやインセンティブを伝えたり、コミュニケーションのコンテンツをつくったりする際に適したタッチポイントを特定できる。さらに、コミュニケーション活動以外にも適用できる。顧客満足度(CS)の綿密な調査計画を立てる際にも有効に活用できる。それによって、強化・改善を要する事業領域の特定が可能になる。たとえば、インベントリーによって顧客サービスを優先させる領域を幅広く把握できるのだ。同様にタッチポイント・グリッドも、事業領域やタッチポイントのウェイトを決める際に有効なガイドラインを与えてくれる。顧客の期待と経験を比較・分析すれば、企業の運営やコミュニケーション活動に存在するギャップやアンバランス(できれば直視したくないことかもしれないが)を明確に把握できる。さらに、タッチポイント・グリッドを詳細に検討することによって、顧客や見込み客の優先順位に合わせて企業の取り組みの優先順位を定めることができる。さらにこのグラフにより、顧客や見込み客に対する資源配分の現在の状況を捉えることができる。それによって、誤った資源配分を行っている領域が明らかになるのだ。

◉────顧客が望むブランド・タッチポイントの方法と時期を特定する

顧客がブランドと接触する方法について述べてきたが、明らかなのは、マーケ

ターの一存のみでブランド・タッチポイントをコントロールすることはできないということだ。つまり、マーケターは、顧客との良好なタッチポイントを見つけ出すためには、一方的に語るだけではなく、顧客の声にも耳を傾けなければならないのである。だからこそ統合マーケティングでは、顧客が望むブランド情報の伝達方法を決定したうえで、メッセージやインセンティブの開発にかかるのだ。

ここで必要になるのは、顧客調査の手法を改めることだ。ブランドや企業についてではなく、顧客の要望を中心に据えた調査に切り替えることである。そこでは、「顧客が、どのようにブランドや企業についての情報や材料を与えられることを望むか」というリサーチ課題が中心となる。ブランド・タッチポイントの候補は、個々の顧客の評価に応じて順位づけられ、その結果は現在の投資状況と比較される。我々が調査したほとんどの企業において、メッセージの伝達システムのうち50〜60％は、顧客の好みや願望とマッチしていなかった。つまり、コミュニケーション・メッセージには関わりなく、企業は、自社の伝達システムを顧客の好みに合わせて調整することにより、顧客反応を改善したり、コミュニケーションにかかるコストを削減したりする可能性があるのだ。本書のメッセージは、明快だ。「あくまでも顧客・見込み客が望む時期と場所を見極めること。自分の都合で判断するのは禁物である」ということだ。

ブランド・タッチポイントの決定にあたり、もう１つ指摘しておく。それは、「人は一般に、自分が状況をある程度支配していると感じているほうが状況を快適に感じ、その結果として、その状況を受け入れやすくなる」ということである。たとえば、最近の研究によると、献血のドナーは、どちらの腕から採血するかを自分で決めた場合には、そうでない場合に比べてストレスが少なくなることが分かった。(原注4) 同様に、ホテルでの起床方法（モーニングコールか目覚まし時計か）や、飛行機の機内食を取る時間などを顧客が自分で決定すれば、顧客反応自体が改善する。選択肢を増やすことで消費者に好印象を与えられるだけでなく、ブランド自体の価値も高まることになる。選択肢が多いほど、顧客はブランド・タッチポイントに対して一定のコントロール力を持つことになる。顧客は、マーケティング・コミュニケーションを受ける時期や場所を自分で選択できれば、コミュニケーションに積極的に関与するようになる。コミュニケーションの伝達手段を、電子メール、電話、ダイレクトメールという選択肢のなかから選ぶことができれば、コン

トロール力もいくぶん強くなったように感じられるのだ。このように展開すれば、たとえばメッセージが迷惑メールとして捨てられるような事態は避けられる。それどころか、顧客からより詳しい情報の問い合わせを得ることにもつながる。

ブランド・タッチポイントにおける適切性と受容性を決定する

　顧客や見込み客にとって意義のあるブランド・タッチポイントが実現するのは、以下の2つの条件が揃ったときだ。第1は、内容が顧客に適切に関連したものになっていること。もう一点は、伝達の時期が顧客の要求やニーズに対応していることだ。マーケターは、ブランド・タッチポイントを実施する時期を、自分の都合ではなく、顧客や見込み客のニーズに対応させなければならない。従来のマーケティング活動が顧客にとって邪魔に感じられたのは、このような単純な原則が守られていなかったためだ。マーケターは、テレビドラマを中断してCMを放送したり、アメリカン・フットボールの中継放送の合間に「CMタイム」を確保したりする。現在のこうしたコミュニケーション・システムは、ほとんどがマーケターの都合でつくられているのだ。

　コミュニケーションの受容性は、適切性と直接的に関わる。ブランド・タッチポイントの内容が顧客や見込み客に適切に関連し、また彼らの望む時期に合わせて伝達されれば、受け入れられる度合いも高まる。ブランド・タッチポイントの受容度が最も高くなるのは、人々の間に解決すべき問題やニーズが存在しているときだ。たとえば、結婚したばかりのカップルには、新居やインテリアなどのニーズが生じ、新婚生活に関連したブランド・タッチポイントに対する反応が強くなる。結婚式の日が近づけば、特別な日を彩るために、役に立ちそうな情報を探す。このように、新婚の2人は、特定の期間に、特定の情報に対して強く反応することが分かる。ブランド・タッチポイントの伝達を、顧客や見込み客の受容度が最も高い時期に実施するには、そのような適した時期を予測することに加えて、彼らが望む情報伝達の形態・方法をも把握しておくことが求められる。図表7-4で示すように、統合マーケティングでは、顧客への適切性と受容性を計画に組み込むことがカギになるのだ。

図表7-4●統合マーケティングにおけるブランド・タッチポイントの伝達システム

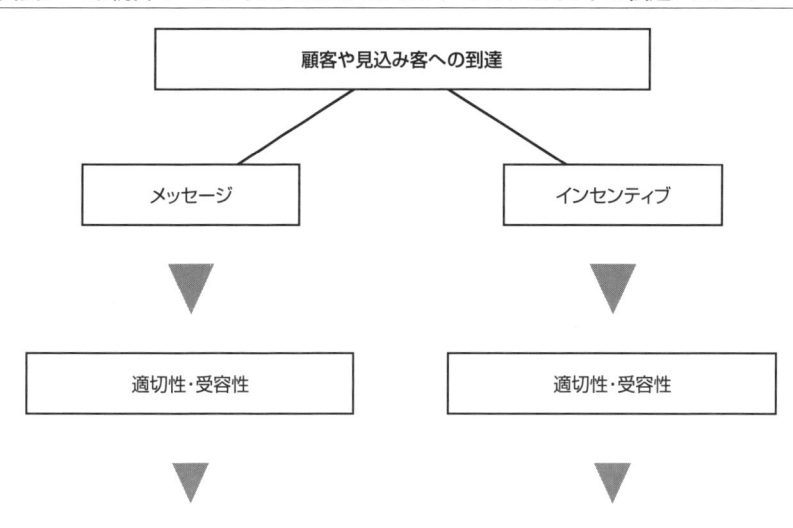

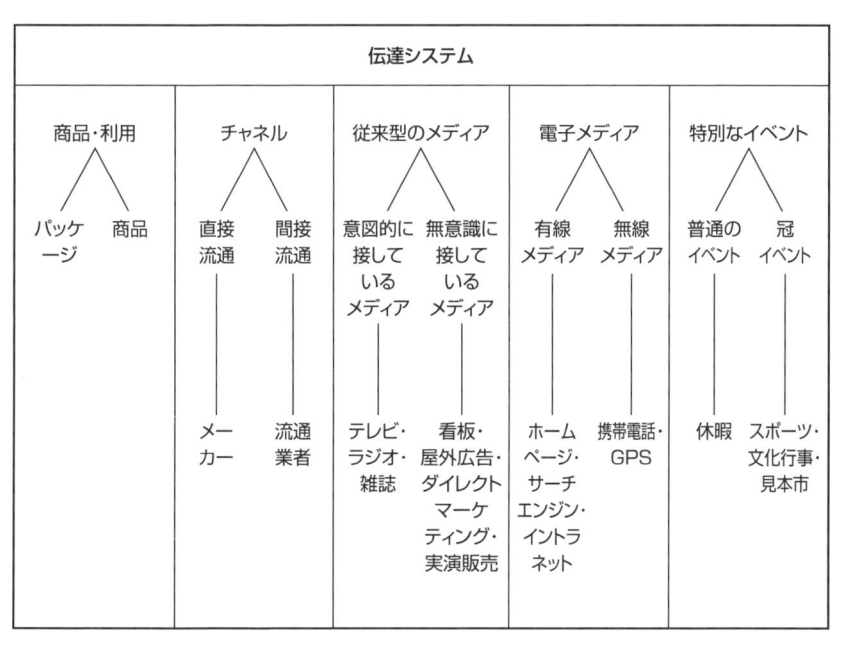

```
                    顧客や見込み客への到達
                    ┌──────────┴──────────┐
                 メッセージ              インセンティブ
                    ▼                         ▼
               適切性・受容性              適切性・受容性
                    ▼                         ▼
```

伝達システム				
商品・利用	チャネル	従来型のメディア	電子メディア	特別なイベント
パッケージ / 商品	直接流通 / 間接流通	意図的に接しているメディア / 無意識に接しているメディア	有線メディア / 無線メディア	普通のイベント / 冠イベント
	メーカー / 流通業者	テレビ・ラジオ・雑誌 / 看板・屋外広告・ダイレクトマーケティング・実演販売	ホームページ・サーチエンジン・イントラネット / 携帯電話・GPS	休暇 / スポーツ・文化行事・見本市

第7章●コミュニケーションの伝達プラン

ブランド・タッチポイントの情報は、顧客や見込み客がブランドに関してどのような情報を欲しているかや、コミュニケーションへの受容度がいつ高くなるかを知る手がかりになる。またこのような情報は、メッセージの伝達システムを関連度と受容度が高くなるように選択するにあたって大きな手がかりを与えてくれる。前に述べたが、メッセージの伝達手段の選択は、従来のようにマーケターの都合で決めてはならない。顧客がどのようにメッセージを受け取りたいのかを優先すべきなのだ。したがって、統合マーケティングのプランニングでは、メッセージの伝達に関する効率の意味合いが変わってくる。千人単位の消費者へのリーチ・コストによりメディア効率を測定する時代は終わった。その代わりにコストは結果や消費者の行動によって評価されるのである。つまり、マーケターは初めて、望ましい顧客行動の実現に要するコストを測定できるようになったのだ。

● コミュニケーション・フローを逆転する

　従来、マーケターは、メッセージやインセンティブを伝達するにあたって外向きの経路を主に活用していた。また、企業が伝達事項の決定、メッセージやインセンティブの開発、伝達手段の選択を行ったうえで、実際の伝達を行っていた。伝達の実施後は、ただ顧客や見込み客が反応したり無視したりするのを座って待つだけだった。確かにこのプロセスには、「無駄」が数多く存在する。たとえば、受け手がメッセージの内容を解読できなかったり、メディアによる伝達が混乱したり、メッセージの内容に矛盾があったりする場合があった。また、顧客からのフィードバックのためのループ・システムを持つ場合が一般的であった。これにより、メッセージの送り手である企業は、顧客による購入決定や小売店への訪問、リピート購入などが行われるのかどうかを判断していた。しかしながらその基本となるモデルは、図表7-5とほぼ同じである。
　前にも論じたが、問題は双方向型の市場ではコミュニケーション・プロセスが変化している、ということにある。市場での主導権は、マーケターから消費者に移っている。いまや顧客や見込み客がメッセージの送り手であり、要求者である。反対に企業はそれらのメッセージの受け手であり、反応者である。たとえば、顧客や見込み客は、マーケターが開設中のホームページにアクセスし、質問のメー

図表7-5●従来型の外向きのコミュニケーション・モデル

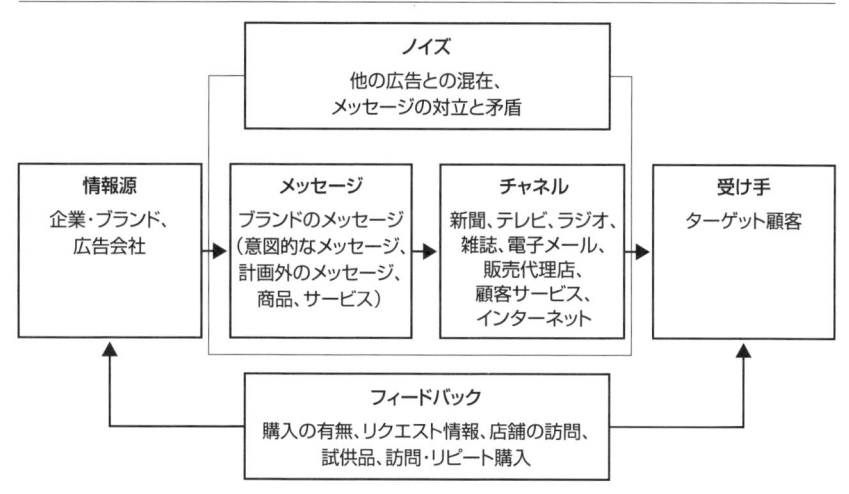

```
                    ノイズ
                    他の広告との混在、
                    メッセージの対立と矛盾

┌─────────┐   ┌─────────┐   ┌─────────┐   ┌─────────┐
│ 情報源   │→ │ メッセージ │→ │ チャネル  │→ │ 受け手   │
│企業・ブランド、│  │ブランドのメッセージ│  │新聞、テレビ、ラジオ、│  │ターゲット顧客│
│ 広告会社 │   │(意図的なメッセージ、│  │雑誌、電子メール、│  │         │
│         │   │計画外のメッセージ、│  │販売代理店、│  │         │
│         │   │商品、サービス) │  │顧客サービス、│  │         │
│         │   │         │   │インターネット│  │         │
└─────────┘   └─────────┘   └─────────┘   └─────────┘

                    フィードバック
                    購入の有無、リクエスト情報、店舗の訪問、
                    試供品、訪問・リピート購入
```

出典：トム・ダンカン (Tom Duncan)"Using Advertising and Promotion to Build Brand" (2000, McGraw-Hill)に掲載の図から、同社の許可によって再構成。

ルを送っている。また、お客様サービスセンターに対して、商品・サービス・提案・保証などに関する意見を伝えることも可能だ。つまり、**図表7-6**で示すように、コミュニケーション・フローの逆転が起こっているのだ。(原注5)

この逆転フロー・モデルでは、メッセージの伝達経路も変化している。従来のメディアに取って代わって、フリーダイヤル、手紙、営業スタッフ、カスタマー・サービス、インターネットなど、顧客や見込み客がアクセスできるものが主要なチャネルとなっている。もちろん、このようなチャネルにも、従来とはまた違う「無駄」が存在する。電話の雑音、企業対応の遅れ、情報の不備などがそれにあたる。また、フィードバック・ループも変化している。ループが機能するかどうかは、企業がどのように顧客や見込み客へ対応できるかにかかっている。そこでは、顧客への対応に要する時間、顧客による償還請求への対応といった要素のほかに、マーケターの顧客に対する配慮なども重要になる。

消費者は、インターネットにアクセスすれば、簡単に企業と対話することができる。たとえば、ノードストロームのカスタマー・サービス部門の責任者は、インターネットを通じてリアルタイムで顧客からの質問に答えている。ベン・アン

図表7-6 ● 顧客主導型の内向きのコミュニケーション・モデル

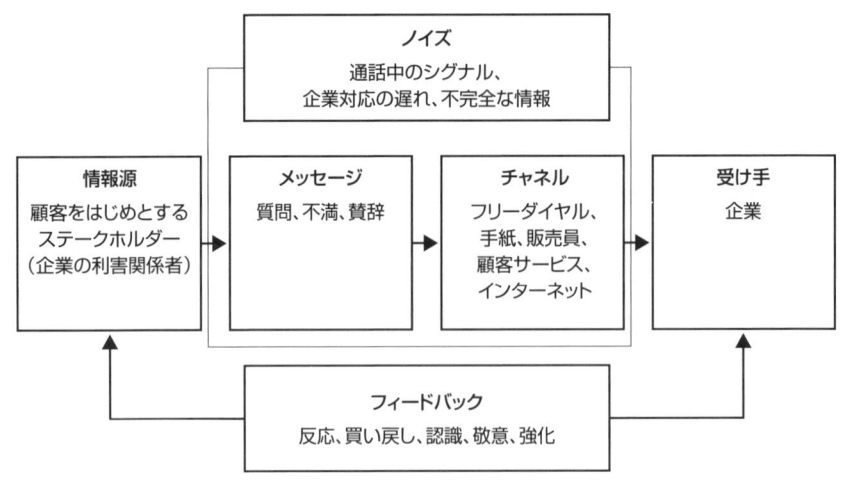

```
                    ノイズ
              通話中のシグナル、
          企業対応の遅れ、不完全な情報

  情報源          メッセージ         チャネル          受け手
顧客をはじめとする   質問、不満、賛辞    フリーダイヤル、      企業
ステークホルダー                  手紙、販売員、
（企業の利害関係者）               顧客サービス、
                                インターネット

                  フィードバック
              反応、買い戻し、認識、敬意、強化
```

出典：トム・ダンカン（Tom Duncan）"Using Advertising and Promotion to Build Brand"（2000, McGraw-Hill）に掲載の図から、同社の許可によって再構成。

ド・ジェリーズ（訳注：アメリカのアイスクリーム・メーカー）では、顧客からの意見・提案・問い合わせを、公式サイトで受けつけている。顧客は、フリーダイヤル、ホームページ、メールといった新たな仕組みを活用することで、企業と自由に意見交換ができる。従来とは逆方向のコミュニケーションをマーケティング活動に組み込むには、これら内向きのコミュニケーションの手段が不可欠となる。つまり、マーケターは、メッセージを顧客に伝えるのと同様に、顧客の声を聞いたり、顧客の要望に反応して話すことを求められるようになっているのだ。

●───企業内部のブランド・タッチポイントを認識する

　第6章でも触れたように、統合マーケティングとは、マーケティングに対する包括的なアプローチ方法である。包括的であるがゆえに、あらゆるステークホルダー（従業員、流通パートナー、卸売業者、流通業者、財界、株主など）を視野に入れることが欠かせない。従来のマーケティングで主に焦点をあてていたのは、顧客や見込み客に対するメッセージやインセンティブの伝達だった。そのプロセス

では前提として、「従業員をはじめとするステークホルダーは、外部に伝達されたメッセージやインセンティブを『認識・把握』している。そして、その伝達の統合を支援し、外向きコミュニケーションのプログラムを強化している」と考えられていた。

しかし、我々は、統合マーケティングのベスト・プラクティス企業に対するベンチマーク調査を通じて、上記の想定が誤りであることを見出した。総じて言えば、従業員はマーケティング・プログラムの内容をあまり知らない。現に、顧客やマーケティング担当者は、外部のプログラムに対する従業員の認識不足を嘆いている。しかし、従業員に落ち度があるケースは少ない。多くの場合は、担当者が従業員をコミュニケーション・ループから外してしまうことに原因がある。我々の調査によれば、特別な場合を除き、統合マーケティング・プログラムに、従業員など内部のステークホルダーは組み込まれていることは少ない。また、「マーケティング部門が、社内コミュニケーションにも責任を持つべきだ」という人事部門の考えに対して、マーケティング部門が賛同しないという例も見受けられる。このような企業では、社内コミュニケーションはないがしろにされてしまう。結果として、顧客に直接会って問い合わせや苦情に対応している最前線のスタッフですら、コミュニケーションの取り組みについて知らされないことになる。

統合マーケティングのプログラムを成功に導くには、マーケターが外向き・内向き両面でのブランド・タッチポイントを視野に入れることが不可欠になる。従業員や関連業者に、顧客や見込み客に対する伝達内容を理解させなければ、それを実行に移すこともできない。それでは次に、社内向けのコミュニケーションの責任者はだれかということを考える必要がある。

従業員をはじめとするステークホルダーを、コミュニケーション・ループに組み込むことが難しいのは、組織構造にも原因がある。社内向けコミュニケーションの管轄責任が、マーケティング部門にないのが普通だ。従来から、従業員同士や株主へのコミュニケーションは、人事部門、IR（投資家向けの広報）部門、あるいは人材開発部などに任せきりになってきた。このような状況のなかで、統合マーケティングの担当者が着手すべきことは明白だ。まず、経営陣に働きかけて、従業員のマーケティング活動に対する関与を促す。そして、それぞれの分野の専門家には、該当分野の従業員その他のステークホルダーに統合マーケティング

のプログラムを浸透させることの重要性を理解してもらうのだ。

フィンランドのヘルシンキにあるハンケン経済大学のクリスチャン・グロンルース教授は、関係性マーケティング研究の第一人者に数えられる。教授は関係性マーケティングを、以下のように明快に要約している。

> 企業のマーケティングの大半は、パートタイムのマーケターが実施している。彼らは、カスタマー・サービスや請求などの実施、伝達、提供を受け持っている。企業のマーケティング・コミュニケーションを実際に行っているのは、これらの人々である。一方、訓練されたマーケターは、「マーケティングすること」に時間を割くあまり、顧客と直接対面する時間が持てない。こうしたことから、マーケティング部門の最前線にいるのは、「パートタイム」のマーケターのほうだと言える。彼らの存在のおかげで、自社や自社ブランドが本来の価値を発揮できるのだ。しかし、マーケティングやコミュニケーションの専門的な研修を受けていないので、企業が顧客に約束したことや、伝達すべき内容を理解していないことが多い。(原注6)

イギリスにあるストラテジック・マネジメント・リソース社のCEO、ジュリエット・ウィリアムズも、社内コミュニケーションの価値を認めている。彼女は、「消費者や顧客に対する統合マーケティングの実施時に、従業員やステークホルダーが持つ重要性」をテーマに、150件もの事例を分析した。ウィリアムズはこう語る。

> 調査の結果、社外向けのコミュニケーション・プログラムが社内向けのコミュニケーション・プログラムによって強化・連携されていない場合には、企業のコミュニケーション予算のうち実に40%が浪費されることが判明した。(原注7)

2 ブランド・ネットワーク

　本章の最初でも触れたが、顧客や見込み客は、受け取ったメッセージやインセンティブに興味がない場合には、無視する、あるいは破棄するというきわめて手っ取り早い方法を取る。今日のマーケターが、しばしば「顧客や見込み客に意義を感じてもらえなければ、それで終わり」という問題に直面する由縁である。

　では、マーケターが顧客に意義を感じてもらうという問題を打開するには、何が必要なのか。その答えは、顧客や見込み客に対する理解を高める過程のなかにある。これは、顧客や見込み客がだれなのかを把握する作業ではない。彼らの「考え方」を理解する能力が必要なのだ。理由は簡単である。つまり、相手との相性がよく受け入れられやすいものを見極めるには、どんなメッセージに興味を持ちどんなメッセージは無視するのかという、相手の思考方法を理解していなければならないからだ。「ブランド・ネットワーク」とは、顧客や見込み客の頭にあるさまざまな印象、思考、アイデア、経験の結合体である。ブランド・ネットワークは、特定のブランドに対する全体的な認識を形づくっている。マーケターには、互いに関連のある要素が1つのネットワークを形成しているように映るかもしれない。事実、人体生理学の観点から見れば、それはまさに「ネットワーク」なのだ。

────脳内におけるブランド・ネットワークの働き

　大雑把に言えば、人間の脳は、ニューロン（神経細胞）のネットワークが相互につながり合うことで機能している。これらのネットワーク内で、ノード（結節）やニューロンが少しずつ情報を蓄える。複数のニューロン同士の衝突や連結が起きると、記憶や思考を蓄えるループが新たにつくられる。

　脳の中では、マーケティング・コミュニケーションによって得られた製品・サービスなどの新情報は、既存のネットワークに保存された情報に追加される。これらの情報が記憶として保存され、さらなる新情報の収集・追加によって別のノ

ードがつくられるまで待機する。脳の中でノードが互いに連結することで、ブランド・ネットワークが形成されるのだ。ブランドにとって好ましいノードもあれば、そうではないものもある。またノードの強度にも違いがある。ノードは、新たな情報の獲得・処理が行われるごとに変容する。

　脳では、ブランドに対する考え方、認識、印象が無数にリンクされている。意識上にある記憶からは、情報を簡単に呼び出せる。ところが、無意識の領域の記憶にある情報はもう少しあいまいである。それらの情報を引き出すには、何らかの刺激によるプロービング（探索的質問）を施す必要があるかもしれない。ギエップ・フランゼンとマーゴット・バウマンの指摘によれば、一部のリンクは、単純で直線的だという。たとえば、「シュレッデッド・ホィート（訳注：シリアルのブランド名）→シリアル→朝食」といった具合である。また、鎖状の複雑なつながり方のリンクも存在する。「ペリエ→ミネラル・ウォーター→フランス→おしゃれ」などだ。フランゼンとバウマンは、オランダで実施したインタビューをもとに、セブンアップをめぐる連想の事例を挙げた。それを**図表7-7**に示した。1つのネットワークが、いくつものサブ・ネットワークにつながっているのが分かる。連結の強さは、それぞれの連想を結ぶ線の太さによって表している。2人は次のような結論を出した。「通常、1つのブランドは、連想によって複数の製品に結びつけられる。我々の記憶領域にあるネットワークが、このような連想を行っている」(原注8)

　実際には、ブランド・ネットワークはかなり複雑化する可能性がある。それを理解するには、かなり大がかりな調査が必要になるが、本書では言及しない。しかし、マーケターには、ブランドの機能、個性、特徴、企業文化を表すさまざまな要素を含めたブランド・ネットワークの調査を行うことをお勧めしたい。ブランド・ネットワークは、あらゆるブランドやマーケティングについての記憶の基礎を形づくっているのだ。顧客や見込み客が、あるブランドや商品・サービスに関する記憶を持っていなければ、そのブランドについての新しいコンセプトやメッセージを浸透させるのは困難である。マーケティング活動にも同じことが言える。たとえば、顧客や見込み客は、ブランド・コミュニケーションに接すると、当該の製品・サービスの情報を、ブランド・ネットワークから引き出す。そして、既知の情報と新しい情報とを頭の中で比較する。新情報に価値を認めれば、ネッ

図表7-7◉セブンアップ(7-Up)のブランド・ネットワーク

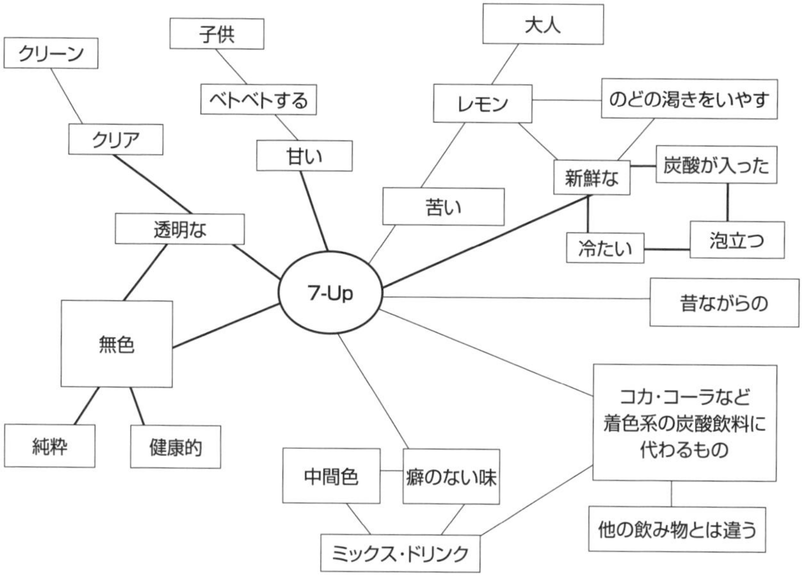
7-Up
クリーン
子供
大人
ベトベトする
レモン
のどの渇きをいやす
クリア
甘い
新鮮な
炭酸が入った
苦い
透明な
冷たい
泡立つ
昔ながらの
無色
コカ・コーラなど
着色系の炭酸飲料に
代わるもの
純粋
健康的
中間色
癖のない味
他の飲み物とは違う
ミックス・ドリンク

出典：ギエップ・フランゼン(Giep Franzen)とマーゴット・バウマン(Margot Bouwman)の共著"*The Mental World of Brand: Mind, Memory, and Brand Success.*"(2001,World Advertising Research Center)に掲載の図表から、同センターの許可によって引用。

トワークに加える。逆に価値がないと判断すれば、破棄するのだ。

◉――ブランド・ネットワークによる適切性の創出

ここまでの段階で、ブランド・ネットワークと、消費者の頭の中で行われる「関連づけ」についての関係は明らかになった。顧客には何らかのニーズ、欲求、願望がある。そして、マーケティング・コミュニケーションを情報源として利用することによって、それらの問題の解決を図っている。たとえば、新しい洗濯機と乾燥機を買おうとするカップルは、たいてい新聞広告、友人や隣人、『コンシ

ューマー・リポート』誌などから情報を集める。得られた情報は、すべて「洗濯機」と「乾燥機」に関するブランド・ネットワークに追加される。このタイミングで実施されたコミュニケーション活動は、彼らのニーズに対して適切性があることになるのだ。

では、同じ時期に、自動車メーカーが2人に対して次々とコミュニケーション活動を展開した場合はどうか。新しい洗濯機、乾燥機と自動車は同時には買えないので、自動車メーカーのコミュニケーション活動には適切性があまりない。時期が違えば、この2人も新車に関する情報を記憶から引き出していたかもしれない。しかしこの時点では、自動車に関するコミュニケーションは必要としていない。必要なのは、洗濯機と乾燥機に関する情報だからだ。この例から、適切性と受容性のつながりが見て取れる。また、ブランド・タッチポイントやブランド・ネットワークが人々の購入行動やメッセージの受容度に与える影響もうかがえる。そして何よりも、顧客や見込み客が要求するコミュニケーションを把握することが、マーケターにとって非常に重要であると分かるだろう。

最近では、さらに説得力のある事例が存在する。175社のカスタマー・サービスを対象にしたミシガン大学の調査によれば、マクドナルドのカスタマー・サービスは、年間7億5000億ドルを投じているにもかかわらず調査の対象企業のなかでも最低のレベルだったという。(原注9)

世界で最も価値の高いブランドであるにもかかわらず、なぜこれだけの資金を浪費しているのか。先の調査によれば、理由は簡単だ。いつ調査を実施しても、同社の顧客のうち11%がサービスに不満を抱いていた。しかも、不満を持つ顧客のおよそ70%が、同社の苦情処理方法にも納得していなかった。さらに、以前に比べてマクドナルドの店舗へ行く回数を減らす顧客も半数を超えていた。また彼らは、そうした好ましくないブランド経験を10人もの知人に話している。そして、マクドナルドに関する印象を総合すれば、顧客のブランド・ネットワークが同社のコミュニケーションのメッセージ(「あなたの笑顔が見たい」)とかみ合わないことを認識する。この矛盾が原因となってマクドナルドのブランドに傷がつく。確かに同社は、いまでもファストフード業界の最大手企業だ。それでも、コミュニケーション活動で矛盾を引き起こしたために、年間で推定7億5000万ドルもの損失を計上している。いかに巨大企業とは言え、決して安い金額ではない。

ブランド・ネットワークについて、最後に指摘しておく。顧客は、日頃からさまざまなコミュニケーションやブランド・タッチポイントを検証している。企業が、コミュニケーション・プログラムを通じて、顧客の持つブランド・ネットワークに適合しない新情報を提示した場合を考えてみよう。顧客・見込み客には、以下の2つの選択肢がある。

- 新しい情報を受け入れ、自分のブランド・ネットワークを変える
- 新しい情報を無視し、すでに保存している情報にこだわる

　同様の例として、あるブランドのコミュニケーション担当者が、2種類の伝達システム（この場合は「マスメディア」と「週末開催のイベント」）を用いて、まったく異なるメッセージを顧客に送った場合を考えてみる。顧客が受容するのはどちらの情報だろうか。ブランド・ネットワークに蓄えるのはどちらだろう。おそらく、「どちらのメッセージも無視する」という選択がベストである。2つのメッセージは、統合・連携していないからだ。このような考え方は、どんなレベルでコミュニケーション活動を統合する場合でも、単純ながら非常に効果的だ。顧客や見込み客とのコミュニケーションを試みる当事者すべてに必要な思考方法である。

ブランド・タッチポイントとブランド・ネットワークの相互関係

　本章で先に定義したように、ブランド・タッチポイントとは「顧客や見込み客とブランドの接点」である。ブランド・ネットワークは、顧客がこのようなタッチポイントから得る印象や連想だ。だからこそ、ブランド・タッチポイントとブランド・ネットワークは共に、顧客や見込み客がブランドに対して持っている認識、感情、知覚を規定することになるのだ。
　ブランド・ネットワークは、ブランドやカテゴリを問わず存在するものだ。ブランドに関連する印象のネットワークを持たない顧客は、ブランド像をつくることができない。ブランド・タッチポイントは、ブランド・ネットワークの強化、

変質、あるいは消滅を促すこともできる。ブランド・タッチポイントを慎重に管理することで、顧客や見込み客のブランド・ネットワークを明確に理解し、また影響を与えるスキルは、統合マーケティング・プログラムを開発するマネジャーにとってカギとなる能力である。

3 第8章への論点

本章では、ブランド・タッチポイントとブランド・ネットワークについて議論した。これによって、統合マーケティングのプロセス3が完成に近づいている。マーケターは、人々がブランドに関する情報をどのように受け取るのか理解しなければ、顧客行動に影響を及ぼすメッセージやインセンティブを伝達できない。第8章でも、同じ流れに沿って議論を展開する。そこでは、カスタマー・インサイトを活用しながら、顧客の心に届くようなメッセージやインセンティブをつくり出す方法を論じる。

第8章 コミュニケーション・コンテンツのプランニング

　これまで、顧客がブランドにどのように接触するかと、ブランド・ネットワークが顧客行動に及ぼす影響について理解を進めてきた。ここからは、これらのコンセプトを、メッセージとインセンティブを開発し、伝達する基礎として活用してみたい。ノースウェスタン大学のリサ・フォルティーニ-キャンベル教授は、「カスタマー・インサイトの創造」という言葉をつくった。教授は、この言葉を用いてコミュニケーション・プログラムの開発にあたるプランナーが、タッチポイントやブランド・ネットワークに対して理解したことをどのように活用すればよいか、解説している。本章でも、カスタマー・インサイトを活用して、統合マーケティングのメッセージとインセンティブを開発する方法を明らかにする

1 カスタマー・インサイトの定義

　リサ・フォルティーニーキャンベル教授は、カスタマー・インサイトが主に以下の3要素から構成されることを示している。[原注1]

- 顧客や見込み客の心理面で強い動機づけとなる要因の特定
- 企業と顧客のニーズが交わり、交流するような心理的な絶好の機会の提供
- 企業と顧客・見込み客のニーズが完全に結びつくような一致点（いわば「スイート・スポット」）の特定

マーケターがカスタマー・インサイトを見出せば、すべてのタッチポイントを開発し、展開し、強化することが可能な、効果的なブランディング全体のフレームワークをつくり出せる（第7章でのブランディング全体にわたるコンセプトの議論を思い出していただきたい）。カスタマー・インサイトを活用する企業の顧客は、自分たちが企業に理解され、また敬意を持たれている気持ちになる。そのような企業は、顧客のニーズをくみ取れるものだ。

　このような顧客理解を持つには、顧客に対して敬意と共感を持つことが必要だ。顧客とは、自社が解決できるニーズや欲求、需要を持っている存在である。こうした顧客情報は、顧客の生活にインサイトを働かせることで生まれてくる。つまり、顧客の生活のなかであるカテゴリは、どのようにマッチしているのか、そしてその生活との適合を左右しているものであり、顧客がブランドを区別している要素でもある、その特性は何なのか？　ということへの洞察である。カスタマー・インサイトは、顧客や顧客グループの単純なデモグラフィックの分析や、過去の顧客行動の理解から生まれるのではない。そうではなく、顧客の生活、仕事、ニーズ、ウォンツ、欲望、あるいは、彼らの過去の生活や生活の背景、野望といったような、現在と将来にまつわる要素から顧客を深く理解することによって可能となるのだ。顧客の履歴や顧客の経験は、カスタマー・インサイトの開発に大いに役立つ。もっとも、マーケターの手腕は、このような情報や知識を現在と未来の問題に投げかけることにある。この手腕があれば、カスタマー・インサイトを、セグメンテーション・スキーム、ポジショニング・アプローチといった従来の手法や単純な第六感と明確に区別できる。

◉──────カスタマー・インサイトの展開と検証

　問題は、マーケターが、新規顧客を獲得したり、既存顧客と企業との絆を深めることに役立つインサイトを、どのようにして得るかである。ここでは、我々が見出した調査のなかで、最も優れた手法の1つを紹介する。次に挙げる事項に的確に答えられれば、統合マーケティングに有効なメッセージやインセンティブを順調に開発しているということだ。

- 「対象にするのは」(コミュニケーション・プログラムによって、だれのどのような行動に影響を与えたいのか)
- 「顧客は」(すでに特定化したカスタマー・インサイトは何か。顧客や見込み客を動かすカテゴリの動機は何か)
- 「自社製品は」(自社の製品・サービスに対する顧客や見込み客のイメージはどんなものか。製品やブランドの全体像はどうなっているか)
- 「自社ブランドの提供価値は」(インサイトに基づいたうえで、顧客が欲しており、また、自社ブランドや製品が提供し得るベネフィットや価値は何か)
- 「ほかと異なるのは」(本当のライバル、競合相手は)
- 「差別化のポイントは」(自社製品の差別化のキーポイントは何か)

ここで、「航空機利用の出張旅行者」の例を参考にするとよい。フォルティーニ-キャンベル教授によれば、上記の質問によって、この種の旅行者からのカスタマー・インサイトが得られるという。

- 「対象にするのは」、年間で10万マイルの旅行を、正規料金で移動しているビジネス客
- 「顧客は」、仕事のために私生活を犠牲にすることに誇りを持つお客様
- 「自社商品は」、ビジネスの準備にも、ビジネス後の休養にも役立つ
- 「自社のサービスの提供価値は」、お客様の生産性を高める。
- 「ほかと異なるのは」、他社のどの出張とも違う経験
- 「我が社」では、お客様自身が旅のカタチを決め、また、お客様の要望にそった旅を喜んでつくり上げることに努めている

明らかなことだが、顧客が航空会社に提供してほしいと望むこととしてここで挙げたようなことは、どの航空会社にとっても応えることは難しいことだ。しかしカスタマー・インサイトは重要である。と言うのも、航空会社やそのスタッフがその実践や行動を通して、顧客や見込み客に対して普段からこのようなサービスを提供できればどうだろうか。その航空会社にとって顧客基盤を維持することはいとも容易なことになる。また、他社の航空便航路を利用中のビジネス客を、

自社の便に乗り換えさせることも簡単だろう。

　この段階まで来たら、このようなカスタマー・インサイトはどの程度自社にふさわしいものかを知るために、次のような問いかけをしてみるのもよいだろう。これほどまでに深いカスタマー・インサイトを持つ航空会社は何社あるだろうか。航空会社がこの種のカスタマー・インサイトを実現すると、マーケティング部門のメッセージの適切性はどこまで強くなるだろうか。また、乗客に対して、顧客ロイヤルティをどの程度生み出せるのか。航空会社を比較する乗客にとって、運賃は変わらず重要なものなのか、もはや重要ではないのか。ライバルの航空会社との競争においても同様に、運賃はどれほど重要なのか。航空会社は、どれだけ多くの支持者を獲得できるか。このような問いかけをしていくと、カスタマー・インサイトが顧客とブランドとの絆を強めるのを容易にし、また、効果的なマーケティング・プログラムの開発にとって役立つものであることを理解できるだろう。

　企業がカスタマー・インサイトという概念を理解していれば、統合マーケティングのメッセージやインセンティブの開発に適用できる。「原則4」で示したように、統合マーケティングの目標は、常に企業の目標に合わせて調整しなければ効果が上がらない。それだけに、最初の段階で、マーケターが開発したカスタマー・インサイトが企業全体の計画や能力と矛盾しないことを確かめる必要があるのだ。この論点を次の節で扱う。

企業の能力とカスタマー・インサイトの一致

　「マーケターは口先だけ」。今日の顧客は、このようにマーケターを厳しく批判する。第7章で論じたように、マーケティングは往々にして、顧客や見込み客と約束を交わす。「すぐにお答えします」「お気軽にお話し下さい」「簡単に組み立てられます」「手間はかかりません」といった約束や、同様の言葉を連ねた広告は無数にある。問題は、顧客経験が往々にして約束とまったく食い違うことだ。約束のなかにはその実現が難しいどころか不可能なものさえある。実現しようと思えば、途方もない時間がいる場合もある。実際には、窓口や営業のスタッフも、顧客が抱える問題や、顧客を助けることに興味を持っていない。顧客からの連絡にも応じない。商品の説明書も、読みにくく、しかも誤った内容だったりする。

要は、マーケティング・プログラムで顧客や見込み客と交わした約束を履行しない企業が多過ぎるのだ。

まだ実現していない約束にまつわる問題に取り組むには、いわゆる「企業内統合」という課題を解決することが必要になる。社内の機能を社外への約束に合わせて調整するのである。

第3章で紹介した統合マーケティングを機能させるための「原則1」から思い起こしていただきたい。企業は、顧客を中心に据えなければならないのだ。あらゆる部門やあるいは組織の1つのパートであろうとも、顧客に活動の中心をあて、顧客が目標を達成できるように奉仕することは決定的に大切なことである。そのことは、たとえその組織が外部のサプライヤーであったり、あるいは内部の従業員であっても同様である。このように考えていくと、カスタマー・インサイトを創出し、活用することは、企業の目標を顧客の目標に従わせるように常に行わなければならないということだ。

マーケターは、カスタマー・インサイトによって顧客の目標を把握することが可能であり、それに合わせて企業の目標を方向修正する視野も手に入れることができる。企業と顧客の目標に食い違いや対立があっても、カスタマー・インサイトを用いれば、企業と顧客の間で共に満足感を得られるような製品やサービス、そのほかのマーケティング活動の調整が可能になる。

メッセージとインセンティブをめぐる戦略の展開

図表8-1では、第3章で最初に紹介したメッセージやインセンティブのコンセプトをまとめた。「原則7」を参照していただきたい。簡単に言えば、マーケターが長年にわたって広告や広報といった具合に別々の機能として開発してきたことを、統合マーケティングでは以下の2つのグループに整理している。

- ブランドに関するメッセージを伝える機能（ブランドのコンセプト、アイデア、連想、価値などで、顧客の記憶に長い間残ることが望ましい要素を伝える機能）
- ブランドに関するインセンティブを伝える機能（企業・顧客の双方に価値をもたらすと考えられる顧客の行動に対して、短期的な特典や報酬を与える機能）

図表8-1●メッセージやインセンティブに関する典型的な目標と手法

ブランド・メッセージ	ブランド・インセンティブ
典型的な目標 ブランドの拡大 ベネフィットの明確化 選好の確立 競合との差別化	**典型的な目標** トライアルの獲得 使用頻度の増加 買い置きの奨励 クロス購買の促進
典型的な手法 マスメディア・報道PR イベント 印刷物 ウェブ	**典型的な手法** 値下げ クーポン サンプリング 賞金つきのコンテスト プレゼントやフリー・オファー

　図表8-1は、特定のメッセージやインセンティブをめぐるコミュニケーションの戦略を展開する出発点として有効である。マーケティング活動全体をゴールの視点から戦略を組み立てることができるようになっている。メッセージの一般的な目標としては、自社ブランドの強化、顧客や見込み客がブランドから得るベネフィットの概括、ブランドに対する選好の確立、ライバルとの差別化などが挙げられる。メッセージの伝達手法には、さまざまなメディアを使った有料メッセージのほかに、PR、イベント、スポンサー契約、プロダクト・プレイスメントなどがある。メッセージの伝達手段は多岐にわたるが、目標は同じである。顧客や見込み客の脳裏に、ブランド、商品、企業に関する印象を刻みつけることだ。

　インセンティブの典型的な目標は、ノンユーザーによる製品・サービスの試し買い、既存顧客の使用頻度の向上、あるいは製品の買い置きなどである。また、他の商品との抱き合わせ販売による購買・利用の促進なども挙げられる。インセンティブの手段としては、期間限定の値下げ、さまざまなサイズ・形式・価格の優待クーポンの提供、フリー・オファーなどが挙げられる。フリー・オファーとは、マーケターが商品を購入した顧客に、製品の増量や無料の商品提供などの特

典を与えることを指す。また、電子メディアの利用方法としては、ホワイト・ペーパーの配布、チャット、電子クーポンの提供、電子メールによる商品の注文などがあるが、これらも新たなインセンティブを幅広く提供している。

　本書では、広告、セールス・プロモーション、PRといった従来のマーケティング活動で区分けされていた機能を、メッセージとインセンティブというコミュニケーションの基本機能にまとめた。注意していただきたいのは、この2つに集約してはいても、メッセージとインセンティブの境界線は必ずしも明確でないことだ。統合マーケティング活動の焦点がメッセージの伝達にある場合でも、インセンティブを同時に視野に入れることはあり得る。たとえば、メッセージを伝達する広告のなかに、新規顧客の試し買いを促すためや過去に商品を購入した顧客の特典として価格割引クーポンを提供したりすることはあり得る。同様に、販売促進のイベントであってもインパクトがあるものは、ブランドに関する長期的な記憶として残ることも多い。このようにメッセージとインセンティブの成果は多少重複する。とは言え、統合マーケティングのマネジャーは、コミュニケーションの取り組みの主目的を正確に判断する能力を養えば、メッセージとインセンティブのどちらの効果に焦点をあてるべきなのか、合理的に判断できるようになるはずである。

　さらに複雑なのは、市場からの反応が生じるタイミングだ。そもそも統合マーケティングには、非常に短い期間で完結するプログラムもあれば、長期的なブランド認知や選好の確立を目指すプログラムも存在する。タイミングの問題は、統合マーケティングのプランニングにとって重要なので、第9章以降で扱う。

　図表8-1には、メッセージやインセンティブの形式を示している。マーケター自身が先入観を持たなければ、これだけの選択肢が見えてくる。次の節では、メッセージやインセンティブを開発する方法を示す。

●────新たな方法による戦略の開発

　方法論を理解するには、実例を調べるのが最もよい。この節では、この点を念頭に置きながら、スタンレー・タネンバウムによる事例をもとに話を進める。(原注2) 彼は長らく広告会社の経営幹部を務めた後、現在はノースウェスタン大学の教員と

して、第2の人生を送っている。彼が事例に基づいて開発した戦略開発のためのフォームを以下に紹介しよう。

　訪問販売のスタッフであるあなたは、冬の寒い夜に、フィラデルフィアのカルメット・ストリートの13丁目と14丁目の間にいる。そのブロックには、8軒の家屋が軒を連ねている。あなたの仕事は、家屋の玄関をノックして、頭痛薬の入った瓶を家主に売り込むことだ。ここで、「コミュニケーション戦略」が必要になる。

　今日1日をうまく乗り切るには、8軒の家主に同じ戦略で頭痛薬を売り込むのは愚策である。1つの典型的なコミュニケーションは、「ストレスをお感じであれば、私にお任せください。この薬を飲めば、ストレスが軽くなりますよ」といった言葉を口にすることである。視覚に訴えることも必要になるので、痛々しい表情で、首をきつく締める仕草をしながら「ストレス」を演出するだろう。

　しかし、この1つの戦略で8軒全部を通そうとするのはだれしも愚かなことだと当然思うだろう。場所をこの小さなエリアから変えて考えてみると、さまざまな商品やサービスにおいて、このような考えは数多く見受けられるのである。1つの戦略とその戦略から生まれた1つのCMを1億の人間を相手に流しているのだ。

　コミュニケーションは、消費者の大衆化が進むことによって、あいまいで、意味が少なく、共感性が乏しいものになってしまった。どれも、同じ文句で売り込みを図る頭痛薬の営業員のようなものである。つまり、マーケターは、大半の時間を自分たちの製品についてのコミュニケーションに費やしているが、その製品が消費者の問題をどのように解決するかについて考える時間は非常に少ない。そして、ほとんどのマーケターは、意識的ではないにせよ、単なる寄せ集めのメッセージを顧客に送っていて、これによって、マーケターの抱える矛盾は、さらに深刻になっている。大衆市場向けの広告で伝えた内容と、価格プロモーションの内容が食い違っていたりする。商品のラベルのメッセージもそれらと食い違う場合がある。同じ商品でも宣伝文句がまったくバラバラということがあるのだ。販売スタッフが小売店の店主に対して、価格の話ばかりしてしまうことも珍しくない。このように、雑多にして不完全なマス・コミュニケーションがはびこる原因は、顧客のニーズよりも企業の都合を優先させるからである。しかし、消費者に主導権のある市場では、何よりも統合マーケティングが欠かせないのだ。

従来とは違う思考方法

　商品の売り込み方と同様に、コミュニケーションのうまさは人それぞれだ。しかし、有能な営業員であれば、フィラデルフィアの8人の住民全員に同じ戦略を用いることはしない。それぞれの顧客への対応を別々に考えながら、コミュニケーション戦略を練るだろう。要するに、優れた営業員は、顧客と懇意になるのだ。マーケターが顧客のことを知れば、顧客に伝達すべきメッセージも明確になる。上の例で言えば、次のような調査を行ってみるとよい。

- 住民のストレスの実態を、時間や仕事との関連、生活スタイルといった側面から調べる
- ストレスの要因は外部にあるのか、その人自身にあるのか確かめてみる
- 問題の解決に使われている製品を、満足度とその理由から検討する。また顧客がそれを友人に勧めるかどうか尋ねてみる

　見込み客を「街の住民」としてではなく「一個人」として認識すれば、コミュニケーションをどのぐらい改善できるのか。そのことを考えてみよう。統合マーケティングのプロセス1やプロセス2で示したように、マーケターが今日の技術を使えば、顧客と懇意になれる。また、顧客ごとのニーズ、行動、要求を知り尽くせば、以前よりも顧客の身になって顧客と接することが可能だ。
　この新しい思考方法に欠かせないのは、コミュニケーション戦略の開発に熱心に打ち込むことだ。マーケターは、戦略の開発のための課題をきっちりこなせば、従来よりも説得力のある一貫したメッセージやインセンティブを伝達できるだろう。結果として、自社ブランドの製品に独自性が生まれ、ライバルに差をつけられるようになる。統合化されたメッセージは、うまくいけばクチコミを実現する。それこそ、人々の望むコミュニケーションの方法なのである。
　図表8-2で紹介する戦略フォームは、統合マーケティングのプログラム用に特別につくられたものである。大手企業のマーケターや小さな企業を興した起業家が用いるとよいだろう。ここで扱うのは、パッケージ製品やサービスでも、業

図表8-2 ● コミュニケーション戦略開発フォーム

1. 消費者とはだれか
    A. 消費者が商品を購入する際の購買インセンティブは何か
       一般的な商品のカテゴリ
       1. このグループのメンバーは、このカテゴリの商品・カテゴリをどのように理解するのか
       2. そのメンバーが現在購入しているのは何か。どのように商品を購入・利用するのか
       3. そのメンバーのライフスタイル、心理、カテゴリへの態度はどのようなものか
    B. カスタマー・インサイトでは、何が重要なのか
    C. このような顧客は、その商品カテゴリから何を望んでいるのか
       購買インセンティブ「私は同じカテゴリのほかの商品よりも、～という商品を買いたい」
    D. 最良の統合マーケティングのゴールは何か。メッセージ、インセンティブ、両者の組み合わせのうち、ベストは何か

2. 商品やサービスはそのグループに適したものか
    A. 商品やサービスの実体は何か
       1. 中身は何か
       2. 何ができるのか
       3. 違いがあるのはなぜか
    B. 顧客は商品やサービスを、どのように認知しているのか
    C. 外観、感触、味、機能などはどうだろうか
    D. 顧客は商品を通じて、どのように企業を理解しているのか
    E. 「本当の姿」は何か
    F. 商品やサービスは、そのグループに適したものか
       推奨ポイント

3. 競争は私たちの目標に、どのような影響を及ぼすのか
    A. ブランド・ネットワークや競争構造は何か。なぜそうなのか
    B. 競合は現在、顧客や見込み客を相手に、どのようなコミュニケーションを展開しているのか
    C. 私たちのプログラムに対抗するのは、どのような競合相手なのか
    D. 競争で弱いところはどこか。私たちが仕事を奪うことができる相手はだれか

4. 消費者が得られるベネフィットで競争上も有効なベネフィットは何か
    - (問題を解決したり、消費者の生活を改善したりするなど) 本当の意味でのベネフィットでなければならない
    - グループごとに受けるベネフィットを、1つにまとめなければならない
    - 競合より優位でなければならない
    - スローガンや広告のコピーであってはいけない
    - 簡潔なセンテンスでなければならない (たとえば、「サンカ (Sanka) (訳注: Sankaはノンカフェイン・コーヒーのブランド) の味にはどのコーヒーもかなわない」「ホリディ・インにお泊まりになればよい眠りという点で他のどのホテルにもないものが得られます」)

5. 顧客や見込み客に商品のベネフィットを信頼してもらうために、マーケティング・コミュニケーションはどのような方法を用いるべきか。特に以下のようなポイントではどうか
   A. 商品やサービスでのサポート
   B. 知覚上のサポート
   C. コミュニケーションでのサポート

6. ブランドや企業、商品に必要なのは、どのようなパーソナリティか。商品やサービスを競合と差別化することに貢献するユニークなパーソナリティは何か

7. コミュニケーションを通じて、顧客に受け取ってもらいたい主なメッセージは何か
   A. 顧客に与えられる主なインセンティブは何か
   B. コミュニケーションの結果として、顧客に望む行動は何か
      - 商品やサービスを試す
      - さらに多くの情報を探す
      - 従来よりも頻繁に商品を使う
      - 同じカテゴリーに属する別の商品を試す
      - その他

8. コミュニケーションが商品の認知やプロモーション状況に与える影響は何か
   A. コミュニケーションがうまくいけば、顧客は(数カ月や数年にわたって)競合商品と比較して、商品をどのように認知し、どのようなイメージを持つのか
   B. インセンティブがうまくいけば、顧客や見込み客はどのような行動を取るのか

9. 顧客とブランド・タッチポイントは何か。説得力や信頼性のあるメッセージやインセンティブを、顧客に対して最も効率よく伝えるには、タッチポイントをどのように考えなければいけないのか。その理由は何か

10. 今後、どのようなかたちの調査を実施するのか(統合マーケティング戦略の今後の展開やその根拠を明確化するうえで必要な調査の形式をリストアップする)

務用の商品でも問題はない。また、小売店の経営、企業イメージの開発、頭痛薬の訪問販売にも活用できる。

　この戦略フォームは、一見とっつきにくいかもしれない。しかし、詳しく見ていけば、どの質問も統合マーケティングの最初の3つのプロセスで学習したことをまとめているだけだ。マーケターがこのフォームに従えば、効果的なコミュニケーション戦略をもたらす開発プロセスを実践できる。これが、このフォームの最大の特徴である。また、このフォームを活用することで、あらゆるステークホルダーをまとめることも可能になる。それは、次のような質問に答えざるを得ないためだ。「顧客にあたるのはだれか」「顧客は何を望んでいるのか」「どうすれば、顧客の期待に沿うようなブランドや商品を生み出せるのか」といった質問だ。戦略が定まれば、製品のポジション、パーソナリティ、競争力や、消費者が商品の利用によって得る利益もおのずと決まる。また、このフォームでは、ライバルが顧客に与える影響をつかむこともできる。ここで見逃せないのは、マーケティング部門が責任を負うべき行動目標が定まることだ。また、メディアと顧客との最適なタッチポイントも特定できるので、顧客への効果的な接近が可能になる。さらにこのフォームは、戦略の再構築や精度を上げるのに必要になる将来的な調査についての示唆を与える。

　新しい統合マーケティングのアプローチでは、社内のどの部門でのコミュニケーションであっても、戦略的な側面が問われることになる。つまり、コミュニケーションのどの局面でも、顧客に対してメッセージを確実にかつ一貫性を持って届け続けることを余儀なくされるのだ。そして、そのような統合された戦略によって生み出されたコミュニケーション戦術によって、顧客も商品やサービスを信頼するようになる。

　あなたが頭痛薬を売っている状況を例に取れば、消費者のニーズに合わせてコミュニケーションを組み立てながら、同時にブランドについて一貫したパーソナリティを創造できるようにしなければならない。そして、ロイヤル顧客や「浮動顧客」など、さまざまな消費者のグループに接近するには、全体戦略を踏み越えたアプローチも必要になる場合がある。消費者以外に商品の販売に影響を及ぼすステークホルダー（卸売・流通・小売関連の業者や財界）ごとに戦略を立てることもある。このようなステークホルダーには、それぞれに独自の購買インセンティ

ブがある。したがって、コミュニケーション戦略も、グループごとに違った利益をもたらす必要がある。これこそがまさに、統合化と呼べるものであって、ターゲットにすべきグループを定め、そしてその個別のグループごとに最適なメッセージとタッチポイントを選び出すわけだが、このようなことに関しての結論は顧客の分析から得られるのだ。

　戦略の重要性は明白だ。戦略は、製品をめぐるあらゆるコミュニケーションを統合するための重要な要素である。セールスやリピートセールスに関わるあらゆる事柄や人員に影響する。コミュニケーション戦略をきちんと立てれば、社内の統合も進み、戦略の対象となるコミュニケーションの受け手との絆も強くなる。

◉ 戦略の開発例

　戦略開発のフォームを埋めたら、フィラデルフィアの頭痛薬の営業マンをあらためて訪ねてみる。そして、顧客ごとに戦略を立てる方法を教えよう。

「顧客」はだれか

　説得力のある統合マーケティング戦略を立てるには、頭痛薬を買いそうな8人の顧客を個別に調べなければならない。顧客の購買インセンティブを調べることで、その製品カテゴリに関して顧客がどのように考えているのか、またその理由を知ることが可能だ。つまり、購買インセンティブからは、そのカテゴリ（またはブランド）が抱える問題や、問題の解決に必要なことが理解できる。購買インセンティブを分析すれば、消費者の行動と思考のプロセスに関するインサイトを得ることができる。消費者は頭痛薬の品質を、どのように判断しているのか。ブランドの名前を、どのように評価しているのか。顧客にとって、頭痛薬のカテゴリにおける価値とは、どのようなものか。そして、あるグループは特定のブランドだけを時折購入するのだが、それはなぜか。

　購買インセンティブの分析を進めれば、マーケターはさらに消費者の生活・仕事・趣味や、仕事・社会情勢・家庭での子育てにおけるストレスといったことについて詳しく調べる必要性が生じる。たとえば、以下のような事項に関する調査である。

- ディナーパーティに行くときのストレス
- 仕事でプレゼンに臨むときのストレス
- ファンシーショップへ買い物に行くときのストレス
- その消費者は会社では管理職なのか
- 仕事を持つ女性であれば、上司から極度のプレッシャーを受けているか
- 夫や義母との関係はどうなのか
- 彼女は頭痛薬を、どのように服用しているのか。一度に何錠服用しているのか。服用の頻度はどうか
- どのようなブランドを服用しているのか。別のブランドに変えるのか
- 主治医を信用しているのか
- 薬の処方を受けているのか
- ノーブランドの商品を購入しているのか
- 消費者として賢明なのか
- 商品を購入する際には、世間の評判よりも自分の評価を重視するのか
- 最も厚い信頼を寄せているのは、商品そのものか。商品を購入する場所か。それとも、商品を売るスタッフか
- ニュースにどこまで影響されるのか
- クチコミや両親や、商品の価格による影響はどの程度のものか

　消費者に対してこのような質問を実施した際には、購買インセンティブを簡潔に表現するような結論を一文にまとめなければならない。それによって、別のブランドを利用中の顧客に対しては自社ブランドへの切り替えを検討させたり、自社のブランドユーザーに対しては買い続けさせることを再確認させるメッセージやインセンティブを明らかにすることができる。

　フィラデルフィアの8人の住民の場合には、ノーブランドの頭痛薬を購入する住民のグループは、頭痛薬自体にあまり信頼感を持っていないかもしれない。「どこの頭痛薬でも効き目は変わらない」と考え、大きな不安を抱きながらも値段の安いノーブランドの頭痛薬を選んでいるかもしれないのだ。もっとも、この決定にも半信半疑の状態にあるのかもしれない。本当は、現在の頭痛薬よりも多少高くても、信頼のおけそうなブランドの頭痛薬を望んでいる可能性がある。そ

れだけに、このグループの購買インセンティブはシンプルである。「いま飲んでいる頭痛薬よりも効くことを信頼させてくれれば、他の頭痛薬を買っていいよ」。

もちろん、購買インセンティブ調査は、個別のグループに対してそれぞれ別の質問票をつくらなければならない。消費者の属性に関する情報は、購買行動のデータ活用、予備調査、マーケターによる個別インタビュー、観察、経験に基づく仮説検証などの手法から得られるものだ。消費者のグループごとに購買インセンティブのシートを作成した後は、頭痛薬メーカーにとって利益をもたらす可能性が高いのは、どのようなグループであるのか、判断を下す必要がある。

コミュニケーション戦略をきちんと立てるには、商品販売への影響について各グループの間接的な力を考慮する必要がある。頭痛薬の場合には、卸売業者・医師・自社の営業スタッフ・福利厚生部門に対して、購買インセンティブ調査を別途行うことが考えられる。

頭痛薬の場合では、ノーブランドの頭痛薬を購入しながらも、さらに信頼のおけるブランドを探しているような人々に向けたコミュニケーション・キャンペーンを展開するということも考えられる。もっとも、この決断を下せば、次のような問題が起きる。「我が社の製品は、事実か、イメージであるかは別として、この購買インセンティブの対象になるグループのニーズと欲求を満たせるのか」。ここで２つの課題が提起される。

- いまの商品は、顧客が求める信頼性への期待を満足させるほど十分な事実を持っているのか。このブランドが他のブランドよりも優れていると納得させるだけの画期的なニュースはあるだろうか。さらに顧客は、従来よりも多額のお金をこのブランドに払うだろうか
- 消費者のグループは、現在の時点で商品をどう知覚しているのか。信頼されているのか。そうでなければ、コミュニケーションによる新たな知覚をつくることで、強力でユニークで積極的な信頼性の認識が芽生えるのか。それとも、消費者がいま抱いている商品への認識は、改めようがないほど心に深く浸透しているのか

以上の問題に対応できる唯一の方法は、商品の実体だけにとどまらず、その商

品に対する顧客の知覚を客観的に調べることだ。ちなみに、この調査は、コミュニケーション戦略開発フォームの第2セクションの部分にあたる。

製品・サービスは顧客グループに適合しているのか
　コミュニケーションの担当者には、商品の表層的な要素で満足するような人があまりにも多い。どんな商品でも、詳しく調べることで、意外な驚きや発見というものがあるのだが、それを掘り下げる担当者は少ない。確かに、どの頭痛薬でもおおよそ成分は同じである。しかし、このような考えは、自己満足につながるものだ。商品を構成する表層的な要素・成分にとどまらない情報、消費者の知覚に影響を及ぼす意外な発見を探してみるべきだ。本章で紹介した戦略フォームの目的は、そこにある。
　ここで、頭痛薬を例に、商品の製造方法を考えてみよう。だれが、なぜ、どのような方法で頭痛薬を発明したのだろうか。服用して何秒で、頭痛薬は溶けるのか。実際には、どのように効くのか。小さい人ではより早く効くのか。思ったよりも早く効くのか。なぜ効くのか。なぜほとんどの頭痛薬のボトルは色つきなのか。薬箱の中でどのくらいの時間まで安全に保管できるのか。頭痛薬とオレンジジュースを一緒に飲めば、何が起こるのか。宇宙カプセルの中で服用したり、ペプシ・コーラと一緒に飲み下したりした場合はどうか。頭痛薬の錠剤を、どこで製造しているのか。照明や温度の条件を特定しなければ、頭痛薬を製造できないのか。製造ラインでは、どんな人が働いているのか。服用する人に配慮しているのか。医者や看護師や疫病学者が、製造のプロセスを監督しているのか。メーカーの社長はだれか。頭痛薬の効能を調べているのはだれか。効き目は、症状によって違うのか。その理由は何か。一定の条件で、何錠服用しなければならないのか。服用を可能にするための必要条件はあるのか。ストレスを受ける前に、頭痛薬を服用してもよいのか。
　これらすべての製品の実情に関する質問に答える必要がある。マーケティング部門のだれもがこの調査に協力すべきなのだ。求められていることは、消費者のイメージに影響する要因を明らかにすることに役立つインサイトであり、すべての頭痛薬は同じようなものだというイメージを一掃する確信的な事実なのである。
　商品やそのカテゴリが消費者にどのように知覚されているかという問題は、商

品の実体をめぐる問題と同じくらい重要である。この問題は、購買インセンティブを扱った節で、すでに多く言及してきた。それでも、ブランド知覚は商品に欠かせない大切な要素であり、いわば商品の本当の価値を創造するものであるので、さらに詳細に語る必要がある。見込み客は、買おうとしている商品の品質を、どのように知覚しているのか。コストに見合うのか。ブランドの名前は、信頼感を醸し出しているのか。消費者はライバルのブランドを、どう考えているのか。顧客は新聞記事を通じて、どのような影響を受けているのか。クチコミや店頭でのお勧めではどうか。価格による影響は、どのようなものか。絶えず売れているように見えるブランドなのか。古くさく見えるのか。見込み客は小売店を信用しているのか。商品のブランド・イメージは、カテゴリ一般のイメージとどこまで似ているのか。商品のラベルは、顧客に何を訴えているのか。そして、最も重要な質問は、顧客は、商品を競合の模倣ブランドとどのように位置づけているかであり、競合と同等という自分の知覚を変えるほどの新しい情報を与えることが可能か、どうかである。

　ここで、先に触れた戦略の問題に立ち返ってみよう。その頭痛薬は、信頼感をもたらすほど、本当に素晴らしい商品なのか。そして、このような信頼感を、顧客に説得力をもって伝えられるのか。消費者に対する調査とよく考えられた判断によって、商品の信頼性のベースが弱く、消費者がそのアプローチを受け入れる余地がまったくないことが分かった場合には、どうしたらよいのか。その場合には、価格の訴求や購買特典といった、実現の可能性が高いプロモーション戦略を新たに考えなければならない。しかし、顧客がブランドを信頼しているように見える場合には、コミュニケーション戦略の見直しが求められるかもしれない。もちろん、顧客のなかには、マーケティングを有利に展開できそうなグループも別に存在する。また、最も有効になりそうなコミュニケーションの方法を決めるために、新たな調査が求められる場合もある。

　頭痛薬の例に戻れば、販売中の頭痛薬に満足していない人々のグループが、調査によって実際に明らかになったことを示そう。管理職、テレビの修理スタッフ、訪問販売のスタッフ、仕入れ業者、そして、バスの運転手。このように、頭痛薬に不満を抱く人々は、ストレスの多い仕事に就いているのだ。ひどい頭痛持ちである彼らは、頭痛をひどく恐れているので、ノーブランドの頭痛薬を買う。しか

し実際には、もっと効きそうな別の頭痛薬を望んでいる。服用中のものよりも信頼でき、かつ「効き目が分かる」という安心感を味わえるような頭痛薬を求めているのだ。彼らは、ノーブランドの頭痛薬よりもブランドつきの処方薬を選んだ際には、特別にお金を出す気でいる。そして、医者や薬剤師の推薦を信頼している。彼らによれば、頭痛とは「何としてでも治す必要がある特別な症状」なのだ。

我が社の目標に対する競争の影響

市場での競争状況を理解することは、ライバルの市場シェアや広告費を知るだけよりも、はるかに多くの意味を持つ。まず、企業はライバルに対して、決断を下さなければならない。消費者の心にあるブランド・ネットワークや、代わりになるブランドはどのようなものか。ホールマーク社のグリーティング・カードは、アメリカン社やギブソン社のカードと競合しているのか。それとも消費者には、電話、ファクス、電子メールはアメリカ郵政公社のライバルに映るのか。あるいは、ホールマークのカードは、バスや自動車による母の日の帰省と競合するものなのか。

頭痛薬の例に戻って、自社のブランドと競合するものを考えてみよう。ライバルは、他のブランドの頭痛薬だけなのか。鎮静剤・酒・タバコどころか、休暇とも競合するだろうか。制酸剤・小児用頭痛薬・アセトアミノフェン・イブプロフェンといった特殊な鎮痛剤との関係はどうなのか。

ここで思い出していただきたいのは、消費者優先、消費者の気持ち1つで競争の構造は決まるのであり、また、そのように議論していく必要があるということだ。消費者は、市場に出回っているさまざまな鎮痛剤について、どう考えているのだろうか。頭痛薬にとって、プラスとマイナスの関係にあたるような薬は何か。消費者のロイヤルティは、どこにあるのか。頭痛薬に込められたメッセージは、消費者にどれだけの影響を及ぼすのか。競争分析から結論を出すなら、市場におけるブランドの最大の弱点を導き出すだけではいけない。そのブランドが取ってこれるビジネスソースのうち、どの企業が最も容易なのか、あるいは、新たに獲得する公算が高い顧客も見定めるようにしなければならないのだ。

競争に打ち勝つ消費者のベネフィットは何か

あなたには自分の顧客ばかりか、自社の商品やライバルも分かっている。ところで、顧客にとって、ライバルよりもあなたの会社のブランドを買う気になるほど重要なベネフィットとは何だろうか。

頭痛薬の例によれば、購買インセンティブの対象になるグループには、そのインセンティブが分かっている。「いま飲んでいる頭痛薬より効くことを信頼させてくれれば、他の頭痛薬を買っていいよ」。この時点での戦略では、購買インセンティブを反映するかたちで、消費者が競争からベネフィットを得るようにしなければならない。つまり、購買インセティブを次のように読み替えればよいのだ。「Aというブランドの頭痛薬は、効き目に関してほかのどのブランドより確かな信頼性を持っています」。

消費者にベネフィットをもたらすこと、それは企業の約束でもあるが、この文章のようなベネフィットは、ブランドに対して消費者が企業に要望したことの表現でもある。それは消費者から発した言葉であり、広告のメッセージのなかで使われることを意図したものではない。こういうかたちでベネフィットが表現されるということは、ベネフィットの特定や決定は、消費者によって行われるべきということだ。消費者のニーズや欲求は何か。ここでぜひ思い出していただきたいのは、統合マーケティングの戦略を有効に進めるカギが、消費者の問題の解決にあることだ。つまり、ブランドのタッチポイントごとに、ユニークな方法で消費者にベネフィットをもたらすことが重要なのだ。

消費者ベネフィットの信頼性をどのように確保するのか

消費者にとって重要なベネフィットがいったん見つかったとして、ブランドが約束をもたらすことを信じるだけの理由は、マーケティング・コミュニケーションのなかでどのように消費者に示すことができるのだろうか。このところが、顧客とのコミュニケーションにおいて多くの場合、不十分なポイントである。必要なことは、消費者が納得するコミュニケーション活動を、マーケティングのあらゆる局面を通して統合的に展開することである。そのコミュニケーションとは、そのカテゴリのなかのどの商品よりも自社の商品が優れていると消費者に紳士的に、かつ巧妙に、そして確実に確信させることである。消費者のことを深く理解

したうえで、コミュニケーションに反映させることによって、消費者と親密な関係を築くことが欠かせないのだ。つまり、マーケターは顧客に対して、価格に見合うだけのベネフィットをもたらす商品の提供を確約しなければならない。コミュニケーションの真価は、自社の商品が持つベネフィットを、選定されたターゲットに対していかに最高の方法で説得するかを考え出すことにある。従来の宣伝文句を使ってもよいのか。返金保証の特典をつけてはどうだろうか。対象になる消費者とのタッチポイントは、説得的なものか。ラジオで普通にCMを流すよりも、社長からの手紙を通じてメッセージを伝えれば、説得力が増すのだろうか。消費者が初めて知るような商品情報を「ニュース」として伝えた場合にはどうだろうか。

　消費者を説得することは、消費者が信用するだけの根拠を示すことであり、そこに使われるタッチポイントが何であっても、目的に一貫性がなければいけない。統合マーケティングの背景には、このような考えがある。「価格、ラベル、ロゴ、プロモーション、販売といったすべてのコミュニケーションが、特定のグループに対して、競合品以上に消費者ベネフィットを納得させることができるように一貫性がなければならない」。企業と消費者で一致するところが多ければ、消費者に及ぼす影響や説得力はそれだけ大きくなる。

ブランド・企業・商品のパーソナリティの望ましいあり方

　言葉によるものであれ視覚であれ、メッセージの内容の中身と表現形式は、消費者の信頼を得るうえで重要だ。しかし、ブランドが醸し出すトーンやパーソナリティも、同じぐらい大事である。

　ある評論家の考えに沿えば、ブランドのパーソナリティを生み出す作業は、創造性の発揮を目的にした創作活動とは違う。顧客が容易に理解し区別できるような生命力と魂をブランドに与えるプロセスである。つまり、競合ブランドと差異を生み出すのである。消費者は、ブランドにパーソナリティが備わることによって、親近感を覚えるものだ。ただし、パーソナリティはブランドのポジショニングに従って創造されなければならない。また、ブランドに対する消費者の知覚や期待を裏切るようなものでもいけない。信頼がおけるようなものでなければいけないのだ。頭痛薬を例に取れば、自社のブランドに信頼性を持たせるには、見た

目、イメージ、言葉やメッセージ、姿勢において信頼感を醸し出すようなコミュニケーションを展開することが欠かせない。

消費者は、主にどのようなメッセージを望んでいるのか

　統合マーケティングの戦略では、担当者が責任を持てるような目標を設定する。しかし、どのような目標を設定すればよいのか。また、本当に成果を測れるような目標は、どのようなものか。その意味ではまず、顧客が取り上げる主なメッセージやインセンティブを評価しなければならない。そして、目標は戦略的なやり方においてすべての参加者が賛同し、明快に描き出すことができるものでなければならない。そして、絶えずモニターする必要がある。当然ながら、目標を達成できない場合には、戦略の内容はもとより、戦略を構成するさまざまな戦術のレビューが求められるし、おそらく改訂も必要になるだろう。マーケターが顧客と接触しないという選択肢もあり得る。

商品の知覚やプロモーションに影響を及ぼしそうなのは何か

　戦略とその実行を評価するうえでカギになるのは、商品が顧客の知覚に与える、競合品にない価値の評価である。本章で紹介したコミュニケーション戦略フォームに欠かせないのは、「望ましい知覚価値」を定義することだ。そして、価値を確立するまで時間をかけて調べる必要がある。価値の評価は、価値を受ける顧客を対象に、一定間隔で定期的なフォローを行って進めなければならない。この方法は、うまくいっている戦略と手直しを要する戦略を区別するのに役に立つ。

　頭痛薬のブランドを例に取れば、消費者の知覚にとって望ましい効果とは、消費者がそのブランドを「最も信頼がおけるもの」と考えるであり、その根拠として、その作用は、処方薬の作用に近いからだと認識することである。

消費者とブランドのタッチポイントは何か

　コミュニケーション戦略でもう1つ重要なのは、購買インセンティブの対象グループのタッチポイントの内容と方法である。マーケターは、戦略立案の最初の段階で購買インセンティブを定義することによって、顧客に関する多くの情報を得られるが、この種の情報は、顧客に有効なタッチポイントを計画する際にも使

われるべきである。この商品を必要とするような顧客は、「どこに」「いつ」いるのか。売りのメッセージを受け入れる可能性が高い顧客はどこにいるのか、いつなのか。そして、コミュニケーションによって最も大きなベネフィットを得る顧客はどこなのか。そのコミュニケーションはいつが最適か。

統合マーケティング戦略の持つ美しさの1つは、伝統的な方法によらないで、顧客を1人ひとりの人間と考えて語りかけることで、もっと説得的な戦術を生み出すことである。フィラデルフィアの一角で8人の住民を相手に営業員がするような個別販売に近いのだ。

今後どのように調査を実施すればよいのか

結局のところ、戦略は将来の計画に使えるものでなければならない。戦略の完成度をさらに高めるには、今後どのような調査が必要なのか。たとえば、1年前からいままでの間に、顧客はどのような反応を示していたのか。そして、コミュニケーションの変化を受け入れたのだろうか。さらに、新しい商品の信頼性にお金を出したのか。いまも商品を購入しているのか。

そのような質問に答えれば、今後数年間の戦略を決めることができる実践的なフィードバックとなる。消費者は絶えず変化しているだけに、絶えず見直されるような統合マーケティングの戦略は健全である。マーケターのコミュニケーション、競合とのコミュニケーションの競争、広告を使わないコミュニケーション、新商品、そして、変わりゆくライフスタイル。いずれも、実行中の戦略と戦術を見直し続けるうえで欠かせないものだ。顧客が戦略が示す方向を引き続き継続していくと過信してはいけない。マーケターに必要なのは、顧客との関係を築くことだ。顧客は、征服する対象ではなく友人である。頭痛薬の例に沿えば、錠剤を売ろうとしていないことを思い出していただきたい。あなたは、問題を解決しようとしているのだ。

顧客との関係を確立する、顧客に関するこのような知識を披露しながら、顧客のケアを行う。このような活動をすべて展開すれば、マーケティングはうまくいく。従来のマーケティングは、「顧客主導」といったような言葉を、口先で唱えるようなものだった。統合マーケティングはこのようなマーケティングと違う。その基本原理は、商品の長所を見つけ出しては、消費者との信頼関係によって長

所を持続することにある。しかし実際には、ライバルも同じような商品を出している。それだけにマーケターは、消費者との信頼関係を築くことでは、商品ばかりをあてにすることはできない。

　統合マーケティングの担当者がライバルと差をつけるのは、顧客や見込み客との調和、対話、関係、コミュニケーションである。要するに、消費者の視点を終始意識しない限り、統合マーケティングの戦略をうまく活用することは不可能なのだ。

2　メッセージとインセンティブをめぐる戦略の展開

　消費者の行動に影響を与えるほどの効果的なメッセージやインセンティブの開発という課題は、プランナーが識別できるようなカスタマー・インサイトから直接的に生まれてくる。そのメッセージやインセンティブは、商品・サービス、企業が提供する価値、ベネフィット、ソリューションに見合うものでもある。先に説明したように、これらのメッセージやインセンティブは、統合マーケティングの健全な戦略に基づく。気の利いたスローガン、きらびやかなイラスト、覚えやすい音楽、そして、マーケターや広告会社が利用できる無数の手法。このような手法は、それだけでは消費者が得をするようなメッセージやインセンティブと結びつかない。さまざまな手法によってメッセージやインセンティブを強化することができるが、いずれの戦術も、顧客価値重視の統合マーケティングの有効な戦略の基本的な要素を持っている。それらは、統合マーケティングの計画やカスタマー・インサイトの中心に取って代わることはない。つまり、消費者が得をするようなメッセージやインセンティブは、顧客や見込み客のことを学ぶという、日常的でもっと難しい課題から生まれるのである。顧客や見込み客は、何を考えているのか。どう感じているのか。彼らが達成しようとしているのは何か。何を楽しんでいるのか。マーケターは、カスタマー・インサイトからメッセージやインセンティブを生み出すことで、顧客や見込み客との関係を深めるのだ。

　また、カスタマー・インサイトは、企業の文化や能力の理解にもつながらなけ

ればならない。全社を挙げて顧客や見込み客と協調しない限り、彼らとの関係を続けることは不可能だ。特に、我々の経験によれば、マーケティングを行っている企業のスタッフは我々が知っていることがベストであるといった話をする。しかし、こういう会話はたいてい顧客や見込み客に向いた話ではなく、ブランドや商品に向いた話である。もっとも、ブランドや商品に目を向けても、たいていは有効なメッセージやインセンティブの創出にはつながらないのだが。

3 第9章への論点

　顧客のベネフィットになるメッセージやインセンティブを開発するために、統合マーケティングの担当者は、まず顧客からスタートしなければならないということが、ようやく明らかになった。次の段階では、顧客に関して分かったことを、改めてマーケティング部門や全社挙げてのコミュニケーション活動につなげることになる。そこで第9章では、顧客の価値と企業の価値を組み合わせることが、顧客価値重視の統合マーケティングの環境に違いをもたらすことを論じる。

Part V

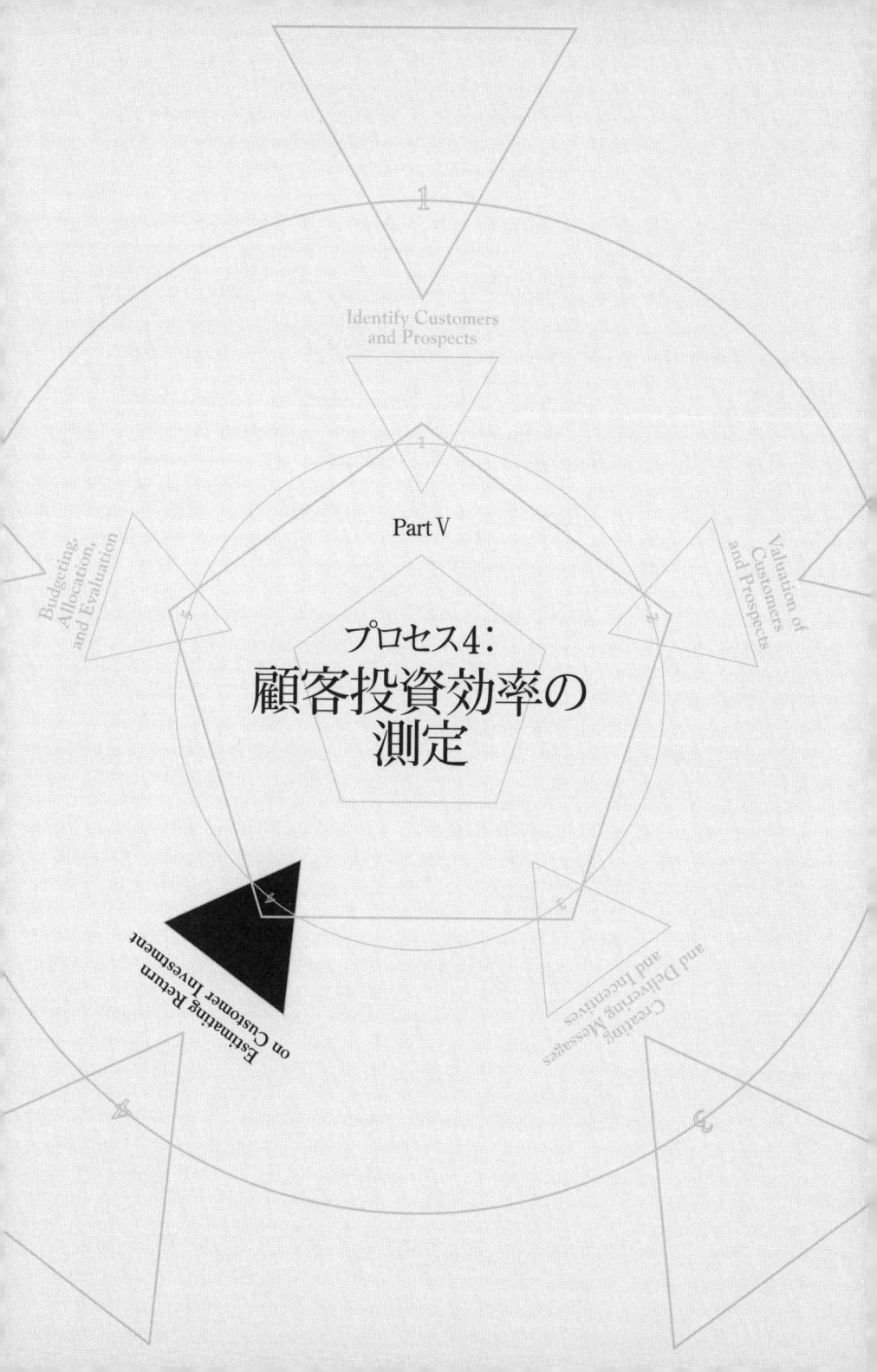

プロセス4:
顧客投資効率の
測定

第9章 統合マーケティング効果測定の基礎

　統合マーケティングのプランニング・プロセスの第3段階では、すべてのメッセージとインセンティブの効果を確実に測定することが、重要な要素に数えられる。次のプロセス4で、顧客投資効率（ROCI：return on customer investment）に焦点をあてるからだ。ここでは、顧客の「態度」に基礎を置く従来のマーケティングの測定手法からまずは見ていく。また、財務価値の測定が非常に重要になりつつあるため、本章では、マーケターが財務会計の基本原則をよく理解したうえで、マーケティングの財務価値をスムーズに測定できるようにするための手助けをする。

　マーケティング担当者はかつて、財務部門のスタッフを「財務屋」と呼んで、「創造性を阻害する存在」と見なしたが、いまやそのような時代は、とうに過ぎ去ってしまった。しかし、第5章でも示したように、従来のマーケティングの取り組みでは顧客の「態度」の変容に焦点をあてていた。確かに、その取り組みでは、さまざまな成果があったものの、財務価値の測定だけはままならなかったのだ。統合マーケティングでは、顧客を資産と捉え、「態度」の変化ではなく、投資の成果として現れる顧客の「行動」に、まず着目するのだ。これによって、マーケティングの取り組みのなかで、財務上の重要事項に関する以下のような決定ができるようになる。

- マーケティング・コミュニケーションに対する適当な投資額
- 投資がもたらす収益の性質やレベル
- 投資の実施から収益が実際にもたらされるまでに要する期間

このような3つの事項は、目新しいものではない。企業の経営陣は、マーケティングへの投資から期待できる収益のレベルを常に知りたいと考えてきた。しかし、売上高の増加とマーケティングへの取り組みを直接結びつけて考えるのが難しいために、財務担当者は、マーケティングを、「説明責任の生じないソフト部門」として捉える傾向が強かった。そうは言っても、新たに出現したダイレクト・レスポンス・マーケティングや電子商取引は、製品の売上げや目標とする顧客の獲得に直結しており、このことは、これまで経営陣を悩ませてきた投資収益に関する謎の解決にいくらか役立った。しかし、企業にとって最大の支出になりがちなコミュニケーション投資には、依然として不明瞭な部分が多い。本章では、その原因を検討することで、マーケターの理解を助け、また新たなモデルを提案することで、マーケティング・コミュニケーションに対する適切な効果測定を阻む壁を克服していく。

1 なぜマーケティング・コミュニケーションの効果を測定しにくいのか

　マーケティング・コミュニケーションの効果測定が以前から困難であった理由は、主に4つある。この節では、まずそれぞれの原因について見たうえで、統合マーケティングのアプローチがそれらの原因を克服する方法を検討する。

- **コミュニケーションの「ブラック・ボックス」**　子供の伝言ゲームを考えれば分かることだが、人づてに伝わるメッセージの内容は、誤ったものになる場合が多い。電話のメッセージにしても、内容を間違えてメモしたり、余計な内容をつけ加えて伝えたりした経験をだれもが持っている。これは、コミュニケーション効果の大部分が、メッセージを受け取った人の頭の中でつくられるためである。だれでも通常は、受け取ったメッセージの内容や時期をはっきりと記憶したり、メッセージが自分の「態度」に与えた影響を説明したりすることはできない。第7章でも述べたこのような現象は、脳の情報処理の仕方による。さらに、メッセージが「行動」に与えた影響の説明となれば、

いっそう難しくなる。これが、コミュニケーション・プロセスの「ブラック・ボックス」なのだ。マーケターが、顧客の心にあるブラック・ボックスをこじ開ける方法を見つけることができなければ、他の方法でコミュニケーションの効果を測るしかない。

　コミュニケーション効果を測定する従来の手法では、顧客の心にブラック・ボックスが存在するために、測定しやすい要素（メディアによる伝達の量や時期、対象地域、資料配布など）ばかりを扱うことが多かった。従来の方法は、「伝達したもの（アウトプット）」に焦点をあてており、マーケターが送り出したメッセージ自体が、測定の対象になったのだ。担当しているビジネスに対するメッセージの影響を測定するのではなく、「伝達の成果（アウトカム）」には着目していなかったのだ。

　統合マーケティングでは、この状況を逆転させる。「伝達したもの」ではなく、コミュニケーション活動によってもたらされた顧客行動の変化という「伝達の成果」に注目するのだ。

- **時期とタイミング**　「タイミング」は、コミュニケーションの効果測定において重要な要素である。顧客や見込み客に伝達されるメッセージのすべてが、即座に反応を得られるわけではない。たとえ顧客行動に影響を与えるメッセージでも同じことが言える。だからこそ統合マーケティングでは、マーケターはコミュニケーションの種類をメッセージとインセンティブに分けるのだ。メッセージが長期にわたって効果を発揮するのに対して、インセンティブの効果は、総じてすぐに表れる。また、見込み客が商品・サービスの価値を認識・理解したうえで、企業にとって望ましいかたちで購入を決めてもらうためには、メッセージやインセンティブを複合的に伝達することが必要と考えているマーケターもいる。統合マーケティングのゴールは、マーケティング・コミュニケーションを、顧客や見込み客にとって適切な時期に適切な内容で提供することにある。そのため、メッセージの伝達を出発点にし、次にメッセージ内容を検討するプロセスをとる。

- **メッセージとインセンティブの伝達源**　顧客や見込み客は、テレビCMから

パッケージ、クチコミといった豊富な種類の情報源の組み合わせから、多彩なコマーシャル・メッセージを受け取る。メッセージとインセンティブの伝達源を解きほぐすことは、マーケティング・コミュニケーションの影響を測定するうえで重要な課題である。当然ながらこのことは、マーケターが、何が有効な伝達システムで、何がそうでないのかを見定めるときにもあてはまる。幸いなことに、次章で検討するマーケティング・ミックス・モデリングのように、新しい統計手法も登場している。このような手段を使えば、有効なコミュニケーション戦術の準備が可能になるばかりか、将来も大いに有望になる。

● **干渉変数による妨害** ある見込み客が、新聞広告またはテレビCMの影響を受けてから、ある商品を買い求めたいと思うようになったと仮定しよう。商品を購入するためには、まず地元でのディーラーや販売業者を選んでから、その店舗に出かけるに違いない。ここで、その見込み客の行動を次のように仮定してみる。

(a) 駐車場を見つけられなかったので、商品探しをあきらめ、別の店で別のブランドの商品を購入する

(b) 販売店に出かけたものの、望んでいたモデルの在庫が切れていたため、購入せずに終わる

(c) 店でその製品を見つけたものの、メーカーが告知していたよりもはるかに高い価格で売られている。そこで、より適正価格のライバル社の製品を購入する

(d) 販売店に入ったものの、応対した店員に商品の知識がない。商品に関する疑問に答えられない状態だったので、やはり購入せずに終わる

(e) その企業のウェブサイトにアクセスして注文を試みるも、入力システムがひどく複雑であり、ショッピングカートを途中で投げ出して、商品の購入をあきらめる

これらのケースでは、マーケティング・コミュニケーションが本来の意味でプラスの効果をもたらしているとはとても言えない。それでも、多くのマーケター

は、次のように主張するだろう。「売上げにつながらなかっただけで、マーケティングはしっかりと機能した」「有効なコミュニケーションができたのだから『成功』だ」「本来なら売上げを確保できたはずなのに、『干渉変数』が購入プロセスに入り込んで妨害しただけだ」。こうした主張は、1960年代の初め頃から、マーケターの間で使われてきたが、しかし今日では、その主張の説得力も急速に薄れている。マーケティング・コミュニケーションが、「マーケティングやコミュニケーションの『変数』の適切な組み合わせ」だとすれば、上記の干渉変数を克服する手段を模索しなければならない。それには、どのような場合であれ、社内の営業、運営、物流などの部門との連携で動くことが必要になる。コミュニケーションに対する投資を確実に成功させていく方法を探すためだ。マーケターは、もはや干渉変数を言い訳にできない。干渉変数に対処する方法を探らなければならない時期に来ているのだ。

　上記の4つの論点を見れば、従来の効果測定が適切でなかった理由がお分かりになるだろう。効果測定の手法を定着させる試みは、長年の間マーケターの間で繰りかえされてきた。ここからのセクションでは、そのような取り組みの一部を検討するとともに、それらが適切な手法とは言えなくなった理由についても解説する。

2　従来の測定方法

　1950年代の半ばには、マスメディアや商品の流通が発達するにつれて、投資の規模がかつてないほど拡大し、マーケターも広告会社も、大規模な広告に対する投資収益を測定する手段の模索を始めていた。そして、製品販売のチャネルが多様になるにつれて、次第に「実際の購入者」へ近づきにくくなった。その結果として、遠くの顧客に対するマス広告の影響を適切に測定する手法が必要になってきた。
　1961年には、2つの主要なアプローチが前面に出てきた。その1つは、図表

4-2で検証した効果階層モデルである。もう1つのアプローチは、マーケティング・コンサルタントのラッセル・コーレイがアメリカ広告主協会で発表した「DAGMARモデル」である。DAGMARとは、「Defining Advertising Goals for Measured Advertising Response（測定される広告反応を前提として、広告目標を設定する）」の略語である。[原注1] いずれのモデルも、「消費者や見込み客は、製品・サービスを購入するまでに、測定可能で一貫性のある『態度の変容プロセス』をたどる」というコンセプトに基づいている。簡単に言えば、態度の変化が行動の変化に結びつくと仮定しているのだ。第4章で見たように、消費者は効果の階層をたどり、認知から知識の段階を経て、企業の念願である購入行動に結びつくのだ。同様に、DAGMARモデルも、「主に広告の効果による顧客・見込み客の態度の変化がヒエラルキーをつくっている」と見なしている。

　このように、効果階層モデルもDAGMARモデルも、広告やマーケティング・コミュニケーションの機能を「消費者に『学習』プロセスを踏ませることで、顧客の認知や態度を長期にわたって変化させる」と仮定している。この仮定では、広告で情報・知識を提供することによって、消費者がマーケターからのメッセージを学習すると考えるのだ。いずれのモデルも、何回かの広告接触を通じてメッセージを伝達することを必要としている。そのような広告が機能することによって、顧客行動の変化が起きるからだ。

　その結果として、広告会社は、図表9-1のようなS字曲線を広告反応の基本として考えるようになった。図表9-1では、横軸が「伝達した広告の数」であるのに対して、縦軸が「広告に対する消費者の反応」になっている。このS字曲線の理論では、1、2回目の広告が消費者に与える影響は、事実上ほとんどないことを示している。しかし、3回目の広告になれば、広告メッセージの学習や広告効果が見られる。そのうちの後者は、「選好」「確信」にとどまらず、企業にとって貴重な購入行動の可能性もある。広告メディアに対する投資のプランニングやバイイングは、ほとんどの場合、効果階層モデルとDAGMARモデルの根底にあるS字曲線に依拠している。

　しかし、近年になって、既存データを分析する手法が新たに開発された。その開発の第一人者は、ジョン・ポール・ジョーンズとアーウィン・エフロンである。この分析手法が示唆する広告機能には、従来と異なるものが含まれている。[原注2] つま

図表9-1●広告反応のS字曲線

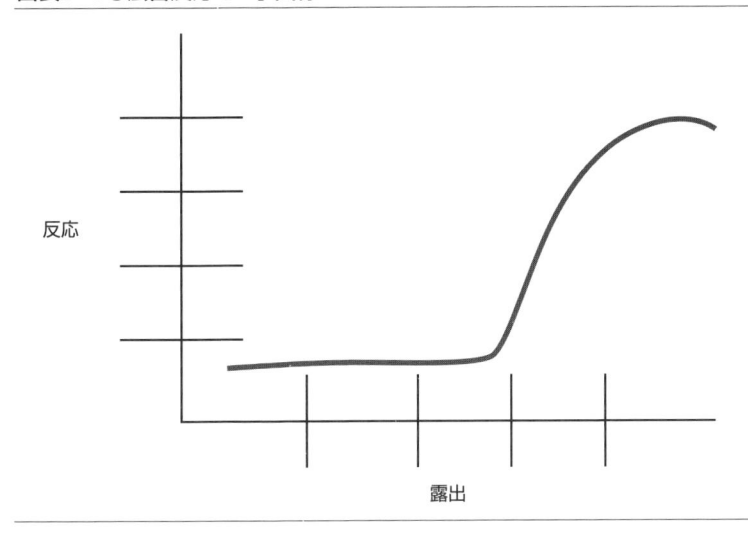

反応

露出

り、広告にはブランド価値を長期にわたって高める効果があるという従来の見方に加えて、広告は短期的・即時的な効果をもたらす機能も備えていると仮定したのだ。ジョーンズとエフロンは、広告の機能は「リーセンシー」という要素に基づいていると示唆した。彼らの主張によれば、「広告は、消費者の行動に影響を与えるような短期間の効果をももたらし、その点では効果階層モデルは部分的に実証されている」という。彼らは、**図表9-2**に示した凸型曲線を支持している。これがリーセンシー・モデルなのだ。図表9-2のグラフでは、最初に伝達する広告が最も重要であることを示している。このように、彼らの主張は、相変わらず広告の機能に焦点をあててはいる。それでも、従来の考えより進歩しているのだ。

ジョーンズとエフロンは、広告反応の凸型曲線を裏づけるために、食料品店のスキャナー・データを用いて、「前の週に特定のブランドのテレビCMに触れる機会があった消費者は、CMを見なかった消費者に比べて、そのブランドを購入する傾向がはるかに強い」という分析結果を示した。言い換えれば、広告の伝達後に経過した時間が短いことが、実際に売上げを獲得するうえで重要なのだ。つ

図表9-2◉広告反応の凸字曲線

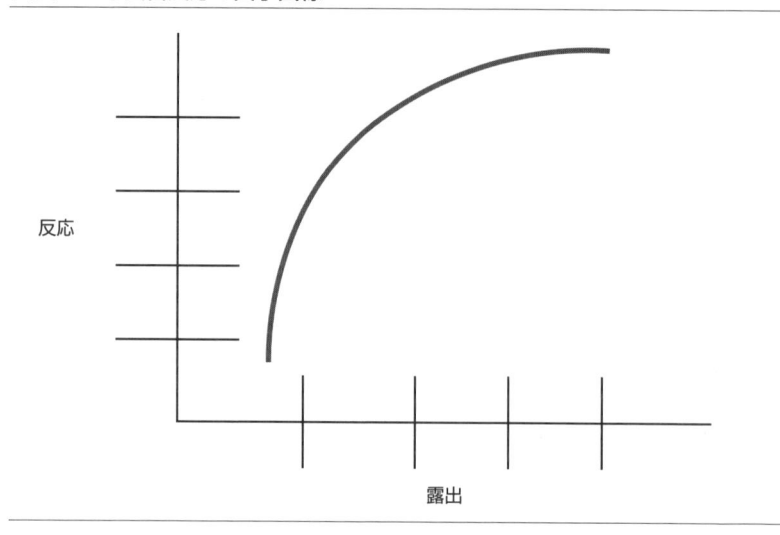

反応

露出

まり、広告のリーセンシー（時間的な新しさ）は、広告伝達のフリークエンシー（頻度）と同じどころか、それ以上に大切な要素なのかもしれない。

　この広告のリーセンシー効果によるアプローチと、従来のフリークエンシーによるアプローチのどちらを採用するにせよ、広告の伝達による長期の効果を事前に検討しなければならない。前にも述べたように、効果測定での本当の課題は、期間という要素なのだ。マーケティング・コミュニケーションの効果測定の対象とする期間を、どのように決定するのか。企業はいかに早くマーケティングに対する投資の開始から収益を回収するかという問題に直結しているために、期間が重要になってくる。結局のところ、マーケティング投資に対する経営陣の懸念は投資額、回収額、そして「回収するまでの期間」なのだ。

◉────────正しい方向への第一歩：広告ストックの測定

　サイモン・ブロードベントが導入した広告効果測定のコンセプトは、単なる広告伝達や、広告に「触れる機会」だけにとどまらない。このコンセプトは、顧客

価値重視の統合マーケティングのプランニングや効果測定のお手本にもなった。ブロードベントは「広告ストックの測定」と銘打って、長期にわたる広告反応の測定に目標を置いたのだ。

　広告会社レオ・バーネットのベテラン研究員であるブロードベントは、広告ストックを「顧客・見込み客が長期にわたってブランドに構築する良質の感触・態度・経験」と定義した。彼によれば、広告ストックは顧客によるブランドの再購入や支持にもつながるという。マーケターは、ブランドを広告ストックの観点から捉えることで、広告などのマーケティング・コミュニケーション形態が長期にわたってもたらす影響を理解できる。広告ストックの効果は、時間とともに薄れていく。その原因には、人々の記憶が薄れたり、ライバルの製品の宣伝や広告が伝わったりすることが挙げられる。また、個人としてさまざまな経験をすることにも関係がある。だからこそ、マーケティング・コミュニケーションの目的は、「広告ストックや顧客からの好感触のストックを維持すること」であり、それが、将来の顧客の獲得競争を勝ち抜くことにつながるのだ。

　ブロードベントのコンセプトは、広告とマーケティング・コミュニケーションの効果の「即時的な効果」と「時間差による効果」といったアイデアを含んでいる。言い換えれば、すぐ売上げに結びつくといった短期の効果として機能しがちな広告がある一方で、人々の記憶に残る（心にとどまる）ことで長期にわたって機能する広告もある。そして後者こそ、広告ストックという基盤に根ざした効果なのだ。

　ブロードベントをはじめとするレオ・バーネットの研究員は、広告の伝達効果で生じる「態度の変容」のほぼ全体を視野に入れた。しかし統合マーケティングは、これらのコンセプトをさらに新たなレベルに引き上げている。「マーケティング・コミュニケーションが顧客や見込み客の行動に及ぼす影響には、『短期』と『長期』のものが並存するはずだ」と考えるのだ。そこで我々は、この法則の再定義を試みた。行動への影響を測定する際に、消費者の一部の態度の変容だけではなく、「企業に対する財務収益」という視点も持つようにしたのである。

3 顧客との双方向性の出現

　1980年代初めに始まったダイレクト・マーケティングは、特にアメリカで、マーケティング・コミュニケーション・プログラムの中心になった。ダイレクトメールや、カタログ販売の領域から始まって、大容量のストレージ・システム、データベース、そして、統計ソフトのような新手法の発達によって、マーケティング分野全体に新たな技術が浸透したのである。マーケターは、これらの技術を採用することで、コミュニケーションのメッセージとインセンティブの伝達対象を個別に選択できるようになった。さらにもしその選択がうまくいけば、顧客や見込み客からの反応を個別に受け取れるようになる。しかし、それ以上に大きな変化は、両方のタイプのコミュニケーションを、広い範囲で実施できるようになったことだ。そこで、多くのマーケターは、適切な顧客や見込み客を獲得することを願いながら単純にマスメディアを利用するのではなくて、コミュニケーションの対象を細かに定められるようになったのである。

● ───── ループの完成

　企業と顧客・見込み客を直結するダイレクト手法の登場によって、現代マーケティングで初めて、コミュニケーションへの投資とその収益のループの完成が可能になった。第3章の「原則6」で解説したように、このコンセプトは明快だ。まず、マーケターは、メッセージを伝達する最も優良な見込み客を選ぶ。多くの場合には、メッセージの伝達対象は既存顧客か、過去に企業と関わりのあった人々になる。マーケターは、ある種の知的な投資判断をするために、その顧客の価値を測定しなくてはならない。一般に彼らは、ある商品が1つ売れたとしたら、その商品にかかるコストや、自社へもたらされる販売利益を把握している。そのため、目標に定めた個人に対する特定のコミュニケーション・プログラムのコストを計算することができるのである。また、コストや商品の販売利益が分かっているので、配送やサービスに必要な事項を推測することでコミュニケーションに

対する投資収益も推測できる。「接触した顧客・見込み客の数」、「購入行動に結びついた件数」、「自社にもたらされた販売利益」を把握していれば、この作業は可能になる。簡単に言えば、マーケティング・プログラムの完了によって、コミュニケーションに対する投資収益は算出することができる。さらには、過去のデータを十分に獲得することで、将来の収益も、現在の収益と同じくらい的確に推測できる。いずれの場合も、マーケターは、支出と収益を直接結びつけて考えられるだろう。確かに、「ライバル社のメッセージ」や「経済状況の変化」のように、コントロールできない要素が測定のプロセスを複雑にすることもある。しかし、この段階まで来れば、「投資と収益のループはほぼ完成した」と見てもよい。

それ以外にも重要なことがある。長期にわたる数多くの接触数や反応をもとに、マーケティング・コミュニケーション・プログラムに対する顧客の反応率を算出できれば、過去の顧客履歴のモデルや将来を対象とする測定モデルも開発できるのだ。マーケターは、これらのモデルにより、その時点での顧客反応の価値を測定できるようになり、また将来の収益を測定する一連の仮説やモデルの開発も可能になる。こうして開発された顧客生涯価値（LTV）の算出手法は、いまなお多くのダイレクト・マーケティングのプログラムに貢献している。LTVは、特定の期間内に顧客が企業にもたらした価値を明示するために利用されるアプローチなのだ。

● 新しいモデルの開発

新たな技術が登場したことで、マーケターも、以前には考えられなかったような財務モデルを開発できた。今日のマーケターは、新規顧客の獲得、既存顧客の維持・開拓、商品ポートフォリオ間の移動というアプローチによる既存顧客の高価な商品への切り替えなどに対して、必要な投資額を決められる。もちろん、投資額の算出には、「その時点での顧客価値」や「将来もたらされる収益」を的確に測定することが前提になる。それだけに、統合マーケティング・プロセスの第2段階での価値測定には重要な意義がある。マーケターがうまく計画を立てるには、限りある経営資源のなかでさまざまな顧客への投資額を決める必要があるうえに、顧客からもたらされる投資収益もある程度測定できなくてはならないから

だ。そこで現在では、フェデックス、USAA、ダウ・ケミカル、フィデルティ・インベストメント、ウィリアムズ・ソノマといった企業が「マーケティング・コミュニケーションに対する投資の測定」をもとに運営している。これらの企業では、マーケティング・コミュニケーションへの投資から回収できる収益を、実に細かく測定・算出しているのだ。

　現在では、マーケティング・コミュニケーションの財務モデルの価値は実証されている。これによって、マーケターは、認知、選好、愛着といった効果階層モデルの段階ごとに顧客の態度を測定するのではなく、企業がマーケティング・コミュニケーションへの投資から得た収益や、今後期待できそうな収益を示す財務測定をうまく実施することも可能になるのだ。

　統合マーケティングがいっそう優れた手法になった理由は、態度の測定から行動の測定へ移行するとともに、従来のマーケティング・コミュニケーションを特徴づけていた「即時の効果」と「時間差による効果」というテーマを適切に扱うことによる。しかし、それ以上に重要なのは、統合マーケティングが、財務に及ぼす効果の測定の必要性を認識することによって、明らかに従来の手法を大きく超えているということだ。そこで、次の節では、統合マーケティングがこれらの測定手法を導入する方法を解説する。

4　統合マーケティングでの財務上重要なコンセプト

　統合マーケティングのプランニング・プロセスの第3段階では、メッセージとインセンティブに基づくコミュニケーション計画の枠組みを導入した。このコンセプトの次の段階は、コミュニケーションへの反応が予想される期間を考慮に入れることから始まる。図表9-3のマトリックスは、メッセージとインセンティブというコミュニケーションで中心になる2つの伝達要素から収益を捉えたうえで、その収益を短期と長期に分けている。短期の収益は、ある事業年度でビジネス構築の活動でもたらされる売上げなどを指す。長期の収益は、ブランド構築の活動による収益のように、2期以上後の会計年度（事業年度）で生じる。

図表9-3●統合マーケティングのプランニング・マトリックス

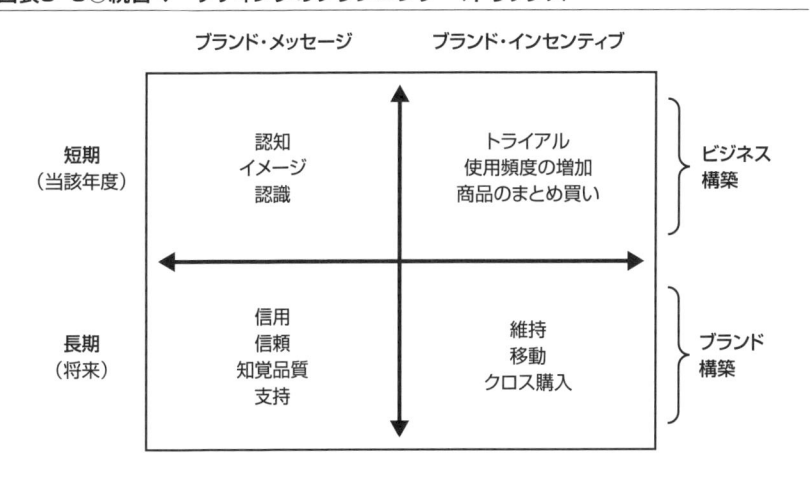

	ブランド・メッセージ	ブランド・インセンティブ	
短期 (当該年度)	認知 イメージ 認識	トライアル 使用頻度の増加 商品のまとめ買い	ビジネス 構築
長期 (将来)	信用 信頼 知覚品質 支持	維持 移動 クロス購入	ブランド 構築

　図表9-3のマトリックスでは、4つの枠がマーケティング・プログラムの種類を示している。収益をもたらす形態は、枠ごとに違う。短期の収益の獲得を目的にしているブランド・メッセージ活動は、一般に、新製品の販売や、ブランドのイメージ・チェンジに関わる活動（ブランド認知の向上、明確なブランド・イメージの構築、認知と選好の確立）などが含まれる。このような取り組みは、短期のインセンティブ（商品テストの実施、商品の使用頻度の拡大、まとめ買いの奨励など）で補完される。すべてのこのようなメッセージやインセンティブは、その会計年度での売上げの拡大やビジネスの構築に役立たせるために、両方一緒に使用され、短期的基準によってその効果を測定される。
　また、メッセージとインセンティブは、長期の収益を拡大する役割も持っている。たとえば、インセンティブ・プログラムは、長期にわたって顧客にある種の行動変化を促すためのものである。つまり、維持率やロイヤルティの向上はもとより、商品のアップグレード（移行）やクロス購入などを促進できるのだ。航空会社のロイヤルティ・プログラムは、ブランドの構築・強化を目的とする長期のインセンティブ・プログラムで最もよい例である。長期のブランド・メッセージ

は、ブランドの信用・信頼・品質の向上に重点を置くので、ブランドが無限に生き残る可能性さえ生み出すのだ。これは、新規顧客の獲得よりも、既存の顧客層から強い支持を得ることに焦点をあてている。こうした長期のメッセージやインセンティブによる戦略は、いずれもブランドの資産価値に影響を与え、財務上の観点によって測定される。

　ここに示したマトリックスを見れば、マーケティング・コミュニケーションを財務上の投資と捉えられるようになる。つまり、投資を「現金の支出」と「財務収益」という側面から明確に捉えればよいのだ。統合マーケティングでは、天から命じられた予算制限のなかで活動の計画を立てるのではなく、担当者が適した財務ツールを使うことによって、マーケティング・コミュニケーションによる所得、伝達物、投資、収益を、自社の他の資産部門と同じように管理できるようにすることを奨励している。このツールを用いさえすれば、「コミュニケーション効果」といった意味のない測定要素と決別できる。さらに、マーケティング・コミュニケーション活動が企業にもたらす本当の価値や収益を把握することも可能になるのだ。

資産や投資としてのブランド

　統合マーケティングのプロセスで重要なことの1つは、企業にとって最も価値のある資産が自社のブランドであることを前提に掲げている点である。ブランドは無形ではあるものの、資産価値を持っている。現に、今日の企業がコントロールするもののなかで、ブランドほど収益力や市場価値が高い資産は少ない。それにもかかわらず、ブランドは企業資産として管理されるどころか、往々にして即時の収益を狙った短期投資として扱われてしまう。ブランドから価値や収益が生じるまでには、長い時間がかかる。だからこそ、ブランド戦略のためのコミュニケーション・プログラムも、長期投資として認識され、測定されなければならない。資産としてのブランドや投資としてのマーケティング・コミュニケーションといったコンセプトは、第12章で詳述する。

5　第10章への論点

　ここまでに、財務分析の原則の全体像は、おおよそ把握いただけただろう。次の段階では、これらの原則を、マーケティング・コミュニケーションに対する投資収益の測定の枠組みに適用する。この作業を果たすことが、統合マーケティング・プロセスの第4段階での目的になる。

第10章 短期的な投資効率の測定

　統合マーケティングの4つ目のプロセスは、マーケティング・コミュニケーションに対する短期投資によってもたらされる収益の測定から始まる。この測定では、過去と将来双方の投資収益が対象になる。統合マーケティングのゴールは、マーケティング・プログラムに対する投資収益の明確な測定にある。しかも、その測定モデルは、コミュニケーション効果だけを扱っていた従来のモデルとは異なり、顧客や見込み客に対する過去の投資収益と、将来もたらされる可能性のある投資収益の双方を対象にするのだ。

　本章では、顧客に対する投資効率、すなわち顧客投資効率（ROCI）を測定する基本的なアプローチを検討する。まず、あらゆるタイプの企業に適用できるアプローチの枠組みを提示する。次に、応用事例から、この手法を詳しく解説する。この事例では、統合マーケティングのプログラムから期待できる収益を測定する際に、マーケターが実際に経験するステップを示している。

1　ビジネス構築のためのマーケティング投資に対する限界分析

　企業の経営陣から「経営資源が限られている以上、投資をマーケティング・コミュニケーション以外の活動に振り向けてはどうか」といった要請があった場合には、投資効率を明確に示さなければならない。そこで統合マーケティングでは、評価に限界分析というシステムを採用することを勧めている。このシステム

は次の通り、いたってシンプルである。さまざまなコミュニケーション・プログラムに投じた資金が、顧客や見込み客に短期・長期の影響を与える。そして、同じ顧客や見込み客から収入フローとなって回収される。その結果として、彼らからの収入が増加する場合もあれば、現状維持の場合もある。この限界収益アプローチによれば、短期収益が測定可能なマーケティング投資を固定費ではなくすべて変動費に換算できる。これは、従来の手法を一変させるアプローチになる。何よりも大切なのは、顧客（顧客層）の価値を把握することと、その価値に生じる変化を長期にわたって管理・評価する手段を確保することだ。

　この変動費アプローチを支持する理由は簡単だ。マーケターは、顧客や見込み客の経済価値を測定できれば、顧客に対する投資額を決定できる。第5章の内容を思い出していただきたい。顧客の価値は、彼らがもたらす収入をもとに、貢献利益を算出・測定する。この貢献利益の数値を少し調整すれば、負担するコストをすべてブレークダウンし、マーケティングによってもたらされたコストと利益だけで貢献利益を表すことによって、マーケティングの投資効果を手早く簡単に測定できる。現在では、この手法は、企業活動ごとのコスト算出法をベースに、多くの企業で採用されている。この手法では、マーケティングによってもたらされたコストと収益だけで貢献利益を表すため、それ以外によってもたらされた投資収益も同時に明らかになる。しかも、まだ使われていない収益を、マーケティングの資金に回せる。このように、コストを事業活動の変動費に換算すれば、会計上の便宜を図ることが可能なのだ（このことは、後述の事例で詳しく扱う）。

　この手法は、顧客の維持、競争からの既存顧客の保護、プロダクト・ポートフォリオをまたがる顧客の移動といった他のタイプのマーケティング投資を顧客に実施した場合にも活用できる。現にマーケターは開発中のマーケティング戦略をもとにしながら、対象とする顧客や見込み客の種類に関係なく、どのようなタイプのマーケティング投資でも予測・評価できるようになる。このように、マーケティング支出を特定の顧客や見込み客層に対して計画的に行うことは、顧客価値重視の統合マーケティングの測定システムにおいて中核をなしている。

　ここで、ビジネス構築目的のマーケティング投資および収益が、どのように扱われるかを、従来のマーケティングの予算管理や資源配分プロセスとの比較において見てみよう。図表10-1は、最寄品などの一般消費財における典型的な予算

図表10-1●最寄品などの消費財：項目別予算

	1995 （単位：百万ドル）	1996 （単位：百万ドル）	1997（推定値） （単位：百万ドル）
総売上高	1,750.00	1,897.50	2,108.00
売上単位	500	550	620
1単位当たりの価格	3.50	3.45	3.40
一般管理費	170.00	166.60	163.27
広告・プロモーション	105.00	115.50	127.05
総固定費	275.00	282.10	290.32
税引き前利益と販売原価	1,475.00	1,615.40	1,817.68
	84%	85%	86%
販売原価	525.00	550.28	590.24
税引き前利益	950.00	1,065.13	1,227.44
	54%	56%	58%

資料：ドン・E・シュルツ、ジェフリー・ウォルターズ『Measuring Brand Communication ROI』Association for National Advertisers, Inc (New York: 1997)。Association for National Advertisersの許可によって使用。

管理の方法を示している。この表では、広告やセールス・プロモーションに関する予算は固定費として処理されており、その予算は、企業全体の予算モデルに基づいて策定されている。

この表によれば、広告やセールス・プロモーション関連予算の割合は総売上高のちょうど6％であり、インフレによる10％の自動的な増加が加味されている。つまり、それぞれのコミュニケーション活動のコストが毎年10%上昇すると想定しているので、マーケティングの予算も前年より10%多くなっている。ブランド・マネジャーは、この年間予算管理シートを参照しながら、今後実施するマーケティングとコミュニケーションのプログラムに対して予算を配分する。その際には、経営陣が予算編成のプロセスにおいて設けた制約を考慮に入れることになる。

図表10-2の統合マーケティング・モデルと比較してみよう。ここで注意していただきたいのは、図表10-2では機能別のコミュニケーション予算は計上されず、すべてのマーケティング・プログラムを、一括して変動費として扱っている。これらの支出を、製品にかかるコストに含めて考えるために、統合マーケティングの担当者に求められることは、それぞれの顧客層がもたらす収入フローが目標

図表10-2●ビジネス構築の集計表

	1995 (単位:百万ドル)	1996 (単位:百万ドル)	1997(推定値) (単位:百万ドル)
総売上高	1,750.00	1,897.50	2,108.00
売上単位	500	550	620
1単位当たりの価格	3.50	3.45	3.40
一般管理費	170.00	166.60	163.27
総固定費	170.00	166.60	163.27
税引き前利益、販売原価および	1,580.00	1,730.90	1,944.73
マーケティング・コミュニケーション費用	90%	91%	92%
販売原価	525.00	550.28	590.24
マーケティング・コミュニケーション費用	105.00	115.50	127.05
税引き前利益	950.00	1,065.13	1,227.44
	54%	56%	58%

資料:ドン・E・シュルツ、ジェフリー・ウォルターズ『Measuring Brand Communication ROI』Association for National Advertisers, Inc(New York: 1997)。Association for National Advertisersの許可によって使用。

値に達することだけである。このように統合マーケティングでは、すべてのマーケティング投資は製品ごとに財務項目として記録されることになる。

　以上2つの予算シートを見れば、ビジネス構築への投資に対するアプローチが、経済学で言う限界分析の基本形態であることが分かる。企業は限界分析の手法を踏まえることによって、顧客や見込み客層からの収入フローが収支ゼロもしくはプラスである限り、彼らに対して無限に資金を投じることが、理論的には可能である。このような可能性が生まれるのも、マーケティング・コミュニケーションを変動的な製造原価と見なすことによる。

2　ビジネス構築のためのマーケティング投資を評価する

　前章でも検討したように、顧客投資効率(ROCI)をうまく測定するには、短期でのビジネス構築を目的とした活動とブランド構築を狙ったコミュニケーション

を区別することが重要だ。このような2つの活動は、別々に実施されるとは限らない。しかし、現行の会計基準では、基本として短期の投資による収益（1事業年度の収益）と長期の投資による収益（複数の事業年度にわたる投資でもたらされる収益）を区別しておくことが非常に大切なのだ。

ROCIの測定システムは、統合マーケティングのプランニングに組み込むために提案されており、このシステムでは、「ビジネス構築を目的とするマーケティング・コミュニケーションは必ず企業に増分収益をもたらす」という考えに基づいている。プランニングの担当者においては、プログラムの実施によってもたらされる（と予想される）増分収益の測定を前もって評価し見積もっておくことが欠かせない。このことは重要だ。なぜなら、ほとんどの企業では、何らかのかたちで既存の顧客から収入フローが入ってくるし、また、いずれ収入フローをもたらすことが予想される見込み客もいるからだ。だからこそ、マーケティング・コミュニケーションに対する追加投資を実施する際には、この収入フローの強化や維持が実現できるものでなければならない。場合によっては、収益の流れに修正を加えることによって、キャッシュフローを拡大することも可能だし、その結果として収益性を高めることも可能である。

増分収益アプローチは、プログラムの実施前に、現在の顧客による収入や顧客層の価値を把握しておくことにより可能になる。その結果として、財務的増分収益の測定がゴールとなり、従来のように総販売量や総利益額を測定することは不要となる。また、このアプローチは、顧客維持の戦略にも有効である。つまり、マーケターが顧客からの収入フローの維持のために発生する（あるいは発生すると予想される）コストをこのアプローチで測定すれば、投資額とROCIを決定できるのだ。同様に、新規顧客、つまり商品を購入しない限り、初期の収入フローがゼロであるような顧客の獲得にかかるコストも測定・算出できる。このように、ここで提案したアプローチのプロセスは、マーケティング戦略を実施する際に、ほとんどのタイプの顧客や見込み客に適用できる。この作業は、統合マーケティング・プログラムの成功にとって必須である。

次に紹介する事例で詳細に説明されるように、このアプローチのプロセスで大切な要素は、それが顧客や見込み客のグループ全体にも、個々の顧客にも適用できる点にある。ほとんどの企業にとって、プランニング担当者が個々の顧客に対

する投資収益を完全に測定できるとしたら、それはある種の理想である。しかし現実には、それは不可能であり、たいていのマーケターは個々の顧客ではなく顧客層グループを対象にしている。そこで本章でも、顧客グループに焦点をあてている。

事例で見る増分収益アプローチ

　図表10－3は、ある消費財ビジネスを対象として、マーケティング・コミュニケーション・プログラムにおける実際のROCI分析の開発プロセスをステップごとに示している。この例では、実際のデータを用いそれがどのようにROCI分析モデルに適合するかを明示している。

　この例で用いられているのは、小売店で販売される消費財ブランドである。この商品は一般に、ユーザー1世帯につき年間3、4回購入されているほど、市場に深く浸透している。このカテゴリでは、顧客のブランド・ロイヤルティに限度があり、競合による価格プロモーションや値引きが頻繁に発生する。その結果として、カテゴリ内でのブランド・スイッチが少なからず生じている。

　この例では、ブランドとの関係性に基づき顧客を4つのグループに分類している。企業は、それぞれの顧客層とのこれまでの経験をもとに、マーケティング活動によって特定の顧客行動を実現することを目標としている。

　第1のグループ「ロイヤル・カスタマー」は、自社との関係が長期にわたって続いており、この商品カテゴリにおける購入で、自社ブランドを最も購入している。過去のデータを分析すると、この顧客層では製品に対する需要がそれほど拡大していないことが分かった。しかし、自社ブランドにとってこの顧客層がもたらす収入フローを維持する必要があることも明らかだった。つまり、ブランド・マネジャーの目標は、この顧客層による収入フローを従来と同じレベルに保つことにある。

　2番目のグループ「スイッチャー」は、マーケターのブランドから、さまざまなライバル社のブランドへ頻繁に乗り換える。もちろん、この種の顧客は、自社のブランドも購入してはいるが、それはプロモーション期間や購入特典のある期間にほぼ限られるのだ。ブランド・マネジャーたちは、マーケティング活動によ

ってこれらの顧客との関係を強化すれば、自社に対する需要シェアを拡大できると考えている。

第3のグループ「新規・新興顧客」は、市場に参入したばかりの購入者である。この顧客層は急速な成長が期待できる。自社ブランドが占めるシェアはまだほんの少しだが、彼らからの収入フローは、今後より多くを獲得することが期待される。

最後に、「問題のある顧客」と呼ばれるグループがある。いくつかの例においては、この顧客層はマーケターのブランドに、ほんの数パーセントしか支出しない。そうではない場合でも、この顧客の当該商品カテゴリへの需要そのものが非常に低い。また他の場合においては、このような顧客層は、サービスやサポートに多大なる要求を行う。そのために、この顧客層を維持するためのサービス・コストは、収益を圧迫するほど高くなる。また、この顧客層からの需要も、生活習慣の変化などで減少していくことが予想される。このような分析結果から、マーケターは問題のある顧客層に対するマーケティング投資の削減を望み、場合によっては、投資そのものの引き上げを行う。しかし、マーケターは、これらの顧客を排除することはできない。なぜなら、他のより優良な顧客の間で、自社に対する評価に悪影響が生じかねないからだ。この点には注意が必要である。

ここでは説明用に、商品カテゴリへの顧客の需要を、意図的に同じ金額（1000ドル）に設定した。これは現実にはあり得ないものの、それぞれのカテゴリのプロセスで発生するダイナミズムをよく表し、また比較がしやすいように設定されている。そのためにこの分析では、実際のデータを例に適合するように調整している。

このようにすべてのカテゴリでの需要を設定したら、次の段階へ進み、各顧客グループが自社ブランドに対して持つ基本的な顧客価値を測定する。図表10－3の第2項目では、それぞれの顧客層の自社ブランドに対しての需要シェアが示されている。このケースにおいては、ロイヤル・カスタマーがこのカテゴリに支出する額の75％が自社ブランドにもたらされている。その結果として基本収入フローは750ドルと算出される（第3項目）。ちなみにスイッチャーは、自社のブランドに対して40％を支出するため、この企業の収入フローは400ドルになる。新規・新興顧客の需要シェアは10％で、100ドルの収入フローに等しい。問題のある顧客の需要シェアは15％で、150ドルの収入フローになる。

図表10-3 ● ビジネス構築のためのROCIの実例

消費財

単位：ドル

項目	顧客グループ： 顧客行動のゴール：	ロイヤル・ カスタマー 既存顧客の 維持	スイッチャー 顧客シェア の拡大	新規・ 新興顧客 新規顧客 の獲得	問題のある 顧客 顧客関係の 解消	全顧客 グループ合計
	商品カテゴリの需要推定					
1	カテゴリの需要推定	1,000.00	1,000.00	1,000.00	1,000.00	1,000.00
	基本収入フローの推定					
2	基本需要シェア	75.0%	40.0%	10.0%	15.0%	35%
3	基本収入フロー	750.00	400.00	100.00	150.00	1,400.00
4	コミュニケーション以外のコスト	75.0%	80.0%	80.0%	90.0%	78.4%
5	全体の貢献利益	25.0%	20.0%	20.0%	10.0%	21.6%
6	全体の貢献利益（ドル）	187.50	80.00	20.00	15.00	302.50
	設定A：「コミュニケーションに対する投資を実施しなかった場合」					
7	需要シェアの変化	−20.0%	−25.0%	−30.0%	−20.0%	−22.1%
8	変化後の需要シェア	60.0%	30.0%	7.0%	12.0%	27.3%
9	変化後の収入フロー	600.00	300.00	70.00	120.00	1,090.00
10	コミュニケーション以外のコスト（製造、固定費、一般管理費など）の控除	−450.00	−240.00	−56.00	−108.00	−854.00
11	ブランド・コミュニケーション・コストの控除	0.00	0.00	0.00	0.00	─
12	正味の貢献利益	150.00	60.00	14.00	12.00	236.00
	設定B：「ブランド・コミュニケーションに対する投資を実施した場合」					
13	テレビCM	0.00	5.00	4.00	0.00	9.00
14	ラジオCM	0.00	2.00	2.00	0.00	4.00
15	一般雑誌	0.00	3.00	2.00	0.00	5.00
16	ダイレクト・メール	4.00	1.00	2.00	0.00	7.00
17	セールス・プロモーション	0.00	5.00	3.00	1.00	9.00
18	パブリック・リレーションズ（PR）	2.00	2.00	2.00	1.00	7.00
19	特殊なイベントへの主催・協賛	2.00	2.00	2.00	1.00	7.00
20	カスタムメディア	4.00	0.00	0.00	0.00	4.00

消費財

項目	顧客グループ： 顧客行動のゴール：	ロイヤル・ カスタマー 既存顧客の 維持	スイッチャー 顧客シェア の拡大	新規・ 新興顧客 新規顧客 の獲得	問題のある 顧客 顧客関係の 解消	全顧客 グループ合計
21	顧客サービスの強化	2.00	0.00	0.00	1.00	3.00
22	ブランド・コミュニケーションへの投資総額	14.00	20.00	17.00	4.00	55.00
23	需要シェアの変化	0.0%	10.0%	40.0%	3.0%	6.0%
24	変化後の需要シェア	75.0%	44.0%	14.0%	15.5%	37.1%
25	変化後の収入フロー	750.00	440.00	140.00	154.50	1,484.50
26	コミュニケーション以外のコスト（製造、固定費、一般管理費など）の控除	−562.50	−352.00	−112.00	−139.05	−1,165.55
27	ブランド・コミュニケーション・コストの控除	−14.00	−20.00	−17.00	−4.00	−55.00
28	正味の貢献利益	173.50	68.00	11.00	11.45	263.95
29	設定Aの貢献利益	150.00	60.00	14.00	12.00	236.00
30	設定Bの貢献利益	173.50	68.00	11.00	11.45	263.95
31	設定Aと比較した場合の増分収益/損失	23.50	8.00	−3.00	−0.55	27.95
32	増分ROCI	168%	40%	−18%	−14%	51%

資料：ドン・E・シュルツ、ジェフリー・ウォルターズ『Measuring Brand Communication ROI』Association for National Advertisers, Inc（New York: 1997）。Association for National Advertisersの許可によって使用。

　次に、図表10−3の第4項目では、マーケティング以外のあらゆるコストの見積額を示している。これは、固定費・変動費（製造、流通、人件費、一般管理費など）に配分されたすべての予算にあたる。当然ながら、顧客層によっては、これらのコストにもばらつきが出る。新規・新興顧客を例に取れば、口座の開設や信用調査などでコストが発生するため、他の顧客に比べて管理費が高くなる。その一方で、すでに定着している顧客の維持は、新規・新興顧客ほどには難しくない。そのため、低いコストで済むことが多い。すでに定着している顧客は、購入した商品に対する理解度が高く、あまり手間を要求せず、自社の従業員とも懇意になっており、また、欲求やニーズを簡単かつ速く伝えられる。

この例では、ロイヤル・カスタマーにおいて、顧客層の収入フローのうち、かかるマーケティング以外に75％のコストがかかっている。図表の通り、ロイヤル・カスタマーの維持コストは、スイッチャーや新規・新興顧客よりも少なくて済む。スイッチャーや新規・新興顧客は、一時もしくは永続的にライバル社に乗り換える可能性がより高く、だからこそより管理費も高くなる。最後に、問題のある顧客には、高いレベルのカスタマー・サービス・サポートが必要になる。また、プロモーション費用や維持コストが高くなる場合も多いことから、この顧客層にかかるコストは全体の90％と見積もられた。

　基本収入フローからこれらのコスト要因を差し引くことで、顧客層ごとに貢献利益の割合が求められる（第5項目）。つまり、第4項目に示したコストの割合を、100％から差し引くのだ。第6項目では、その貢献利益の総額をドルで表示している（なお、このアプローチでの貢献利益とは、マーケティングの資金と利益だけから構成されていることに留意されたい）。この例でのカテゴリ別の貢献利益は、次の通りである。ロイヤル・カスタマー：187ドル50セント、スイッチャー：80ドル、新規・新興顧客：20ドル、問題のある顧客：15ドル。

　最後に、図表10-3の要点をまとめてみよう。マーケターはここまで、企業にもたらされる収入フローから算出した貢献利益をもとに、4つの顧客層それぞれの基礎的な財務価値を測定した。企業が、マーケティングに投資しなくてもその収入フローを維持できるのなら、コミュニケーション・マネジャーがすべての顧客層を同様に扱っても、問題にはならない。しかし、上記のような方法で顧客価値を測定すれば、たとえ統合マーケティング・プログラムによって顧客の需要シェアをかなり拡大できたとしても（たとえば、各顧客層で80〜85％の需要シェアを獲得したとしても）、企業がプログラムに対して投じられる資金にはなお限りがあることが分かる。これがマーケターが、上記のようなROCI分析を行ったときに、必ず直面する問題である。経営資源に限りがあるため、ある顧客層に対しては、単純に投資を行えないということもあり得る。また、投資できたとしても、せいぜい安上がりのコミュニケーションを効率よく実施せざるを得ず、結果としてコミュニケーションの効果や影響力も限定的である、ということもある。もちろん、そうした性質の統合マーケティングが無駄であったり、効果がなかったりするとは限らない。しかし、まず必要なことは、最上級の顧客にターゲットを絞ること、

もしくは少なくとも自社に収入フローをもたらす可能性の最も高い顧客に焦点を絞ることにあるのだ。

　このように顧客価値を分析すれば、その結果をもとに、次の段階である「増分収益の測定」に進むことができる。この分析では最初に、「マーケティングへの投資を実施しなかった場合」に考えられる収入フローへの影響を測定する。そして次に、「多様なプログラムを開発・実施した場合」に予想される結果と比較する。その結果はしばしば驚くべきものとなることが多い。

　ここではまず、第7項目から第12項目について、「コミュニケーションに投資しなかった場合」の数値を求める必要がある。そのためには、「特定の期間にプログラムを停止した場合」を想定したうえで、ブランドの需要シェアが縮小する割合を測定・算出すればよい。先に説明したように、このブランドが属するカテゴリは競争が激しいために、顧客のロイヤルティも低い。また、マーケティング活動の競争も過熱している。ここで担当者は、第7項目において、「ロイヤル・カスタマーにおける需要シェアは彼らに対するプロモーション活動に投資しなかった場合、20％低下」すると推定した。スイッチャーと新規・新興顧客の需要シェアの低下はさらに大きく、それぞれ25％、30％となっている。問題のある顧客でも、メッセージやインセンティブによる刺激を与えない場合には、需要シェアが20％低下することが予想された。

　前に述べたように我々の経験では、ブランド・コミュニケーション活動を短期間削減しても、一般に顧客のカテゴリ全体で発生する需要やカテゴリに対する収入フローは変わらない。影響を受けるのは、全体の需要に占める自社のシェアだ。たいていの場合には、マーケティングの支援がない限り、自社の需要シェアは低下するが、カテゴリ内の顧客の購入は同率で維持される。

　図表10-3の第8項目から第12項目は、分析後の数値を改めて計算して、正味の貢献利益を導いたものである。この数値は、ブランドにとって重要なデータである。ロイヤル・カスタマーの自社ブランドへの需要シェアは20％低下するため、結果的に需要シェアは75％から60％に下がった。さらに、この数値とカテゴリの基本需要である1000ドルを掛ければ、企業にもたらされる収入フロー（600ドル）が求められる。この額からコミュニケーション以外のコスト（商品コストや管理費など）450ドルを差し引く。これらの顧客からもたらされる正味の貢献利

益は、大元の値である第6項目の187ドル50セントから150ドルに低下するという結果になった。

ちなみにスイッチャーでは、前にも述べたように、需要シェアが25％低下する。この結果として、需要シェアが30％に修正されることから、収入フローは300ドルになる。このうち80％（240ドル）は、コミュニケーション以外の支出を埋めるために利用される。このように、スイッチャーによる正味の貢献利益は60ドルと求められる。

企業がブランド・コミュニケーションを実施しない場合の影響は、新規・新興顧客においてより大きくなる。この層の顧客は、カテゴリに対する新規参入者であるため、商品に関する知識に乏しく、また場合によっては、市場に出回るさまざまな製品を試しに購入するだけの顧客もいる。コミュニケーション・プログラムを実施しない場合には、この顧客層の需要シェアは30％低下するものと予想される。その結果として、需要シェアがわずか7％になるので、新規・新興顧客の収入フローは70ドルになる。そこから、コストとして計上された56ドルを差し引くと、自社に対する正味の貢献利益が14ドルとなってしまう。

最後に、問題のある顧客の需要シェアは、プログラムが実施されない場合に20％低下する。そして、調整後の需要シェアの数値が12％であることから、収入フローは120ドルになる。そこから、コミュニケーション以外のコストである108ドルを差し引くと、正味の貢献利益が12ドルと求められる。

それぞれの顧客グループが示す貢献利益や収入フローは、マーケターにとって、マーケティング・プログラムがもたらす増分収益（損失）を測定する際の基準になる。

分析の次の段階では、各顧客層に対して1つもしくは複数のマーケティング活動を開発・実施した場合の数値を測定・算出する。この例では、第13項目から第21項目の9つのマーケティング活動が示されている。いくつかはすべての顧客層を対象としているが、そのメッセージ、インセンティブ、そして伝達システムは異なる。いくつかのプログラムにおいては、1、2個のコミュニケーション要素だけが用いられる。

分析作業の一環として、統合マーケティングの担当者は、最初にこれらのそれぞれのマーケティング活動にかかるコストを決定する必要がある。そこで重要な

のは、それぞれのコミュニケーション手法に対する投資総額ではなく、個々の顧客層に対する支出の配分状況を決定することだ。これには詳細な分析を必要とするが、一般的に言えば、たとえば、テレビ、ラジオ、消費者雑誌を通じた広告活動は、新しい顧客の獲得を目標に推進される。そこから、広告活動の費用は、スイッチャーと新規・新興顧客に対して配分すべきと考えることもできる。ロイヤル・カスタマーにも、広告活動によってプラスの影響が及ぶ可能性は十分にある。しかし、コミュニケーション・マネジャーはこの顧客層に対して、ダイレクト・メール、PR、カスタム・メディアといった独自の手段を用いている。

　第22項目では、それぞれの顧客層に対する投資総額の概要を、以下のように示している。ロイヤル・カスタマー：14ドル、スイッチャー：20ドル、新規・新興顧客：17ドル、問題のある顧客：4ドル。

　先に述べた「マーケティングへの投資を実施しなかった場合」という設定では、「ブランドの需要シェアに生じる変化」「販売量に対する影響」といった問題を扱った。しかし今回は、それとは反対に、「顧客・見込み客を対象とするマーケティング活動への投資によってさまざまなコミュニケーションを実施した場合」、自社ブランドへの需要シェアと収入フローはどのように変わるか、が問題となる。このブランドはどれくらい売上げが拡大するだろうか。また、利益も同様に拡大するだろうか。

　マーケティングへの投資を実施しなかった場合という設定での分析と同様に、まず自社の統合マーケティング活動によって需要シェアに生じる変化を測定・算出することが大切である。この作業は一般に、顧客の過去の行動データや、ブランド・メッセージやインセンティブに対する反応率データを使って測定・分析する。その目的は、個別顧客ごとの価値を測ることではないし、特定のコミュニケーション活動を評価・総括することでもない。統合マーケティングの目的は、さまざまな要素によって生み出された「相乗効果」を測定することにあるからだ。

　マーケティング・プログラムが自社の需要シェアに直接もたらす変化を予測・測定できれば、すべての顧客層における自社ブランドの収入・コストに加えて、正味貢献利益も改めて計算できる。図表10-3の第23項目に、その結果が示されている。

　この時点で、さまざまなことが発見できる。たとえば、ロイヤル・カスタマー

に対して14ドルのコミュニケーション投資をしたにもかかわらず、需要シェアに変化が生じていないことが分かる。しかし、「その時点での需要シェアのレベルを維持する」という担当者の第1の目的は達したことにもなる。また、収入フローは750ドルに維持されており、このうち75％（562.50ドル）は、コミュニケーション以外のコストとして計上されている。そこから14ドルのコミュニケーション支出を差し引くと、この顧客層の正味貢献利益を173ドル50セントと求められる。

スイッチャーの需要シェアは、マーケティング・プログラムの成果により、10％拡大している。これによって、ブランドの需要シェアは44％になることから、440ドルの収入フローがもたらされた。収入フローが伸びれば、その分だけコストも増加する。ここでは、収入の80％（352ドル）を、「コミュニケーション以外のコスト」として計上した。そこから、マーケティングへの投資額である20ドルを差し引くと、正味貢献利益を68ドルと算出できる。

新規・新興顧客では、ブランドのマーケティング・プログラムに対する反応が非常に高い。そのために企業は、この顧客グループの需要シェアを40％も上昇させることに成功した。その結果として、需要シェアは14％になることから、収入フローは140ドルに増加した。ここでは、所得の80％（112ドル）を「コミュニケーション以外のコスト」として計上した。そして、統合マーケティングに投資した17ドルを差し引けば、この顧客層から企業にもたらされる正味の貢献利益を11ドルと求められる。

問題のある顧客の需要シェアは、統合マーケティングのプログラムを実施しても、残念ながらほとんど変化は見られない。担当者は、この顧客層に対するコミュニケーション投資を望んではいなかった。しかしこの層も、企業のコミュニケーション活動に、何らかのかたちで必ず接触する。そこで4ドルがこの顧客層に投資したと想定され、この顧客層の需要シェアはわずかながらも3％増加した。そして、全体の需要シェアが15％に拡大したことから、ブランドの収入フローは154ドル50セントになった。139ドル5セントをコミュニケーション以外の支出として計上してから、コミュニケーション費用である4ドルを差し引くと、正味の貢献利益として11ドル45セントが残った。

上記の計算に引き続き、4つの顧客層のROCIの計算に必要なのは、次の3つ

の項目だけである。

- 第12項目：コミュニケーションに対する投資を実施しなかった場合の正味貢献利益
- 第22項目：コミュニケーションに対する投資を実施した場合のコミュニケーションの費用総額
- 第28項目：コミュニケーションに対する投資を実施した場合の正味貢献利益

　図表10-3には、それぞれの顧客層における、2つのシナリオによる増分収益（損失）を示してある（第30項目の数値-第29項目の数値）。コミュニケーションの費用総額を差し引いて求めた正味貢献利益を比較することによって、コミュニケーション・プログラムの実施によって生じた、各顧客層の貢献利益の差を観察できる。ROCIの測定は、第31項目の増分収益（損失）を第22項目の数値（ブランド・コミュニケーション投資の総額）で割ることで求められる。
　これらの計算の結果、以下の結論が得られた。

- ロイヤル・カスタマーに対するブランド・コミュニケーションの費用総額は、2番目に少ない14ドルだった。以前の需要シェアのレベルと比べると、この投資がロイヤル・カスタマーの需要シェアには影響を与えなかったことは明らかである。しかし、「コミュニケーションの停止」という反対の手段を選択した場合には、この重要な顧客層の需要シェアのうちの20％が失われかねない。14ドルの資金を投じたからこそ、投資の規模にふさわしいシェアを確保することで、23ドル50セントの増分収益（173.50ドル-150.00ドル）を獲得できたのだ。この結果として、ROCIは168％になる（173.50ドル-150.00ドル／14ドル）。
- スイッチャーの正味貢献利益は、コミュニケーション投資が実施されない設定における60ドルから、68ドルに拡大する。その結果として、増分収益は8ドルになる。これをコミュニケーション投資の20ドルで割ることによって、ROCIの40％を算出した。
- 新規・新興顧客に対するコミュニケーション投資の影響は、それほど大きく

はなかった。正味貢献利益が14ドルから11ドルに低下した。自社の需要シェアは40％拡大したものの、それによって生じた新しい収入はコミュニケーションのコストを相殺するには不十分だった。結局のところ、3ドルの損失によって、ROCIはマイナス18％となった。このことは、新規顧客の獲得には往々にして費用がかさみ、またその価値が明らかになるのは、即座にではなくある程度時間がかかることを表している。たいていの場合には、既存顧客との間に確立した事業をまず進めたほうが得策だろう。新規顧客を獲得するための投資は、それから本腰を入れても遅くはない。ただし、新規顧客の獲得による価値は、このようなビジネス構築モデルでは正確に表せない。なぜならば、このモデルでは対象とする期間が短か過ぎるからである。新規顧客の獲得でもたらされるのは、長期にわたって培われる価値なのだ。この点は、第12章で詳しく扱う。
- 問題のある顧客へのコミュニケーション投資も、マイナスのROCIとなった。需要シェアはやや上昇したものの、正味貢献利益は12ドルから11ドル45セントに減少したことで、55セントの損失を記録した。この結果として、ROCIはマイナス14％となった。

以上の例は、実際のデータをもとに構成している。ただし、ROCIの分析プロセスを説明するために、数値の調整と単純化を図った。そのために、ここで測定・算出した数値は、実在の企業とは関係ない。同じアプローチとプロセスを用いてマーケティングに対する投資収益を計算すれば、この例と違った数値が得られるだろう。

3 顧客投資効率を評価する

上記のような分析でよく議論になるのは、どれくらいのROCIが適切かという判断についてである。マーケティングおよびコミュニケーションの担当者は、自社を競合他社やライバル社と比較することを、どうしても求めることになる。そ

こで問題になるのは、比較の基準がないことだ（あるとしても、役に立つものは少ない）。まったく同じ企業など存在しないし、戦略も、経営陣や株主の期待も、企業によって完全に異なる。それだけに、ROCIがよい数値か悪い数値かという判断は、その企業の財務状態・財務目標と照らし合わせたうえで判断するしかないのだ。

我々は、ハードル・レートを設定しているクライアントとも仕事をしてきた。ハードル・レートとは、目標になる投資収益のレベルで、20〜50％の幅がある。これは、企業が顧客以外に対して経営資源を投資した場合にもたらされる収益率として考えられているレベルである。ハードル・レートを低めに設定したうえで、収益が10〜25％の範囲に入れれば適正とする企業もある。収益のレベルがこの範囲に収まっている企業は、ほかにも見受けられる。

同額の資金を顧客以外の事業活動に投資した場合に予想される収益は、ROCIの適正なレベルを判断するための強力な判断基準になる。たとえば、「研究開発に対する投資収益を40％と見込まれる」「新規の工場設備に対する投資収益が9％になる」といった数値を、ROCIと比較する。つまり、自社の経営資源のさまざまな活用方法をもとに判断するのだ。マーケティングはこのような枠組みにおいて行われるべきである。

4　ROCIの事例：ナショナル・アメリカン銀行

ここで紹介するのは、あるマーケターによって、統合マーケティングの4つ目のプロセスであるROCI分析が有効に活用された事例である。彼は、大手金融機関であるナショナル・アメリカン銀行（守秘義務のため実名を伏せる）で、マーケティングとコミュニケーションのマネジャーに任命された。そして、適切な予算配分を検討するよう求められるとともに、成熟化したクレジットカード部門の期待収益の測定も任された。本書で紹介する事例では、これらの課題に対する彼の取り組みを追う。特に、短期でのビジネス構築におけるコミュニケーション問題の解決策に重点を置く。

● マーケティングの実施以前

　この担当者は2001年の末に、同行のクレジットカード部門のためのマーケティングとコミュニケーションのプログラムを受け持ったが、これは問題のある部署であった。この部署では、マーケティングに対する投資額が、5年間にわたって低下し続けていたのだ。そして、前任者は経営陣に対して、「マーケティングに対する投資が相応の収益をもたらしている」という事実を証明し切れなかった。そのために、経営委員会に予算を請求しても承認は得られなかった。この結果として、活動資金は不足となり、業務上の優先順位は低くなった。

　従来のナショナル・アメリカン銀行では、クレジットカード部門の収益性は非常に高かった。その収益源には、次の2つが挙げられる。

- ●支払利息をカードの残高に応じて徴収する　同行は、年間24億ドルを超える利息収入を得ていた。この収入は、他のライバル行と比較しても最高額である。
- ●手数料をクレジットカードによる購入を承諾した小売業者から徴収する　同行は、クレジットカードによる2002年の売上高が78億ドルを超えると予想した。この予想額は、当時の業界において2番目に高い。

　アメリカ国内ではここ数年好況が続き、経済を楽観的に見通す向きがあった。そしてナショナル・アメリカン銀行も、その恩恵を受け、消費者によるカード残高にも拍車がかかっていた。このように同行では好調な経済状況を背景に、売上高が増大した。それに加え、同行の経営陣は、コストと収入の比率や資産収益率などの指標において業界で最もよい財務業績に誇りを感じていた。その結果として、ナショナル・アメリカン銀行の経営陣は、マーケティングへの支出を増やすことに非常に消極的だった。支出額が大きく変動した場合に、少なくとも短期の財務業績に悪い影響が出ることを懸念したのだ。財務上の数値は、投資家からも注目されており、銀行の株価にも影響する可能性があるのだ。

　しかし、このマーケティング・マネジャーは、自行の近年の業績やライバル行と比較したポジションについて検討を行った結果、いくつかの好ましくない傾向

図表10-4●ナショナル・アメリカン銀行とライバル行　　　　　　　　　　　　単位：ドル

	ナショナル・アメリカン銀行	ウォーチェスター銀行	ガーデン・シティ銀行	バレー・ナショナル銀行
口座開設件数	1,435,000	1,225,000	950,000	1,515,000
残高	24（億ドル）	19（億ドル）	5,130（億ドル）	18（億ドル）
クレジットカードによる純売上高	78（億ドル）	67.5（億ドル）	11（億ドル）	112（億ドル）
年間成長率	3.0%	2.3%	8.8%	6.3%
マーケティングに対する支出額	207,000	535,000	4,725,000	1,250,000
1口座当たりの支出額	0.14	0.43	4.97	0.83
市場シェア	21%	18%	3.3%	27.0%
財布のシェア	62%	79%	85%	71%

を発見した。その傾向を無視すれば、自行の成長が阻まれるばかりか、収益が圧迫される可能性もあった。担当者が特に強い懸念を抱いたのは、自行をライバルの3行と比較したときだ。ライバルの3行とは、業界大手のウォーチェスター銀行、同じく大手のバレー・ナショナル銀行、そして規模が小さい割に非常に積極的な経営をするガーデン・シティ銀行である。これら3行のデータを含む彼の分析の主要な部分は**図表10-4**に示されている。担当者の見出した問題点には、以下のようなものが挙げられる。

- **ライバル行に比べて成長率が低い**　ナショナル・アメリカン銀行のクレジットカード事業の成長率が3％なのに対して、主要なライバル行のうち2行は、その2倍以上のペースで成長していた。
- **マーケティングに対する投資レベルが相対的に低い**　成長率の低さは、マーケティング活動に対する支出が抑えられていたことと少なからず関係していたようだ。ナショナル・アメリカン銀行を上回るペースで成長していたライバル行は、マーケティング活動に対する投資額がかなり高かった。現に、こ

の地域の主要4行のなかで、マーケティングへの投資額が最も低いのはナショナル・アメリカン銀行だった。たとえば、ナショナル・アメリカン銀行による2001年のマスメディア広告に対する投資額は20万7000ドルだった。それに比べて、ウォーチェスターは53万5000ドル、バレー・ナショナルは125万ドル、ガーデン・シティは何と472万5000ドルもの資金を、それぞれマーケティング活動に投じていた。また、コミュニケーションに対する投資額をクレジットカード保有者1人当たりの数値に直してみれば、ナショナル・アメリカン銀行はわずか0.14ドルだった。この金額は、分析の対象にしたどの銀行よりもかなり低い水準になっている。

- **市場シェアの縮小** ナショナル・アメリカン銀行の金利・手数料収益のシェアは、5年前の26％から21％に縮小した。担当者は、この市場シェアの縮小は、4500万ドルを超える金利・手数料収益の損失にあたると見積もった。
- **「財布のシェア」の縮小** ナショナル・アメリカン銀行のクレジットカード保有者における需要シェアまたは「財布のシェア」は、5年前の69％から、2001年には62％にまで低下した。担当者が調査したところ、同行のクレジットカード顧客の半数が、2枚以上のカードを保有していることが分かった。そこで同行は、財布のシェアの数値を念入りに見ていくことにした。つまり、顧客が商品を購入する際にナショナル・アメリカン銀行のカードを使用する割合を、他の銀行のカードを使用する割合と比較するのだ。この数値は、顧客ロイヤルティや将来の事業の行方を示唆する重要な指標を考えられている。そして、同行の担当者は、当時の手数料率に基づいて、「ナショナル・アメリカン銀行が財布のシェアを1％失うことは、500万ドルもの手数料収益を失うのに等しい」と計算した。この測定が現実のものになれば、同行では過去5年間に財布のシェアを7％下げていることから、計算上は総額3500万ドルを超える収益を失ったことになる。

ナショナル・アメリカン銀行の担当者は、財布のシェアの縮小という問題に、とりわけ頭を悩ませた。まず手をつけたのは、顧客が他行のクレジットカードを使用することで発生する収益の総額の測定だった。当時のナショナル・アメリカン銀行の財布のシェアは62％で、顧客の支出額に換算すると78億ドルだった。

つまり同行は、財布のシェア全体のうち、まだ38％の獲得可能性を残していることになる。言い換えれば、顧客の全支出のうち、他行のクレジットカードにおよそ48億ドルが流出しているのだ。ナショナル・アメリカン銀行の手数料は、アメリカ国内の金融機関の標準にあたる水準（年間1.1％）に設定されている。したがって、同行のカード保有者からの収入フローのうち、およそ5300万ドルに及ぶ年間手数料収益が取りこぼされているということになる。

さらに、ナショナル・アメリカン銀行が前述の48億ドルの収入を確保していれば、その分の利息を得ていたはずだが、実際にはその収入も獲得し損ねていた。担当者は、獲得できたはずの利息が、年間およそ4640万ドルに上るだろうと推測した。計算上では、同行が失った手数料収入と利息との合計は、なんと9940万ドルになる。ナショナル・アメリカン銀行が、前述の財布のシェアの残り38％を獲得していれば、同行のクレジットカードからこれだけの収入がもたらされたはずなのだ。

もちろん現実には、100％のシェアの獲得は難しい。それでもこの仮定は、現在は他行に流れている自行の顧客からの潜在的収入を測定する際の基準として役に立つ。そして、この分析によって、潜在的な収益の可能性が浮き彫りになり、それがそのままマーケティング活動の対象となるばかりか、自行の業績に対する評価基準も明確に持てるようになるのだ。

ナショナル・アメリカン銀行の担当者は、難問解決の最終段階として、「自行のクレジットカードによる提案に顧客が反応しない理由」を探る必要があった。先に述べたように、ナショナル・アメリカン銀行のカードの顧客の50％が他の銀行やカード会社のクレジットカードを保有していることは、市場調査から分かっている。さらに分析を加えたところ、2枚以上のカードを持つ50％の顧客のうち20％は、昨年中に他社のカードを優先して使うようになったことが分かった。当然ながら、この傾向が変わらなければ、ナショナル・アメリカン銀行の財布のシェアや収益は低下を続けることになる。そこで、これらの顧客は「なぜナショナル・アメリカン銀行のカードを優先的に使うのをやめたのか」ということが、主要な課題となった。この調査ではこれに対しても示唆が得られた。同行のカードを優先的に使用しなくなった顧客の半数からの最も多かった答えは、ライバル行による「特典プログラムの実施」であった。

担当者はここまでの段階で、自行が直面している問題の重大さを把握でき、また、問題の多くを引き起こしている原因も理解した。そして、問題を解決できた場合にもたらされる収益の予測も可能になった。つまり担当者は、ここまでに統合マーケティング・プロセスの第1から第3段階までを遂行したのだ。さらにこのプロセスを通じて、焦点を絞ったマーケティング・ソリューションの実施によってこの問題を解決できると考えた。いまや彼ははっきりと、統合マーケティング・プログラムをうまく立案・実行できれば、ナショナル・アメリカン銀行のクレジットカード事業の価値の低下という問題は解決されると確信するに至った。

統合マーケティングの筋書き

このマーケティング・マネジャーが、自行のクレジットカードで生じた問題に対する解決策を経営陣に認めさせるには、彼らの信頼を得られるような筋書きを示すことが何よりも必要だった。そのプレゼンテーションにおいては、問題の概要と推奨する解決策を提示し、その基本になる前提を示しさらに、最後に、解決に成功した場合に期待できる収益を述べることが必要であった。ナショナル・アメリカン銀行の新しい担当者は、「前任者は明快なアイデアを出せなかったために、自分の解決策を承認してもらえなかった」ということを念頭に、同じ轍を踏まないように注意していた。そこで彼は、現状を概括しながら、以下のように筋書きを準備した。そのうえで、自分が推奨する解決策を提示した。

現状

同行の担当者が提案したプログラムでは、基本的にコミュニケーション予算を支出としてではなく投資と見なすことを前提に置いた。同行では従来、このコンセプトが十分に開発・理解されなかった。また、前任者が以前に提案したプログラムを見直したところ、期待できる投資収益についての説明がなかった。現に前任者は、マーケティングに対する投資収益を正確に予測できないことを主張していた。「マーケティング・プログラムに対する反応は、遅れて現れる。効果は、長期にわたって機能するもので、すぐに顧客行動に結びつくことはない」と考えていたのだ。それだけに、前任者が取り組んだ測定では、顧客態度が主な対象に

なっていた。だからこそ、この測定は事業全体の目的（キャッシュフローの拡大や顧客の移動など）の達成に寄与することはなかった。

担当者は、こうした従来の想定を覆せば、経営陣の要求に答えられるような新しいアプローチを開発できるのではないかと考えた。

解決策

ナショナル・アメリカン銀行の担当者は、マーケティング投資を推進する一連の新しい原則を、自行に導入するよう提案した。銀行としても、マーケティングに対する投資収益を測定し正当化するだけでなく、どの事業領域に投資を行い、そこから収益を期待するのかを特定する必要があった。

担当者は、自行のクレジットカード部門に関するマーケティング・プログラムを開発するために、統合マーケティングを活用した新たなアプローチとして、主な目的を2つ設定した。

- マーケティングに対する投資収益の測定方法を確立する
- クレジットカード・プログラムのための、マーケティングに対する適切な投資レベルを決定する

彼は、このアプローチによって「最後には、経営陣もマーケティング・プログラムに対する投資収益を予測したり、マーケティングを他の経営資源の投資対象と比較したりすることが可能になる」と考えた。そして、プログラムの提案に取りかかった。3つの部分からなるこのプログラムの目的は、新しいアプローチに対する取り組みに一貫性を持たせることで、新規顧客の獲得とともに、既存のカード保有者の財布のシェアの拡大を実現することにあった。

このプログラムによる主な取り組みは、以下の3つである。

- 自行のゴールドカード・標準カード・優待カードを利用する新規顧客を獲得する
- 優良顧客を選別したうえで、その顧客を対象に、クレジットの利用限度額の拡大を実施する

●カード利用を促すプログラムを実施することで、既存の顧客の需要を刺激する

なお、それぞれのプログラムにおいて、細部にわたってROCIの予測が実施された。そして、この予測をもとに、短期・長期両面で期待できる収益が示された。

顧客投資効率の計算方法

この提案の基本的な前提は、「銀行に収益をもたらすのは、顧客だけであり、その顧客には、さまざまなタイプのマーケティング活動を通じて影響を与えられる」というものであった。つまり、このアプローチは、プログラムの効果でもたらされた収入を、コミュニケーションの伝達などではなく、顧客に与えた影響という側面から考えている。そこでは、広告・マーケティング活動を、あくまでも「クレジットカードの顧客の行動に影響を与えることを目的とする投資」の手段・技術として捉えるのだ。

ナショナル・アメリカン銀行が以上のプログラムを実践できたのは、独自の方法で顧客情報を得ていたためだ。同行は、すべてのクレジットカードの顧客とワン・トゥ・ワンの関係を継続していた。同行が長期にわたって、カードを保有するすべての顧客の活動データを獲得・保存してきたからだ。同行のクレジットカード部門のマーケティング・チームは、量・質ともに充実したデータを活用することで、収入フロー、購入率、財布のシェア、カードの利ザヤを把握・測定できた。そして、これらのデータは、ROCIモデルの開発においてとりわけ貢献したし、マーケティング・チームも、このROCIモデルに大きな自信を持っていた。

最後にチームのメンバーは、プログラムの実施によって得られるコスト対収入の比率の算定結果を経営陣に示すことが求められた。ナショナル・アメリカン銀行では、経営陣が有効な投資プログラムを選定する際に、「投資コストがそれによって得られると期待される収入の40％を超えないこと」を評価の基準にしていたからだ。同行のマーケターは、マーケティングの投資モデルにこの比率のデータを加えることで、「この投資プログラムのコストが収益の40％を超えることはない」と経営陣に請け合うことができた。

ナショナル・アメリカン銀行のクレジットカード顧客に対する、適切な投資金

額を決める最初の段階において、本章で前述したモデルに特別な修正を施したROCIモデルを作成した。マーケティング・マネジャーは、既存顧客に対する投資を実施しない場合に、財布のシェアは低下を続け、62％から、翌年には60.5％まで低下すると予想した。逆に、提案した投資が実践された場合には、主な顧客層の間で財布のシェアが20％増えると予測した。その場合には、主要顧客の財布のシェアの平均が、計算上74％に達する。

図表10-5は、ナショナル・アメリカン銀行の担当者が経営陣に提示したROCI分析の一部である。実際には、数十の顧客や見込み客セグメントが分析の対象になったが、ここでは、そのうちの4つの顧客層だけが示されている。このモデルの目的は、クレジットカードのチームが提案したマーケティング投資の実施によって新たに発生するであろう収益を把握することにある。

図表10-5で示されているように、分析の目的は、顧客に対するコミュニケーション投資によって銀行にもたらされる増分収益の把握であり、同部門の総売上高や収益の把握ではない。また担当者は、この増分収益アプローチが、新規顧客の獲得による新たな収益の拡大だけでなく、既存顧客の維持にも効果を発揮すると判断した。さらに、維持コストが高い割に利益率の低い顧客との関係を解消する時期や方法の決め手にもなると考えた。要するに、ROCI分析のプロセスは、顧客管理に欠かせない優れたツールであり、まさにマネジャーはこのようなツールを求めていたのである。

分析の第1段階は、クレジットカード部門が保有する顧客を、ゴールドカード保有層、標準カード保有層、利用限度拡大層、特別利息カード保有層という4つのグループに集約することだった。ナショナル・アメリカン銀行の担当者は、図表10-5の第3項目に示されているように、どのグループでもカード利用に対する需要の年間増加率を12％と推測した。さらに、その時点での自行の財布のシェアは62％と推計された。この数値がそれぞれのグループの財布のシェアに関する基礎的な値となる（第5項目）。

クレジットカードのチームは、以前の経験から、コミュニケーション以外のコストは、グループごとに異なると推測した（第7項目）。そのために貢献利益も、グループごとに異なる（第8～9項目）。そして、「マーケティングに投資しない」という設定では、グループごとの財布のシェアは、その期間中に2.5％低下する

図表10-5●クレジットカード部門のROCI分析

	目標セグメント：	ゴールドカード保有層	標準カード保有層	利用限度拡大層	特別利息カード保有層
	カテゴリ全体需要の推計				
1	顧客数	1,841	19,676	2,137	6,583
2	過去の需要額（ドル）	895,000	4,307,300	725,207	2,175,621
3	需要の増減（%）	12.0%	12.0%	12.0%	12.0%
4	調整後のカテゴリ需要額	1,002,400	4,824,176	812,232	2,436,696
	基本収入フローの推定				
5	基本の「財布のシェア」	62.0%	62.0%	62.0%	62.0%
6	基本収入フロー	621,488	2,990,989	503,584	1,510,751
7	コミュニケーション以外のコスト（製品、固定費、一般管理費など）	33.0%	26.0%	28.0%	38.0%
8	正味貢献利益（%）	67.0%	74.0%	72.0%	62.0%
9	正味貢献利益（ドル）	416,397	2,213,332	362,580	936,666
	設定A：コミュニケーションに対する投資を実施しない場合				
10	「財布のシェア」の変動率	−2.5%	−2.5%	−2.5%	−2.5%
11	最終的な「財布のシェア」	60.5%	60.5%	60.5%	60.5%
12	顧客からの最終的な収入フロー	605,951	2,916,214	490,994	1,472,982
13	コミュニケーション以外のコスト（製品、固定費、一般管理費など）控除	−199,964	−758,216	−137,478	−559,733
14	ブランド・コミュニケーションのコストの控除	0	0	0	0
15	正味貢献利益	405,987	2,157,999	353,516	913,249
	設定B：ブランド・コミュニケーションに投資する場合				
16	ブランド・コミュニケーションへの投資総額	6,200	59,250	5,500	95,000
17	「財布のシェア」の変化	20.0%	20.0%	20.0%	20.0%
18	最終的な「財布のシェア」	74.4%	74.4%	74.4%	74.4%
19	顧客からの最終的な収入フロー	745,786	3,589,187	604,300	1,812,901
20	コミュニケーション以外のコスト（製品、固定費、一般管理費など）控除	−246,109	−933,189	−169,204	−688,903

	目標セグメント：	ゴールドカード保有層	標準カード保有層	利用限度拡大層	特別利息カード保有層
21	ブランド・コミュニケーションのコストの控除	−6,200	−59,250	−5,500	−95,000
22	正味貢献利益	493,476	2,596,748	429,596	1,028,999
ROCIの数値					
23	正味貢献利益：設定A	405,987	2,157,999	353,516	913,249
24	正味貢献利益：設定B	493,476	2,596,748	429,596	1,028,999
25	「設定A」と比較した「設定B」の増分収益/損失	87,489	438,750	76,081	115,750
26	増分ROCI	1,411%	741%	1,383%	122%
27	収入に占めるコストの割合	34%	28%	29%	43%

カテゴリ需要の推定：カテゴリごとの支出総額の推定値をドルで表示
基本収入フローの推定：「財布のシェア」、コミュニケーション以外のコスト（製品、固定費、一般管理費など）、収入フローの基本値を想定している。
コミュニケーションに対する投資を実施しない場合：コミュニケーションを続行しない場合の基本的な収益を測定
ブランド・コミュニケーションに投資する場合：コミュニケーション・プログラムを実施した場合の顧客価値の変化を表す
ROCIの数値：コミュニケーション・プログラムによって生じる増分収益/損失の総額を測定

と推定された（第10項目）。

　マネジャーは、設定Bの分析を始めるにあたって、ブランド・コミュニケーションのプログラムを計画、プログラムの活動の実施に必要な投資レベルを推測した。ここでは、そのプログラム内容を詳述する代わりに、あらゆる活動の合計を全体投資の数値に集約している。つまり、この数値が、それぞれの顧客に対するコミュニケーション・プログラム投資の総額を表しているのだ（第16項目）。また、担当者は、プログラムによってもたらされる収益も測定した（第17項目）。そして、マーケティングのプログラムの対象となる顧客層の財布のシェアは20％変化すると推測した。ここから彼は、第21項目のブランド・コミュニケーション・コストを差し引いた。このように、担当者が提案したマーケティング投資でもたらされた正味貢献利益は、第22項目に求められる。

　マネジャーとそのチームメンバーは、コミュニケーション・プログラムが計画通りに実施されれば、「特別利息カード保有層」以外のすべてのグループにおいて増分ROCIが700％を超えると測定した（第26項目）。

　さらに、プログラムを実施するすべてのグループを対象に、コストと収入の割

合を算出した（一番下の項目）。そこでは、上記の3つのグループでの割合が、ナショナル・アメリカン銀行の経営陣が投資コストの上限として設定した40％というガイドラインを下回っていることが分かる。しかし、特別利息カード保有層を対象にした場合には、ガイドラインの40％を上回ると予測されている。同行の担当者たちはこの分析結果を受けて、確かに、特別利息カード保有層たちにプロモーションをかけることで、利益の拡大が得られるかもしれないが、その他の3つのグループに集中することで銀行全体の利益をより大きくすることができると判断した。

彼は、自ら立案した3つのプログラムでもたらされるROCIを、長期・短期の両面からさらに詳しく検討した（守秘義務の関係からこれについてのコメントは限定的である）。

- **新規顧客の獲得**　図表10-6では、顧客獲得活動に対する投資収益を推定した値を示している。顧客獲得プログラムによるROCIは、12カ月後に54％、さらに25カ月後には483％に達すると予測された。顧客を獲得してから数カ月しか経っていない初期の段階では、収益に対するコストの割合がかなり高い。しかしその割合も、25カ月が過ぎると、経営陣が設定した40％の上限を優に下回っている。
- **選別した顧客に対するカードの利用限度額の引き上げ**　選別した顧客に対してカードの利用限度額を引き上げるプログラムは、計画されたすべてのプログラム中で最も高い投資収益を示している。図表10-7に示されているように、10カ月後に投資収益率が1000％を超えており、開始後1年目の時点でも、同じぐらいの収益率を維持している。さらに見ると、2年後には2200％を上回る収益率を記録している。このプログラムでの最大の収穫は、収益に対するコストの割合が、上限に設定されている40％を下回ったことだ。開始から2年近く後の時点では、その割合が22.1％にまで縮小している。
- **顧客の利用頻度を高める**　3番目のプログラムは、クレジットカードの利用額が一定額に達した顧客や、カード利用頻度が一定に達した顧客に景品を提供する、というものである。しかしマネジャーは、具合の悪いことに、この提案に説得力を持たせるような社内データをほとんど持っていなかった。ク

図表10-6●新規顧客獲得の取り組みによるROCI

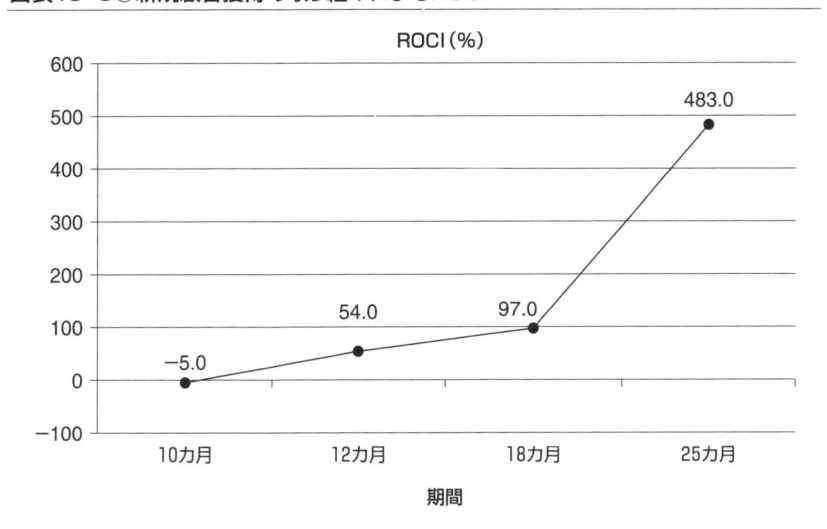

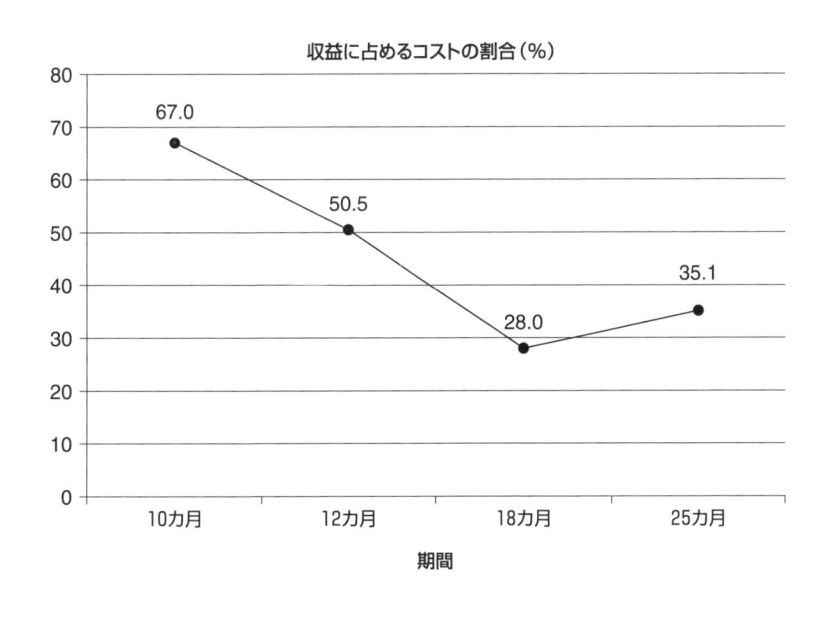

ROCI（%）

期間	10カ月	12カ月	18カ月	25カ月
ROCI(%)	-5.0	54.0	97.0	483.0

収益に占めるコストの割合（%）

期間	10カ月	12カ月	18カ月	25カ月
割合(%)	67.0	50.5	28.0	35.1

図表10-7◉コミュニケーション投資よるROCI

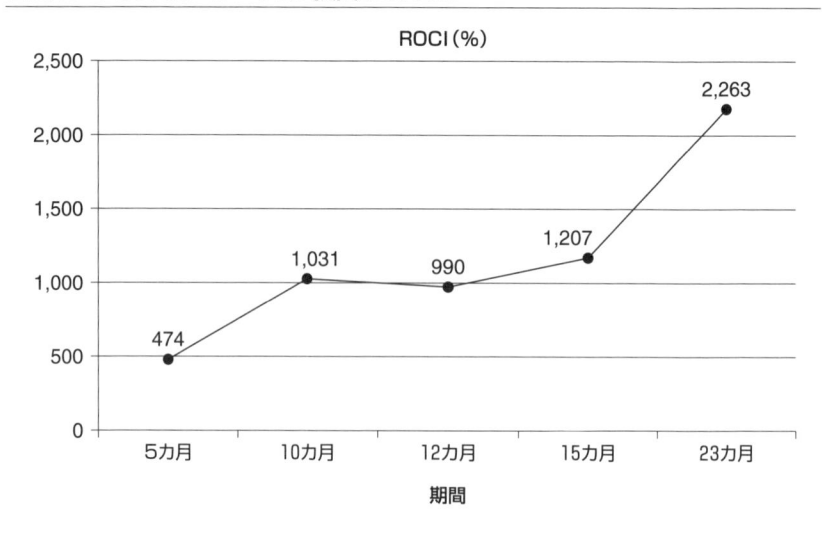

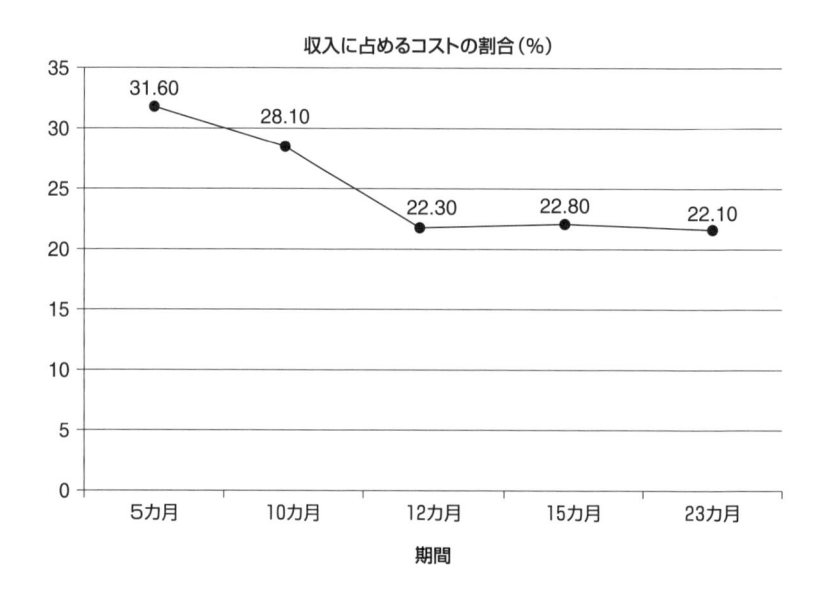

ROCI(%)

期間	ROCI(%)
5カ月	474
10カ月	1,031
12カ月	990
15カ月	1,207
23カ月	2,263

収入に占めるコストの割合(%)

期間	割合(%)
5カ月	31.60
10カ月	28.10
12カ月	22.30
15カ月	22.80
23カ月	22.10

レジットカード部門では、コミュニケーションに対する投資が削減され始めて以来、データ収集のプログラムも減少していた。この状態では、さまざまな事例に関するデータを揃えられない。そこで担当者は、他の銀行で同じ種類のプログラムを実施してきた経験を踏まえながら、銀行をはじめとする他の金融機関が公表したデータを材料に用いた。これらのデータから得られる情報は、確実な推定を十分に可能にした。

彼らの調査によると、さまざまな販促活動に対して、クレジットカード顧客が確かに反応を示すというデータが、社外の情報源に証拠として存在することが判明した。したがって、このアプローチも、ナショナル・アメリカン銀行の顧客基盤に対する有効な投資であると考えられた。そこで、同行の担当者は、クレジットカード顧客を、最近数年間に販促活動を受けた回数に基づいて5つのグループに集約した。その回数は0回から5回までの範囲であった。

次に、グループごとの平均残高を計算した（平均残高は毎月の月末残高をもとにして計算され、この値をもとにして利息金額が計算される）。さらに、あるグループが他のグループの平均残高を上回る確率や、その金額も算出した。

ナショナル・アメリカン銀行のクレジットカード・チームは、同行がクレジットカード保有者を対象に展開した2種類のプロモーション（旅行優待サービスと飲食店割引サービス）に焦点をあてた。そして、これらの活動では、4ドル50セントの投資ごとに11ドル50セントの収益が手数料と正味の利息収益によって発生すると推定した。また同チームでは、計画中のプロモーションや利用頻度を高めるための活動によって、1年後には顧客1人当たりの投資収益率が255％に達すると予測した。以上のような予測と計算によって、クレジットカード部門の活力の回復を目指した詳細なプログラムの計画が策定された。

マーケティング投資の適正レベル

ここまでの段階で要求された見積もりや投資計画は、過去に立案された戦術的プログラムや活動を前提としていた。そして次の段階では、これらのプログラムを、その対象となる顧客と見込み客に合わせて調整する作業が行われた。マネジ

ャーはまず、財布のシェアとカードの残高を比較する作業から始めた。そして、さまざまな事業機会に留意しながら、その分析の結果を戦略の開発に活用した。図表10-8では、ナショナル・アメリカン銀行のクレジットカードを保有するすべての顧客を、6つの枠のマトリックスで示している。

　横軸は残高を表している。すべての顧客を、「残高が1500ドルを下回る顧客」と「残高が1500ドルを上回る顧客」のいずれかに分類したのだ。

　図表10-8の縦軸は、その時点でのナショナル・アメリカン銀行の財布のシェアを示している。ここでは、顧客を次の3つのグループに分類した。

　　（a）他社のカードを持っている顧客および、ナショナル・アメリカン銀行の財布のシェアがゼロの顧客
　　（b）ナショナル・アメリカン銀行のクレジットカードを保有しているものの、その利用率が全利用額の64％を下回る顧客
　　（c）ナショナル・アメリカン銀行のクレジットカードを保有しており、その利用率が全体の64％を上回る顧客

　マネジャーは、このマトリックスを利用しながら、顧客を6つのグループに分類した。図表10-8の6つの枠には、それぞれのカテゴリーの顧客数を記した。そして担当者は、この分類をもとに、マーケティングとコミュニケーション戦略の概要を定めた。

　たとえば、ナショナル・アメリカン銀行に対するロイヤルティが強いグループAとCには、「クレジットカードの利用率の拡大」を戦略に設定した。また、高い価値を持ちすでにロイヤルティも高いグループBは、決して彼らを失うわけにはいかないため、「顧客維持に焦点をあてる」という戦略を立てた。このセグメントの顧客に対する同行の目標は、顧客を維持し好ましい印象を与え続けることにあった。グループDは、相当程度の未実現の顧客価値を持つグループである。そこで同行では、このグループに対するコミュニケーション活動の目標を、次のように定めた。

　　（a）ライバルのクレジットカードから、ナショナル・アメリカン銀行の

図表10-8 ● 6つの枠のマトリックス

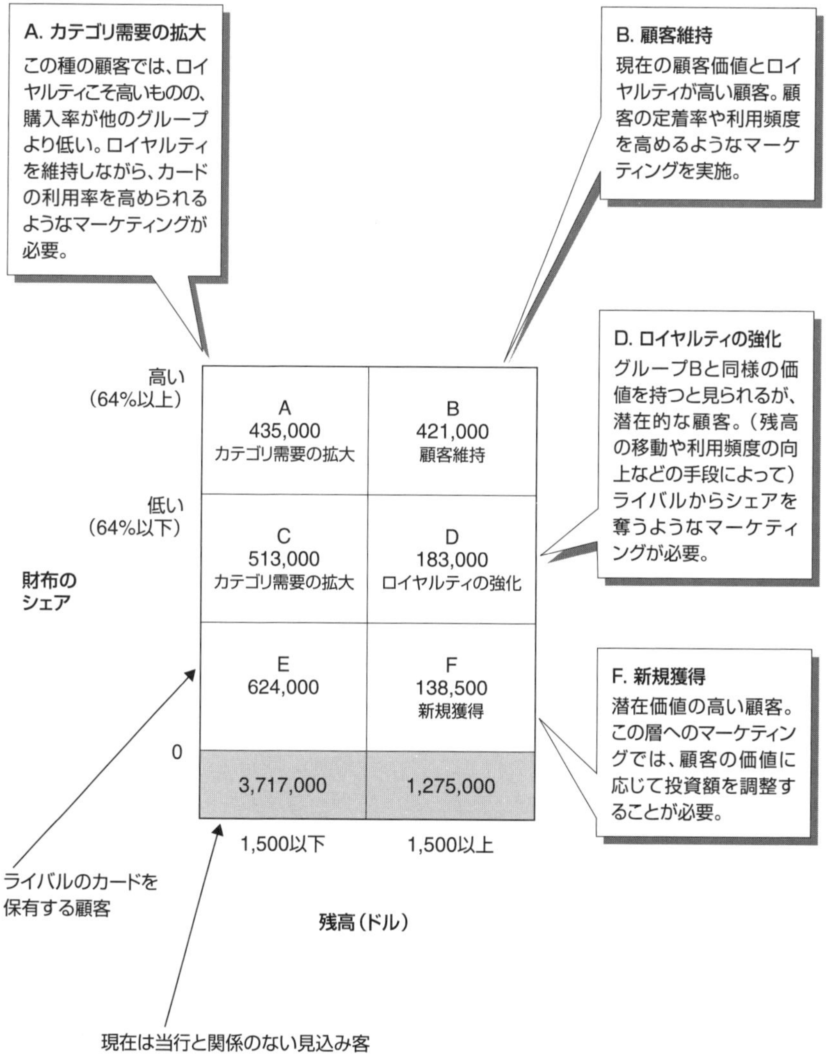

A. カテゴリ需要の拡大
この種の顧客では、ロイヤルティこそ高いものの、購入率が他のグループより低い。ロイヤルティを維持しながら、カードの利用率を高められるようなマーケティングが必要。

B. 顧客維持
現在の顧客価値とロイヤルティが高い顧客。顧客の定着率や利用頻度を高めるようなマーケティングを実施。

D. ロイヤルティの強化
グループBと同様の価値を持つと見られるが、潜在的な顧客。(残高の移動や利用頻度の向上などの手段によって)ライバルからシェアを奪うようなマーケティングが必要。

F. 新規獲得
潜在価値の高い顧客。この層へのマーケティングでは、顧客の価値に応じて投資額を調整することが必要。

財布のシェア

	1,500以下	1,500以上
高い (64%以上)	A 435,000 カテゴリ需要の拡大	B 421,000 顧客維持
低い (64%以下)	C 513,000 カテゴリ需要の拡大	D 183,000 ロイヤルティの強化
0	E 624,000	F 138,500 新規獲得
	3,717,000	1,275,000

残高(ドル)

ライバルのカードを保有する顧客

現在は当行と関係のない見込み客

第10章 ● 短期的な投資効率の測定

カードへの乗り換えを促す
（b）ナショナル・アメリカン銀行のカードの利用による代金の支払いを促す
（c）ナショナル・アメリカン銀行のカードの利用頻度を高める

　グループEとFは、ナショナル・アメリカン銀行にとって最も困難な顧客だ。グループEは、クレジットカードの残高が1500ドルを下回っている顧客のグループである。このグループはさらに2つのグループに分割された。約6万2400の顧客が属する上位グループは、ナショナル・アメリカン銀行と取引関係を持ちつつ、ライバルのカードも利用している。371万7000の顧客が相当する下位グループは、同行との取引関係がないばかりか、同行のクレジットカードも使わない。さらに、グループEの顧客は、カードの残高も低かったため、彼らは、「このグループにさらに浸透するために投資しても、収益が得られる保証はない」と判断した。こうして同行では、グループEに対するマーケティング活動を実施しないことに決めた。

　Fセグメントについても2つのグループに分類した。その時点で同行と取引していない見込み客数127万5000の下位グループと、同行の顧客でありながら、ライバルのクレジットカードも保有・利用している顧客数13万8500の上位グループである。グループFに属する見込み客は、高い価値が潜在していることが考えられた。そのためマネジャーは、上位と下位のグループで投資量を別々に決めるかたちで、グループFにもマーケティング資源を投じることを決めた。

　上記の顧客評価の枠組みをもとに、次にマネジャーは、グループごとの取り組みと予算編成の計画を立てた。図表10-9に示されたその計画は、図表10-8で識別したそれぞれの顧客グループごとに立てられている。また、図表10-9のチャートの左側では、それぞれの活動に期待されるROCIの値を示した。グループごとのROCIの小計も計算されている。また、それぞれの取り組みは、ROCIをもたらす可能性が最も高い3つの行動目標（新規顧客の獲得、クレジットカードの利用限度額の引き上げ、カード利用頻度の拡大）をもとに計画されている。さらに、特定の主要顧客層の維持率を引き上げるために開発された活動も、いくつか組み込まれている。

図表10-9●顧客グループ別のコミュニケーション予算

ROCI (%)	顧客セグメント	活動	予算案 (単位：千ドル)	推定売上増加額 (単位：千ドル)
140	A	クラブ会員権の提供	10	14
250	A	小売店頭プロモーション	15	38
450	A	旅行保険	15	68
298		グループA合計	40	119
225	B	利用限度額の拡大	100	225
375	B	顧客の維持を目的としたパッケージの提供	50	188
475	B	標準的な顧客定着策	75	356
850	B	旅行保険	75	638
469		グループB合計	300	1,406
140	D	優待ポイントの提供	75	105
225	D	クラブ会員権の提供	10	23
250	D	利用限度額の拡大	50	125
375	D	顧客の維持を目的としたパッケージの提供	20	75
625	D	顧客の再獲得に向けた取り組み	75	469
800	D	旅行保険	30	240
399		グループD合計	260	1,036
150	F	社外リストの活用によるプロモーション	750	1,125
150	F	インターネットによるプロモーション	10	15
300	F	新規口座開設プロモーション	350	1,050
500	F	クレジットカード部門による顧客獲得の取り組み	500	2,500
306		グループF合計	1,870	5,726
332		合計	4,680	15,539

注：ROCI＝顧客に対する投資収益率

図表10-8にもあるように、ナショナル・アメリカン銀行はグループAの顧客に対して、3種類のマーケティング・プログラム（クラブ会員権の提供、大手デパートチェーンとの提携による小売店頭でのプロモーション、旅行保険の提供）の実施計画を立てた。同行では、このグループに対する投資額が、およそ4万ドルになると予測した。また、増分収益を約11万9000ドルに上ると見込んだ。以上の見込みによれば、翌年のROCIは約298％になる。しかしこれは、他の顧客層によってもたらされるROCIに比べて、一番低い数値である。グループB、D、FのROCIは、それぞれ469％、399％、306％と予想されている。そして、プログラム全体で予算化されるコストが468万ドルであるのに対して、増分収益は1550万ドルと予想された。この場合のROCIは、332％である。

　最後に、ここまで読まれた方は、次の2点を気にかけているに違いない。「ナショナル・アメリカン銀行の経営陣は、この新たなマーケティングの提案を承認したのか」「提案が承認されても、このプログラムは市場で機能したのか」。両方とも、答えはイエスだ。同行の経営陣は、クレジットカードの利用者に対する投資案を承認した。また経営陣からは、「マーケターが『本物のビジネスプランと呼べるもの、すなわちマーケティング・プログラムへの投資提案とそれに対する期待収益』を提案したのは、これが初めてだ」というようなコメントまで出た。こうしてこのマネジャーは、彼の提案と予測を支えたROCIのアプローチにより、上司から大きな評価を受けた。

　さらに市場でも、同行のプログラムに対して、クレジットカード部門のコミュニケーション・チームの予想を超えるほどの大きな反響があった。かくして、実際に財務上の収益がもたらされることで、このアプローチの機能は実証された。

5　第11章への論点

　ここに記したROCIのフレームワークは実効性を持つ。もっとも、このナショナル・アメリカン銀行の例で示されているように、このアプローチには時間や労力ばかりか意識改革も必要になる。しかし、このアプローチの「長所」は、シス

テムさえ整えばプログラムが確実に向上するところだ。プログラムが強化されれば、マーケティングのツールによる顧客への投資が、投資額に見合った収益をもたらすことも実証される。次章では、その収益が即時的・短期的ばかりではなく、長期においても得られることを見ていく。

第11章 長期的な投資効率の測定

前章で提供したフレームワークでは、「短期のビジネス構築」という観点から見たROCIの算出方法を示した。しかし、それだけでは統合マーケティング・プロセスの第4段階の半分を終えたのに過ぎない。ほとんどのマーケターにとって、短期の売上げに貢献するコミュニケーション・プログラムを検討することは、どちらかと言えば簡単だが、本章では少し異なる領域を扱う。つまり、長期にわたるブランド構築を目的とするマーケティング・コミュニケーションが企業全体の価値に与える影響に着目しながら、その測定方法を検証する（第9章を参照）。この作業には、一連の新しい測定基準が必要になる。財務価値測定のレベルが上がるからだ。何よりも、企業の所有者である株主に対して、新たな価値測定の基準を適用することが欠かせない。ここでは、実際の事例を参照しながら、コミュニケーションが長期にわたってもたらす収益の測定方法を提示する。また、測定方法を実務に即して理解するために、ケースを紹介する。

1 長期的投資効率を測定する重要性

本書でずっと検討してきたように、企業の本当の価値はキャッシュフローから評価される。現時点でのキャッシュフローばかりか、将来に向けたキャッシュフローの持続性からも価値を判断されるのだ。しかし、企業のマネジャーは、現時点でもたらされている増分収益の大部分が短期のマーケティング投資によって生

じたものと捉えがちだ。増分収益は、マーケティングの取り組みの成果として最も目につきやすいために、いままでも主な評価対象とされてきた。このような経緯があるからこそ、長期にわたる収益の価値は軽視されがちなのかもしれない。現に、ほとんどの経理システムや財務評価システムを見れば、この見解が正しいように映る。次頁のコラムでは、正味現在価値（NPV）と割引キャッシュフロー（DCF）という2つのコンセプトの定義を述べている。これらのコンセプトは、「企業の持つ資金は、同じ額で見た場合には、将来の価値よりも現在の価値のほうが高い」という考え方が基礎になっている。そのためにNPVは、将来のキャッシュフローから一定の比率を割り引いて算出するのだ。一定の比率を割り引くことによって、貨幣価値の変動、投資による損失、柔軟性の欠如などのリスク要因を考慮した測定が可能になるのだ。企業のマーケティングやコミュニケーションの計画では、顧客ロイヤルティが最も重要なテーマになる傾向がある。ただしその場合、収入を同じ値で比べた場合、将来の価値は現在より低くなることを常に注意しておく必要がある。また、増分収益が現時点での売上げや価値の全体と比べた場合、ほんの一部でしかないことも認識しなければならない。

　マーケティングに対する長期的な投資効率を測定する際に、頭に入れておかなければならないことがもう1つある。現時点での既存顧客からの収入を維持するほうが、新規顧客の獲得を試みるよりも低いコストで済むことだ。マーケティングの専門家でも、「新規顧客の獲得は、既存顧客の維持に比べて、5倍から10倍ほど高くつく」と示唆する向きは多い[原注1]。現時点でのキャッシュフローという観点から考えれば、新規顧客の獲得ばかり目指すよりも、既存の顧客による購入行動を維持するほうが有利なのだ。また、顧客によってもたらされるキャッシュフローが安定すれば、企業の経営や財務管理がさらに楽になる。

　それでも、長期にわたる顧客からの収入に目を向けにくくしている要素もいくつかある。まず挙げられるのは、現在の会計慣行のもとで、顧客に対するマーケティング投資が「実施された事業年度の支出」として扱われることだ。この扱いは、収益の発生がいつになろうと変わらない。つまり、マーケティング活動から長期にわたって収益がもたらされる可能性が高い場合でも、投資で生じたコストが投資を実施した時点での会計期間に組み入れられてしまうのだ。

Column◉統合マーケティングのプランニングにDCFを導入する

　マーケターが長期にわたるコミュニケーション活動の影響を測定する場合を考えてみよう。その場合には、「活動の成果」として長期にわたって生じる収入の流れの予測に努めるだろう。しかし、この予測にはリスクが伴うことを認識しなければならない。予測した収益の値は、将来に対する不確実性や貨幣価値の変動を考慮して割り引かなければならないのだ。
　財務アナリストたちは、今日の貨幣の正味現在価値（NPV）を基準として、将来のキャッシュフローを割り引く手法を提示した。簡単に言えば、現在の貨幣は、1、2年先、あるいは5年先における同額の貨幣よりも高い価値を持っているのだ。この理解を深めるために、次のように想定してみていただきたい。あなたはいま、マーケティングを実施する企業のCEOとして、事業活動に対する投資の決定を試みている。選択肢はごく単純だ。新しいマーケティング・プログラムに資金を投じるか、それとも、同額の資金を利回りの高い国債に投じたり、銀行口座に預けたりすることで所得を確保するか。マーケティングに対する投資収益は、だれも現実に保証できるわけではない。それだけに、マーケティング・プログラムへの投資を選択する場合には、ある程度のリスクが伴う。このリスクが、NPVやDCFの測定の基礎になるのだ。もちろん、投資の選択には、その他の要素も検討に加える必要がある。
　CEOとしてリスクを望まないのであれば、安全な選択肢を取ることになろう。しかし、経営資源に対するリスクを取る意思があれば、マーケティングへの投資を選ぶかもしれない。いずれにせよ、投資に対する決定の大部分は、あなたの企業経営や事業運営の手法にかかっているのだ。
　それでは、投資1件当たり15％の収益を予測した場合の展開を考えてみよう。投資の対象は、新しいコンピュータ・システムや施設でも、マーケティング・プログラムでも構わない。この場合の企業に必要なのは、予測した投資収益がもたらされるまでの期間を測定することだ。たとえば、15％の投資収益を上げるまでに3年を要する投資は、1年後に同じ収益をもたらす投資に比べて価値が低いことになる。そこで、1000ドルの投資が持つ価値を見てみよう。

```
1年目    869.56ドル ＝ 1000ドル ÷ 1.15
2年目    756.43ドル ＝ 1000ドル ÷（1.15×1.15）
3年目    657.89ドル ＝ 1000ドル ÷（1.15×1.15×1.15）
```

合　計　　2283.88ドル

　今日の貨幣価値から計算すると、3年間のなかで1年ごとに生じる1000ドルの収入の価値総額は、3年を経ても3000ドルに達しないことが予想される。つまり、3年という期間を対象に1000ドルのNPVの合計を求めれば、2283ドル88セント（869.56ドル＋756.43ドル＋657.89ドル）になるのだ。ちなみに、ここではNPVの算出には、15％の割引率が用いられている。

　割引キャッシュフローは、将来の収入に対して、現実に即した視点を提供する。そして、この視点によって、顧客から将来もたらされる収入のNPVを把握できる。また、マーケティング・プログラムによる顧客投資を将来実施する際にも、割引キャッシュフローが役に立つ。つまり、提案されたマーケティング・プログラムの有効性をうまく証明できるのだ。このように、「現在手元にある資金の価値も、やがては低くなる」ということを念頭に置けば、マーケティングへの投資によってもたらされる収益を短期と長期に分けて捉えられるようになる。ここで厄介なのは、どのようなマーケティング投資も、「将来の収益」という要素を含んでいる点だ。

　また、自社の商品・サービスへの支持を続ける顧客層が存在すれば、将来の事業機会もかなり拡大する。クロスセル（異種商品の販売）、アップセル（上位商品の販売）、商品・サービスのポートフォリオ・マネジメントにおける顧客の移動、といった手法を使えば、この種の顧客の獲得が可能になる。この種の顧客を獲得できれば、当初は予想していなかったほどの売上高の上昇や利益の拡大が実現する。また、多くの企業が顧客からの支持という概念は財務上測定しにくいと認めながらも、「顧客満足に基づく支持の獲得」の重要性に気づき始めた企業は多い。インターネットや電子商取引の世界でも繰り返し実証されているように自社の商品・サービスに関心を持つ顧客が増えれば、クチコミによる効果もその分だけ拡大する。特に、初めて自社の商品に触れた個人や企業の間では、クチコミが売上高の向上や既存顧客の維持にとって強力なツールになる。短期のうちにもたらされる収入の獲得だけにとどまらず、顧客を満足させ続けられるような活動の推進が必要なのは、こうした理由による。

一定の割引率を乗じるかたちで将来の収入を予測するという手法には、まだ解決を要する問題が残されている。しかし、マーケティングを含めた大半の投資活動は、長期にわたって成果を企業にもたらし続けるはずである。また、そうでなければ、企業が資金を投じるはずがない。このことを裏づける事例は、あちこちにある。たとえば、工場や施設の建設に対する投資から収益がもたらされるまでには、かなり長い期間を要する。研究開発、物流システム、従業員の研修プログラムなど、知的財産を創出するための投資についても同じことが言える。もちろん、おおよそのマーケターの目標は、四半期あるいは年間の売上げ・収益目標を達成することにある。しかし一方で、彼らには長期にわたって収益を上げることも期待される。長期にわたる収益が、短期の投資や収益の新たな基盤になることも多いのだ。また、その時点での商品、顧客、販売チャネルの活性化が、後になって功を奏した企業もある。このような活性化では、長期にわたって効果が受け継がれるものである。そのため、企業は困難な状況をすぐに乗り切れる。つまり、その時点での活性化が、通常の期待を上回るほどの増分収益をもたらしたと言える。

　前章では、ほとんどの企業の経営陣が事業の成長を主な目的に据えていることを示唆した。事業の成長の主な目安になるのは、キャッシュフローの増大と株主価値の向上である。一般に、株主の価値を形成するのは、上場企業の株価の上昇に対する期待や配当金の増大と、株主に対する企業の長期的な価値である。キャッシュフローも株主価値も、短期、長期の両面で成果をもたらす。それだけに、どちらの成果でも、顧客によってもたらされる現在と将来の収入を測定の基本に置くことが必要だ。企業の価値を創出するのは、あくまで顧客なのだ。企業の価値は、顧客が自社の商品やサービスの購入を続けることで形成される。言い換えれば、顧客は現在ばかりか、将来のキャッシュフローも生み出しているのだ。

2　長期的投資効率を測定するためのモデル

　長期のマーケティング・プログラムに対する投資効率を測定するにあたって、マーケターは、顧客中心モデルやブランド中心モデルといったフレームワークを

活用できる。まず前者では、個々の顧客や顧客グループによってもたらされる長期の収入に焦点をあてる。次に後者では、企業の収入や資産ベースに対する貢献度を測定することで、ブランドの財務価値を検証する。また、ブランドの売却価値も検討する。このうち、本章で着目するのは、顧客中心モデルのフレームワークである。ブランド中心モデルは、第14章のブランド・エクイティに関する議論で詳しく扱う。

　顧客中心の測定モデルは、顧客生涯価値（LTV）のコンセプトに基づいてつくられている。このコンセプトを開発したのは、ダイレクト・マーケティングやカタログ・マーケティングの担当者たちである。彼らの目的は、顧客によって将来もたらされる可能性のある収入を解明することにある。LTVモデルでは、過去と現在の顧客関係をもとに、将来期待される収益を測定する。この手法では、確率を用いた測定モデルを利用している。そして、ここで予測したキャッシュフローから正味現在価値（NPV）に割り戻せば、将来の所得を現在の価値に換算した値を測定できる。

◉────顧客生涯価値（LTV）

　「既存の顧客のなかには、将来にわたって企業の製品・サービスの購入を続けることで、企業に将来的においても収入をもたらす人々がいる」。LTVのアプローチでは、まずこのように認識する。しかし実際には、取引関係の解消、ライバルへの乗り換え、顧客の移動や死亡といったさまざま原因によって、顧客が失われることもある。つまりLTVは、顧客関係の維持と解消、あるいは予想される顧客の支出パターンと予想されるコストという要素の融合によって決まるのだ。

　顧客生涯価値は、将来の収益全額のNPVから、標準的な顧客にかかるコストを差し引くことで求められる。前章では、短期的投資を対象にしたROCIの測定(原注2)について解説した。この対象期間を長くすれば、LTVを測定できる。LTVを測定する場合を例に取れば、短期の投資収益（「その事業年度内にもたらされる」と予想される収益）から、複数の事業年度の投資収益を計算する。その場合には、維持率の水準、顧客の予想支出レベル、顧客関係の維持を目的とするマーケティング費用をある程度考慮する。

場合によっては、現在の価格や紙幣の価値から、LTVを予測することもある。しかしそれでは、貨幣の時間価値が考慮されない。そこで、統合マーケティングのプロセスでは、新たなコンセプトを用いることで「正味」現在価値を計算に反映させる。そこでは、将来の収益も、すべて測定の基礎に含める。この計算で正確を期すには、以下に挙げる2つの事項を、新たに検討する必要がある。(原注3)

- **顧客投資効率の目標** マーケティングに対する投資収益の目標を設定するには、必ず貨幣の時間価値とそのリスクを考慮しなければならない。一般に、顧客投資効率（ROCI）の目標数値では、過去の株主資本収益率（ROE）のレベルを満たしていることが最低条件になる。たとえば、株主による投資によってもたらされる収益が15％の場合には、長期のマーケティングに対する投資収益の目標も15％以上に設定しなければならない。また、不安定な市場、技術革新の進行が速い、顧客ロイヤルティを失う可能性が高い、といった状況のもとでは、目標を高く設定しなければマーケティングに投じた資金を十分に回収できない。自社が特許権を所有していたり、ニッチ市場で地位を確立しているので、将来の収入が保証されているといったように、市場で安定したポジションを得ている場合には、マーケティング投資に対するリスクプレミアムのレベルを引き下げてもよい。
- **顧客生涯価値（LTV）の測定期間** 顧客生涯価値の測定に必要なのは、顧客による将来の購買行動が予想できる期間を対象に置くことである。しかも、マーケティング・プログラムが長期にわたって及ぼす影響を予測できる状況でなくてはならない。商品のなかには、おむつ、学生服、10代向けの雑誌などのように、顧客の生涯の限られた期間にしか購入されないものがあるからだ。そのような商品は、他の商品に比べて、顧客を維持できる期間が短い。それ以外の商品（歯磨き粉、大衆誌、自動車、多彩なジャンルの音楽など）には、顧客による長期のロイヤルティやリピート購入を促す可能性がある。しかし実際には、測定の対象期間が3年を超えれば、顧客生涯価値を正確に測定しにくくなりがちだ。

顧客生涯価値の計算方法：事例による検討

　データベース・コンサルタントのジャック・シュミッドとアラン・ウェバーは、LTVを複数の段階に分けて測定する方法を、以下のように開発した。(原注4) この方法は、BtoBの手法を用いるカタログ販売企業の事例をもとにしているが、分析のフレームワークは、どのようなタイプの企業にも適用できる。

1．新規顧客の獲得コストを測定する　見込み客に対するカタログの送付コスト（メールの送信やリストのレンタル・郵送・印刷などにかかるコストの総額）が、1件平均で60セント生じる状況を仮定してみよう。ここで、企業が従来の経験から、見込み客の社外リストを使用した場合のカタログ送付に対する初回の反応率を1.1％と測定する。この測定結果によれば、新規顧客の獲得コストは54ドル55セントになる（0.60÷0.011＝54.55ドル）。

2．平均的な粗利益を測定する　新規顧客による初回の平均注文額が70ドルの場合に、フルフィルメント・コスト（注文商品の選定、梱包、出荷にかかるコスト）を考慮したうえで、顧客1人当たりの粗利益率を40％と想定してみよう。この場合には、1回目の注文でもたらされる利益が平均で28ドル（70ドル×40％＝28ドル）になる。

3．新規顧客の獲得による純利益／損失を測定する　1回目の売上げによってもたらされる利益から、「1」のステップで算出した値を差し引いて測定する（28ドル－54.55ドル＝－26.55ドル）。

　このように、少なくとも平均で見た場合には、新規顧客を獲得するごとに純損失が発生していることが分かる。別の角度から見た場合、この企業は新規顧客の獲得に26ドル55セントもの資金を投じていることになり、それは対象となる顧客から、以降の購買行動によって、長期にわたって収益をもたらすと予想していることでもある。そこで次に、標準レベルの顧客の獲得コストの回収に要する期間と新規顧客が将来もたらし得る利益の規模が問題になる。

　新規顧客が将来にもたらす利益を測定するには、まず将来の購買行動を推測す

図表11-1 ● 事例:顧客生涯価値(LTV)

単位:ドル

項目		1年目	2年目	3年目
1	年間のメーリング回数	4	4	4
2	メール1件に対する平均反応率	16%	13%	11%
3	年間反応率(項目1×項目2)	64%	52%	44%
4	リピート購買の平均額	75.00	75.00	75.00
5	平均粗利益(粗利益率40%の場合)	30.00	30.00	30.00
6	年間粗利益(項目3×項目5)	19.20	15.60	13.20
7	4通のカタログのメーリング・コスト (1通当たり0.50ドル)控除	(2.00)	(2.00)	(2.00)
8	年間純利益 (項目6-項目7)	17.20	13.60	11.20
9	割引係数(割引率=20%)	1.20	1.44	1.73
10	利益の正味現在価値(NPV) (項目8÷項目9)	14.33	9.44	6.48
	3年間のNPV総額		30.25	
	顧客獲得に要した投資資金を控除		−26.55	
	顧客に対する3年間の投資収益		3.70	

る必要がある。そのうえで、商品の購買プロセスで生じる顧客との再接触コストやサービス・管理コストを差し引く。さらに、貨幣の時間価値を考慮するために、将来の収入フローを正味現在価値(NPV)に換算した値を計算に組み入れることも欠かせない。

図表11-1では、同じ事例による正味のLTVの算出プロセスを概観している。ここでは新規の顧客を、次のように想定する。「初回の注文以降3年間にわたって商品の購入を続ける。また、1年間に4通のカタログを受け取る」。この想定に沿えば、すでに獲得した顧客に対するカタログの配送コストは、1件当たり50セントで済むようになる。見込み客のメーリング・リストを借りる必要がなくなるからだ。さらに、すでに取引関係が成立している得意客の反応率は、リスト上の見込み客に比べてかなり高くなる傾向がある。そこで、過去のデータから、4通のカタログごとに反応率を測定した。この測定結果によれば、初回の購入から1年目では反応率は16%にもなり、2年目には13%に、そして3年目には、反応率は11%に落ちている。

4．長期にわたる累積反応率を測定する　上記の反応率のデータを用いれば、顧客獲得後の期間の長さに応じて、以下のような累積反応率を導き出せる。まず、平均の反応率を年間のメーリング回数に乗じる。1年目を例に取れば、顧客の平均の反応率16％にメーリング回数の4を乗じることで、累積反応率が64％になる。同じように、2年目の累積反応率が52％であるのに対して、3年目の反応率は44％になる（第3項目を参照）。

5．リピート売上げによる利益を測定する　ここでは、初回のメーリングでの粗利益率（40％）をもとに粗利益を計算している。しかし、この企業は、既存顧客による注文の平均額が初回の測定額よりも高いことを見出した。つまり、リピート注文の平均額が75ドルであることが判明したのだ。そのため、注文1件当たりの粗利益は30ドルになる（75ドル×40％＝30ドル）。

　次に、上記の方法で計算した粗利益から、既存顧客へのマーケティングで生じる年間コストを差し引かなければならない。この企業は、1通当たり50セントのコストがかかるカタログを、それぞれの顧客に年間4通送付している。そのため、顧客1人当たりのマーケティング・コストは、年間で2ドルになる（4通×0.50ドル）。このコストを年間粗利益から差し引けば、顧客1人当たりの年間純利益は、それぞれ17ドル20セント（1年目）、13ドル60セント（2年目）、11ドル20セント（3年目）になる。

6．キャッシュフローを正味現在価値（NPV）に換算した値を測定する　正味現在価値を計算するには、貨幣の時間価値を考慮に入れなければならない。この事例の企業を例に取れば、年間の割引率を、投資家に対する支払利率と同じ20％に設定している。この場合の割引係数（ディスカウント・ファクター）は、1年目は1.2（1＋20％）になる。さらに、2年目に1.44（1＋20％の2年分なので1.2×1.2）になる割引係数は、3年目には1.73（1.2×1.2×1.2）に達する。次に、それぞれの年の利益を対応する割引係数で割れば、測定した利益の正味現在価値（NPV）が求められる。ここでは、1年目のNPVが14ドル33セントであるのに対して、2年目のNPVは9ドル44セントになる。そして、3年目には6ドル48セントに達する。

　以上の値から、3年間にわたる顧客1人当たりのNPVの総額は、30ドル25セント（14.33ドル＋9.44ドル＋6.48ドル）と計算できる。しかし、最終的な収益性を

測定するには、顧客獲得の際に投じた資金を差し引かなければならない（この企業は、顧客獲得の段階で純損失を計上したことを思い出していただきたい）。そこで、初期投資26ドル55セントを差し引くことになる。この計算の結果を用いれば、投資の目的を達成する可能性を判断できる。

　この例での計算によれば、新規顧客の獲得によって、割引率で設定した20％の投資収益に加えて3ドル70セントもの利益が発生する。また、累積NPVがゼロになるように割引率を調整すれば、プロジェクトの投資収益率（ROI）を正確に割り出せる。さらに、測定の対象期間を変更することで、顧客に対する初期投資を回収し、利益を計上するまでの期間を把握することができる。このように考えていけば、マーケターは、企業のニーズや分析上の必要性に応じて、投資収益を把握し、調整することが可能になる。

　ここで示した数値は、新規顧客の獲得に必要な期間、取り組み、投資額を知るうえでの格好の材料になる。また、同じタイプの分析は、既存顧客に影響を与えるために必要なマーケティングの取り組み・投資レベルを測定する際にも活用できる。

顧客生涯価値（LTV）の比較

　顧客に対するマーケティング手法の比較・検討においては、顧客生涯価値を理解することがきわめて重要である。マーケターの多くは、次のような課題に悩まされている。それは「顧客の維持を目的としたロイヤルティ・プログラムを作成するのは簡単だ。しかし、残念ながらそのプログラムも、長期で見れば損失を出してしまうのではないか」というものである。またもう1つの問題は、「手元に金を残しておく」という安易ではあるが、確実な選択肢と比べてどうかということである。この手法では、既存の顧客に対するマーケティングを十分に行わないので、売上げも抑制される。

　こういう問題に対する答えとして、シュミッドとウェバーは、以下のような事例を新たに仮定した。「消費者にカタログを送付する企業が、売上げの拡大を目的として、年間3～4回のメーリングの実施方法を検討している」[原注5]。そして、次

図表11-2●異なるマーケティング戦略による成果の予測

単位：ドル

	手法		
	A	B	C
年間のメーリング回数	3	4	4
コンタクト1件当たりの反応率			
1年目	12%	10%	10%
2年目	9%	8%	8%
3年目	6%	5%	5%
平均の注文金額	75.00	75.00	80.00
利益率（%）	40%	40%	37%
接触1件当たりのコスト	1.00	0.95	1.00
年間のマーケティング・コスト	3.00	3.80	4.00
年間利益			
1年目	7.80	8.20	7.84
2年目	5.10	5.80	5.47
3年目	2.40	2.20	1.92
将来利益の現在価値			
1年目	6.50	6.83	6.53
2年目	3.54	4.03	3.80
3年目	1.39	1.27	1.11
LTVでもたらされる投資収益	11.43	12.13	11.44

資料：ジョン・シュミッド、アラン・ウェバー『Desktop Database Marketing』NTC Business Books（1997）。The McGraw-Hill Companies の許可によって転載。

の3つの手法を検討候補に挙げた。

　手法A：年間3回のメーリングを実施する
　手法B：年間のメーリング回数を4回に増やす
　手法C：年間4回のメーリングを実施するとともに、60ドルを超える商品に対するリピート注文には10%の値引きを施す

それぞれの手法は、以下に示すように事業への影響が異なってくる。

- 手法A：顧客への接触1件当たりの反応率が最も高い
- 手法B：年間の反応率が最も高い
- 手法C：平均の注文金額が最も高い
- 手法A：規模の経済が最も低い
- 手法B：接触1件当たりのコストが最も低い
- 手法C：10%の値引きに関する説明が必要になる

　この事例で企業が比較・検討しているのは、既存顧客を対象とするプログラムである。新規顧客の獲得コストを検討しているわけではない。つまり企業は、将来もたらし得る収益の拡大に重点を置けばよいのだ。この事例に最もふさわしいのは、以後の3年間でもたらされる利益が最も高くなる手法である。**図表11-2**では、それぞれの手法による成果を測定している。

　図表11-2に示したように、企業の収益性が最も高くなる手法は、値引きを設定せずに年4回顧客と接触することである。値引きによって平均の注文金額が大幅に高くなったり、反応率が増加したりすれば、利益はさらに大きくなるだろう。しかしこの事例で、値引きによって売上額を減らせば、利益の縮小につながる。また、反応率が低い場合（「3年目」の項目を参照）に注意していただきたいのは、顧客に近づく頻度を落とすことでかえって収益性が高まることだ。つまり、顧客ベースのセグメンテーションを通じて、顧客のグループごとに接触の頻度を調整することが大切なのだ。

3　第12章への論点

　LTVを拡大するプログラムをうまく設計すれば、数多くのベネフィットがもたらされる。このようなプログラムでは、既存の顧客からの利益が拡大するばかりか、投資収益も上昇する。その結果として、測定可能な程度に安定した成長が実現する。これと同じくらい重要なのは、商品の再購入を促すことで、顧客のロイヤルティが高まることだ。このように、LTVの強化によって顧客ロイヤルテ

ィが向上すれば、直ちに絶好の投資機会が到来したと判断できる。

　ここでは、顧客のLTVに対する理解を深めるとともに、コミュニケーション投資に対する長期の収益を測定するフレームワークを学習した。我々は、これでようやく、統合マーケティングのプロセスの最終段階に入れるのだ。そこで次章では、予算の編成、資金の配分、成果の評価を取り上げる。

Part VI

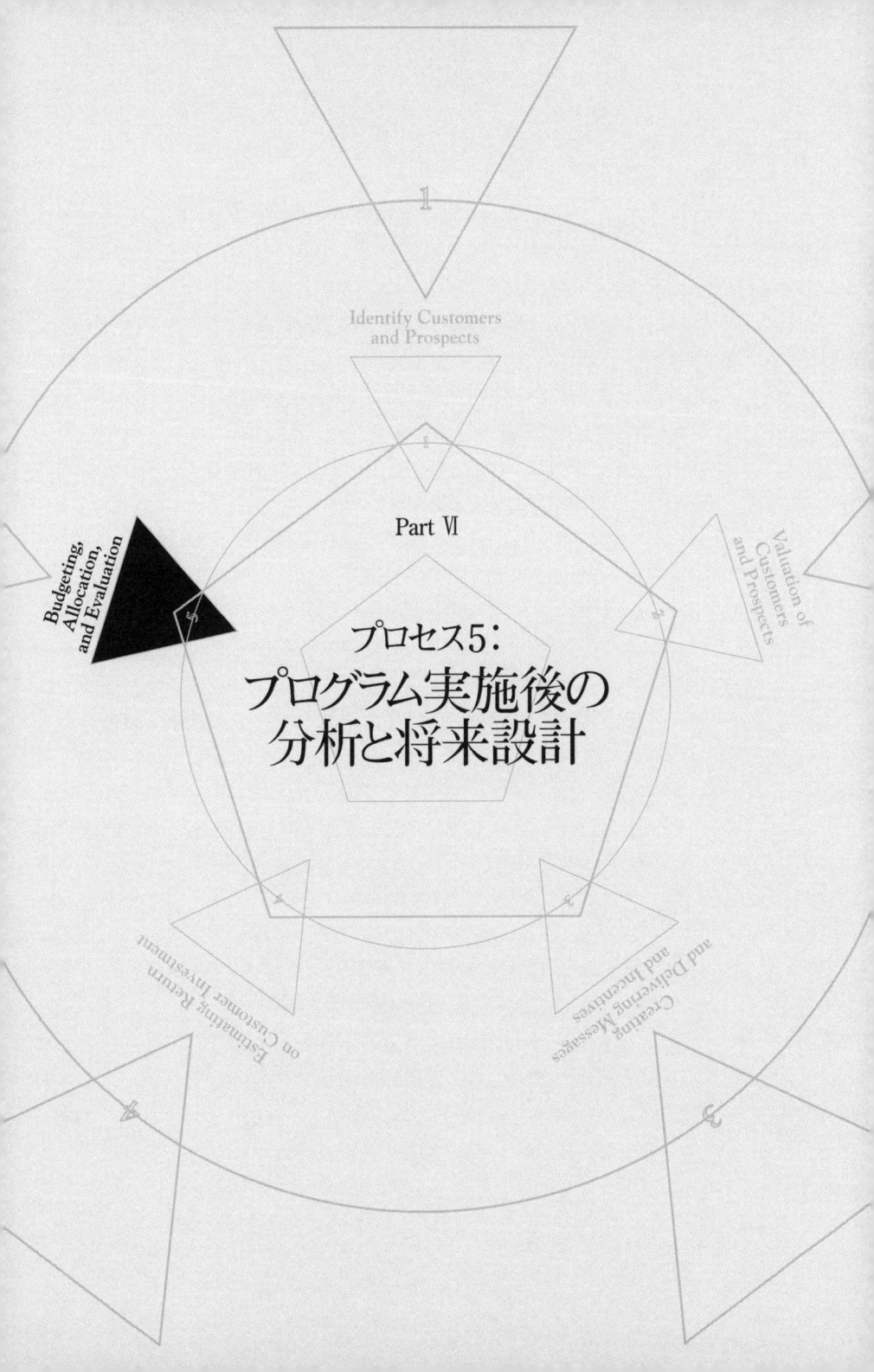

プロセス5:
プログラム実施後の分析と将来設計

第12章 プログラム実施後の分析

「コミュニケーション・プログラムがもたらす財務上の影響は測定するのが難しいために、プログラムのループが完成できない」。本書で統合マーケティングを解説する際にまず取り上げたのは、これまでマーケターを悩ませてきたこの問題だ。この問題の原因は、明らかにマーケターが自分の担当するプログラムの予算設定プロセスにほとんど関与できないためである。マーケターは、自社の経営陣によって割り当てられ固定された予算の範囲内で活動しなければならない。従来のマーケティングは、コミュニケーションのもたらす効果や、潜在的な収益性を証明する手段がなかったために、市場が財務主導型へと急速に移行するにつれて、マーケターは他の部門から軽視されるようになった。しかし、この状況は一変しつつある。顧客価値重視の統合マーケティングのプランニングでは、財務上の成果を重視する企業でも納得できるように、プログラムの効果を測定し、ループを完成させることが可能になる。統合マーケティングの5つ目のプロセスの目的は、まさにここにある。

1 どのようにして統合マーケティングのループを完成させるか

前章で見たように、統合マーケティングは、以下のような経営陣の質問に対する回答を導き出せる。

247

- マーケティング・プログラムに対する投資額はどのくらいにすべきか
- どの程度の財務上の成果がもたらされるのか
- 投資収益がもたらされるまでに、どのくらいの期間が必要なのか

　統合マーケティングのプロセス5に達した企業であれば、すでに上記の質問に答えられるはずだ。マーケターが、マーケティングに対する短期と長期の投資収益を、正確に測定しているからだ。プロセス5では、マーケティングにおける長期の財務業績を測定することで、成功を確認すればよい。そこには当然ながら、営業、経理、財務、カスタマー・サービスといった多くの部門の協力が必要になる。つまり、これまでの4つのプロセスに関わったステークホルダー全員の協力がいるのだ。

　マーケティングやコミュニケーションのアプローチによってもたらされた収益を測定できれば、次のプロセスは「成功したアプローチの反復」と「失敗したアプローチの改善」になる。それと同時に、マーケティング・プログラムの対象に選んだ顧客や見込み客のグループに対する測定も欠かせない。期待された通りの収益をもたらしているグループには、同じプログラムの実施を続ければよい。しかし、収益が期待よりも低い場合には、プログラムに何らかの変更を加えなければならない。もちろん、マーケターには、購入までに至っていない顧客や行動を変える意思のない顧客も確かに存在することを認識しているはずだ。5つのプロセスに及ぶ統合マーケティング・プロセスの長所は、短期的な成果が当該事業年度にもたらされた短期収益の測定によるために、マーケティング活動に対する顧客の反応を担当者が素早く学習できる点にある。このため、プログラムは必要に応じて調整・変更することが可能である。また、プログラムの成功例・失敗例を検証すれば、将来のプログラムの内容を決めることができる。統合マーケティングのループは、こうして完成するのだ。

2　実際の収益を測定する

　短期の収益(ビジネス構築の取り組みによって当該の年度内にもたらされた収益)を測定するプロセスは、それほど複雑ではない。最低限必要な要素がすでに揃っているためだ。プロセス1やプロセス2で、マーケターはすでに、収入をもとに特定の顧客や見込み客のグループの価値を測定している。またプロセス3では、事前に選定したメディアを通じて、適切なメッセージとインセンティブを伝達している。さらにプロセス4では、顧客・見込み客からの収入に生じる変化を予測したうえで、彼らの潜在的な収益性を検討した。最初の4つのプロセスにおいて、マーケターは、それぞれのプロセスごとのプログラムの目的を十分に吟味してきた。だからこそ、目的の達成の度合いを確認するとともに、期待される収益の実現性を容易に測定することが可能なのだ。ここで必要になるのは、実際の顧客からの反応と、当該事業年度の売上げデータを比較することである。

　プログラム実施後の分析において価値があり重要となるのは、絶え間ない学習と向上のための機会が得られることである。プログラムの実際の結果を見れば、かなり正確に何がうまく働いて、何がうまくいかなかったかを見定めることができる。仮に、あるマーケティング・プログラムが、うなくいかなかったり、もしくは期待に満たなければ、それが評価と変更のための根拠になる。うまくいったプログラムは継続するか改良され、その他のうまくいかなかった要素は変更したり、適合させたり、破棄されたりする。そうしたマーケティング・グループは、学習するグループとなり、その過程において長期にわたって、顧客、見込み客、経営層とより関係が深くなっていくのである。

　ブランドの価値を構築する長期収益は、前章での説明とまったく同じように、実際の売上高をもとに測定する。簡単に言えば、マーケターが複数の事業年度(3～5年程度)を対象に、期間内に顧客がもたらす収入に着目することで、顧客や見込み客のグループにおける財務価値を測定するのだ。統合マーケティングのプランナーは、この測定の完了によって、マーケティング・プランを調整・変更できる。つまり、コミュニケーション・プログラム、投資レベル、伝達システム

を調整・変更することで、将来長期にわたって収益の最大化を目指すことになる。

さらに、プランナーは、それぞれのプログラムによる短期と長期の影響についてその関連性を把握できる。一般に、マーケティングに対する財務上の投資収益は、経営層の意向をもとに短期と長期のどちらかで評価されるが、「短期の成果は長期の収益にも影響を及ぼす」という事実に疑う余地はない。そこで難しいのは、短期・長期の収益の関係を理解することだ。統合マーケティングのプロセスにおける「企業の長期収益」は、短期の利益の蓄積による。しかも、いずれの利益も、同じ顧客や見込み客に対する投資収益なのだ。つまり、統合を推進するには、「顧客に対する投資収益」をマーケティングのあらゆる効果測定の中心に据えることが必要になる。

3 3C分析：長期ブランド価値の統合型モデル

前にも述べたように、統合マーケティングで使用する測定モデルは、主に顧客からもたらされる収入に重点を置いている。つまり、ここで最も焦点があてられるのは、財務上の収益やキャッシュフローなのだ。しかし、顧客の長期にわたる貢献を示す価値はほかにもある。特に重要なのは、「顧客推奨」（customer advocacy）[原注1]だ。ここで言う顧客推奨は、伝統的な顧客ロイヤルティの見方をはるかに凌いでいる。顧客ロイヤルティとは、企業との取引関係を維持する顧客の意思・希望であり、ロイヤルティのある顧客は、企業のブランドの購入・利用を継続する。顧客推奨には、こうした顧客ロイヤルティに加えて、ブランドを第三者に積極的に推薦する顧客行動も含まれている。そこには、ブランドのロゴやアイコンのついた服を着たり、公の場でブランドを賞賛・支援したりすることなどが挙げられる。

ブランドにとっての顧客価値を測定するには、プロセス1、プロセス2で扱ったような高度なデータベースに保存された顧客データを綿密に収集しながら（第4、5章を参照）、詳細な情報の開発が必要だ。

しかし、そのようなデータベースが開発されたのは、ここ10～12年のことであ

り、それを考えれば、マーケティングやコミュニケーションの計画・開発に対するアプローチが、いまだに急速な変化を続けていることもうなずける。データ技術でもたらされる変化は、急激で従来には見られないものになってきている。

　短期・長期の影響をまとめて測定するには、3つの項目を検討することが欠かせない。ここでは便宜上「3C」と呼ぶことにする。

1．顧客の貢献(customer contribution)　顧客によってもたらされる長期の収入フロー。貢献利益（第9章を参照）によって測定される。これは、企業がマーケティングに費やした正味の投資収益額で、利益として測定されなくてはいけない。

2．顧客の関与(customer commitment)　顧客の要求シェアと財布のシェア（第10章を参照）を単純化したもの。ここでは、ブランドに対する顧客の支持は支出に現れると単純に想定する。顧客は、自分の選好に合う商品を購入しているのだ。これは、商品・サービスに対する顧客の態度（意見・感じ方）よりも、はるかに優れた測定基準になる。ブランドに対する顧客の関与レベルは顧客セグメントごとに異なるので、3Cのアプローチでは、顧客の関与はセグメントごとに測定する。

3．顧客の支持(customer champions)　ブランドに対する顧客の擁護。つまり、顧客が第三者に対してブランドを推奨する程度を表している。これは、「顧客が友人・知人・同僚に対してブランドを推薦する」という検討項目によって測定する。つまりここでも、顧客の態度ではなく、行動が測定の対象にするのだ。このような顧客にメッセージとインセンティブを伝達することで、比較的に低コストで新規の顧客（層）に対する売上げが伸びるというパターンが望ましい。

　図表12-1では、「3C」のコンセプトを示している。顧客を（個人または層ごとに）3Cに沿って簡単に識別すれば、三次元の「顧客キューブ」が作成される。そこで、このなかに3つのC（貢献度の数値、関与度の数値、支持度の数値）をプロットすることで、ボックスを作成する。これによって、その時点での顧客の状態を、行動の観点から説明できるだけでなく、顧客にもマーケターにもメリットをもたらすような「将来の行動」は何なのかを導いてくれるのだ。このように、3つの測定基準で顧客の状態を把握することは、顧客（層）に対する投資とその収益レベルを測定するうえで欠かせない。また、3Cの値が求められれば、顧客価

図表12-1●3Cによるブランド測定

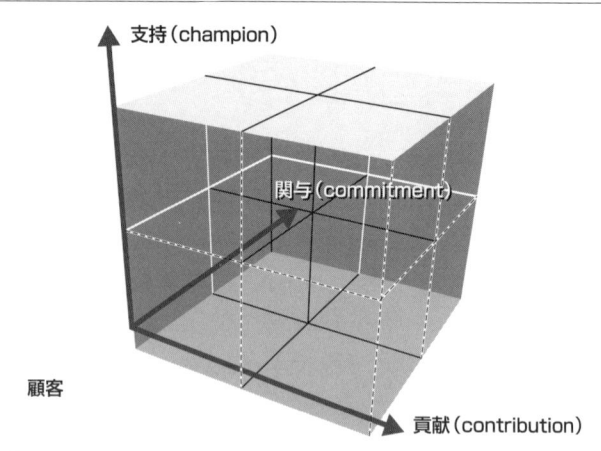

支持（champion）

関与（commitment）

顧客

貢献（contribution）

資料：クライブ・ハンビー『Customer Measures of the Brand』。"Cranfield School of Management Conference on Leveraging Brand Equity to Create Strategic Value" (Cranfield, England : 2002.4.19)での発表もとに作成。ダンハンビー・アソシエーツの許可によって使用。

値を高めることも可能になる。3Cのいずれかの値が低い顧客に対しては、マーケティングのプログラムを実施して、キューブ内での位置を移動させるのだ。

マーケターは、「顧客キューブ」内の顧客の位置を把握することで、以下のようなコミュニケーション・プログラムの目標も設定できる。

- 顧客の現在の行動を維持する。
- 顧客グループに、新たな行動を促す。
- 「ブランドの推奨」や「ブランドに対する支持」を促すために、インセンティブや特典を立案する。
- コミュニケーションの担当者が、現在の顧客価値と潜在顧客価値の双方を考慮しながら、顧客への投資を決断する。

3Cによる分析には、以下のような目的がある。

1. 個人の顧客やさまざまな顧客セグメントに見られる行動の変化を理解する

たとえば３Ｃ分析では、マーケティング・プログラムの結果として生じた「キューブ内の顧客位置の移動」を観察できる。つまり、過去のさまざまなプログラムに直接結びつけながら、長期にわたる顧客の変化を分析できるのだ。もし変化の原因がマーケティングにない場合には、他の要素を検討すればよい。たとえば、ある世帯が測定の対象期間中に、離乳食やおむつの購入を始めた場合を例に取ろう。３Ｃ分析から、変化の要因をマーケティングによる影響と考えにくい場合には、「世帯構造の変化が要因である」と判断できる。このように３Ｃ分析では、マーケティングによる成果ばかりか、行動の変化をもたらす外部の要因についての洞察も深められるのだ。

２．キューブ内の顧客位置の移動要因を把握する　顧客位置の移動を分析すれば、顧客の生活パターンや習慣に対する洞察を得られる。また、長期にわたって顧客の移動を観察できれば、将来の顧客行動に影響するような適切で効果の高いマーケティング・プログラムは、ずっとつくりやすくなる。

３．マーケティング・プログラムが、顧客・見込み客の行動に変化を与えることの難しさの度合いを測定する　顧客を特定し、コミュニケーションを実施することに加え、効果測定を迅速に行うことで、顧客をマーケティングによる効果が認められるグループとマーケティングや事業活動の内容の変更が必要なグループに分類できるようになる。もちろん、企業が何を試みても、行動を変えることができない顧客もいる。３Ｃのプロセスでは、そのような顧客を識別することに最も重点を置いているのである。マーケティングによっても影響を与えられない顧客には、投資を続ける意味がほとんどないからだ。

３Ｃアプローチの長所を把握する

　３Ｃアプローチでは、マーケティング・コミュニケーションのプログラムによってもたらされる収益を、短期・長期の両面から分析するために、明確な長所がいくつかある。たとえば、このアプローチによって、短期のマーケティングに対するさまざまな投資の判断を統合できるうえに、それぞれの顧客セグメントに対する影響を監視することが可能になる。その結果として、顧客（セグメント）ごとに現在の価値と将来の価値の双方を測定できるのだ。

３Ｃアプローチでは実際の顧客の行動に見られる重要な変化を測定していく。そのため、３Ｃアプローチの最大の長所は、マーケティングによってもたらされた収益に対する明確な測定基準を提供する点にある。そのために、平均的な顧客に対するブランドの評価や測定では避けられなかった問題点を解消できる。実は、顧客、マーケティング活動、マーケティング・プログラムの平均化には大きな問題があるのだ。平均的な購入サイクル、平均的な所得額、平均的な使用頻度といった従来の測定基準には、「顧客（層）ごとの実際の行動」といった重要な情報が欠けている。以下に挙げる事例は、この論点を理解するうえで役に立つだろう。

３Ｃを従来の平均化された測定基準と比較する

　ここで、合計100万人の顧客を抱えるある旅行会社（ここでは冒険旅行会社と表記する）を例に取ろう。この会社は、イカダの急流下り、登山、バンジージャンプ、荒地のハイキングなどのアウトドア活動を企画している。そこには、毎年同じ企画に参加する顧客がいる一方で、常に違う冒険に挑戦する顧客もいる。従来の分析手法を用いた場合には、顧客１人当たりの年間貢献利益を50ドルと計算できる。しかし、同社の顧客ベースはかなり流動的だ。たとえば、毎年、諸般の事情から冒険旅行をやめる顧客が現れる。そのために、年平均で20％の顧客を失う計算になる。もちろん、５年以上にわたって関係を維持する顧客もいれば、きわめて短い期間で契約を解消する顧客もいる。しかし、平均で見れば、顧客離脱率は年間20％と算出される。そこで同社では、この離脱率を考慮したうえで、平均的な顧客の契約期間は約５年、と推測した。つまり、５年が経過すれば、顧客ベース全体が事実上一回りする（離脱率20％×５年間＝顧客ベースの100％）。

　顧客ベース全体の正味現在価値（NPV）を、同社が設定した割引率15％を用いて計算すれば、図表12－2のような結果が出る。

　冒険旅行会社では、顧客ベースのNPVの合計額が（割引率は15％）約１億1950万ドルと測定された。また、顧客１人当たりの貢献利益は約50ドルだ。同社は、この計算をもとに、以後５年間の顧客ベース全体に対する投資額の検討を進めた。さらに、新規顧客の獲得のための企画と、既存の顧客ベースの維持を目的とする他の企画を開発することができる。ただし、どの顧客が離脱するかわからないの

図表12-2●冒険旅行会社：平均による顧客分析（従来モデル）

計算のもとになる値： 顧客：100万
顧客による貢献利益：50ドル
顧客離脱率：20%
割引率：15%

	顧客数	平均の貢献利益（ドル）	貢献利益合計（ドル）
1年目	1,000,000	50.00	50,000,000
2年目	800,000	50.00	40,000,000
3年目	640,000	50.00	32,000,000
4年目	512,000	50.00	25,600,000
5年目	409,600	50.00	20,480,000

5年間での正味現在価値（NPV）：1億1958万3590ドル

資料：クライブ・ハンビー『Customer Measures of the Brand』。"Cranfield School of Management Conference on Leveraging Brand Equity to Create Strategic Value"（Cranfield, England: 2002.4.19）での発表をもとに作成。ダンハンビー・アソシエーツの許可によって使用。

で、この作業はいささか難しい。それでもマーケターには、上記の分析の結果として、年間約20%の顧客の離脱を埋め合わせるのに、きわめて有効な新規顧客獲得プログラムを開発しなくてはならないだろう。そればかりか、離脱する顧客が全体の「わずか」20%である以上は、残った顧客を維持するプログラムも必要になろう。離脱率が高くなれば、将来に見込まれる収入も低くなってしまうのだ。

しかし、上記の分析の問題は、顧客ベースや事業年度に平均が存在しないことにある。たとえば、顧客によってもたらされる収入の増減も、年度によって異なる。それでも冒険旅行会社では、当該事業年度の平均化を前提に、すべての顧客層に同じ割引率を用いることでNPVを算出している。これでは、顧客層ごとの真の価値は浮かび上がらない。そればかりか、マーケターがプログラムの種類の選定を誤るおそれが出てくる。だからこそ、慎重な分析が必要なのだ。

新しい3Cのモデルでは、顧客層ごとに毎年分析を実施することを提案する。その目的は、顧客層ごとに実際の価値を測定・理解することにある。マーケターが、すべての顧客の平均よりもある特定顧客層によってもたらされる収入に着目すれば、測定される顧客ベース全体の価値もまったく異なったものになる。そこ

図表12-3◉冒険旅行会社：セグメント別顧客分析（新型モデル）

顧客数	貢献利益（ドル）	離脱率（％）
最優良顧客： 50,000	350	2.5
優良顧客：200,000	100	7.5
中間顧客：300,000	30	12.5
消極顧客：450,000	8	33.4

5年間での正味現在価値（NPV）：1億4627万3381ドル

資料：クライブ・ハンビー『Customer Measures of the Brand』。"Cranfield School of Management Conference on Leveraging Brand Equity to Create Strategic Value"（Cranfield, England :2002.4.19）での発表をもとに作成。ダンハンビー・アソシエーツの許可によって使用。

　で、まず図表12-3のように、顧客ベースを「最優良」「優良」「中間」「消極」の各グループに集約する。そして、集約したグループごとにNPVを分析する。この分析では、今後の5年間を対象に、顧客の貢献利益、離脱の意思、収入フローに着目する。この事例では、図表12-2で算出された1億1950万ドルという数値とは異なり、NPVが1億4620万ドルと測定された（割引率をいずれも15％に設定）。

　このように、将来の収益の測定値が以前の値と異なったのは、顧客層ごとの貢献利益、収入、離脱率と企業にとっての年度別の顧客価値を把握したことによる。具体的に記せば、ロイヤルティが非常に強い5万人の顧客は、年間350ドルの貢献利益を提供している。ところが、平均での測定値は50ドルと算出される。またこの最優良顧客グループでは、離脱率も平均（20％）に比べて非常に低い（わずか2.5％）。つまり、この顧客グループには、他のグループとは違うマーケティング・プログラムを実施する必要があるのだ。他のグループでは、貢献利益が低いうえに、離脱率も高い。ほかにも図表12-2の数値は、前述の分析との違いを明確に表している。このように、統合マーケティングのアプローチでは、顧客の価値をできる限り詳しく分析する。だからこそ、ブランドとコミュニケーション

の取り組みで長期にわたってもたらされる真の価値を把握できるのだ。

3C分析によって顧客の移動を追跡する

　ここまでの段階では、既存顧客のセグメントを分析した。そこでは、顧客ごとの異なる価値を考慮したうえで、従来とは違う分析方法を用いた。しかし、マーケターにはさらに、既存顧客の行動に影響を与えるという重要な課題がある。前述の冒険旅行会社の事例に目を戻してみよう。ここでの重要な目的は、既存顧客を上位のセグメントに移動させることだ。図表12-4では、この事例の状況をもとに、成功した場合に生じる価値の変化を示している。

　ここでも、顧客を4つのグループに集約する（最優良、優良、中間、消極）。そして、下位の3グループに着目しながら、顧客の10％が上位グループに移動した場合に生じる変化を表している。「消極」に属する顧客の10％が「中間」に、「優良」客の10％が「最優良」客のグループに移動するといった具合である。また、逆に顧客のうちの10％が下位のグループに移動した場合も想定している。この測定の結果、以後の5年間での収入のNPV総額は、1億4620万ドルよりも2100万ドルあまり多い、1億6760万ドルに訂正され、15％の「上方修正」が施されたことになる。

　同じように、セグメント間で違う割合で顧客が移動すれば、会社に大きな利益がもたらされることがある。図表12-5に示すように、上位のセグメントに移動する顧客が12.5％で、下位のセグメントに移動する顧客がわずか7.5％であった場合には、収入の測定値は1億6760万ドルからおよそ10％増の1億8490万ドルになる。

　しかし、この旅行会社にもたらされる収入や収益は、さらに拡大する可能性がある。それには、顧客の流動性を抑える（つまり、ある年の脱退する顧客数を減らす）ことができればよい。図表12-5では、このシナリオを想定している。セグメントごとの顧客の離脱数を10％分減らせれば、最優良顧客の離脱率が2.5％から2.25％に改善することで、全体の平均顧客離脱率は20％から18％に低下する。これによって、今後5年間の同社のNPVは約1億8490万ドルに増加する。

　この事例から分かるように、顧客とその購買行動やロイヤリティをマネジメントすることは、今日ではきわめて重要になっている。その際に大切なことは、分

図表12-4●冒険旅行会社：セグメント間の顧客移動（10%）による影響

顧客数	貢献利益（ドル）	離脱率（%）
最優良顧客： 50,000	350	2.5
優良顧客：200,000	100	7.5
中間顧客：300,000	30	12.5
消極顧客：450,000	8	33.4

以下の想定を加算：10%の顧客が上位グループへ移動
　　　　　　　　　　10%の顧客が下位グループへ移動

5年間での正味現在価値（NPV）：1億6764万6065ドル

資料：クライブ・ハンビー『Customer Measures of the Brand』。"Cranfield School of Management Conference on Leveraging Brand Equity to Create Strategic Value"（Cranfield, England :2002.4.19）での発表をもとに作成。ダンハンビー・アソシエーツの許可によって使用。

図表12-5●冒険旅行会社：顧客離脱率の改善（10%改善）

顧客数	貢献利益（ドル）	離脱率（%）
最優良顧客： 50,000	350	2.25
優良顧客：200,000	100	6.75
中間顧客：300,000	30	11.25
消極顧客：450,000	8	30.00

以下の想定を加算：12.5%の顧客が上位グループへ移動
　　　　　　　　　　7.5%の顧客が下位グループへ移動

5年間での正味現在価値（NPV）：1億8499万1712ドル

資料：クライブ・ハンビー『Customer Measures of the Brand』。"Cranfield School of Management Conference on Leveraging Brand Equity to Create Strategic Value"（Cranfield, England :2002.4.19）での発表をもとに作成。ダンハンビー・アソシエーツの許可によって使用。

析と顧客とその価値の識別に加えて、自社の顧客セグメント間での顧客移動のマネジメントが挙げられる。また、重要な課題は、顧客グループごとに行動目標を設定したうえで、彼らの行動に影響をもたらすマーケティングを開発することである。顧客層の細分化、顧客価値の測定、取引期間内における顧客移動のマネジメントといったスキルは、マーケティング・プログラムを成功させるだけでなく、企業自体に繁栄をもたらすうえで重要な要素になっている。

3Cアプローチからの進化

　短期収益を長期収益の基礎と見なす３Ｃのアプローチには、さまざまな利点があることがお分かりいただけただろう。長期収益とは、利息の支払いや将来のリスクなどを想定した短期収益が蓄積された結果であるのに過ぎない。３Ｃの手法の最大の利点は、短期のマーケティング投資に対する意思決定を統合し、それぞれの顧客セグメントへの影響を分析することで、その時点での価値ばかりではなく「将来にもたらされる可能性のある価値」も測定することにある。さらに、分析・評価を続けることで、顧客態度ばかりか顧客グループごとの行動の変化を明確に測定できるので、将来のマーケティング・プログラムを決定するうえでの有効な判断基準を持てるようになる。

　何よりも、３Ｃのアプローチによって、平均顧客、平均投資収益、という観点からデータを捉える必要がなくなる。このアプローチは、マーケティング・プログラムによってもたらされた価値を、個々の顧客グループに結びつけて捉えるため、現在も広く採用されている従来のアプローチを覆すことが可能になるのだ。

4　プロセス１への回帰

　前にも述べたように、統合マーケティング・プロセスの第５段階では、効果の測定が中心にあり、これこそ、将来のマーケティング・プログラムの基礎になる。言い換えれば、最初のプログラムの成果を知ることで、次のプログラムの目的を

定められる。マーケターは、顧客や見込み客について得た情報を余すところなく活用することで、プロセスの段階ごとに成果を評価する。そして、プロセス1で発せられた問いに立ち戻ればよい。「顧客や見込み客は適切に特定できたのか」「顧客を正確に評価できたか」「メッセージとインセンティブの組み合わせは適切だったか」「顧客反応の種類やレベルはどのようなものだったか」。これらの問いに対する答えを獲得したマーケターであれば、再びプロセス1に戻ることができる。そして、前回よりも向上・発達したマーケティング・プログラムを実施する。これこそ、クローズド・ループ・アプローチであり、そこでは、マーケティングによって得られた成果を、将来のプランニングに役立てている。このような統合マーケティングの特徴は、従来のマーケティングのアプローチにはないのである。

5　第13章への論点

　3Cアプローチの最大の価値は、顧客と企業の関係を反映するブランドを企業資産として扱わなければならないことを、改めて企業に確認させることである。ブランドは無形資産でありながら、ブランド・エクイティが顧客との関係を進めるなかで、大きな価値を企業にもたらす。このことから、ほとんどの企業の成功は、顧客や見込み客との関係を続けることでもたらされ、企業の収益は、通常顧客ロイヤルティによって生まれるのだと理解できるようになる。また、3Cのアプローチによる手法では、顧客層ごとの価値（もしくは潜在価値）に応じて投資を決めることが可能である。

　こうして、本書を通じて掲げているマーケターに共通する4つの目的——新規顧客の獲得、既存顧客による収入レベルの維持、（アップセル・クロスセルなどの手法による）既存顧客や見込み客の現在・将来における価値の拡大、（製品・サービスの組み合わせの変更などによる）既存顧客の移動による顧客価値の拡大——に立ち戻ることになる。さらに、以上の目的は、プロセスの冒頭部分で示した原則4の戦略上の目標につながっていく。その目標とは、「顧客からの収入フローの拡大」「収入フローのスピードの加速」「安定した収入フローの実現」による株主

価値の増大である。

 このように、マーケターは、統合マーケティングのプランニングの循環的な性質によってプロセスのループを完結できる。そして、プログラムの効果測定の際に分析したデータが、将来的に有意義なマーケティング・プログラムを作成するうえでの土台になることで、プロセス5がプロセス1につながっていく。

 この段階に到達すれば、あとは財務上の課題を1つ残すだけだ。それは、マーケティング・プログラムによってもたらされた（もしくは可能性がある）ブランド価値の評価とブランド・エクイティの識別の方法だ。この課題に取り組むことは、株主やオーナーの利益にも直接結びつく。次章では、この論点を詳しく検討する。

Part VII

企業価値の向上へ

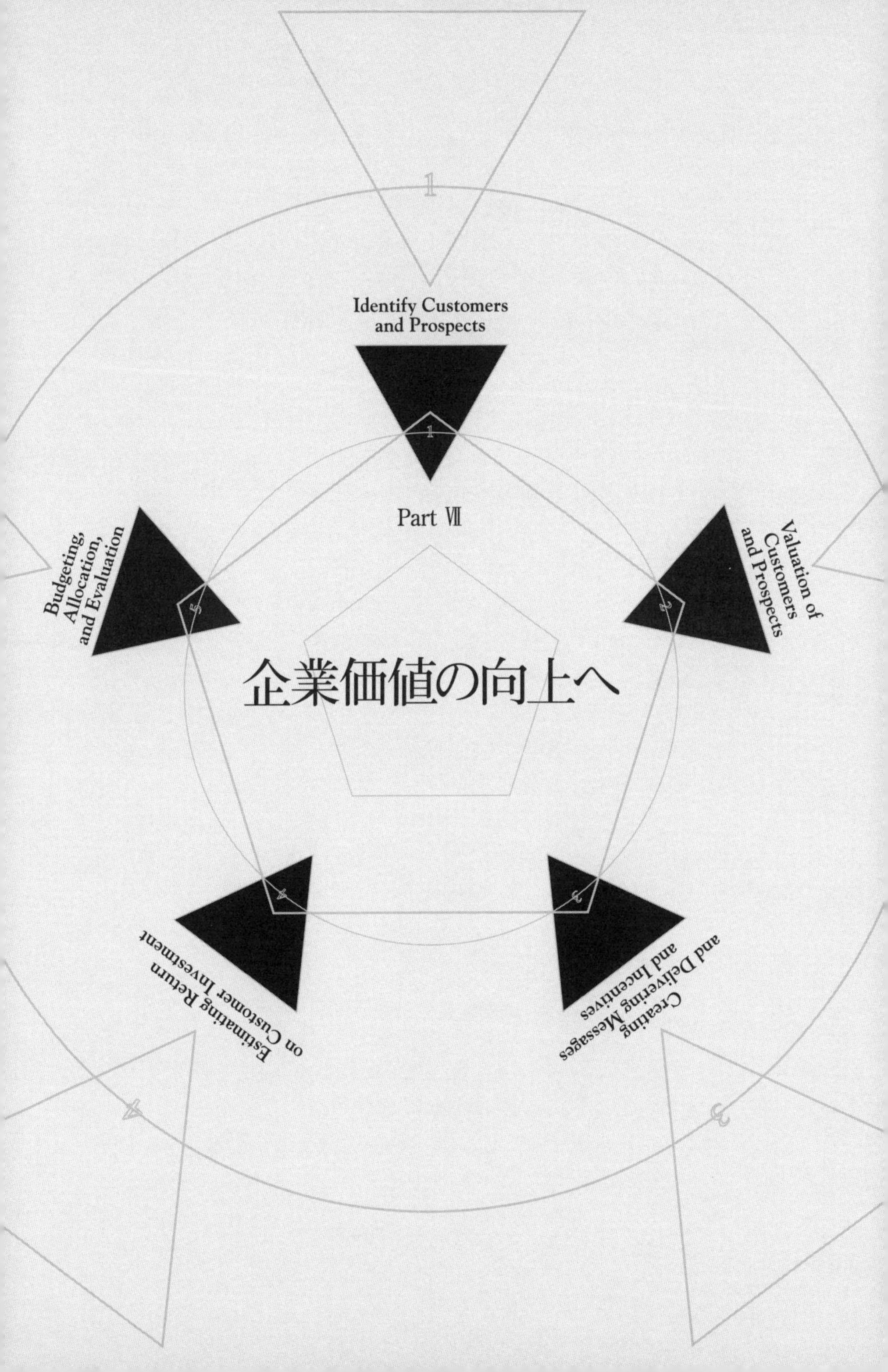

- Identify Customers and Prospects
- Valuation of Customers and Prospects
- Creating and Delivering Messages and Incentives
- Estimating Return on Customer Investment
- Budgeting, Allocation, and Evaluation

第13章 ブランド・エクイティを企業価値に結びつける

　これまでに、さまざまな形態のマーケティング・コミュニケーションの価値について検討してきたが、主に顧客や見込み客（層）によってもたらされる収入に焦点をあててきた。結局のところ、収入を発生させることが企業の成長と繁栄を実現する唯一の道だからである。しかし、今日多くの公開企業や非公開企業にとっては、重要な目的がもう1つある。それは、将来のある時点で企業のオーナーや株主のベネフィットに転化できるような、知覚価値と実質価値の創造である。これらの未実現のキャッシュフローは、ブランド・エクイティとも呼ばれる。本章では、マーケティングの観点から、ブランド・エクイティのコンセプトを検証する。さらに、第14章では、ブランド価値の測定方法に言及する。

1 ブランド・エクイティと統合マーケティング

　ウェブスターの辞書では、エクイティ（純資産）を、「先取特権や諸費用を控除した後に残る、資産総額や資産価値」と定義している。企業エクイティとは、残存するコストを控除した後の企業の売却価値のことだが、それと同様にブランド・エクイティも、公開市場におけるブランドの売却価値を示すものとして捉えられる。ブランドの所有者は、ブランド・エクイティを企業の基礎的な財務価値の一部として捉える。その価値は未実現ではあるが、経営や財務評価上は確かに存在するものである。

しかし、ブランド所有者にとってのブランド価値と社外の市場におけるブランド価値は、往々にして一致しない。つまり、企業が測定したブランド価値が、ブランドの獲得・所有を目指す社外の投資家の下す評価とは異なる場合があるのだ。顧客による評価にも同じことが言える。このように、評価がそれぞれ異なる理由は、後で詳しく述べる。

ブランドを捉える視点を購入する側と販売する側の2つに分けてしまうと、真のブランド価値を把握しにくくなる。しかし、統合マーケティングのプランニングという目的においては、ブランドの社外での売却価値は考慮する必要がない。その代わりに、キャッシュを生み出す企業資産の一部として、ブランドに内在する価値に着目して評価するのだ。このような観点に立てば、自社ブランドへの評価は、他の企業資産と同様に　投資対象および期待収益源として行うことが可能である。企業は、ブランド・エクイティの財務価値を評価することで、以下のようなことが可能になる。

- ブランドの所有によって生じる財務価値を、企業側の視点から明確化する
- ブランドの資産価値を基準に、企業の発展状況を把握する。その際に、長期にわたるブランド・エクイティの増減を測定し、これを指標として用いる
- ブランドに対する追加投資でもたらされる可能性のある財務上の収益を、何らかのかたちで推定する。それによって、限られた経営資源の活用先を最適化できる

2 ブランドの定義

「ブランド」という言葉は、マーケティングやコミュニケーションに携わる人々の間で、あまりにも乱用されており、往々にして誤った解釈がなされがちだ。ブランドを、商標という有形資産として捉える向きもあれば、無形資産の組み合わせとして考える人々もいる。フィリップ・コトラーは、ブランドを次のように定義している。「製品・サービスに付与された名称、表現、符号、シンボル、デザ

イン、またはそれらが融合したもの。自社の製品・サービスを識別して、ライバルとの差別化を図ることを目的とする」[原注1]。

一方、インターブランド社の創立者であるジョン・マーフィーは、ブランドをこのように定義する。「企業の慎重なマネジメントと熟達したプロモーションおよび広範な使用によって、消費者の心に、有形・無形の価値や属性をもたらす、商標のこと」[原注2]。

ブランドにはこのような2つの側面があることは確かだが、これらの定義では表現されていない部分もある。統合マーケティングのプラニングにとって意義のある定義を導くためには、ブランドの持つ3つの側面に着目する必要がある。つまり、法律で保護された資産としての側面、関係性を構築する資産としての側面、財務上の資産としての側面、の3つである。ちなみに最も重要なのは、この財務上の資産としての側面である。

この3つの性質を個々に検討すれば、統合マーケティングのプラニングにとって有意義な以下のような新しいブランド定義を導き出せる。

　ブランドとは、視覚によって認識できる要素（名称、シンボル、グラフィックなど）で表された製品・サービスのことであり、以下の特徴を持つ。

（a）法律で保護できる
（b）交換・売却によって対価を得られる
（c）売り手と買い手の取引関係において知覚価値を提供する
（d）ある種の財務価値を形成する
（e）永続的な価値創出のために所有者によって管理される

3　ブランド・エクイティの現在の定義

ブランドの評価を測定する目的は、ブランドが関係者にもたらしているベネフィットを識別することにある。その評価が難しいのは、ブランドがそのエクイテ

ィを2つの異なるグループにおいて生じさせていることに起因する。その2つのグループとはすなわち、①企業、社員、株主、経営陣、②顧客・見込み客、エンドユーザー、である。2つのグループの間では、往々にしてブランドに対する評価が大きく異なるのだ。

さらに問題を複雑にするのは、測定可能なブランド・エクイティには、以下に挙げる2つの形態があることによる。

- **顧客・見込み客の態度価値**
  認識、信条、理解、信頼感によって形成される。これらはさまざまなステークホルダーが、長期にわたり競合との差別化を目的として、培ってきたものである。
- **市場で形成された財務価値**
  企業とその所有者・株主は、将来のある時点でその価値を現金もしくは現金等価物などと交換できる。

ブランド・エクイティの定義を正確に行うためには、これらの異なる側面を考慮しなければならない。そこでまずブランド・エクイティの定義の例を参照し、これを参考にしつつ、統合マーケティングのプランナーにとって意義のある定義を行うことにする。

アメリカのマーケティング・サイエンス研究所では、ブランドの競争的側面に焦点をあてた定義をつくっている。

「顧客、流通チャネル企業およびブランド保有企業による一連の連想と行動のこと。これによって、ブランド名がない場合よりも大きな売上げや利益を獲得できる。また、強力で、持続性があり、差別化のある優位性が、競合との比較においてもたらされる(原注3)」

経営学の識者であるデービッド・アーカーは、マーケティングよりも経営の視点を重視している。

「ブランド・エクイティとは、ブランドの名称やシンボルと結びついている一連の資産(負債)である。これによって、企業および顧客にとっての製品・サービスの価値が高まる(損なわれる)(原注4)」

この定義は、ブランドの性質が変わりやすいことを示している。つまり、顧客の経験や認識が変われば、ブランドの価値も高まる（損なわれる）のだ。アーカーの功績で最も特筆に値するのは、競争という視点からではなく、顧客に焦点をあててブランド・エクイティを定義したことである。

　レスリー・ド・チャーナトニーとマルコム・マクドナルドは、さらに別の視点を示している。彼らは、ブランド・エクイティを財務・経理上の観点から定義した。

「ブランド・エクイティは、ブランドの基礎となる差別化要因から構成され、企業のバランスシートの価値を向上するものである」[原注5]

　最後に挙げるのは、ブランド研究の第一人者であるケビン・レーン・ケラーの定義である。彼は、顧客の態度に着目しながら、ブランド・エクイティを消費者中心の視点で定義している。

「顧客視点のブランド・エクイティとは、ブランドに関する知識の持つ差別化効果のことであり、これによりそのブランドのマーケティングに対する顧客の反応が生じるものである。消費者がブランドのことを知り、何らかの、強く・好ましく・ユニークなブランド連想を持つことにより、エクイティが発生する」[原注6]

　このように、ブランド・エクイティの定義は、提唱者の経歴や考え方次第で微妙に異なることが分かる。しかし、いずれの定義でも、統合マーケティングのプランナーにとって最も重要なブランド・エクイティの性質を語っていない。そこで次の節では、我々が独自の定義を行うこととする。

4　統合マーケティングから見たブランド・エクイティ

　図表13-1は、ブランドが持つ5つの主な戦略的要素をまとめている。長方形の四隅に、ブランド・プレゼンス、ブランド・アイデンティティとイメージ、ブランド・コミットメント、知覚品質が示されている。そして、この4つの土台が融合することで、長方形の中央にある財務価値を形成する。これらすべての要素は、企業だけではなく、顧客・見込み客、従業員、その他の関係者によるブラン

図表13-1●ブランド・エクイティの構成要素

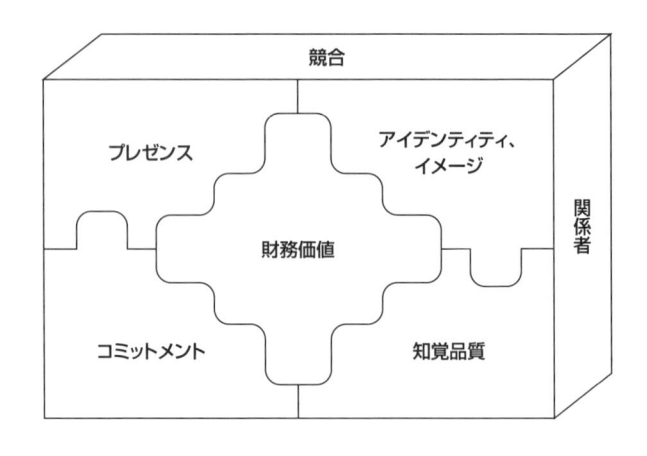

```
                    競合
    ┌─────────────────────────────────┐
    │                                 │
    │  プレゼンス    アイデンティティ、 │
    │               イメージ           │関
    │                                 │係
    │         財務価値                │者
    │                                 │
    │  コミットメント    知覚品質      │
    │                                 │
    └─────────────────────────────────┘
```

ドへの評価を反映している。ブランド・エクイティを評価するには、次の2つの文脈で見ることが求められる。第1に、ステークホルダーがブランドをどのように評価し、競合とどのように差別化しているのか。第2に、アライアンス・パートナー、投資家、コミュニティ・リーダーそして労働組合などの関係者によって、ブランドはどのように知覚されているのか、である。同様に重要なのは、ブランド・エクイティの4つの要素は測定可能であり、さまざまな態度、行動、財務上の指標を用いて、長期にわたってブランドをモニターできるのだ。それでは、ブランドの財務価値を形成する4つの土台を、個別に詳しく検討してみよう。

● ─────── **ブランド・プレゼンス**

ブランド・プレゼンスとは単純に、顧客・見込み客をはじめとするステークホルダーが、ブランドやその内容をどの程度知っているかということを意味する。このブランド・プレゼンスは、おおよそブランド認知、ブランド顕著性、ブランド選好などに対する調査を通じて測られる。一般にブランド認知には、以下の2

つの種類がある。

- **認識** 顧客・見込み客が、名称、ロゴ、商品などのデザインに接触することでブランドを認識する能力
- **想起** 顧客・見込み客が、ブランドに接触したときに、特定の商品・サービスのカテゴリや用途を連想する能力、また他社ブランドとの比較をする能力

いずれにおいてもブランド認知は、将来のブランド顕著性、すなわちブランドが顧客の心の中でどれくらい明確なポジションを持っているかという度合いにつながるものと考えられている。さらに、このブランド顕著性が、ブランド選好に変わり、うまくいけば、将来のある時点で商品・サービスの購買行動や継続利用をもたらすことになる。

マーケターのなかには、ブランド想起をコミュニケーションの最も重要な目的であり、ブランド想起に真のブランド価値が現れるという者もいる。もし顧客や見込み客がそのブランドを認知し、高いレベルのブランド想起やブランド認識を示すようになれば、マーケティングの役割は果たされたと見なされ、その結果として、ブランドの購入・使用がもたらされる、という考え方だ。しかし、第4章でも述べたように、このような考え方のもとでは、ブランドに対する顧客態度が直接、購買行動に結びつくとされる。この見方には、大目に見てもなお欠陥がある。

ブランド・アイデンティティとブランド・イメージ

ブランド・アイデンティティとブランド・イメージは、さまざまな関係者（ブランドの所有者、マーケター、顧客や見込み客など）がブランドに対して抱く評価、印象、見解のことである。ブランド・アイデンティティとブランド・イメージは共に、ステークホルダーが当該ブランドから連想する価値、属性、特徴、個性によって形成される。

ここでは、議論の都合上、アイデンティティとイメージを区別する。ブランド・アイデンティティは、マーケターやブランド所有者によるブランド像を反映

する。つまり、ブランドの所有者・担当者が、顧客や見込み客をはじめとするステークホルダーに対してそのブランドが表現している、または表現すべきだ、と考えているものを指す。一方のブランド・イメージは、顧客や見込み客などが特定の時点でブランドから感じ取ったり知覚したりするものや、ブランドが表現しているものを示す。このように、アイデンティティとイメージを区別することで、企業がブランドに対して持っている考え方や感情と、顧客や消費者のブランドに対する経験は、かけ離れている場合が多いという事実を浮き彫りにできる。

ブランド・コミットメント

ブランド・コミットメントは、ブランドが顧客や消費者をはじめとするステークホルダーの間で獲得しているロイヤルティを反映する。ブランド・コミットメントは、顧客の定着率やリピート率などの行動データによって測定できる。また、顧客による推奨率のデータを測定すれば、顧客の態度と行動の両面からブランド・コミットメントを測定することも可能だ。イメージとアイデンティティがあくまで知覚価値であるのに対して、定着率や推奨率は、顧客・見込み客が「実際にすること」の現れである。つまり、ブランドの購入・使用のように、長期にわたって測定できる関連行動を示しているのだ。このような行動には、ブランドを使い続けたり、他のユーザーに対してブランドの使用を推奨したりすることなども含まれる。

知覚品質

「知覚品質」とは、顧客をはじめとするステークホルダーによる特定のブランド連想のことで、商品使用時のパフォーマンスに関する印象を規定するものである。
品質には、いくつかの種類がある。たとえば「絶対品質」とは、商品・サービスが実際に市場で発揮するパフォーマンスが、企業による事前の約束、期待、提示と一致する程度のことである。また、期待価格価値も品質に関連するものである。低い価格は低い品質を想定させるが、それでも一定レベルの品質は期待される。顧客は、競合企業や競合製品・サービスとの比較において、品質を評価する

場合がある。さらに、自らの実際のニーズや知覚ニーズの強さに応じて、品質評価が変わる場合もある。つまり、品質は顧客など受け手の主観によって決定されるものであり、マーケターが統制できるものではないのだ。

知覚品質とは、顧客の視点からのブランドに対するさまざまな期待を合計したものであるため、ブランドの財務価値に直結し、結局はその企業の株価や市場での事業活動全体に結びつくものである。

◉ 要素の複合体としてのブランド・エクイティ

ここまで見てきたブランド・エクイティの4つの要素が収束して、企業にとっての財務価値は形成される。以上をもとに、ブランド・エクイティの定義を、次のように定める。

ブランド・エクイティとは、その関係者におけるブランド・プレゼンス、アイデンティティ、イメージ、知覚品質、ブランド・コミットメントから形成される複合体であり、最終的に企業・株主に対して長期的な財務価値をもたらすものである。その価値は、競合の行動によって影響を受けるとともに、重要なステークホルダー（顧客・見込み客、社員、経営パートナー、投資家など）の態度や行動によっても影響を受ける。

統合マーケティングの担当者は上記の定義をもとに、企業やステークホルダーにもたらすブランドの価値を、短期のキャッシュフローと長期にわたる価値の両面から測定できる。この測定の方法は、次章での論点である。

5 ブランドは企業にどのような価値をもたらすのか

ブランドが企業や株主に価値をもたらさないとすれば、貴重な資源をブランドに投資する意味は薄い。それでは、自社の経営陣にブランドの価値を理解させる

にはどうすればよいのか。ブランド価値の評価が難しい理由は、建物、設備、研究開発などと違って、企業の財務会計や業績報告ではブランドが無形資産として扱われ、概してバランスシートに現れない、というところにある。ブランドを他社から取得した場合には、全体の購入価格と有形資産の取得価額の差額は、一般に「のれん代」として計上され、その後長期にわたって償却される。それに対して、自社で育成したブランドの場合（ブランドを人手に渡したことがない場合）には、財務上の価値はバランスシートのどこにも記載されない。厳密に言えば、従来ブランドの資産価値が重視されるのは、社外との取引でブランドを購入・売却する場合か、その財務価値の確認・評価・測定のためにブランドを切り離して考える場合に限られていた。もちろん、ブランドの持つ資産価値を公式・非公式に認識し、場合によってはアニュアルレポートで記述したりバランスシートに計上するような企業も出始めてはいる。しかし、ほとんどの国や企業では、これは一般的な慣行とは言えない。

　ブランドの持つ無形資産という性質によって生じる問題と、それにも増して重要なブランド・エクイティという課題にうまく取り組めるように、まず無形資産全般について考えるところから始めよう。

●────無形資産を理解する

　ほとんどの企業において、ブランドを除く無形資産を構成するのは、ノウハウ、特許権、顧客リスト、ライセンス、主要な契約と協定、熟達した経営手法などである。このような資産の財務上の価値を測定する手法を開発する目的で、ある調査が実施された。ヨーロッパ、中南米、アジア、オーストラリアで活動するロンドン拠点のブランド評価会社、ブランド・ファイナンス社は近年、ロンドン株価指数（FTSE）の対象上場企業350社を対象に、「説明されていない価値」（unexplained values）に関する調査を実施した。

　図表13−2は、FTSE 350社の時価総額の72%がバランスシートに反映されていないことを表している。この分析では、まず企業ごとの時価総額（発行済み株式数に時価を乗じた金額）を算出し、次に、年度末のバランスシート上に記載された有形資産を差し引いた。このデータをもとに、業界グループごとに説明されて

図表13-2●時価総額とバランスシート上の純資産のギャップ（1998年12月31日）

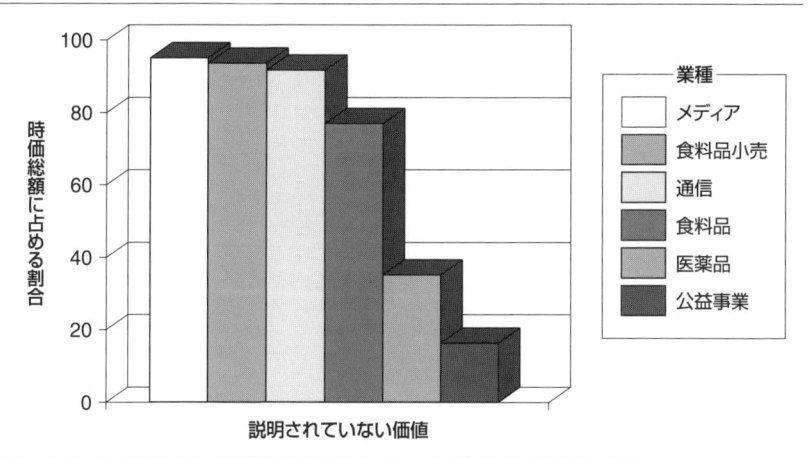

業種
- メディア
- 食料品小売
- 通信
- 食料品
- 医薬品
- 公益事業

縦軸：時価総額に占める割合
横軸：説明されていない価値

注記：350社の平均は72%だった（時価総額に占めるバランスシートに反映されていない部分の割合）。
資料：デビッド・ハイ（David Haigh）『Valuing and Managing Brands: Issues in Brand Valuation』ノースウェスタン大学にて発表（Evanston, Illinois: 2000.11.21）。ブランド・ファイナンス社の許可によって使用。

いない価値の平均比率を求めた。これによって、時価総額と有形資産のギャップが明らかになり、その値はメディア業界の95%から、公益事業会社の17%までの範囲に及んだ。このようにして浮かび上がった無形資産の大きなギャップのなかに、ブランドやその価値が存在するのだ。

ブランド・ファイナンス社は、アメリカの大手企業にも同様の調査を実施した。時価総額のうちの無形資産に関連する部分を企業ごとに特定したうえで、その割合を測定したところ、やはり前述の調査を裏づけるような結果が得られた（図表13-3）。ギャップ、エクソン、ウォルマートなどの企業では、有形資産は時価総額のわずか25%で、残りの75%は無形資産で占められていた。ボーイング、シティグループ、AT&Tといった資本集約型の企業でも、時価総額のうちの20%以上を無形資産が占めていた。

同社は、これらのデータから、ブランドは今後も、「市場価値の一部」として拡大し続けるだろうと結論づけた。そして、この結論を裏づけるものとして、イギリスの企業における無形資産価値の上昇を示すデータを引用した。1950年代には、どの企業でも、企業価値全体に占める有形資産の割合が80%近くに上っ

図表13-3●有形資産と無形資産の比率

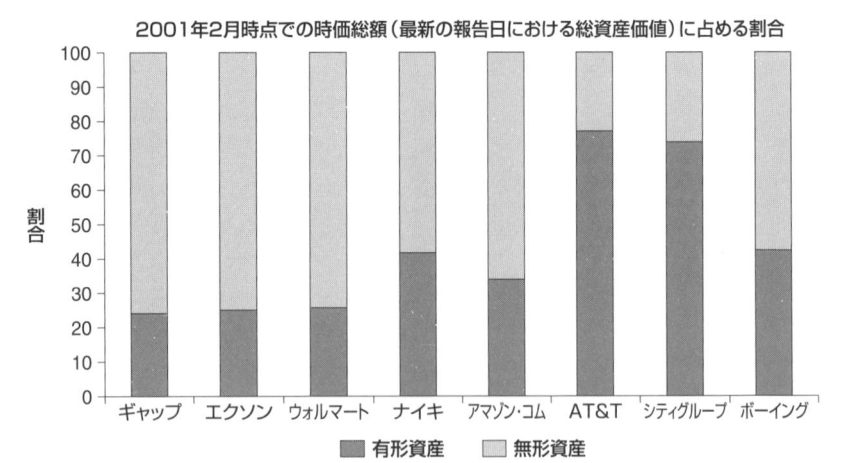

2001年2月時点での時価総額（最新の報告日における総資産価値）に占める割合

（棒グラフ：ギャップ、エクソン、ウォルマート、ナイキ、アマゾン・コム、AT&T、シティグループ、ボーイング／有形資産・無形資産）

資料：デビッド・ハイ（David Haigh）『Valuing and Managing Brands: Issues in Brand Valuation』ノースウェスタン大学にて発表（Evanston, Illinois: 2000.11.21）。ブランド・ファイナンス社の許可によって使用。

た。ところが、1990年代には、有形資産は企業価値の約30％にまで低下し、さらに、2010年には10％程度に落ち込むと予想される。このことは、1950年代にはおよそ5％に過ぎなかった企業価値に占めるブランドの割合が、2010年には60％に達することを意味する。ブランド・ファイナンス社は、アメリカ、ヨーロッパの他の国々、さらには世界中の新興市場で、同様のトレンドが生まれると予想している。

価値の源としてのブランド

図表13-4は、ブランドが企業に価値をもたらす過程を示している。一般に、ブランド構築の取り組みは、次の4つの収益領域をつくり出す。

- 顧客の拡大：自社ブランドを購入する顧客数の拡大
- 使用量：既存顧客による購入量の増加
- ロイヤルティの拡大：ロイヤルティの強化によるブランドに対する需要シェ

図表13-4●ブランド：価値の重要な源泉

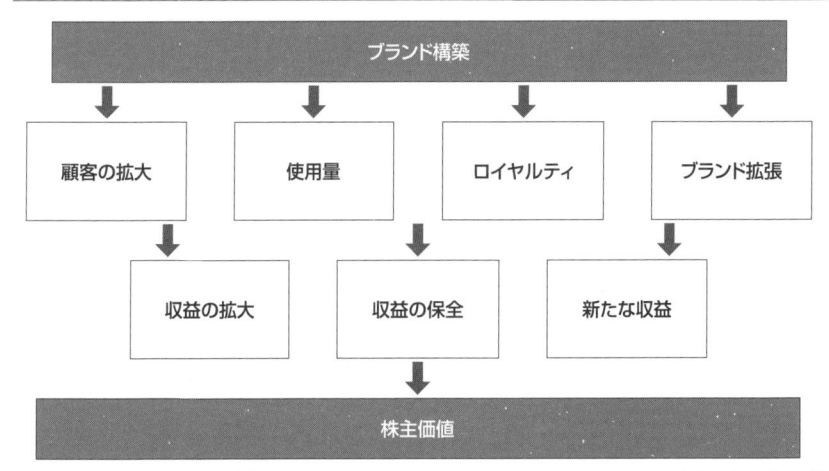

```
                        ブランド構築
         ↓              ↓              ↓              ↓
    顧客の拡大        使用量        ロイヤルティ      ブランド拡張
         ↓              ↓              ↓
    収益の拡大       収益の保全        新たな収益
                        ↓
                      株主価値
```

資料：デビッド・ハイ(David Haigh)『Valuing and Managing Brands: Issues in Brand Valuation』ノースウェスタン大学にて発表(Evanston, Illinois: 2000.11.21)。ブランド・ファイナンス社の許可によって使用。

アの拡大と、購入の安定
- ブランド拡張：未開拓の製品やカテゴリへの展開による新規顧客や売上げの獲得

ここで注目していただきたいのは、上記のブランド収益の領域が、マーケティング・コミュニケーションの4つの基本目的（新規顧客の獲得、顧客の維持、購入量と価値の拡大、製品ポートフォリオ間の顧客移動）と非常に近似していることだ。

上記の4つの収入可能性によって、以下のような結果をもたらす。すなわち、企業やブランドにもたらされる収益の拡大、収益の安全と保証（顧客からの収入が長期にわたって安定すること）、新規顧客からの収益（顧客による推奨やサービス区域の拡大などの要因による収益からもたらされる領域）である。そのいずれもが株主価値に貢献する。

Column◉事例：モデルの実例

図表13−5には、このシンプルなブランドの収益モデルの市場における実例が示されている。フランスのテレコミュニケーション企業であるオレンジ社は、1994年にイギリス国内へのサービスの提供を開始した。当社の1997年のブランド構築に対する投資は総額で6300万ポンドに達した。この金額がマーケティング活動に費やされた結果として、11万人の有料回線サービスへの新規加入者を獲得し、同社に収入がもたらされるようになった。このときのマーケティングとコミュニケーションに対する初期投資へのリターンは、3億8800万ポンドであった。つまり、マーケティングの取り組みによる成果として、これだけの価値が同社と株主にもたらされたのだ。

このマーケティングとコミュニケーションに対する投資収益の内訳は、次の通りである。

- 加入者の純増による収益（2億200万ポンド）：新規加入者の獲得によるもの
- 加入者に対する売上げ増加（3100万ポンド）：既存の加入者によるサービスの購入・利用の増加によるもの

図表13-5◉ブランドによる収入フロー：オレンジ社に対する投資収益（1997年）

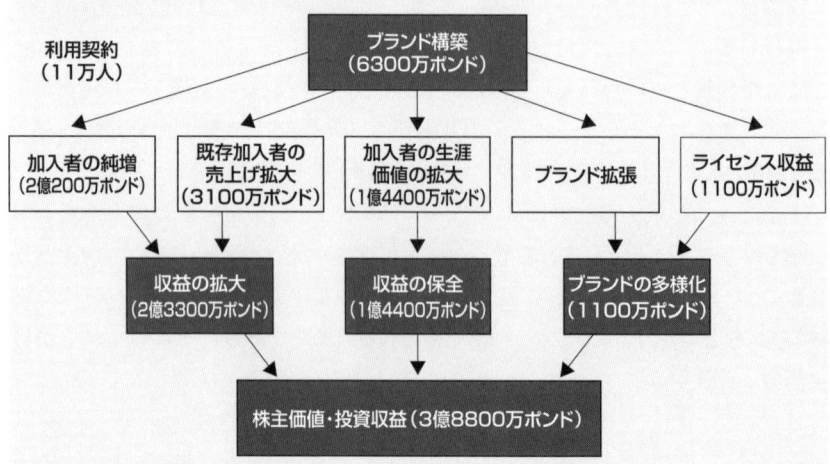

```
                    ブランド構築
利用契約            （6300万ポンド）
（11万人）
  ↓          ↓          ↓          ↓          ↓
加入者の純増  既存加入者の  加入者の生涯  ブランド拡張  ライセンス収益
(2億200万    売上げ拡大    価値の拡大              （1100万ポンド）
ポンド)      (3100万ポンド) (1億4400万
                          ポンド)
  ↓          ↓            ↓                       ↓
  収益の拡大              収益の保全          ブランドの多様化
  （2億3300万ポンド）    （1億4400万ポンド）  （1100万ポンド）
          ↓                  ↓                    ↓
            株主価値・投資収益（3億8800万ポンド）
```

資料：デビッド・ハイ（David Haigh）『Valuing and Managing Brands: Issues in Brand Valuation』ノースウェスタン大学にて発表（Evanston, Illinois: 2000.11.21）。ブランド・ファイナンス社の許可によって使用。

- 加入者の生涯価値の拡大（1億4400万ポンド）：離脱する意思のない顧客の増加（顧客解約率の低下）による
- ライセンスによる収益（1100万ポンド）：オレンジ社のブランド名の強力さにより新規市場への参入が実現したことと、パートナー企業からのライセンス使用料が得られたことによる収益

　上記の収入の流れは、収益の拡大・収益の保全・ブランドの多角化という3つのカテゴリに集約でき、総額で3億8800万ポンドもの収益が、オレンジ社のブランド構築プログラムによって直接生み出されたのだ。つまり、たった1年間で、初期投資の5倍の額が株主にもたらされたことになる。このような、ブランドおよびマーケティング・コミュニケーションを通じて実現されたブランド構築は、オレンジ社の経営陣が自社グループのステークホルダーのために実施した投資としては、確実に価値のあるものであった。

6　第14章への論点

　本章では、ブランドがこれを保有する企業に対して、どのように価値を生み出していくかを論じてきた。ブランドは一般に無形資産ではあるが、確実に財務価値を備えており、企業や経営者たちにとっては、財務状況を向上させる原動力になる。

　ブランドに対する以上の理解に基づけば、ブランド・エクイティの持つさまざまな側面を測定する方法を検討できる。次章では、その点を論じる。

第14章 ブランド・エクイティの測定方法

　ここまでに、我々はブランド・エクイティの構成要素である、ブランド・プレゼンス、ブランド・アイデンティティ、ブランド・イメージ、ブランド・コミットメント、知覚品質について検討した。また、これらの要素が財務価値に結実する過程も確認した。次の課題は、長期にわたるブランド・エクイティの価値の測定である。その測定では主に、2種類のアプローチが開発されている。ブランドに対する顧客の態度、エモーション、絆といった心理的な尺度のレベルを測定するアプローチと、ブランド・エクイティを財務の観点から測定するアプローチだ。結局のところ、統合マーケティングでは、後者のアプローチがより重要になるが、本章では、両方のアプローチについて論じよう。

1 顧客態度から測定するブランド・エクイティ

　従来のブランド価値やブランド・エクイティに対する測定手法では、顧客や見込み客の心理的な態度の測定に重点を置くことがほとんどだった。そのために調査手法も、ブランド、ブランドの品質、属性、コミュニケーションのメッセージなどに対する顧客や見込み客の知識や理解内容に焦点をあてていた。このようなブランド知識に対する最も明快な測定方法では、第4章で述べた、効果階層モデルが有名だ。
　態度という尺度は、財務上の成果と関係づけて議論する点では扱いが難しいが、

顧客の選択や選好がいかに行われたかをブランドの価値と結びつけて理解するうえでは非常に役立つ。マーケット・リサーチ業界では、顧客や見込み客から見たブランドの健康状態や強さ、価値のさまざまな側面を測定するために、数多くのツール・手法が開発されてきた。ここではまず態度尺度をベースとしたブランド・エクイティ・モデルから、議論に完璧を期すために有名な4つのモデルを選び出したうえで、簡潔に解説する。

　まず最初に理解すべき重要なことは、態度を測定するモデルのほとんどが、効果階層モデルが用いた前提や考え方、用語に依拠するかたちで構成されていることである。つまり、これらのモデルの目的は、ブランド認知、カテゴリ連想、ブランド連想、ブランド知覚、ブランドに対する信念、ブランド・ユーザーとその使用状況といった要素を1つの手法、もしくは複数の手法の組み合わせで測定することにある。

　以上のような要素を特定し、分析し、解釈することで、ブランドの持つパワーのさまざまな側面が浮き彫りになる。強いブランドであると判断できる事例を挙げるとすれば、次のような場合である。まず挙げられるのは、あるカテゴリに関する話題のなかで、多くの人々がそのブランド名を耳にしたり自然に連想したりする場合、また、多くの人々の言葉や行動に、ブランドに対するロイヤルティや愛着が現れている場合もある。さらに、顧客・見込み客が期待するベネフィット（それはイメージであったり、機能であったり、情緒・エモーションや外見であったりするが）とブランド連想が密接に結びついている場合も含まれる。

　このように知覚などの心理的尺度は、態度を測定するモデルでは重要な要素であるが、その根底にある前提は、それは何らかのかたちで消費者行動に転化するということである。態度と知覚は行動に先行していて、それらの影響によって、「ブランドの購入」「購入の継続」「購入量の増加」とか、場合によっては、「家族・友人に対するブランドの推奨」という成果が現れると考えられている。

　リサーチャーたちは、この仮説をもとに、ブランドの強さや成果の測定モデルを何通りも開発してきた。ここでは、ブランド・ダイナミクス、コンバージョン・モデル、エクイトレンド（EquiTrend）・モデル、ブランド・アセット・バリュエーター（BAV）と呼ばれる4種類のモデルを取り上げる。いずれのモデルも、あるブランドを同一カテゴリのライバル・ブランドとの比較分析に依拠しな

がら(場合によっては別カテゴリのブランドと比較する場合もあるが)、調査している。また、地理的に広範囲を調査することができ、世界中で数多くの大手企業に採用されている。

ブランド・ダイナミクス

　ミルウォード・ブラウン社が開発したブランド・ダイナミクスは、ブランド・エクイティを5つの段階から分析(原注1)する。ここでは、顧客の態度や選好を、「ブランドの存在感の確立」から「顧客との絆の構築」までの連続的な段階として捉える。そのため、4つのモデルのなかでも、効果階層モデルとの共通点が最も多い。このモデルの目的は、事業をこの5つの段階ごとに分析することで、その支持基盤の大きさやカタチを把握できることにある。図表14－1では、このモデルを「ブランド・ダイナミクスのピラミッド」として示した。ちなみに、それぞれの段階での長方形の幅は、測定した顧客や見込み客の割合によって定まる。

　図表14－1のピラミッドでの段階は、顧客とブランドの関係性のレベルを反映している。また、顧客を上位の段階に引き上げるために必要なことが分かるので、コミュニケーション課題を明確に設定できる。それぞれの段階の具体的な内容は、以下の通りである。

　1．**存在感**　ターゲットにする顧客層の間でのブランドの認知度。顧客がブランド名を認知していなかったり、ブランドの用途を想起できなかったりする場合には、マーケターがかけるべき費用、メッセージ、メディア戦略を改めて検討しなければならない。

　2．**適切性**　顧客や見込み客がブランドに見出している「自分の生活との関連性」を表す尺度。適切性の程度が低い場合には、商品の用途をもれなく示したり、顧客にとって身近なユーザーを引き合いに出して説明したりするほうがよい場合がある。

　3．**パフォーマンス**　商品の知覚品質、耐久性、機能に関係した尺度。顧客や

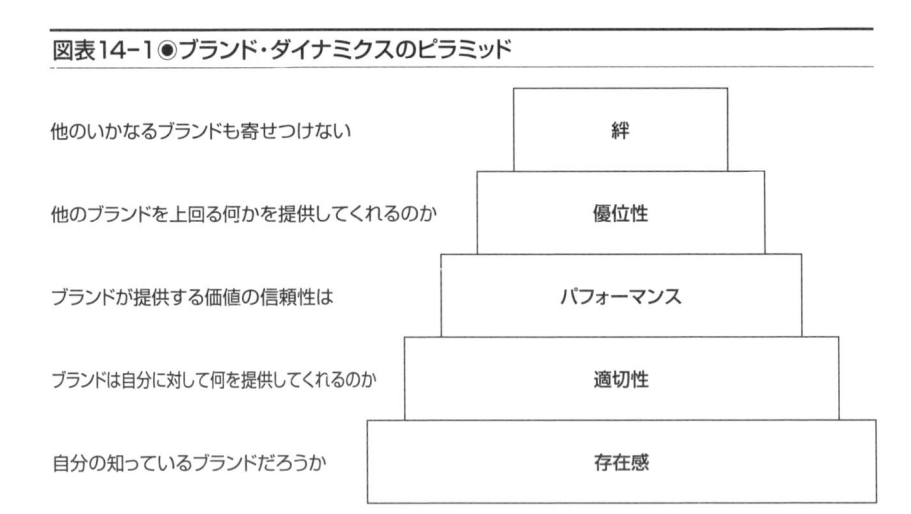

図表14-1●ブランド・ダイナミクスのピラミッド

他のいかなるブランドも寄せつけない	絆
他のブランドを上回る何かを提供してくれるのか	優位性
ブランドが提供する価値の信頼性は	パフォーマンス
ブランドは自分に対して何を提供してくれるのか	適切性
自分の知っているブランドだろうか	存在感

ミルウォード・ブラウン社（North America）の許可によって使用。

見込み客がブランドの約束とブランドの実態が違うのではないかと感じている場合には、商品テスト、実演販売、試供品などの手法を通じて、このギャップを埋めるようにしなければならない。

4．優位性　ブランド独自の機能や属性に対するターゲット顧客の知覚度と理解度を反映する尺度。概して、日用品のブランドでは、この項目の値が低い。しかし、ブランドに真の差別化を促せるような属性がある場合には、ターゲット顧客へ速やかにその属性を伝えなければならない。

5．絆　顧客ロイヤルティが最高レベルに達した段階。この段階では、顧客のブランドに対する確信と高いコミットメントをさらに強化しつつ、持続的な関係にふさわしいベネフィットも強化することが望ましい。

ブランド・ダイナミクスによるアプローチは、過去に実施したマーケティングやコミュニケーションが成功したか否かの評価に最も適している。そして、それ

は市場でブランドが果たした成果に対するスコアカードになるものであり、また同時に将来のマーケティングやコミュニケーション活動の方向性を示唆するものでもある。

　ブランド・ダイナミクスによる手法の強みは、それぞれの段階に至る顧客や見込み客の比率を競合と比べながら追跡することで、ブランドの動きをモニターできることにある。マーケターはこれを使うことで、それぞれの段階を構成する自社・他社ブランド双方の顧客の特質を詳しく検証できる。しかしこのアプローチでは、態度の測定に基礎を置く手法であるために、ブランド・エクイティの一面である顧客や見込み客のブランドに対する情緒的な面しか捉えられない。つまり、ブランド・エクイティの財務価値は測定できない。

コンバージョン・モデル

　リサーチ・サーベイズ・オブ・サウス・アフリカによって開発されたコンバージョン・モデルは、テイラー・ネルソン・ソフレス社とのライセンス契約のもとで、現在世界中で利用されている。このモデルの目的は、ブランドに対する顧客関与の程度を測定することにある。つまり、顧客とブランドの関係性のレベルを見極めるのだ。なお、関与度の測定は、広告認知度やブランド・イメージなどの従来の測定調査と同様に時系列で調査される。

　コンバージョン・モデルの仮説は、顧客の関与は、従来の広告やマーケティングで用いられていた態度という測定基準に比べて、はるかに効果的なパフォーマンスの尺度であるという点である。そこでは、顧客の意思決定プロセスに関わると考えられる次の4つの要素を、一連の質問から測定する。

- カテゴリに対する関与度
- 使用中のブランドに対する満足度
- ライバル社のブランドに対する心理的傾向
- ブランドに対するプラスとマイナス両面の感情

　コンバージョン・モデルでは、この4要素に関するデータをもとに、顧客や見

図表14-2●コンバージョン・モデル

現ユーザー						
安定した顧客グループ		不安定な顧客グループ				
定着客	標準客	未定着客	乗り換え意向客			
		見込み客	浮動客	見込みの少ない客	ほとんど見込みのない客	
		見込みのある顧客グループ		見込みの少ない顧客グループ		
		ノンユーザー				

込み客を、連続した8種類の「関係性カテゴリ」に分類する。**図表14-2**では、このモデルを示した。

1．定着客 使用中のブランドに対する関与のレベルが高い顧客。近いうちに別のブランドに乗り換えることはまず考えられない。

2．標準客 「定着客」ほどではないものの、使用中のブランドに対する関与のレベルが高い顧客。近いうちに別のブランドに乗り換える可能性は、それほど高くない。

3．未定着客 ブランドに対する関与のレベルの低さから、別のブランドに容易に乗り換える可能性がある顧客。乗り換えを前向きに検討している顧客もいる。

4．乗り換え意向客　使用中のブランドに不満がある顧客や、新たな商品を求めている顧客。近いうちに従来のブランドとの関係を解消する可能性が高い。

残る4種類の「関係性」は、ノンユーザーの消費者によって構成された連続したカテゴリになっている。ここでは、他のブランドから乗り換える見込みも含めてノンユーザーの消費者を顧客として獲得する可能性を検討する。

5．見込み客　短期間で獲得の可能性が高い消費者。

6．浮動客　自社のブランドに対して、使用中の他社ブランドと同じくらいよい感情を抱いている消費者。

7．見込みの少ない客　自社ブランドに乗り換える見込みの少ない消費者。ただし、まったく可能性がないわけではない。

8．ほとんど見込みのない客　自社ブランドに乗り換える見込みがほとんどない消費者。使用中の他社ブランドに対する選好が強い。

コンバージョン・モデルの長所は、顧客の表に出てこない行動心理に対するマーケティング活動の影響を、マーケターが把握できる点にある。また、このモデルではマーケティング活動を実施してから一定期間の後に現れる成果も測定し、そのような活動による売上げへの影響を予測することにも活用できる。しかし、一方で、このモデルはブランド・エクイティの測定というものではなく、効率と効果の対比に焦点をあてた広告コミュニケーションの観察記録に過ぎない、と主張する評論家もいる。

◉─────── **エクイトレンド・モデル**

ハリス・インタラクティブ社によって開発されたエクイトレンドのアプローチは、オンラインで年2回実施される調査である。調査の対象になるのは、幅広い

図表14-3●エクイトレンド：2002年春の調査

ランク	ブランド	品質	顕著性	エクイティ（品質×顕著性）
1	ディスカバリー・チャンネル	8.38	92	77.1
2	クラフツマン・ツール	8.37	89	74.5
3	ハーシーズ・キスチョコ	8.16	99	80.8
4	ボーズ・ステレオ／スピーカー	8.15	70	57.1
5	WD-40・スプレー／潤滑オイル	8.15	91	74.2
6	クレヨラ・クレヨン／マーカー	8.15	92	75.0
7	レイノルズ・ラップ・アルミホイル	8.12	84	68.2
8	ラーニング・チャンネル	8.12	84	68.2
9	ネオスポリン・軟膏	8.11	86	69.7
10	エムアンドエムズ・チョコレートキャンデー	8.09	98	79.3

注記：上記の格付けの対象になったブランドのほとんどは、アメリカに拠点を置いている。しかし、事業を国際レベルで展開していなくても、「グローバル品質クラス」と評価されている。

カテゴリの大手ブランドだ。その数は1000社を超える。この調査では、回答者へブランド100社の格付けを依頼する。そのうち20社は、コア・ブランドとしてすべての回答者に提示する。残りの80社は、回答者ごとに無作為抽出され、ローテーションされて調査される。このようなエクイトレンドの手法は、以下に挙げる3種類の測定基準による。

品質　0点から10点までのスコアによって格付けする。たとえば、「0」が「容認できないほどに低い品質」であるのに対して、「10」は「非常に高い品質」を表す。

顕著性　「ブランドの格付けが可能な程度の認知・情報がある人々」の割合。

エクイティ　「品質」と「顕著性」の数値を掛け合わせた値。

エクイトレンドでは、品質スコアが8点以上だとその品質は「グローバル品質クラス」にあると言う。**図表14-3**に示すように、「グローバル品質クラス」とされたブランド群のなかで2002年春の調査では、ディスカバリー・チャンネルがトップになっている。

● ブランド・アセット・バリュエーター

ブランド・アセット・バリュエーター（BAV：Brand Asset Valuator）は、ヤング＆ルビカム社（Y&R）が1993年から実施している同社オリジナルの調査で、グローバルベースのブランド・トラッキング調査である。おそらくBAVは、ここで取り上げた4種類の手法のなかで、最も有名であろう。[原注3] BAVは開発以来、40カ国で18万人を超える消費者を対象に、同じ調査手法で120回あまり実施されてきた。だからこそ、BAVのデータベースの信頼性はきわめて高い。おそらくBAVは、世界規模で実施される総合的なブランド調査で、最も優れているはずだ。この手法では、56の測定項目をブランドの実力を示す4つの主要指標に集約する。Y&R社によれば、4つの要素を組み合わせることで、ブランドの成長・衰退の要因やブランドパワーの回復方法を、他のアプローチよりも明確に表せるという。同社が選んだ4つの主要指標は、以下の通りである。

- **差別性** 同一カテゴリの他社ブランドとの間に、どれだけ差をつけているのか。
- **適切性** ありきたりの意味合いを超えて、顧客にとって関連の深いニュアンスを感じさせるものになっているか。
- **尊重** 顧客がブランドに対して、どれだけ好意や憧れを抱いているのか。
- **認知** 顧客のブランド認知や、ブランドの内容に対する理解度はどのくらいか。

BAVで以上の要素を組み合わせる際には、差別性と適切性が、将来への潜在成長力を表すものと考える。また、尊重と認知は、現在のブランド力を示す尺度になる。**図表14-4**では、このフレームワークの全体像を示した。これは、主要

図表14-4●ブランド診断：ブランド・アセット・バリュエーターのフレームワーク

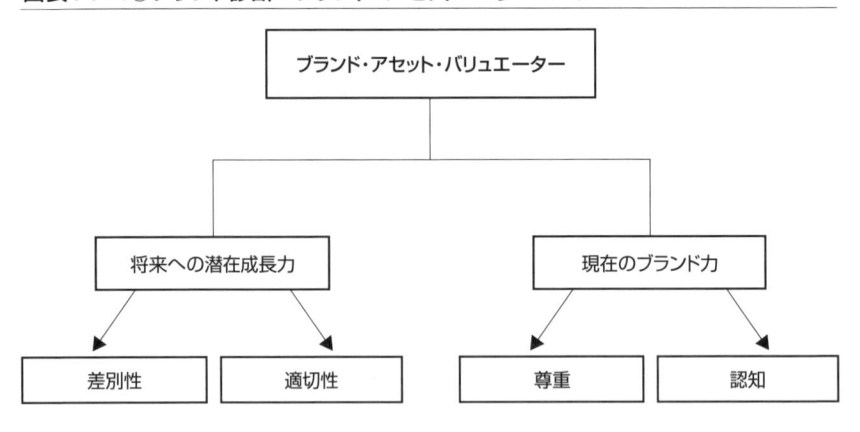

```
                    ブランド・アセット・バリュエーター
                      ┌───────┴───────┐
                将来への潜在成長力        現在のブランド力
                 ┌────┴────┐          ┌────┴────┐
                差別性     適切性       尊重       認知
```

資料：yr.com『White Paper on the Brand Asset Valuation』(2000)。ヤング&ルビカム社の許可によって使用。

指標間の関係を示すと同時に、ブランドの診断のフレームでもある。

　BAVには１つの前提がある。それは、ブランド構築のプロセスは特定のパターンがある連続したプロセスであり、他社ブランドとの差別化から始まり、次に消費者の認知を強力に進めることでブランドは最高潮に達することができるという仮説である。このアプローチでは、差別性が最も重要になる。他の要素はいずれも、差別性を起点としてつくられるのだ。BAVモデルに沿えば、差別性が適切性に結びつくことで、潜在成長力が与えられる。次に、ブランドに対する尊重が生まれた後に、ブランドの認知が強化される。この段階で、現在のブランド力が規定される。しかし、それぞれの主要指標は変動するものであり、特定ブランドの潜在成長力と現在のブランド力が共に消滅する可能性もあるのだ。もちろん、主要指標が別々に衰える場合もある。

　Y&R社は、BAVで得られたスコアをもとに、ブランドの理解・比較を行うためのブランド・パワーグリッドと呼ぶ分析手法を開発した（**図表14-5**）。この分析は、ブランドの潜在成長力と現在のブランド力に関するそれぞれのスコアを組み合わせでできている。

図表14-5●ブランド・パワーグリッド

現在のブランド力（認知＊尊重）

	低い	高い	
	将来有望ブランド Ⅱ	リーダー・ブランド Ⅰ	高い
	新ブランド・埋没ブランド Ⅲ	衰退傾向ブランド Ⅳ	低い

将来への潜在成長性
（差別性＊適切性）

資料：yr.com『White Paper on the Brand Asset Valuation』（2000）。ヤング＆ルビカム社の許可によって使用。

　図表14-5では、潜在成長力と現在のブランド力のスコアがどちらも低いブランドが第3象限にプロットされる。これらのブランドは、新しいブランドか、認知度や支持がほとんど低いブランドであると考えられる。一方で、潜在成長力のスコアが高い割に現在のブランド力のスコアが低いブランドは、第2象限に入る。この種のブランドでは、地位を確立しつつあってもなお、成長の余地がある。つまり、新興ブランドに特有の将来的な潜在成長力を秘めていると言えよう。

　第1象限には、確固としたリーダー・ブランド（ディズニーやソニーなど）が入れられる。この種のブランドでは、潜在成長力と現在のブランド力の双方で高いスコアを獲得しているうえに、顧客ロイヤルティや市場での実績も高い。しかし、このような強いブランドも、永続的なものではない。正しく管理されなければ、市場で差別性と適切性のスコアが落ちるのだ。また、ブランドが幅広く知られるようになれば、顧客の間でブランドの独自性や重要性が薄れていく。これは、ブランドにとって避けがたい事態なのだ。ちなみに、BAVによる最近の調査では、TWA、グレイハウンド、ホリデーインといったかつての強力ブランドが第4象限の衰退傾向ブランドに格下げされた。これらのブランドの経営者たちは、

厳しい評価を下された格好になる。

　BAVは、本来的にはブランド診断ツールだ。これによって、市場機会を見つけ出し、ブランドの衰退を押しとどめ、自社ブランドの価値を同種の製品・ブランドの価値と比較しながら理解できる。ここで注目を要するのは、これまではBAVによる調査ではブランドの財務価値に何ら言及されていない点である。また、ブランド価値の2つの主要な指標である差別性や適切性を強化した場合、いくら収益が向上するかを示すことはなかった。ところが、Y&R社は近年、スターン・スチュアートとの提携によって現在「ブランド・エコノミクス（Brand Economics）」と呼ばれている、その前身の合弁会社を立ち上げた。これは特筆に値する。ブランド・エコノミクス社では、BAVで収集されたデータを、スターン・スチュアート社が開発した経済付加価値（Economic Value Added）（EVA）モデルによる財務測定アプローチに結びつける。両社は、この提携によって、マーケティング業界で最も優れたブランド評価モデルを生み出せると考えている。ここではまず、BAVの領域でブランドの現状や改善点を指摘する。そして、EVAのアプローチによって、ブランドの経済価値を測定するのだ。この測定は、担当者が投資やその収益を検証するうえで、重要な役割を担うだろう。それだけに、今後数年間でのEVAアプローチの成長から目が離せない。

態度に基づくブランド・エクイティ測定の問題

　態度に基礎を置くすべてのブランド・エクイティ測定手法の最大の問題は、態度の指標を実際の購買行動に結びつけて考えることができない点にある。双方の要素に関連性があることを直感でつかめていても、まだ実証されたことはない。つまりマーケターは、ブランドに対する人々の感情を把握できても、そうした感情の要素を市場での行動や財務価値に結びつけて説明することはなかなか困難なのである。

　もちろん、ブランドのプレゼンス、イメージ、知覚品質、コミットメントを理解することは、ブランド・マネジャーにとって大切なことだ。しかし、それらの情報を関連づけられなければ、ブランドに対する投資額、予想される投資収益、投資収益の発生までに要する期間等を判断する指標とすることは難しい。確かに、

態度の指標の測定によって、自社ブランドと競合ブランドの比較に役立つ情報を得ることは可能だ。しかし、そのようなデータを財務価値に関連づけて考える方法はほとんどない。自社の経営陣を説得するように、施策・アウトプットだけでなく、そこからもたらされる成果を提示するには、ブランド価値、ブランド・エクイティに対する財務上の測定が欠かせないのだ。

2 ブランド・エクイティの財務測定

　ブランド・エクイティの財務価値を測定する手法は、長年の間にいくつか開発されている。ここではまず、取得原価法、取替原価法、市場価値法、ロイヤリティ・リリーフ法、エコノミックユース法といった5つのアプローチを取り上げる。このうち、顧客価値重視の統合マーケティングと最も密接な関係があるのは、エコノミックユース法のモデルだ。その理由は後述するとして、ここでは先に、それぞれの手法を検討しよう。

●――――――取得原価法

　取得原価法は、その名の通りで、現在のブランドのレベルを実現するまでに、その所有者が開発のために長期にわたって投じた資金の総額を測定する。この総額には、マーケティング・コミュニケーション、パッケージング、ロゴ、アイコンの開発、シンボルマークといったことに対する投資額が含まれる。このように、ブランドを開発する期間の投資額を集計すれば、実際の投資額を算出できる。
　もちろん、このアプローチには問題点もある。まず想起されるのは、ブランド構築は長期に及ぶことが多く、過去の投資額を時価で再評価する必要があるが、その評価がきわめて困難で、投資額を正確に算出しにくいことだ。また、比較できるブランドが少ないことなども挙げられる。しかし、さらに深刻なのは、ブランドに対する過去の投資額は、顧客からのブランドの収入や実売価格といったことで表示される現在のブランド価値にほとんど反映されない点である。両者は関

係が薄いのである。

● 取替原価法

この評価手法も、取得原価法と類似した点があるが、ブランド価値をマーケティング、コミュニケーション、デザイン、その他のブランド構築に対する活動費用の合計と考えて、その活動を現在の市場価値に置き換えるものである。つまり、既存のツールや活動を根拠に、同じ市場で当該ブランドを再構築する場合を想定したうえで、現時点の開発コストを計算する。

しかし、ブランドの構築は、さまざまなサブブランドやライン拡張といった増加を伴うことが多く、評価時点の市場で特定ブランドの再構築に必要な投資レベルを測定することは、おおむね難しい。また、既存のブランドに取って代わる新ブランド構築にかかるコストの測定も、同じように困難だ。現在と将来の市場で、同じブランド価値を創出するために必要になるコストも、やはり測定しがたい。

このアプローチは、素材や設備といった固定資産（機械設備、運輸車両、コンピュータなど）の価額を測定する従来の会計手法から発想を借りている。しかし、概してこのアプローチは、無形資産や変化しやすいブランド価値の測定には不向きなのだ。それでも、このアプローチを資産価値の測定に採用しているリサーチ会社も、確かに存在する。

● 市場価値法

市場価値をベースとするブランドの価値測定のアプローチについては、前にも述べた。このアプローチの市場価値の測定は、ブランドを買いたいと思う相手に対するブランドの売却価格の測定と考えてもよい。

このアプローチでは、売買者間での実際のブランド価値を決めることができる。しかし、企業が実際には売ろうとせずに、ただ自社のブランドを将来の投資ベースになる資産・資源と捉えた場合の価値を把握するうえではあまり役立たない。つまり、ブランドの実際の市場価値であれば、正確に測定できる。ただし、ブランドのオーナーが長期にわたる管理コスト・投資レベルの判断を行う場合には、

それほど効果を発揮しない。

◉ ロイヤリティ・リリーフ法

　このアプローチを用いれば、事業を続けていく場合のブランドの市場価値の測定に一歩近づける。この手法の考え方は、ブランドを評価する際に、その時点でブランドを所有していない場合を想定することである。この想定のもとで、当該ブランドのベネフィットや価値にふさわしいブランドを他人から手に入れようとした場合、使用料としていくら払う必要があるかを想定するのである。ロイヤリティ・リリーフ法では、市場でブランドの名前や属性を活用する際に、ブランドの所有者に支払う必要のある使用料やフランチャイズ料の測定を試みる。ブランド評価という見地から言えば、ブランドを所有している場合に、使用料を支払って借用する場合に比べて節約できるコストを測定することになる。

　ブランド使用料の測定には、同種の商品のブランドに対するライセンス料を比較したり、社外の専門家に測定を依頼したりすればよい。また、そういう会社の大規模データベースには、多くの企業が支払っているブランド使用料のデータを搭載している。しかし、データが豊富でも、比較の対象にふさわしいブランドを見つけるのは難しい。ここに、ロイヤリティ・リリーフ法の大きな問題がある。また、使用料体系の複雑さや料金設定の透明性の低さも、測定の障害になっている。

　図表14－6には、ロイヤリティ・リリーフ法によるブランド評価の事例を示している。まず、対象になるブランドについて、5年間にわたる純売上を測定する（ベース年を「0」に設定）。ここでは、使用料を売上高の10％に設定する。0年目の使用料収入を50ドルに設定した場合を例に取れば、1年目の使用料は52ドルになる。そこで、この使用料から予測した税額を控除する。図表14－6では、税率を33％として計算しているので、0年目の税額は16ドル50セントと求められる。この計算に沿えば、1年目の税額は17ドル16セントになる。これが税額を引いた正味の使用料である（項目「e」に表示）。そして、この使用料に割引キャッシュフローの計算を施すことで、使用料収入の正味現在価値を算出する。ちなみに図表14－6では、割引率を15％と設定している。さらに、正味利用料から割

図表14-6●ロイヤリティ・リリーフ法

簡略化した事例

単位：ドル

		0年目	1年目	2年目	3年目	4年目	5年目
純売上高	a	500.00	520.00	550.00	580.00	620.00	650.00
使用料	b	10%	10%	10%	10%	10%	10%
使用料収入	c	50.00	52.00	55.00	58.00	62.00	65.00
税率		33%	33%	33%	33%	33%	33%
税額	d	16.50	17.16	18.15	19.14	20.46	21.45
正味使用料	e	33.50	34.84	36.85	38.86	41.54	43.55
割引率		15%					
割引係数	f	1.00	1.15	1.32	1.52	1.75	2.01
割引キャッシュフロー	g		30.30	27.86	25.55	23.75	21.65
5年間でのブランド価値の総額	h	129.11					
永続価値	i	144.35					
成長率		0%					
ブランド価値		273.46					

資料：ブランド・ファイナンス社の許可によって使用。

引係数（項目「f」）を差し引くと、年度ごとの割引キャッシュフローが求められる（項目「g」）。図表14-6を例に取れば、5年間での価値（それぞれの年度の項目「g」の数値の合計）は129ドル11セントになる（項目「h」）。ここから5年目以降の収入を求めるには、使用料総額に永続価値（144.35ドル）を加える必要がある。つまり、割引キャッシュフローの総額（129.11ドル）に永続価値を足せば、ブランド価値の総額が273ドル46セントが求められる。この金額こそ、ロイヤリティ・リリーフ法をもとに計算したブランドの現在価値で、ブランドの使用料になる。つまり使用料とは、ブランドに対して支払う料金かブランドによってもたらされる価値にあたるのだ。

●───── エコノミックユース法

エコノミックユース法は、ブランドやブランド・エクイティの価値の測定方法として特に好まれているので、次の節で詳しく検討する。このアプローチは以下のような考え方でできている。増分収益は、ブランドの所有権によってもたらさ

れる。また、ブランド価値とは、ブランドの所有者に将来もたらされる収入フローのことであるというものだ。このエコノミックユース法の長所は、ブランド評価の信頼性を明白に示せる点にある。そして、ブランドからビジネスモデル全体にもたらされる影響を、経営上の視点から洞察できる。

以下に示す事例では、エコノミックユース法モデルの活用方法を検証する。この事例は、ロンドンに拠点を置くブランド・ファイナンス社によって作成された。ちなみに同社は、ブランド評価を専門にしたコンサルタント会社である。

3 エコノミックユース法の活用方法

このブランド評価モデルは、ブランドからもたらされる評価時点での収益と、将来にもたらされ得る収益の測定から始まる。次に、これらの収入を割り引くことで、正味現在価値を求める。ちなみに、将来の収入フローを測定するには、割引キャッシュフロー（DCF）によるアプローチが最も広く用いられている。

図表14-7では、このブランド・ファイナンス社のモデルを示した。このモデルの基礎をなすのは、以下の3つの要素である。

- ブランドのセグメンテーションとその時点での景気見通し
- ブランド付加価値（BVA：brand value-added）指数：ブランドによってもたらされる収入フローの測定
- ブランド・ベータ分析：リスクと貨幣の現在価値を考慮するための割引率の設定

ブランドのセグメンテーションと景気予測

ここではまず、企業の経営陣が自社の経営に利用しているデータ（過去の売上推移と利益情報）を用いてブランドの価値を測定する。上記のデータを市場データ（成長率、市場シェア、流通状況など）と組み合わせて使うのだ。こうした内外

図表14-7●ブランド・ファイナンス社の評価モデル

```
財務データ    市場データ      需要ファクター    リスク・ファクター
   └─────┬─────┘
     ブランド将来予測
     ブランドによる事業収益
          BVA指数 ────────── ブランド付加価値    ブランド・ベータ分析

   ブランド価値    市場セグメントによって規定される要因    割引率
```

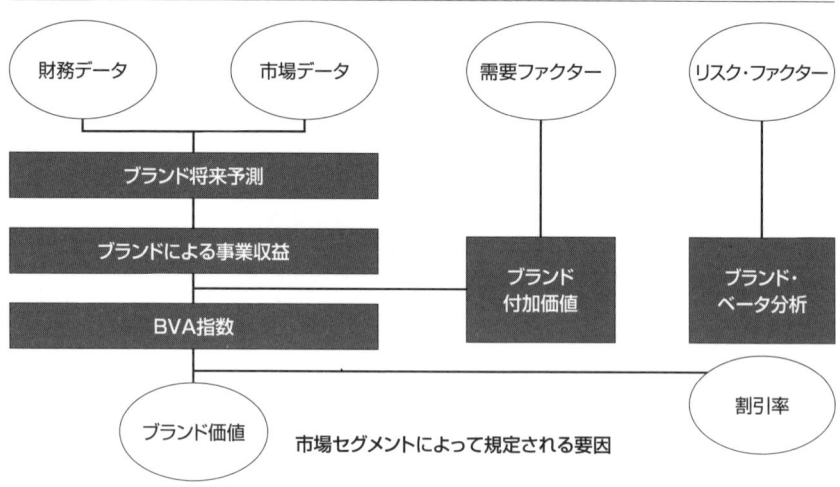

資料:ブランド・ファイナンス社の許可によって使用。

の企業のデータや市場データの分析を通じて、ブランドの将来予測を固めていく。

次に、事業収益をブランドからの収益とブランド以外からの収益に分けたうえで、その収益を測定する。この区別は、企業の収益のうち、有形資産（工場、機械設備、在庫品など）に帰属する部分を特定することで可能になる。その計算のために、投下資本に対する架空の収益率を設定する。そして、その有形資産に帰属する部分を除いた収益を、ブランドをはじめとする無形資産による収益と判断するのだ。この収益には、ブランドの所有者が得られるほかの収益項目（特許権や顧客リストなどによる収益）が含まれている。このように測定されたブランドからの収益とブランド以外からの収益は、業界やカテゴリによって大きく異なる。また、同一カテゴリ内の企業の間でも、両者の間にかなりの差が出る場合がある。資本集約型産業（航空、公益事業、製紙業など）を例に取れば、有形の経営資源や資本投下の重要性がそれほど高くないカテゴリの産業（アパレル、化粧品、消費財産業など）に比べて、ブランドからの収益の割合が低くなるものと考えられる。

ブランドを評価するプロセスで重要なのは、ブランドや事業のセグメンテーションのレベルを適切に定めることだ。セグメンテーションが既存のアプローチで

間に合うこともあれば、新たなセグメンテーションのアプローチを分析・開発しなければならないこともある。また、セグメントは当然同質のメンバーで構成されなければならないが、それは地域、製品、流通チャネル、人口特性などの要因ごとに実施することも必要だ。セグメンテーションのアプローチは、利用可能なデータによって決まることが多い。どのアプローチでも特に重要なのは、市場やリサーチの情報、財務情報、競合ブランドのデータという要素だ。市場セグメントごとにブランドの価値を把握することは、非常に大事である。ブランドを評価するプロセスで最も重要な「ブランドに対する顧客の評価」を知ることになるからだ。

ブランドからもたらされる収益部分を特定できれば、ブランドの需要ファクターを検討できる。そこでは、ブランドからの付加価値を測定するばかりか、結局はブランドの財務価値を評価することになる。

需要ファクターとブランド付加価値（BVA）指数

ブランドを評価するプロセスの第2段階は、需要ファクターの把握である。需要ファクターとは、市場でのブランドの受容度や価値を決める要素のことだ。ブランド・ファイナンス社は、このような需要ファクターの集計・平均化によってBVA指数を作成している。図表14-8に示したように、需要ファクターは、顧客の種類、流通チャネルなどによって異なる。だからこそ、それぞれの市場に対して、特定のブランドごとの需要ファクターを詳しく検証する必要がある。そこで重要なのは、ブランドに対する選好を生み出すプロセスと、その選好がブランドスイッチの障壁や逆にブランドスイッチの誘因によって受ける影響を把握することだ。いずれの要因も当然、購買行動に結びつき、売上高や財務価値という成果となって現れる。BVA指数をブランドからの収益の計算に適用することで、ブランドに対する実際の付加価値を測定できる。

リスク・ファクターとブランド・ベータ分析

以上の2つの段階を終えると、特定期間のブランドの貢献利益を測定できる。

図表14-8●需要ファクターを把握する

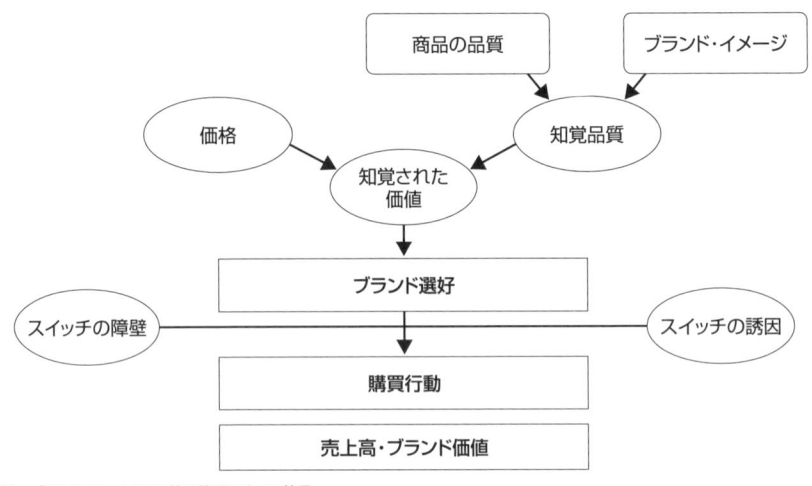

```
        商品の品質      ブランド・イメージ
            ↓              ↓
   価格              知覚品質
       ↘          ↙
        知覚された
          価値
            ↓
        ブランド選好
  スイッチの障壁 ────┼──── スイッチの誘因
            ↓
         購買行動
            ↓
       売上高・ブランド価値
```

資料：ブランド・ファイナンス社の許可によって使用。

　しかしながらブランド評価モデルの本当の目的は、将来長期にわたってもたらされるブランド価値の測定にある。つまり、ブランドからもたらされる収益の継続や成長はおろか、場合によっては衰退の可能性を測定しなければならないのだ。そこで、ブランド評価モデルの最終段階では、「ブランドが有するリスク」を査定する。このリスクは、予測数値が正確であるという仮定のもとに算出する。この測定によって、ブランド収益の算出に使用する割引率を適切に設定できるようになる。

　リスクには、さまざまな種類がある。最も一般に広がっているのは、「過去の経験が将来にもあてはまるとは限らない」ということから生じるリスクである。過去と将来は同じではない。そこで、ブランド・ファイナンス社は、ブランドの将来の潜在的価値を査定するために、ブランド・ベータ分析という手法を開発した。同社が専売権を取得しているこのモデルでは、市場でのタイミング、流通力、市場シェア、市場に占めるポジション、売上成長率、価格プレミアム、価格弾力性、マーケティングに対する支出、広告認知度、ブランド認知度という10個の項目を用いながら、ブランドに点数をつける。そこではまず、行動と態度による尺

図表14-9●ブランド・ベータ分析指数

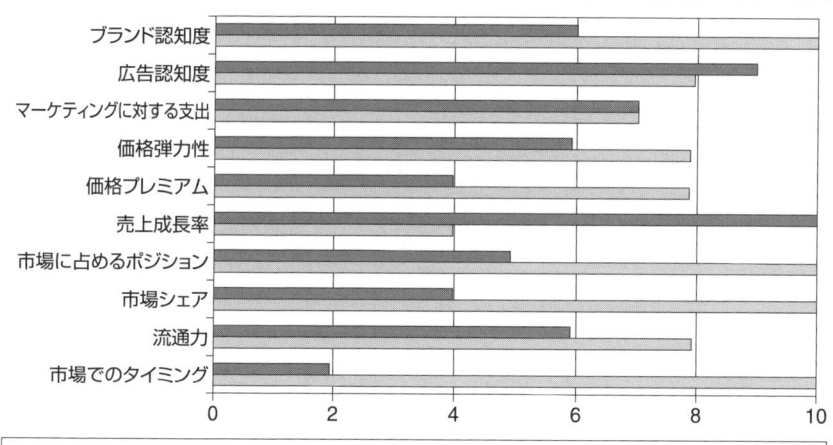

項目	ブランドX	ブランドY
ブランド認知度	10	6
広告認知度	9	8
マーケティングに対する支出	10	7
価格弾力性	8	6
価格プレミアム	8	4
売上成長率	10	4
市場に占めるポジション	10	5
市場シェア	10	4
流通力	8	6
市場でのタイミング	10	2

ブランドX＝スコア：83点　格付け：AA
ブランドY＝スコア：58点　格付け：BB

資料：ブランド・ファイナンス社の許可によって使用。

度の双方を用いながら、項目ごとに0点から10点までの点数をつける。そして最後に、点数の合計を計算する。つまり、属性ごとに10点を最高とする点数をつけたうえで、その合計によってブランド自体を格付けするのだ。もちろん、この合計点は実際のブランド価値のスコアではないが、この格付けによって、それぞれのブランド属性を比較・分析することが可能になる（図表14-9）。

図表14-9では、属性ごとのスコアによって、2つのブランドが比較されている。そして、そのスコアをもとにブランドのトータルの評価としてAAAからDまでに格付けされる。この例では、ブランドXは、Yに比べて、ほとんどの項目で相当高いスコアを記録していて、スコアの合計が83点であり、ブランドXの格付けはAAである。一方、ブランドYがXを上回る項目は2つしかなく、スコアの合計は58点で、格付けもBBにとどまった。つまりYは、この2つのブランドのなかではよりリスクが高いと測定されたことになる。その結果として、Yに対する将来的な収益の予測においては、Xの場合よりも高い割引率を設定することになる。

エコノミックユース法のアウトプット：割引将来収益の測定

ブランド・ファイナンス社のアウトプットは、ブランド価値の算出表である。図表14－10には、算出のさまざまな計算とアウトプットの例である。この例でも、前にロイヤリティ・リリーフ法で議論したものと同じ収益の予測値を、計算のベースにしている。また、割引率も同じ値であるが、少なくともこの事例では、エコノミックユース法を用いたもののほうがブランドの評価金額がわずかに高くなる。

ここでの計算は、ロイヤリティ・リリーフ法の場合と同じように、まず０年の純売上高500ドルをベースにする。売上高は、着実なペースで上昇し、５年目には650ドルに達すると予測された（ただし、ここで注意を要するのは、純売上高にはブランドのついていない商品や当該ブランド以外のオリジナル・ブランド商品の売上げが含まれていないことである）。次に、エコノミックユース法では、営業利益を算出する。前の事例では、「収益が累積ベースで毎年15％ずつ増加する」と予測した。その予測に沿えば、０年目の収益である75ドルは、毎年15％ずつ累積することによって５年目には97ドル70セントに増加する。

次のステップは、この営業利益を有形資産（工場、設備、原材料など）に帰属する収益と無形資産（ブランドなど）に帰属する収益とに分割することである。このように収益を区別するには、開発・生産に投じられた有形資本を測定する必要がある。有形資本の価値は、固定資本と運転資本などの時価をもとに測定する。この事例で取り上げたメーカーで言えば、有形資本とは、製品・サービスの生産プロセスに用いられた工場・設備や変換装置などを指す。その総額は、０年目の250ドルから、５年目には325ドルに達している。この計算で確認できるのは、純売上高（500ドル）の50％にあたる有形資本が、年を追うごとに増えることだ。無形資産の価値を測定するには、この有形資産の価値をもとに提供された有形資本や設備を利用するために支払う資本費用を考慮しなければならない。この例では、年度ごとの資本費用率を５％に設定した（この率は、インフレを考慮していない実質の数値である）。要するにどの年度でも、年間収益の５％が「有形資本を利

図表14-10●ブランド・ファイナンス社のブランド評価の事例

割引将来収益法による

単位：ドル

		0年目	1年目	2年目	3年目	4年目	5年目
純売上高		500.00	520.00	550.00	580.00	620.00	650.00
営業利益	a	75.00	78.00	82.50	87.00	93.00	97.50
有形資本		250.00	260.00	275.00	290.00	310.00	325.00
資本費用（5％）	b	12.50	13.00	13.75	14.50	15.50	16.25
無形資産による収益	c	62.50	65.00	68.75	72.50	77.50	81.25
ブランドによる収益（75％）	d	46.88	48.75	51.56	54.38	58.13	60.94
税率		33％	33％	33％	33％	33％	33％
税額		15.47	16.09	17.02	17.94	19.18	20.11
税引き後収益	e	31.41	32.66	34.55	36.43	38.94	40.83
割引率		15％					
割引係数	f	1.00	1.15	1.32	1.52	1.75	2.01
割引キャッシュフロー	g	31.41	28.40	26.12	23.95	22.27	20.30
5年間のブランド価値総額	h	152.45					
永続価値	i	135.33					
成長率		0％					
ブランド価値		287.78					

資料：ブランド・ファイナンス社の許可によって使用。

用するためのコスト」に用いられるのだ。図表14-10によれば、0年目には12ドル50セント（250ドル×5％）だった資本費用率が、5年目には16ドル25セント（325ドル×5％）にまで上昇している。この値を営業利益から差し引いた残高が、企業の無形資産からの収益になる。

無形資産による収益総額（項目「c」）は、営業利益（項目「a」）から資本費用（項目「b」）を差し引くことによって求められる。図表14-10によれば、0年目の営業利益75ドルから資本費用12ドル50セントを引けば、無形資産からの収益が62ドル50セントと算出できる。

次に無形資産による収益のうち、ブランドによって直接もたらされた部分を測定・計算する。図表14-10の例では、無形資産による収益に占めるブランドによる収益の割合が75％と測定された。つまり、この企業で無形資産によってもたらされた収益の大部分が、ブランドによる収益と分かる。そして、残りのわずかな部分（25％）が、特許権、人的資本などによる収益になる。図表14-10の項目「d」にあるように、ブランド収益を無形資産による収益の75％として計算すれば、0年目に46ドル88セントだったブランド収益が、5年目には60ドル94セン

トにまで増加すると測定できる。

　税引き後の収益を求めるには、期間内の税額をブランド収益から控除しなければならない（項目「e」）。ちなみに、図表14－10の例で用いられている税率は先進国の企業で採用される標準レベル（33％）である。図表14－10によれば、0年目に15ドル47セント（項目dの「ブランド収益」の33％）だった税額が、5年目には20ドル11セントに増加している。この税額をブランド収益から差し引くと、税引き後収益はそれぞれ31ドル41セント（0年目）、40ドル83セント（5年目）と算出される。この税引き後収益は、ブランドが今後5年間にわたってもたらすと予想される実質価値を表している。

　この測定プロセスには、まだ続きがある。割引キャッシュフローの考え方によれば、今日手に入る現金の価値は、将来期待される現金の価値に比べて高い。すでに述べたように、測定した収益の評価には、時間価値と潜在するリスク（ブランド収益が予想ほど増えなくなるリスク）を考慮に入れて割り引かなければならない。図表14－10の例では、割引率を15％に設定している（市場、産業部門、ブランド・ベータ分析を踏まえれば、割引率を適切に設定できる）。このように割引率を設ければ、割引係数が測定できる（項目「f」）。この値で税引き後ブランド収益（項目「e」）を割れば、項目「g」の割引キャッシュフローが算出される。0年目に1.0だった割引係数は、5年目には2.01に増加している。1年目で見れば、割引係数の値（1.15）から、ブランド収益によってもたらされる割引キャッシュフローが28ドル40セント（32.66÷1.15）と算出できる。そして、年度を重ねるにつれて、高い割引率が適用される。5年目を例に取れば、割引係数が2.01なのに対して、割引キャッシュフローは20ドル30セント（40.80ドル÷2.01）となっている。

　次に、5年間を通じてのブランド価値を測定する。これは、0年目から5年目までの割引キャッシュフローの合計を求めるだけでよい。図表14－10の項目「h」に示されているように、この事例での5年間でのブランド価値は152ドル45セントになる。

　さらに、正しいブランド価値を測定するのに必要なことがもう1つある。ここまでに計算したのは、5年目の終了時点までに生じるブランド価値に過ぎない。しかし、ブランドの所有者は、5年目以降もブランドを市場に提供し続けるはずで、ブランドからの収益は、将来も生じ続けるものと考えられる。この収益の額

は、図表14-10の項目「i」に示されている永続価値から計算する。永続価値で示すのは、将来にわたって生じ続けるブランド価値である。そして、ほとんどの場合には、ブランドの成長率を0％に設定する。ちなみに、永続価値の計算では、永続価値計算表を用いる。この事例では、永続価値が135ドル33セントと計算された（項目「i」）。そして、5年間にもたらされたブランド価値の総額152ドル45セント（項目「h」）に永続価値を加えれば、ブランド価値の合計額が287ドル78セントと算出される。

4 ブランドの財務評価の意義

　ブランドの財務価値を把握することは、興味深い。また、それが経営の推進力になる場合もある。ではマーケターにとって、この情報はどのような意味を持つのだろうか。

　第1に、ブランドの評価額が分かれば、経営にとって大いにプラスになる。ブランドの価値を資産として捉えれば、企業の管理下にある他の有形資産と比較できるからだ。先に挙げた事例での計算から考えてみよう。たとえば、ある有形資産（設備や工場など）の評価額が25ドルだとする。「ブランドの価値は287ドル78セント」という事実を把握している経営陣であれば、この有形資産よりもブランドのほうを重視して経営するだろう。このように、経営判断の視野が広がることが分かる。ブランドが、経営にとって重要な資産と認められれば、ブランド・マネジメントの必要性も明らかになる。ブランドに対する取締役会や経営陣の関心も高まるだろう。

　また、ブランド価値は、ブランド投資を実施・評価する際の目安にもなる。たとえば、累積ベースで年間約5％のブランド価値の上昇が認められる場合には、ブランド予算の1～2％をマーケティングやブランド・コミュニケーションに対して投資するといった判断が下せる。先の事例では、ブランド価値の1％を投じた場合のマーケティング予算は、年間およそ2ドル87セントになる。これは、保護や強化を図るべき資産価値に対する投資として、十分で適正な額である。

さらに、ブランド価値の評価額は、マーケティングに対する長期の投資収益を測定するうえでの土台になる。事例では、287ドル78セントというブランド評価額が、将来の投資収益の測定基準になる。マーケティング・プログラムによって、１ドルのブランド投資が実施された場合を考えてみよう。まず０年度には、割引キャッシュフローから、この投資額を差し引く。以後の年度には、さらに多くの額を割り引く必要がある。それでも、「税引き後ブランド収益の２ドル増」や「マーケティング費用をカバーしつつブランド収益（図表14－10の項目「ｄ」）をさらに１ドル増やす」といった目標を実現するのであっても、税引き後ブランド収益が２％増加する見込みがあればいいのである。この程度の見込みであれば、実現は不可能ではないはずだ。

　このように、ブランドの現在価値がいったん理解できれば、ブランドの評価モデルを年度ごとに更新することができる。必要であれば、マーケティングやコミュニケーションのプログラムに対する投資も考慮したモデルも可能である。また、投資によって株主にもたらされる価値の測定も、かなり正確になる。プレミア価格評価、参入障壁効果、マーケティング・コストの削減効果といったコンセプトでブランドを評価する手法も、確かに有効である。しかし、ブランドの適切なマネジメントによる株主価値の増大を測定する手法には、それらを凌ぐ効果や合理性がある。そして、ブランド・ファイナンス社のモデルを踏まえれば、どの企業でもこの手法を有効に利用できるだろう。

5　第15章への論点

　本章では、ブランド価値とその評価について検討した。ここで、５段階にわたる統合マーケティングのプロセスに関する議論は終了する。しかし、戦略志向の統合マーケティング・プログラムの開発・展開にまつわる検討項目は、ほかにもある。企業の組織構造と統合マーケティングの実施を阻む障壁である。これらの論点を次章で取り上げる。

第15章 統合マーケティングを推進する組織構造

　これまでに述べたようにマーケティングやコミュニケーションを、プロセス主導の体系的なアプローチに基づいて推進する動きが、今後のマーケティング活動の主流になるのは明らかだ。ビジネス環境は、ますます複雑になるばかりか、空前のペースで変化が進んでいるために、統合マーケティングが、企業の成功と失敗を分ける要因になり得るのだ。しかし、短期・長期の戦略やコミュニケーション・プログラム開発を手助けするような体系的・構造的なアプローチが不足しているということには、ほとんど疑問の余地はない。本書は、マーケティング活動の実施と財務上の評価を行うための戦略的アプローチを提示することで、そうした要請に解決策を与えていると信じている。

　本書で提示しているプロセスは、今日の財務主導型のビジネス環境で大きな威力を発揮する。しかし、企業はこのプロセスをより一貫した仕組みとして実施していないのはなぜだろうか。それは、組織構造に原因がある。そこで本章では、今日の企業の組織構造を検証しながら、統合を促すための変革を提案してみたい。

1　統合を妨げる組織構造

　組織にはさまざまな形態のものがあるが、大半の組織において、統合化の試みを阻んでいる問題がある。それは、効率の悪い組織設計と時代遅れの組織構造である。我々の経験から言えば、往々にして統合や連携、また人材や資源の有効利

用が、組織構造によって阻まれている。その結果として、企業は投資収益の最大化を果たせずにいる。だからこそ、組織のあらゆる機能・部門単位を統合・調整するプロセスやシステムの開発が欠かせない。これを実現してこそ、計画したマーケティング・プログラムが、キャッシュフローや株主価値を最大限に創出する成果を出すようになるのだ。

　残念なことに、今日の企業のほとんどは、効果的で一貫した顧客サービスを阻害するような組織構造を採っている。結果として、キャッシュフローの創出や株主価値の構築という経営の最終目標を達成できないことが多い。しかし、この事態は避けることが可能である。そのための優れた手法があるからだ。もっとも、本書で概観しているようなプロセスやアプローチを展開するには、組織構造をある程度変えなければならない。

　統合型組織の開発プロセスを理解するには、企業の物的資源・人材・事業活動を統合・連携する方法から学ばなければならない。我々は、十数年にわたって、統合マーケティングに関するコンサルティングを実施したり、マーケティング、ブランディングやコミュニケーションのアプローチを統合する企業の試みを支援したりしてきた。そのなかから、組織を効果的にまとめながら、統合したプログラムを展開するうえで欠かせない、経営者が取り組むべき重要課題を４つ洗い出すことができた。課題の内容は以下の通りである。

- 「内向き」から「外向き」志向への移行
- 水平型のコミュニケーション・システムの開発
- 効果的な報酬システムの導入
- 長期にわたる顧客価値・企業価値の創造

課題１：「内向き」から「外向き」志向への移行

　工業化時代の企業は、生産の効率性を中心とする組織構造をつくっていた。そのために、命令と支配の効率化に焦点を絞る経営手法が用いられた。結果として、前にも述べた指揮統制型の組織が主流になった。このような組織では、規模の経

済が重視される。つまり、生産量、売上高、あるいは効率性といった要素をいかに改善するかが経営の課題になるのだ。

これらの経営目標を達成するには、事業部門を機能ごとに独立して専門化させる手法が適している。それぞれの部門は、生産や流通の効率化という目標に向けて機能することになる。たとえば、営業部門の仕事も、専ら企業が生産したものを売りさばくことに集中していた。

この状況では、縦割り型の組織が発達するうえに、階層制の支配体制が主流になる。「上から下」という方向での管理が強化されるのだ。このようなピラミッド型組織では、最上部に経営陣がいて、その下にそれぞれの部門の管理者がいる。そして、それぞれの部門が特定の機能に特化しながら、他部門と競い合うように活動するのだ。別々に活動する部門を1つに束ねることが、経営陣の主な役割になる。つまり、あくまでも「内向き」の経営手法が用いられる。

このような経営では、顧客に焦点をあてることがない。そこで、統合マーケティングでは、こうした「内向き」の経営を、「外向き」志向に変えて、顧客中心型組織への移行を提案する。組織構造の変革は、ピラミッドの最上部に位置する経営陣が動かなければ、まず実現しない。中間層のマネジャーには、変革を促せるほどの権限がないからだ。しかし、もちろん経営陣だけではなく、内外のあらゆるステークホルダーが顧客第一という理念を共有することも欠かせない。

また、顧客中心の組織に移行するには、生産のあり方を変えなければならない。つまり、企業の都合ではなく、顧客のニーズに応じて商品を生産するシステムが必要なのだ。しかし、このような顧客志向の組織は、最新のテクノロジーの導入によって実現できるわけではない。あくまでも、顧客の獲得・維持を基礎にしなければならないのだ。

マーケティングの手法にも、変革が必要になる。つまり、マーケティングを1つの部門としてではなく、クロス・ファンクショナルに展開しなければならないのだ。顧客に焦点を絞る活動に必要なプロセスを、あらゆる部門で支援するためである（図表15-1）。

図表15-1●顧客管理構造

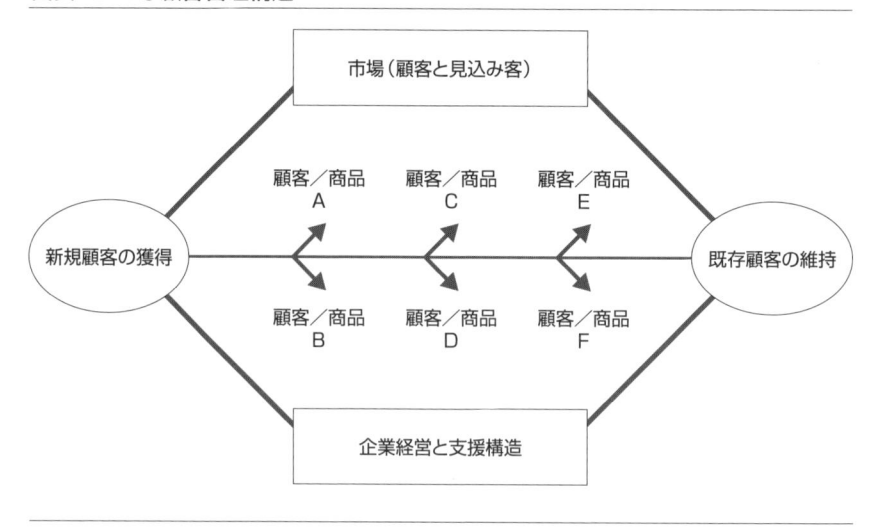

```
                    市場（顧客と見込み客）

              顧客／商品    顧客／商品    顧客／商品
                 A           C           E
  新規顧客の獲得                                      既存顧客の維持
              顧客／商品    顧客／商品    顧客／商品
                 B           D           F

                    企業経営と支援構造
```

課題2：水平型のコミュニケーション・システムの開発

　縦割り型の組織では、垂直型の支配体制が用いられる。コミュニケーションも、その分野の専門家から部門の担当者へ、部門担当者から経営陣へ、といった具合に縦方向に展開される。このような「内向きコミュニケーション」を実施する組織では、どの部門も、顧客関係の管理に対して責任を負うことはない。

　このような組織を顧客中心型に改めるには、顧客に対する見方を共有することが必要だ。顧客のニーズ・欲求に関する情報を共有しなければ、顧客に対する企業のアプローチに一貫性を持たせることはできない。そのためには、水平型のコミュニケーション・システムを開発することが欠かせない（**図表15-2**）。そうすれば、それぞれの部門のスペシャリストが、戦略の開発、価値の創造、流通チャネルの管理、顧客情報の管理、業績の管理などのプロセスを、部門間の壁に関係なく共有できる。このような連携が可能になれば、内向きの活動だけではなく、外部の顧客・見込み客を対象とする活動にも一貫性を持たせることができる。

　マーケティング活動を本当の意味で統合するには、このような取り組みが不可

図表15-2● プランニング・プロセスの統合

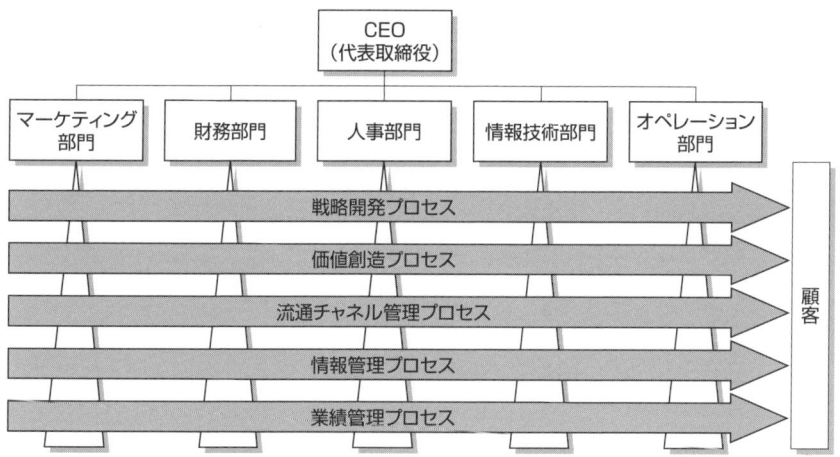

```
                    CEO
                （代表取締役）
    ┌────┬────┬────┬────┬────┐
マーケティング  財務部門  人事部門  情報技術部門  オペレーション
  部門                                          部門
```

戦略開発プロセス → 顧客
価値創造プロセス → 顧客
流通チャネル管理プロセス → 顧客
情報管理プロセス → 顧客
業績管理プロセス → 顧客

エイドリアン・ペイン"Customer Relation Management"（アメリカ・イリノイ州エバンストンのノースウェスタン大学で2001年10月11日に刊行）から、著者の承諾によって引用。

欠なのだ。

● 課題3：効果的な報酬体系の導入

　顧客中心型の組織を実現するには、顧客を対象にした業務への貢献を反映するような報酬体系が必要になる。前に見たように、顧客志向の経営では、顧客の獲得、維持、開拓、移動を推進して、顧客からの収入を拡大することが目標になる。また顧客の利益を高めることが、株主価値の増大にもつながる。そのように考えれば、この顧客による収入フローの拡大に貢献した度合いに応じて報酬が支払われるのは、当然と言えよう。

　このような報酬システムを導入する際には、組織にも変革が必要になる。特に重要なのは、これまでは極秘に扱ってきた、利益やコストなどに関するデータを、現場のマネジャーや従業員が利用できるようにすることだ。従業員は、それらのデータから顧客の価値を測定することによって、顧客志向の活動ができるようになる。

このような変革を遂行してこそ、マーケティングやコミュニケーションの統合も可能になるのだ。

● 課題4：長期にわたる顧客価値・企業価値の創造

従来の会計システムでは、四半期ごとの業績報告などのように、短期の業績に焦点があてられていた。株主に対する説明責任の重要性が増すにつれて、頻繁に報告が行われるようになったのだ。また、従来の会計では有形資産の価値の変動が重視された。そこでは、その時点での資産価値が、過去の資産価値をベースに算出される。

しかし現在では、有形資産は、企業資産全体のほんの一部を形成するに過ぎない。会計に対する新しいアプローチが開発されつつあるのだ。そこでは、ブランドをはじめとする無形資産を算定に組み入れる手法が採られている。重要なのは、無形資産の価値を測定するには、将来にもたらす価値に着目しなければならない点である。

将来価値に着目するようになれば、顧客価値の拡大につながる。そればかりか、統合マーケティングで必要とされるすべての活動のレベルが向上するのだ。これは、マーケターにとっても好ましい傾向と言えよう。

本書を通じて述べていることはいずれも、このような将来価値を左右する要因になると我々は考えている。

2　統合の実現に有効な組織設計

前にも述べたように、これまでのマーケティングやコミュニケーションは、社内の一部門による活動として扱われてきた。企業がマーケティングを重視する度合いによって、組織構造にも違いが生じていた。フィリップ・コトラーは、革新的な著書 *Marketing Management* のなかで、現在の組織設計に見られるマーケティング部門の発達について記述している。コトラーによれば、企業のマーケテ

ィング部門は、営業に従属する部門から営業と対等の部門になりつつあるという。営業主導型の企業では、営業力が顧客とのタッチポイントの主要な形態にあたり、マーケティングは、営業活動を支援するものと見なされがちだ。このような組織では、マーケティング活動は下層の従業員や外部のマーケティング専門会社に任されることが多くなる。

　しかし、近年の市場志向型の企業では、マーケティング部門の役割が従来よりも高まっており、営業部門と同じくらい重視されている。もっとも、依然として両部門を機能上の違いから分離して、別々の責任者にマネジメントさせる企業が多い。こうした企業では、営業部門は流通チャネルでの顧客とのタッチポイントに、マーケティング部門はリサーチやプランニングに責任を負うことが多い。マーケティング部門は、場合によっては、営業を補佐するデータの作成やエンドユーザーとのコミュニケーションも推進する。

　しかし、それよりも重要なのは、顧客志向の経営に移行しつつある企業の持つマーケティング部門の構造はどのようにあるべきかに着目することだ。いまでも、組織設計の多くに、一連の機能ごとに部門を区分けする傾向が強く見られる。しかし、この傾向にかかわらず、マーケティングやコミュニケーションの領域は発達を続けている。アメリカの全国産業審議会（CB）では、マーケティング主導型の大手企業を対象に、マーケティングの部門構造を示す例を数多く収集した。**図表15-3**には、よくできた新しい型の例を示した。

　図表15-3の組織設計では、マーケティング領域の専門化が進んでいるものの、注意していただきたいのは、コミュニケーション活動が、いくつかのマーケティング部門を横断するかたちで組み込まれていることだ。マーケティング部のシニアマネジャーを例に取れば、プロモーション、競合分析、セールス・コンテストに責任を負っている。またブランド・マーケティング部のシニアマネジャーは、広告とPRを、研修部のマネジャーは営業研修を担当する。このように、顧客や見込み客とのさまざまな接触手段を、マーケティング・グループ全体で分担するかたちを取っているが、ここでは統一された視点による顧客マネジメントは果たされていない。

　*Integrated Marketing Communications*で初めて提示したのは、上記の例をはるかに上回るほどではなくても、マーケティングのあらゆる形態を調整・統合

図表15-3 ● アメリカ全国産業審議会（CB）によるマーケティング・チャート

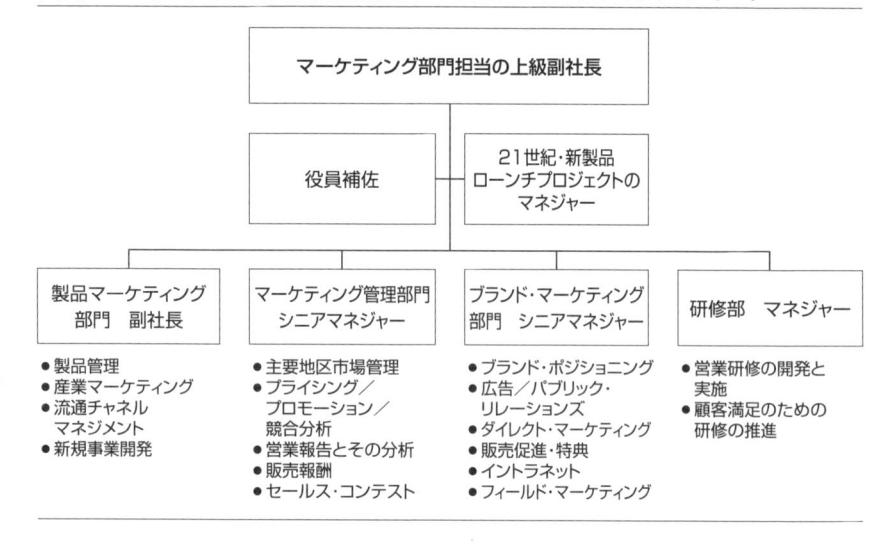

```
          マーケティング部門担当の上級副社長
                    │
        ┌───────────┴───────────┐
        │                       │
     役員補佐           21世紀・新製品
                     ローンチプロジェクトの
                         マネジャー
        │
┌───────┬───────────┬──────────┬──────────┐
製品マーケティング  マーケティング管理部門  ブランド・マーケティング  研修部　マネジャー
部門　副社長      シニアマネジャー      部門　シニアマネジャー
```

- 製品マーケティング部門 副社長
  - 製品管理
  - 産業マーケティング
  - 流通チャネルマネジメント
  - 新規事業開発

- マーケティング管理部門 シニアマネジャー
  - 主要地区市場管理
  - プライシング／プロモーション／競合分析
  - 営業報告とその分析
  - 販売報酬
  - セールス・コンテスト

- ブランド・マーケティング部門 シニアマネジャー
  - ブランド・ポジショニング
  - 広告／パブリック・リレーションズ
  - ダイレクト・マーケティング
  - 販売促進・特典
  - イントラネット
  - フィールド・マーケティング

- 研修部 マネジャー
  - 営業研修の開発と実施
  - 顧客満足のための研修の推進

された1つのアプローチに組み込む組織設計である(原注2)。図表15-4に示されるように、この組織設計では、マーケターとコミュニケーション担当者が同じレベルに立っている。マーケティング部門では、主に顧客の識別・評価（統合マーケティングのプロセス1、プロセス2）に責任を負う。一方のコミュニケーション部門では、コミュニケーション・プログラムの開発・伝達（プロセス3）を管轄する。特に重要なのは、コミュニケーション部門が、「内向き」と「外向き」の両面のプログラムを開発・実施することと、経営陣のコミュニケーション活動にも関与することだ。つまり、コミュニケーション部門が主要なコミュニケーション手段を統括している。これも統合マーケティング・プログラムの推進力になる。

　この方法は、コミュニケーション活動を効果的にマネジメントできる一方で、やはり機能型のアプローチに基づいている。つまり、マネジャーが責任を持つのは、顧客に対してではなく、活動に対してなのだ。経営の焦点を顧客市場に向けることこそ、顧客とのコミュニケーションを有効に進める手段の1つである。それを可能にする組織構造の一例を図表15-5に示した。ここでは、顧客と関連のある企業活動は、すべて顧客やマーケット・チームのもとで組織される。マーケ

図表15-4 ● マーケティング・マネジメントの構造

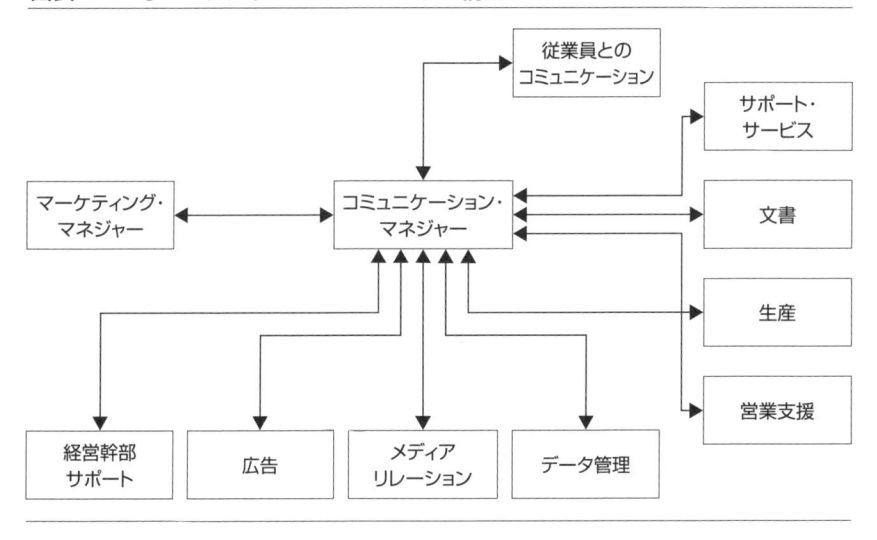

```
                          ┌─従業員との─┐
                          │コミュニケーション│
                                 ↓
                                              ┌─サポート・─┐
                                              │サービス    │
┌─マーケティング・─┐    ┌─コミュニケーション・─┐  ┌─文書─┐
│マネジャー       │←→│マネジャー          │←→│      │
└──────────┘    └──────────────┘  └─生産─┘
                      ↑↑↑↑↑            └─営業支援─┘
      ┌────┬────┼────┬────┐
┌─経営幹部─┐ ┌─広告─┐ ┌─メディア─┐ ┌─データ管理─┐
│サポート  │         │リレーション│
```

図表15-5 ● 市場セグメント別マネジメント

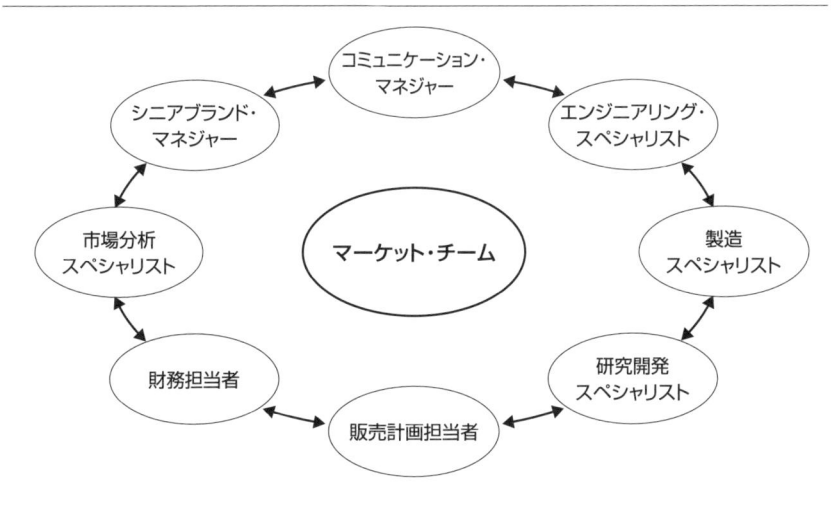

中心：マーケット・チーム

周囲（時計回り）：
- コミュニケーション・マネジャー
- エンジニアリング・スペシャリスト
- 製造スペシャリスト
- 研究開発スペシャリスト
- 販売計画担当者
- 財務担当者
- 市場分析スペシャリスト
- シニアブランド・マネジャー

ット・チームは、顧客とそのニーズの識別、顧客価値の測定、商品・サービスに対する顧客ニーズや要求の識別、商品・サービスの流通方法の決定などの必要な活動によって構成される。このようにして、特定の識別可能な顧客に焦点を絞った顧客セグメント・チームや市場セグメント・チームによって、組織を構成できる。ここに、図表15－1のような顧客の獲得・維持のアプローチを適用すれば、組織（特に、マーケティングやコミュニケーションの部門）は確実に顧客重視型・顧客主導型に移行する。このアプローチは、取り扱う商品・サービスの種類にかかわらず、ほとんどの組織にとって有効だろう。

　本節では、マーケティング活動の大半を、企業が内部で計画・開発・実施すると想定した。しかし、そのような状況は決して多くはないのだ。それだけに、社外の資源（広告会社、PR会社、ダイレクト・マーケティング、データベース企業など）を有効利用するための組織構造の開発を検討することも、十分に意義があるだろう。

3　社外のコミュニケーション・グループとの連動方法

　たいていの企業は、マーケティング活動の計画、開発、実施のすべてを社内だけで遂行するわけではない。むしろ、コミュニケーション・プログラムの多くの部分を、社外のリソースを活用して実施することのほうが多い。社外のリソースには、広告会社、PR会社、ダイレクト・マーケティング、データベース企業などがある。このような存在が、企業に不足しているスキルや専門技術をかなり補っている。

　本書全体で提言しているように、マーケティングやコミュニケーション部門は、戦術上のコミュニケーション活動よりも、戦略の開発に取り組むべきである。もちろん、戦術や活動の実施段階を軽視してよいわけではない。しかし、企業にとってコミュニケーション戦略の開発は、全社レベルの目的や目標の達成を指揮・支援するうえで、ますます重要になっている。つまり、戦略志向の統合マーケティング・アプローチでは、マーケターが戦略家の役目を負う。そして、プログラ

ムの具体的な内容を決定する際には、戦略の実施段階に詳しいスペシャリストの力を借りればよいのだ。

このように、マーケターの役割も変化しなければならない。マーケティングの担当者が戦略的役割にフォーカスし、実施プログラムに関しては監督的役割に徹するような組織が求められる。いくつかの組織のなかには、外部業者との関係のあり方を通じて、それを実施しているものもある。ここでは、そのうちの重要なものをいくつか検証する。(原注3)

● クライアント中心の統合構造

クライアント中心の統合が実現すれば、マーケティングの担当者は、外部のあらゆるコミュニケーション・サプライヤーを管理する「コミュニケーションの最高責任者」になる。この構造では、あらゆる外部サプライヤーとの接触が、中心の1点で行われる。マーケティングのさまざまな領域を担当する人物（あるいはチーム）が、この中心になることもある。その場合には、この人物やチームが、社内のあらゆるコミュニケーション活動の中心として機能する。それと同時に、企業と外部のリソースやサプライヤーとのパイプ役としても活動するのだ。

● 連邦型統合構造

上記のクライアント中心の統合構造では、複数の外部サプライヤーを、別々の機能単位として扱う。つまり統合は、クライアント企業の内部で実現されるのである。それに対して連邦型統合構造は、クライアント企業と社外の多彩なサプライヤーが、コミュニケーション・プログラムの統合に関する責任を分担する仕組みになっている。

この構造の特徴は、クライアントの統合マーケティング・プログラムを促進するために、外部のサプライヤーが連携しなければならない点にある。

一般にこの構造が採用されるのは、クライアント企業が、コミュニケーションのさまざまなスキル・能力を、複数の企業から個別に提供してもらう場合である。こうしたスキルは、インターパブリック、WPPグループ、アバス、オムニコム

といったコミュニケーション企業グループ内に存在することが多い。1つのグローバルな傘のもとで「兄弟代理店」を一緒に連携させるというやり方が想定される。しかしながら、この構造も理論上は優れていても、往々にして実現は難しいのだ。コミュニケーション・サプライヤーが互いに競合している代理店グループに所属している場合には、さらに困難になる。それぞれの企業が、コミュニケーション予算や投資額の配分を、同業のライバルよりも多く獲得しようと躍起になることも多くなるからだ。

● リード・エージェンシーによる統合構造

　統合型のマーケティング・プログラムを、外部のサプライヤーを連携させることによって推進するという課題を達成する1つの方法は、ある特定のサプライヤー（広告会社であることが多い）を、コミュニケーション活動全般の先導役にすることだ。この方法では、ある特定のサプライヤー（リード・エージェンシー）が、他のすべての業者をリードする役割を果たす。リード・エージェンシーは、クライアント企業と直接連動しながら、コミュニケーション戦略の開発を行うだけでなく、戦略の実施段階や実際の企業行動にも関与する。さらに、他の外部サプライヤー（イベント・グループ、PR会社、ダイレクト・マーケティング会社、フルフィルメント・グループなど）の活動を調整することも、リード・エージェンシーの役割の1つに挙げられる。ここでは、プログラムの本当の意味での統合の実現に向けて、リード・エージェンシーが独自で責任を負う。また場合によってはクライアント内の市場部門や顧客セグメント部門と連携したり、クライアント内では分離されている諸部門と協調したりすることもある。それでも、リード・エージェンシーの存在によって、クライアント企業と外部サプライヤーとの接点が、1つに集約されるのだ。

● 世界規模の統合構造

　企業では、世界規模で統合したマーケティングやコミュニケーション・プログラムの開発がますます重要になっている。それにつれて、企業の「内」と「外」

図表15-6●世界規模の統合構造

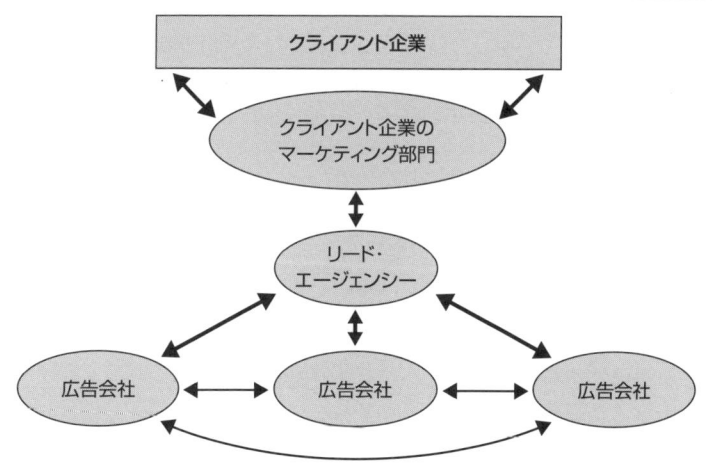

```
         クライアント企業
            ↕    ↕
        クライアント企業の
        マーケティング部門
              ↕
          リード・
         エージェンシー
         ↙    ↕    ↘
    広告会社 ↔ 広告会社 ↔ 広告会社
```

デビッド・ピックトンとアマンダ・ブローデリックの共著 *Integrated Marketing Communication* (Person Education、2001年) から、同社の許可によって転載。

の両面での統合の必要性が高まっている。そこで**図表15-6**では、世界規模での統合構造を開発する方法の一例を示した。

　図表15-6では、クライアント企業が、複数のコミュニケーション活動を、1つのグループにまとめている。このグループが、企業内部の他のグループと直接連携しながら、あらゆるコミュニケーション活動を中心点に集約するのだ。企業外部のグループに対しても、同じ手法が用いられる。つまり、1つのリード・エージェンシーが、外部のあらゆる企業やサプライヤーを連携させながら、クライアント企業の唯一の窓口としての役割を果たすのだ。

　このような組織構造が特に有効なのは、グローバルレベルのブランドを扱う企業である。そこでは、図に示したように、クライアント企業が中心になって、世界規模のあらゆるマーケティング活動を管理する。同じように、さまざまな種類のサプライヤーも中央集中方式で運営されている。これによって、外部のサプライヤーや地元のマーケティング企業が、地理上の境界線を越えて、世界レベルのプログラムを実施できる。それぞれの国で地元のサプライヤーを採用できる場合には、特にこの構造の効果が高まる。ブランドに焦点を合わせるうえで欠かせな

い集権的なマネジメントを実現するとともに、個々の市場やマーケティング・グループが、その中心テーマを国・地域ごとにカスタマイズして展開できるからだ。この組織構造は、「グローバルに考えて、地域ごとに実行する」(think global and act local) というコンセプトの典型例である。

4 第16章への論点

本章では、統合を妨げる組織構造の問題を浮き彫りにした。また、その問題を克服する組織構造を新たに提案しながら、21世紀の統合マーケティング・プログラムの理想像を示唆した。締めくくりとなる次章では、引き続き統合マーケティングの将来を検討する。

第16章 統合マーケティングの将来的展望

　これまでに我々は統合マーケティングについて、進化したビジネス理論や成功を収めたビジネス手法として、熱意をもってその特徴を検討してきた。しかし、この新しいマーケティング・アプローチが、現場にもたらす影響には言及してこなかった。この最終章では、統合マーケティングの将来の方向性を示すとともに、今後生じると思われる新しい課題に目を向ける。それらの課題への対処の仕方によって、統合マーケティングのプロセスは有利にも不利にもなり得る。本章は、全体を2つに分けて構成する。第1に、統合マーケティングのさらなる発展を阻む企業内外の障壁に着目し、またその障壁に対するマーケティング・マネジャーの対処方法を検討する。第2に、将来の統合マーケティングで必然的に生じると思われる新たな局面について解説する。

1　統合マーケティングの進展を阻む障害

　10年あまり前に統合マーケティングのコンセプトを開発した際には、コンセプトの成功を阻む要因として以下の4項目を挙げた。

- 変化に対する抵抗
- 組織構造
- 能力と支配

●マーケティングのプランニング・システム

　統合マーケティングは、当時に比べて発達しているものの、程度の違いこそあれ、これら４つの障壁はいまなお存在している。技術の進歩によって、ビジネス環境は大きく変化しているが、マーケティングやコミュニケーションの分野ではいまだに変化に対する根強い抵抗が、企業の内外において存在する。データの収集・分析が飛躍的に進んだにもかかわらず、自社の顧客がだれなのかを知らず、顧客の現在および将来価値についても知る手立てを持たない企業は多い。いまでも、安全で利用しやすいうえに、経営者にとっても馴染みのあるマス・マーケティングの発想が主流だ。一夜にして崩壊したITバブルの教訓から、人々はテクノロジーを過信することへの警戒感を抱いている。確かに、マーケティングやコミュニケーションの業界では、双方向型のネットワーク・システムへの移行が急速に進んだ。しかし、上記のような事情から、大半の企業には、まだ開発されていないスキルが数多く残されている。

　いまだに企業は、顧客に焦点を絞る経営や顧客中心の組織構造の実現にてこずっている。クロスファンクショナル・チーム（CFT）やアウトソーシングの推進に取り組んではいるが、やはり「命令と統制」という時代遅れの経営システムから脱却し切れないのだ。

　従来型のマーケティング・プランニング・システムの欠陥は、年々明るみに出ている。それでも、疲弊した感のある４Ｐ（製品、価格、流通、プロモーション）のコンセプトに固執する企業は多い。数多くの反証にもかかわらず、いまなおマーケターたちは４つのＰをうまくマネジメントできれば、市場を支配できると考えている。最大の問題は、４Ｐに基づくプランニング・モデルが、顧客の存在をまったく視野に入れていない点にある。

　同じことは、コミュニケーションのプランニングにもあてはまる。業界では、効果階層モデルがいまでも重宝されている。このモデルは、単一かつ外向きのメッセージの伝達だけに焦点をあてているが、同時に複数の媒体に接触するような21世紀の顧客・見込み客については、考慮されない。そのうえこのモデルには、顧客とブランドのタッチポイントは、すべて企業が主導権を握りコストを負担するものだという前提がある。

もちろん、古くからのシステムを変えるのは難しい。我々が見る限りでは、このことが統合マーケティングの順調な開発・実施を阻む最大の障壁である。もっとも、ゆるいペースではあるが、待望の変化の兆しは現れ始めている。説明責任の重要性が高まるにつれ、多くの企業がマーケティングやコミュニケーション・プログラムの開発方法を変革する取り組みを、ゆっくりではあるが、着実に進めている。また、統合の必要性は、マーケターのほとんどが認めており、そのことが、企業をいっそうの変化に向かわせているのだ。現に、統合しないアプローチを将来にわたって適用したいと考えている人は、経営幹部、マーケティング・マネジャーはおろか、マーケティング専門家のなかにも、ほとんどいない。ただし時間は必要だ。また、必要な時間の長さは、企業によってかなり異なるだろう。

2　統合マーケティングの今後の課題

　統合マーケティングの前途は有望だ。その基礎は磐石であり、また第3章で検討した原則はすでに的確さが実証されて、市場でいっそうの改良が加えられている。それでも、統合マーケティングを完全に実施するには、いくつかの課題が残されている。ここでは、その課題を指摘するとともに、解決方法を提示する。これらの課題を克服すれば、統合マーケティングは最大限の効果を発揮する。しかし、一夜にして解決できる課題は1つもない。これらの課題は、あらゆる種類の企業において統合マーケティングが標準となるための原則となり得る。以下に7つの主な課題を提示する。

●──────課題1：企業内外のマーケティング活動の連携を図る

　元来、統合マーケティングで主に焦点があてられたのは、社外の顧客、消費者、見込み客を対象にして開発・伝達する外向きコミュニケーションのプログラムだった。その内容は主に、広告、PR、ダイレクト・マーケティング、セールス・プロモーション、イベント、スポンサーシップなどの活動によって構成される。

いずれの活動も、社内で開発された後に、社外へと伝達される。伝達の際には、通常はメッセージとインセンティブが用いられ、その内容は、顧客や見込み客にとって重要であると同時に、自社の財務上の収益性を拡大する可能性も非常に高いと企業が考えたものである。つまり統合マーケティングは、外向きマーケティング・コミュニケーションのさまざまな活動を調整・連携する手段として進化してきたのだ。いまなお、そのように定義される場合がある。

しかし、ブランドの重要性が大きくなるになるにつれて、コミュニケーションのタッチポイントを統合する必要性が浮かび上がってきた。これらのブランド・タッチポイントは、マーケター主導で彼らの管理・統制が及ぶものだけとは限らない。顧客や見込み客のほうから商品、サービス、企業、ブランドに接してきた、すべてのタッチポイントが含まれるのだ。

今日、社内コミュニケーションは、社外コミュニケーションと同じくらいかそれ以上に重要であると、マーケターは考え始めている。顧客と直に接する従業員や契約社員が、自社のブランド・メッセージを理解したうえで伝達し、顧客のブランド経験を支援することは、今後も非常に重要になるだろう。つまり、従業員の活動をよくすることは、製品・サービスのパフォーマンスの向上と同じくらい重要なのだ。このうちの片方が欠ければ、もう一方もうまくいかなくなる。

しかし、社内コミュニケーションや社内マーケティングに対して責任を持つのは、往々にしてマーケティング・マネジャーではない。人事部門・業務部門・製造部門などの部門である場合が多く、またその責任の所在が明らかではないこともある。だからこそ、内外のコミュニケーション・プログラムの連携は、将来の統合マーケティングの成功にとって欠かせない要素の1つになる。これによって、接触の時期、場所、方法を問わず、また、その接触が顧客からかブランドからかを問わず、顧客に対して一貫したブランド経験を提供できるのだ。企業は、マーケティングやコミュニケーションが約束したことを、実現しなければならない。だからこそ、社内マーケティングは統合マーケティングの次の重要な開発ステップとなるのだ。

営業活動とマーケティング活動は、統合と連携を最も必要とする領域である。不幸にして多くの場合、営業部門とマーケティング部門は組織的には縦割り型に分離されている。営業部門は、専ら小売業者・再販業者、あるいはエンドユーザ

ーへの直販に焦点をあてて活動を行う。一方のマーケティング部門は、同じ顧客層を対象にしながらも、営業部門とは異なる方向の活動を展開し、結果として、あらゆるレベルの顧客を混乱させることになる。営業とマーケティングでは、その行動と活動がお互いに無関係であることが非常に多い。社内向けのプログラムの開発では、第一にこの領域の問題を解決することによって、企業全体の連携・統合を推進する必要がある。

課題2：顧客行動を基盤にしてマーケティング効果を測定する

　本書全体を通じて記しているように、いまなおマーケティングに対する効果測定のほとんどが、何らかのかたちで顧客態度やコミュニケーション効果に基礎を置いている。つまり、認知、想起、認識などの尺度に基づいて、マーケティング・プログラムの効果を測定しているのだ。これらの尺度は確かに使いやすいが、マーケティングやコミュニケーションに対する投資決定に欠かせない財務収益の測定には役立たない。そこで、統合マーケティングの将来を左右する要素の1つとして、マーケティング投資に対する財務収益の測定を挙げておく。そこでは、測定・評価に対するアプローチの重心を、顧客行動に移すことが求められる。マーケターは、人々が何を感じるかではなく、何を行うかに目を向けるのだ。行動は購買に結びついて、売上げをもたらす。その結果として、企業の支出と収入の関係が改善されるほど、マーケティングやコミュニケーション投資のための財務基盤も強化されることになる。

　行動尺度への移行を最も必要としているのは、外向きのメディアをおいてほかにない。現在のところどのメディア・モデルも、伝達と期待露出に基づいてつくられている。これらは、放送、印刷物、屋外広告等の環境メディアによってもたらされる。現時点でマーケターが把握できるのは、「メッセージが送られた」ということまでで、「メッセージが受け取られた」ということまでは分からないのだ。しかし今後、統合マーケティングが発展するためには、メディアのプランニングやバイイングを顧客行動によって測定するシステムを確立し、マーケターが活用できるようにしなければならない。広告効果を、伝達されたメッセージ数や、

記事として取り上げたメディア数を基準にして測定する時代は終わっているし、終わるべきなのだ。マーケターは、多様な形態を持つメディアと、そのメッセージやインセンティブを受容した人々の行動を関連づけて捉える方法を探らなければならない。

課題3：マーケティング・プログラムのフローを逆にする

これまでは、マーケティング・プログラムに対する資金は、企業によって提供されてきた。つまり、企業は貴重な経営資源を投資して、顧客や見込み客に対するコミュニケーションを実施し、短期または長期にわたる売上げがもたらされることを期待するのだ。マーケターは、購入する顧客はおろか、商品に興味を持つ顧客すら把握できなかったために、手当たり次第に独創的なメッセージや大量のインセンティブを提供したうえで、商品を購入または利用する新たな顧客が現れるのを待つのが精一杯だった。このアプローチは、自社の顧客になっていない消費者が数多く存在する場合には、確かに効果がある。しかし、このアプローチでは、購入の意思がなく、場合によっては見込み客にもならない企業や個人にもメッセージやインセンティブを伝達することになり、そのために、大きな無駄が生じる。多くのマーケターが、この無駄に悩まされているのが現状だ。特に、メディアの選択肢が幾何数的に広がってしまい、1つのメディアで獲得可能な顧客の数が減少して、メッセージとインセンティブの伝達コストの回収が不能なレベルにまで達している現状ではなおさらである。

ここ数年の間に明らかになってきたのは、既存顧客の維持が、新規顧客の獲得と同じくらい企業の成功を左右するということである。そのため、マーケティング活動の対象を既存顧客や、反応する確率が高い見込み客に絞れば、全体の投資額を抑制できるし、事実そうしてきた。いまのマーケターたちは、顧客の識別や顧客反応の予測という点ではかなり熟達してきている。しかし、理由はともかく購入の意思はおろか、商品に対する興味すら持たない顧客・見込み客に対して、いまだにメッセージとインセンティブを開発・伝達して、多額の資金を浪費しているという問題がある。マーケターにとっての急務は、このような外向きマーケティング・コミュニケーションのコストを削減する対策を立てることだ。

手段の1つに挙げられるのが、顧客・見込み客がオンデマンド型で企業情報にアクセスできる双方向的なシステムの開発を推進することである。その形態には、ウェブサイト、自動応答電話／ファックス、双方向ネットワーク・システムなどがある。企業は、こうした双方向のコミュニケーション手段を開発して、メディアや時間や方法を顧客の都合に合わせられるようになることが必要だ。端的に言えば、マーケターに配分された予算に応じて伝達される外向きマーケティング・コミュニケーションは、すでに時代遅れになっているのだ。将来には、コミュニケーションのコストを、買い手と売り手で分担する双方向的なシステムを構築することがゴールになるだろう。たとえば現在でも、顧客が企業のウェブサイトにアクセスする際に生じるコストは、マーケターではなく顧客が負担することが多い。マーケターがサイトの開設や更新に資金を投じる一方で、顧客も、資源（コンピュータ、電話、ブロードバンド回線など）、時間、労力を負担しながら、情報にアクセスしている。言い方を変えれば、マーケターはコミュニケーション・コストの一部を、顧客に転嫁できたことになる。顧客も多くの場合、そのコストを受け入れるだけでなく、歓迎している。顧客としては、コミュニケーションが便利になれば、生活を改善できると同時に、情報、商品、サービスに対するニーズや欲求も、より簡単に満たせるようになるからだ。

　今日の企業の大半は、販売システムの統合が不十分である。つまり、営業力とマーケティング、マーケティングと顧客サービス、生産やオペレーションと配送システムは、それぞれ連携がされていないのだ。統合マーケティングをうまく進めるには、あらゆるコミュニケーション・システムを双方向に連結する必要がある。それでこそ、行き届いた顧客サービスも可能になるのだ。

課題4：ブランドをマーケティング活動の中心に据える

　技術の進歩によって、革新的な製品やサービスの開発は難しくなった。そのなかで競争優位を維持するには、マーケターは以前にも増してブランドやブランド・コミュニケーションに頼らなければならなくなる。ブランドを単なる製品名と考えてきた企業や、マーケティング活動を経営陣の思いつきだけで実施してきた企業は、大きな変革を迫られるだろう。

ブランド・コミュニケーションは、単なる戦術上の活動から、企業の主要な戦略ツールへと変貌することになろう。第1章で述べたように、21世紀の市場では、顧客や見込み客との関係を築くコミュニケーション・プログラムを開発する技術は、企業にとって最も重要な組織能力となる。この技術を開発するには、ブランド、マーケティング、マーケティングに対する経営陣の積極的な関与が必要だ。企業のトップは、新たなマーケティング、コミュニケーション、そしてブランディング・コンセプトの開発を、製品・サービスの研究開発と同じくらい積極的に支援しなければならない。

　前進を続ける企業においては、ブランドによる顧客関係の構築に対する継続的なコミットメントこそ、他社との本当の差別化を促す要因になる。そのため企業は、マーケティング・プログラムの領域のなかでも調査（リサーチ）と特に人材の領域に対して投資することが求められる。マーケターのスキル開発は、長期にわたって継続する必要があり、リサーチ、研修、人材採用活動への投資が必要になるのだ。しかし、統合マーケティングのプログラムを扱える有能な担当者がいなければ、あまり大きな変革は望めないのだ。

課題5：グローバルな視点を持つ

　統合マーケティングのコンセプトが開発された当初は、グローバル市場は産声を上げたばかりだった。通信、輸送、金融、経営の分野で、世界規模のシステムがようやく登場した頃のことだ。今日では、いずれの分野でも、世界規模のシステムが当たり前になっている。そのために、どの地域の出来事でも、世界各地に影響を伝えてしまう。それでも経営者たちは、こうした変化を考慮せずに経営を続けているかに見える。相変わらず、顧客やライバル企業が動くのを待っているだけなのだ。

　我々はグローバルな市場に生きている。統合マーケティング・プランナーが、グローバルな視点でコミュニケーションやブランディングを捉えることに肯定的であろうがなかろうが、市場はグローバルであり相互に連携しており、双方向的である。それだけに、マーケティングやマーケティング・コミュニケーションに取り組む際の視野を広げなければならない。従来のような限定的な市場やマーケ

ティング・システムへの見方を捨て、国際化、多国籍化、グローバル化に対応する広い視野を持ち、それによって、物理的、政治的な境界を乗り越えられると同時に、さまざまな文化の違いにも対応できるようになるべきである。今後は、新しいタイプの統合マーケティング・プランナーを育成し、いまの経営者がさまざまなメディア・システムを縦横に駆使するのと同じように、さまざまな地域・文化の境界を楽に乗り越えて活動してもらわなければならない。21世紀の企業が、数カ月後あるいは数年後に必要となる技術や人材を開発する唯一の手段は、コミュニケーションのあらゆる領域をグローバルな視点で捉えることなのだ。

課題6：将来のための予測・測定・評価システムを開発する

現在のマーケティングで用いられている測定システムのほとんどは、過去の支出から収益を算出するだけである。つまり、マーケティング投資から得られる潜在的な収益の予測はなされていない。しかし、企業の経営陣に対して、特定の投資方法によって得られる収益を正確に示すには、過去の評価よりも、将来に対する予測が必要となる。そのためにはさまざまな代替的手段が開発・活用された場合ごとに、将来の収益を予測しなければならない。

このような予測システムは、思うほど難しくはない。顧客を特定して、顧客の価値や過去の顧客行動を把握した企業であれば、確率モデルを開発・利用して、顧客の将来の行動を測定できる。さまざまな種類の投資収益システムが開発・検証されるまでには、長い期間が必要だった。しかし、顧客に関する知識、情報、トラッキング調査をもとにした予測システムは、企業のスキルとなる。いったん効果測定や財務分析の技術を身につければ、マーケティングやコミュニケーションの担当者は、正確さと信頼性の点で他の部門に劣らないレベルで、将来の収益を予測できるようになるだろう。いまでも、将来収益の測定は、克服しにくい難題と思われがちだが、実は最も早く簡単に解決できる課題の1つと言えそうだ。

課題7：新しい組織構造と報酬体系を開発する

最後に挙げるのは、今後の統合マーケティングの開発にとって最も難しい課題

だ。すなわち、組織構造の設計と従業員に対する報酬体系である。これは、我々の認識では、マーケティングやコミュニケーションの担当者ばかりか、あらゆるタイプの上級経営陣にとって、最も難しい課題である。

組織に関する問題については、前に詳しく触れた。例を挙げれば、ほとんどの企業が、モノの販売やサービスの提供を推進するための組織構造をつくっていることだ。一方、顧客へのサービスを目的にして組織された企業は少ない。現在の組織設計は、産業時代から持ち越されたものであり、指揮統制型の構造のもとで、従業員やプロセスが機能ごとに区分けされている。そのため、企業は内向き志向の垂直型組織をつくってきており、それはいまでも変わっていない。組織構造を垂直型から水平型に変えることは、21世紀の企業にとって最も難しい課題になりそうである。

機能別組織に内在する報酬システムでは、従業員やその他の人々がつくり出したモノに応じて報酬が決まる。つまり、従業員および社外の関係者に対する報酬は、測定できる作業に対してであり、顧客へのサービスに対しては報酬は与えられない。この報酬システムが維持されているうちは、現在の組織設計が強化される一方になり、進歩は見られないだろう。

顧客に焦点を絞る経営を本当の意味で実現するには、組織は顧客および顧客層のために設計されなければならない。そして、顧客に基礎を置いて組織が設計されないうちは、顧客に焦点を絞ってサービスすることへの従業員のモチベーションを高めるような報酬システムも開発できない。この組織設計と報酬システムは、今後のマーケティング・マネジャーにとって最も難しい問題になるだろう。顧客に焦点を絞った外向きの組織構造と、顧客維持と顧客へのサービスに応じて賃金が支払われる報酬システム。この双方を経営陣が構築しなければ、統合マーケティングの取り組みも、外向きではなく内向きにとどまるだろう。

3 さらなる論点

顧客価値重視の統合マーケティングでは、将来起こるであろう事態への洞察を

得られるばかりか、それらの課題に対処するためのツールも手にできる。今日のビジネス環境は混沌としており、顧客をめぐる競争も激しく、コストがかかるものになっている。また、その規模も世界規模に広がり、双方向的な市場で繰り広げられる傾向が強くなっている。このような状況のもとでは、顧客との新しい関わり方や、顧客の望むコミュニケーションの新しい手段を開発することこそ、マーケティング業界全体にとっての急務になることは、我々の経験からも確かである。そして、そのためのプロセスを提案するのが、統合マーケティングなのだ。我々は、統合マーケティングが、将来のさまざまな課題に立ち向かうためのツールになることを願ってやまない。

訳者あとがき

　本書は、ドン・シュルツ、ハイジ・シュルツ夫妻の手になる統合マーケティングの最新版である。ドン・シュルツ教授に関してはいまさら我々が紹介する必要もないが、統合マーケティングの提唱者であり、1990年代初頭にノースウェスタン大学に世界初のIMC（Integrated Marketing Communications）学科を創設、コトラー、アーカーと並んでマーケティング三大権威と称されている。彼の長年にわたる統合マーケティングの研究と企業コンサルティングの実務を踏まえた決定版が本書と言っていい。

　統合マーケティングと言えば、1990年代初頭アメリカ発の最新マーケティング・コミュニケーション手法として紹介され、日本でもブームを引き起こした。しかし、本書で説く統合マーケティングは、日本語版序文にもあるように、前回提起した命題を包含するものであるが、その主張は発展的に広がり、内容的にはほぼ一新したものとなっている。以前の議論は、日本では広告・広報・プロモーションの統合を扱うコミュニケーションの戦術論という受け取られ方が多かったが、ブランド戦略や顧客マネジメント技術等のその後の発展的成果の裏づけを得て、以前からのアウトバウンド・コミュニケーションに加えてインターナルなコミュニケーションを含む広範なタッチポイントの統合を志向することで、単なるコミュニケーション領域の議論からマーケティング全般の統合を目指す議論へ発展している。また同時に、広告キャンペーンというような短期的な活動の統合ではなく、ブランド戦略や顧客マネジメント戦略など長期的かつ戦略的な視点へと昇華したものとなっている。

　しかし、本書の最大の成果は、経営の立場から見て有効なマーケティング戦略論を初めて提起したところにあるだろう。その中身は具体的には3点ある。

　1つ目は、マーケティング活動の財務的な成果を測定し、評価する視点を開発したことである。日々実践レベルで行われるさまざまな顧客に向けたマーケティング活動を、ブランド価値分析の最新の成果を踏まえて、企業価値形成へと結びつける戦略論である。マーケティング活動は従来から企業経営のなかで重要とは

されてきたものの、成果の定量的な把握がネックとなって、経営層によるコントロールが難しいものとされてきた。結果としてマーケティング戦略策定は、企業内の一部の専門家のなかだけの議論となりがちであった。そのことによって、専門的な、ある意味でアーティスティックな議論が進む一方で、大きな投資を伴う判断や企業の経営方針に大きな影響を与える議題が提起されるチャンスは少なかったのである。そのことを示す例を1つ挙げるとすれば、シュルツ教授も述べていることであるが、マーケティング費用は往々にして単年度の「経費」と認識され、単年度もしくは複数年度にまたがって回収可能な「投資」と認識する企業は稀であるということでご理解いただけるだろう。この事情は、日米に違いはないようだ。本書は、マーケティング活動のコストと生み出す価値を明確化することで、その壁に風穴をあけ、マーケティング戦略を経営メンバーが議論する道を開くことに成功している。いわゆるマーケティングの投資収益モデル（マーケティングROI）を明確化したのである。

　従来のマーケティングで広く流布している測定のコアコンセプトの1つに顧客の「心理的な態度」の測定ということがあるが、シュルツ教授は、この「態度」の測定に代えて、「行動」という概念を提案している。行動とは、「問い合わせ」とか、「来店」「試用」「購買」といった具体的な顧客の実践行為のことで、そこに測定の中心を置くことが、彼が言うマーケティング投資収益測定を可能にしている。この主張は、単に投入（たとえば広告出稿量）と成果（たとえば売上げ）という数字の世界に統計分析の高度な手法を持ち込むだけと思われがちなマーケティングROIの議論に、リアルな顧客行動を導入することであって、今後の議論に大きな影響を与えるものと言える。

　また、これらの議論は抽象的な概念の提案で終わっているのではない。企業経営のなかで実践するための具体的な5つのステップとしてまとめ上げている。特に、第9～14章で詳細に述べられているマーケティング活動の成果を測定・評価するステップは、企業の具体的実例を挙げて解説されており、きわめて実践的な内容になっている。同時に、この領域で活躍するグローバルの調査機関・コンサルティング企業の手法をほぼ網羅した内容となっており、実務上の参考資料としての価値も高い。理論的な整理だけではなく、この領域の主要な実務機関・企業の実践手法を整理したものは、世界初と言っていいのではないだろうか。

2つ目は、タッチポイントである。タッチポイントとは、生活者とブランドのすべての接点のことである。TV広告などマスメディア広告もタッチポイントに含まれるが、それ以外にもインターネット、アウトドア・メディア、そして、店頭コミュニケーション、販売員、コールセンター、DMなどあらゆるブランド・コミュニケーションの接点が含まれる。消費者間のクチコミもタッチポイントである。ブランド戦略を考えるうえでタッチポイントがいかに大切かは、第7章に述べられているので繰り返さないが、実はタッチポイントの視点に立って初めて前に述べたマーケティングの投資収益モデルの実現が可能となったという点は、強調しておきたい。その理由は、ブランド活動の投資収益を測定するにあたっては、一部の活動だけを取り上げるのでは全体最適化できず、部分の投資収益管理をしても効果が薄いのは言を俟たない。ブランドへのマーケティング活動を広く包含・統合する視点、つまりタッチポイントの視点が不可欠である。また、タッチポイントは、ブランド・メッセージやブランド・クリエイティブの議論と違って、活動量として把握する概念である。バランス・スコアカードやシックスシグマなどの定量的マネジメント手法との馴染みがいいという特徴がある。これらの手法の顧客の視点とは、ほぼタッチポイント・マネジメントのことであると言っても過言ではない。

　3つ目は、顧客主導の視点の進化である。顧客主導という視点は、当初の統合マーケティングからの主張であり、最大の出発点である。しかし、本書の議論を見てもらえば分かるように、デジタル・コミュニケーション環境、あるいはパーソナル・メディアの変化によって顧客主導の視点が進化した。同時に、現実の出来事を通して、そのことがどういう事態を引き起こすかが明らかになってきた。たとえばそれは、昨今注目されているバズ・マーケティングやバイラル・マーケティングといった顧客との双方向マーケティングの拡大というマーケティングの進化であったり、ユーザー主導のブランド・コミュニティ形成というブランドの進化であったり、CGM（コンシューマー・ジェネレイテッド・メディア）と呼ばれるような生活者発信メディアの登場であったりする。それらはもはや概念ではなく、顧客主導社会という新しい時代の到来を示すものである。これからの企業経営に最も深刻な変革を迫るのは、この顧客主導社会の到来であると思われる。シュルツ教授の統合マーケティングの基本コンセプトはまさしくこの顧客主導社会

における企業経営・マーケターと生活者の双方向な関係構築を目指すものである。

このような時代の変化を目にして思うことは、いかにシュルツ教授の統合マーケティングの基本コンセプトが時代に先駆けたものであり、また、変化の本質を捉えた議論であるかということだ。これは、タッチポイントも同様で、基本的なコンセプトは、1990年代初頭にすでに述べられていた。

翻訳は、博報堂タッチポイント・プロジェクトメンバーのうち、上木原弘修、洲崎健、宮澤正憲の3名で共同して行った。実務家の視点を生かし、日米のマーケティングに対する文脈の違いを踏まえ、分かりやすさを工夫した。また、訳にあたっては、中瀬英樹氏にもご協力いただいた。ダイヤモンド社の岩佐文夫氏には出版に際してのご尽力にとどまらず、日本における統合マーケティングの性格づけについても積極的な議論とアドバイスをいただいた。深く感謝したい。そのほかご協力いただいた諸先輩・同輩の方々にお礼を申し上げたい。

経営における全体最適化とか、経営活動トータルの統合ということがようやく日本でも注目されつつある。この時期に本書を日本に紹介できることの意義は、単に広告やマーケティングという専門分野の方だけでなく、広く経営の最前線に立つマネジャーやビジネスピープルにもあると確信している。

2005年10月

博報堂タッチポイント・プロジェクト
訳者を代表して　　　　上木原弘修

原注

第1章

1. W. Edwards Deming, *Out of Crisis* (Boston: MIT Center for Advanced Engineering Study Press, 1982); Joseph M. Juran, *Juran on Quality by Design* (New York: The Free Press, 1992).
2. Michael Hammer and James Champy, *Reengineering the Corporation* (New York: Harper Business Press, 1993);（邦訳『リエンジニアリング革命』野中郁次郎訳、1993年、日本経済新聞社）Gary Hamel and C. K. Prahalad, *Competing for the Future* (Boston: Harvard Business School Press, 1994).（邦訳『コア・コンピタンス経営』一條和生訳、1994年、日経ビジネス人文庫、日本経済新聞社）
3. Deming, *Out of Crisis*; Juran, *Juran on Quality by Design*.
4. Robert D. Buzzell and Bradley T. Gale, *The PIMS Principles: Linking Strategy to Performance* (New York: Free Press, 1987).（邦訳『新PIMSの戦略原則』和田充夫、八七戦略研究会共訳、1988年、ダイヤモンド社）
5. Robert J. Coen, *Insider's Report: Robert Coen Presentation on Advertising Expenditures* (New York: Universal McCann, Erickson Worldwide, December 1999).
6. Clark Caywood, Don Schultz, and Paul Wang, *Integrated Marketing Communications: A Survey of National Consumer Goods Advertisers* (Chicago: Northwestern University Report, June 1991).
7. Report from Lynn Gray, "The U.S. Generic Prescription Drug Industry," Business Communications Company Inc., August 2002, buscom.com/biotech/C058U.html.
8. Report from Private Label Manufacturers Association, "Store Brands on Course for Another Record Year: First and Second Quarter Market Shares Are Historic Highs for U.S. Supermarkets," New York, January 2003, plma.com.
9. "The Year of the Brand," *The Economist* III, no. 12 (24 December 1988): 95; Roger Baird, "Assets Tests," *Marketing Week* 21, no. 40 (1 October 1998): 28-31; David A. Aaker, *Building Strong Brands* 111, no. 12 (New York: Free Press, 1995).（邦訳『ブランド優位の戦略』陶山計介、梅本春夫、小林哲、石垣智徳訳、1997年、ダイヤモンド社）

第2章

1. Clark Caywood, Don Schultz, and Paul Wang, *Integrated Marketing Communications: A Survey of National Consumer Goods Advertisers* (Northwestern University Report, Chicago, June 1991); Thomas R. Duncan and Stephen E. Everett, "Client Perceptions of Integrated Marketing Communications," *Journal of Advertising Research* 33, no. 3 (May-June 1993): 30-40; Michael Kiely, "Integrated Marketing Starting Out," *Marketing* (April 1993): 44-46; Glen J. Nowak and Joseph Phelps, "Direct Marketing and the Use of Individual-Level Consumer Information: Does 'Privacy' Matter," *Journal of Direct Marketing* 11, no. 4 (Fall 1997): 94-109; Lou Wolter, "Superficiality, Ambiguity Threaten IMC's Implementation and Future," *Marketing News* 27, no. 19 (13 September 1993): 12-14.
2. Thomas Hunter, "Integrated Communications" (Ph.D. dissertation, University of Salzburg, June 1999); Jerry Kliatchko, "Integrated Marketing Communication Theory and Practice: The Case of the Philippines" (Ph.D. dissertation, University of Navarre, Pamplona, Spain, 2001); Kirsti Lindberg-Repo, "Customer Relationship Communication-Analyzing Communicating from a Value Generating Perspective," publication of the Swedish School of Economics and Business Administration, No. 99, Helsinki, Finland, 2001; Duncan and Everett, "Client Perceptions of Integrated Marketing Communications."
3. "Integrated Marketing Communication: Best Practices Report," American Productivity and Quality

Center (Houston: APQC, 1998).

4. Don E. Schultz and Philip J. Kitchen, *Communicating Globally: An Integrated Marketing Approach* (Lincolnwood, IL: NTC Business Books, 2000).
5. Don E. Schultz and Philip J. Kitchen, "Integrated Marketing Communications in U.S. Advertising Agencies: An Exploratory Study," *Journal of Advertising Research* 37, no. 5 (September-October 1997): 7-19.
6. データ収集の大半は、リッカート尺度による10項目の記述に基づいている（1＝まったくあてはまらない、10＝非常にあてはまる）。広告会社の回答数が最も多いのは、アメリカ（126社）である。そして、イギリス（65社）、ニュージーランド（20社）、オーストラリア（20社）、インド（13社）の順に続いている。

第3章

1. "Intel Annual Report," 2002, intel.com.
2. "The Best Global Brands," *Business Week*, August 5, 2002: 92-95.
3. "Success One Account at a Time," *Business 2.0*, April 9, 2001.
4. Rajendra K. Srivastava, Tasadduq A. Shervani, and Liam Fahey, "Market-based Assets and Shareholder Value: A Framework for Analysis," *Journal of Marketing* 62 (January 1998): 2-18.
5. John Wannamaker, cited in Rajeev Batra, John G. Myers, and David A. Aaker, *Advertising Management*, 5th ed. (Englewood Cliffs, NJ: Prentice Hall, 1996).
6. William Bolen, *Advertising* (New York: John Wiley & Sons, 1981).

第4章

1. "Case Study: BMW" dunnhumby.com.
2. Robert J. Lavidge and Gary A. Steiner, "A Model for Predictive Measurements of Advertising Effectiveness," *Journal of Marketing* 25, no. 6 (October 1961): 61.
3. クライブ・ハンビー（Clive Humby）とのインタビュー（イギリス・ロンドン、2000年9月14日）による。
4. Don Peppers and Martha Rogers, "Smart Marketing: Remove the Burden of Choice," altagerencia.com/lfreestuff; articulos; peppers_burdenchoice.htm.
5. タイム社の研究員、ケリー・マイヤー（Kelly Mayer）とのインタビュー（2002年9月）による。
6. バランス・スコアカードは、財務ばかりか、財務以外の成果の評価基準にもなる。これを用いれば、企業は長期にわたって業績を追跡できる。また、経営の視野も広がる。財務業績の要約だけにとどまらず、「将来に業績を上げるために必要な人材、システム、手順」にも目を向けるようになるのだ。Robert S. Kaplan and David P. Norton, *The Balanced Scorecard* (Boston, MA: Harvard Business School Press, 1996)（邦訳『バランス・スコアカード』吉川武男訳、1997年、生産性出版）

第5章

1. "Case Study: Tesco," dunnhumby.com.
2. Garth Halberg, *Not All Customers Are Created Equal* (New York: John Wiley and Sons, 1995): 39-40.
3. この章で述べた顧客評価の手法の大半は、Don E. Schultz and Jeffrey Walters, *Measuring Brand Communication ROI* (New York: Association of National Advertisers, 1998) で初めて紹介された。ここでは、出版社の許可によって引用。
4. Michael E. Porter, *Competitive Advantage: Creating and Sustaining Superior Performance* (New York: Free Press, 1985).（邦訳『競争優位の戦略』土岐坤訳、1985年、ダイヤモンド社）

第6章

1. J. Barnes, ed., *Complete Works of Aristotle*, Revised Oxford Translation (Princeton, NJ: Princeton University Press, 1983).
2. 同上。
3. J. S. Adams, "Inequality in Social Exchange," in *Advances in Experimental Social Psychology*, ed. L. Berkowitz (New York: Academic Press, 1963), 2: 267-88.
4. 同上。
5. 同上。
6. 本節の資料は、Don E. Schultz and Dana Hayman at the National Center for Database Market-ing Conference, "Fully Understand Consumer Behavior Using Your Database," (Chicago, July 30, 1999) によって紹介された。

第7章

1. Stephen Yastrow, "Fully Integrated Marketing," *Journal of Integrated Marketing Communications*, (1999-2000): 5-12.
2. Lisa Fortini-Campbell, "Communications Strategy: Managing Communications for the Changing Market-place" (Northwestern University, Evanston, IL, October 19, 1999) での発表を脚色。
3. 同上。
4. R. Chase and S. Dasu, "Want to Perfect Your Company's Service? Use Behavioral Science," *Harvard Business Review* (June 2001).
5. Tom Duncan, *IMC: Using Advertising and Promotion to Build Brands* (New York: McGraw-Hill, 2002): 126.
6. Christian Gronroos, "Que Vadis, Marketing? Toward a Relationship Marketing Paradigm," *Journal of Marketing Management* 10, no. 5 (July 1994): 347-60.
7. Juliet XVilliams, "Internal Marketing" (Northwestern University, Evanston, IL, November 12, 1998) での発表。
8. Giep Franzen and Margot Bouwrnan, *The Mental World of Brand: Mind, Memory, and Brand Success* (Henley-on-Thames, England: World Advertising Research Center, 2001): 178.
9. Scott Davis, "Mending the Broken Brand Contract: What McDonald's Could Learn from Others," *Prophet* (2001), prophet.com.

第8章

1. 本節は、Lisa Fortini-Carnpbell, "Building Brand Relationships" (the Communications Strategy Conference, Northwestern University, Evanston, IL, April 1998) での発表を脚色。
2. この事例は、スタンレー・タネンバウム (Stanley Tannenbaum) が最初に開発した。そして我々は、統合マーケティングに関する初めての著書、*Integrated Marketing Communications* (Lincolnwood, IL: NTC Business Books, 1994) で、この事例にほぼ手を加えないまま一般に紹介した。それでも、このプロセスの概要は、我々が現在もクライアントや学生に対して推奨・適用しているプロセスに一致する。

第9章

1. Russell H. Colley, *Defining Advertising Goals for Measured Advertising Results* (New York: Association of

National Advertisers, 1961).

2. J. P. Jones, *When Ads Work* (New York: Lexington Books, 1994).（邦訳『広告が効くとき』東急エージェンシー・マーケティング局訳、1997年、東急エージェンシー）

3. Simon S. Broadbent and T. Frye, "Ad Stock Modeling for the Longer Term," *Journal of the Market Research Society* 37 (1995): 385-403.

第11章

1. Frederick Reichheld, *The Loyalty Effect* (Princeton, NJ: Harvard Business Press, 1996).（邦訳『顧客ロイヤルティのマネジメント』伊藤良二、山下浩昭訳、1998年、ダイヤモンド社）

2. Bob Stone and Ron Jacobs, *Successful Direct Marketing Methods* (New York: McGraw-Hill, 2001).

3. Jack Schmid and Alan Weber, *Desktop Database Marketing* (Lincolnwood, IL: NTC Business Books, 1997).

4. 同上。

5. 同上。

第12章

1. Clive Humby, "Customer Measures of the Brand," (the Cranfield School of Management Conference on Leveraging Brand Equity to Create Strategic Value, Cranfield, England, April 19, 2002) での発表を脚色。「顧客による推奨」に関する資料は、コンサルティング・グループのダンハンビー・アソシエーツ社 (dunnhumby associates, plc, London) が開発した手法に基づいている。

第13章

1. Philip Kotler, *Marketing Management*, 10th ed. (Upper Saddle River, NJ: Prentice Hall, 2000): 404.（邦訳『コトラーのマーケティング・マネジメント　ミレニアム版』恩蔵直人監修、月谷真紀訳、2001年、ピアソン・エデュケーション）。

2. John M. Murphy, ed., *Brand Variation* (London: Business Books, Ltd., 1989): 173.

3. Marketing Science Institute, Kevin Lane Keller, *Strategic Brand Management*, 2nd ed. (Upper Saddle River, NJ: Prentice Education, 2003): 43. から引用（邦訳『ケラーの戦略的ブランド・マネジメント』恩蔵直人研究室訳、2003年、東急エージェンシー）。

4. David A. Aaker, *Building Strong Brands* (New York: The Free Press, 1996): 7-8.（邦訳『ブランド優位の戦略』陶山計介、梅本春夫、小林哲、石垣智徳訳、1997年、ダイヤモンド社）

5. Leslie de Chernatony and Malcolm McDonald, *Creating Powerful Brands in Consumer, Service and Industrial Markets*, (Boston: Butterworth-Heinemann, 1998): 397.

6. Kevin Lane Keller, *Strategic Brand Management: Building, Measuring, and Managing Brand Equity*, (Saddle River, NJ: Prentice-Hall, 1998): 45.

7. 以降の節は、David Haigh, "Valuing and Managing Brands: Issues in Brand Valuation" (Northwestern University, Evanston, IL, November 21, 2000) での発表を脚色。

第14章

1. "Brand Dynamics Online Information," millwardbrown.com.

2. "Discovery Channel Rated #1 for Overall Quality According to Latest EquiTrend Best Brand Study," June 19, 2002（Rochester, NY harrisinteractive.com）.
3. Young & Rubicam, "White Paper on the Brand Asset Valuation," 2000, yr.com.

第15章

1. Philip Kotler, *Marketing Management*, 11th ed.（Englewood Cliffs, NJ: Prentice Hall, 2003）.
2. Don E. Schultz, Stanley I. Tannenbaum, and Robert F Lauterborn, *Integrated Marketing Communications: Putting It Together and Making It Work*（Lincolnwood, IL: NTC Business Books, 1994）.
3. D. Pickton and A. Broderick, *Integrated Marketing Communications*（Harlow, England: Prentice Hall［UK］, 2001）.

参考資料

- **第2章** 資料："Integrated Marketing Communication: Best Practices Report," American Productivity and Quality Center（Houston: APQC, 1998）. アメリカ生産性品質センター（APQC）の許可によって使用。
- **第6章** 資料：Don E. Schultz and Dana Hayman, "Fully Understand Consumer Behavior Using Your Database"（National Center for Database Marketing Conference, Chicago, July 30, 1999）; Don E. Schultz and Scott Bailey, "Building a Viable Model for Customer/Brand Loyalty"（ARF Week of Workshops, New York, NY, October 7, 1999）での発表。ターゲットベース社（Targetbase Inc）の許可によって使用。
- **第7章** 資料：Lisa Fortini-Campbell, Communications Strategy: Managing Communications for the Changing Marketplace"（Northwestern University, Evanston, IL, October 19, 1999）での発表。リサ・フォルティーニ-キャンベル（Lisa Fortini-Campbell）の許可によって使用。
- **第7章** 資料：シグナ保険（CIGNA Insurance）の許可によって使用。
- **第7章** 資料：ブランド・インプリンティング社（Brand Imprinting Inc）の許可によって使用。
- **第8章** 資料：Lisa Fortini-Campbell, "Communications Strategy: Managing Communications for the Changing Marketplace"（Northwestern University, Evanston, IL, October 19, 1999）での発表。リサ・フォルティーニ-キャンベル（Lisa Fortini-Campbell）の許可によって使用。
- **第10章** 資料：Don E. Schultz and Jeffrey Walters, *Measuring Brand Communication ROI*（New York: Association for National Advertisers, 1997）. 全米広告主協会（ANA, Association for National Advertisers）の許可によって使用。
- **第12章** 資料：Clive Humby, "Customer Measures of the Brand"（the Cranfield School of Management Conference on Leveraging Brand Equity to Create Strategic Value, Cranfield, England, April 19, 2002）での発表。ダンハンビー・アソシエーツ（dunnhumby associates）の許可によって使用。
- **第13章** 資料：David Haigh, "Valuing and Managing Brands: Issues in Brand Valuation"（Northwestern University, Evanston, IL, November 21, 2000）での発表。ブランド・ファイナンス社（Brand Finance）の許可によって使用。
- **第14章** 資料：ミルウォード・ブラウン社（Millward Brown North America）の許可によって使用。
- **第14章** 資料："White Paper on the Brand Asset Valuation," 2000, yr.com. Used with permission from ヤング & ルビカム社（Young & Rubicam Inc）の許可によって使用。
- **第14章** ブランド・ファイナンス社（Brand Finance）の許可によって使用。
- **第15章** 資料：Adrian Payne, "Customer Relation Management"（Northwestern University, Evanston, IL, November 11, 2001）での発表を脚色。エイドリアン・ペイン（Adrian Payne）の許可によって使用。

索引

英数字

3C
　——アプローチからの進化 ……………259
　——によるブランド測定 ……………252
　——分析 ……………………………250
4P ………………………………4, 322
AT&T ……………………………………275
ATL ………………………………………7
BAV→ブランド・アセット・バリュエーター
BMW ……………………………………81
BTL ………………………………………7
DAGMARモデル ………………………182
DCF→割引キャッシュフロー
EDS ……………………………………16
GEキャピタル …………………………20
GTEサービス …………………………20
IBM …………………………………16, 43
L. L.ビーン ……………………………126
LCI ……………………………………86
LTV→顧客生涯価値
NPV→正味現在価値
PR（パブリック・リレーションズ）……7
　——会社 ……………………………316
RJRナビスコ …………………………13
ROCI→顧客投資効率
SAP ……………………………………16
TWA ……………………………………291
USAA …………………………20, 126, 188
WPPグループ …………………………317

あ

アーカー，デービッド ………………268
アーサーアンダーセン ………………20
アーネスト・アンド・ヤング …………20
アウトサイドイン・プランニング……52, 53

アクシオム ……………………………16
アダムス，J・ステーシー ……………119
アトーニーズ・タイトル保険基金 ……20
アバス …………………………………317
アメリカ広告業協会（AAAA）………35
アメリカ生産性品質センター …………20
アリストテレス学派の起源 ……………118
インサイドアウト・プランニング……52, 53
インセンティブ …………………64, 131
　——の設定 …………………………71
インターパブリック …………………317
インターブランド ……………………267
インテル ………………………………42
インテル・インサイド …………………42
ウィメンコム …………………………115
ウィリアムズ，ジュリエット …………144
ウィリアムズ・ソノマ ………………188
ウェバー，アラン ………………238, 241
ウォルマート ……………………6, 275
営業活動とマーケティング活動 ………324
エクイトレンド・モデル ………………287
エクソン ………………………………275
エコノミックユース法 ………………296
　——のアウトプット …………………302
　——の活用方法 ……………………297
エピファニー …………………………16
エフロン，アーウィン ……………182, 183
オグルヴィ・アンド・メイザー ………9
オムニコム ……………………………317

か

カイザーパーマネント …………………20
学習するグループ ……………………249
カスタマー・インサイト……92, 93, 152, 173
　——の創造 …………………………151

カスタマー・リレーションシップ・
　マネジメント（CRM）……………114
価値
　永続――……………………………305
　期待価格――………………………272
　将来――……………………………312
　――の共有…………………………118
カテゴリー・キラー……………………6
株主価値…………………………………15
　――の向上…………………………235
株主資本収益率………………………237
貨幣の時間価値………………………237
関係性…………………………………114
　――マーケティング………………144
観察データ………………………………92
干渉変数………………………………180
企業
　階層性の………………………………49
　――内統合…………………………155
　――の能力…………………………154
　――の文化…………………………173
　――の約束…………………………169
絆………………………………………284
既存顧客……………………………70，79
　――の維持……………59，217，232，326
規模の経済………………………………6
キャッシュフローの増大……………235
ギャップ………………………………275
クエスト…………………………………88
クチコミ…………………………130，132
クラフト…………………………………16
グレイハウンド………………………291
クローズド・ループ・アプローチ…260
クローズド・ループ・システム…61，68
　統合マーケティングの――…………61
クロスファンクショナル・チーム……14
グロンルース，クリスチャン………144
経営陣のコミュニケーション活動…314
経済付加価値…………………………292
決定的な瞬間…………………………132
ケラー，ケビン・レーン……………269
限界収益アプローチ…………………194
限界分析………………………………196
　マーケティング投資に対する――…193

効果階層モデル………83，182，282，322
貢献利益…………………………194，202，251
広告………………………………………6
広告会社……………………………8，316
　――同士の相互交流…………………36
　――の役割……………………………35
広告ストック…………………………185
　――の測定…………………………184
広告反応のS字曲線…………………183
購入シェア……………………………106
購買インセンティブ……………162，169
コーレイ，ラッセル…………………182
コカ・コーラ……………………………13，43
顧客
　競合の――……………………………70
　浮動――…………………………79，80
　問題のある――……………………199
　――維持の戦略……………………197
　――との関係………………………172
　――に対する投資収益の測定………72
　――の拡大…………………………276
　――の獲得による純利益…………238
　――の考え方………………………125
　――の関与……………………251，285
　――の経験……………………54，152
　――の貢献…………………………251
　――の財務価値……………………104
　――の支持…………………………251
　――のニーズ………………………125
　――の反応率………………………187
　――の目的……………………………56
　――の要求シェア…………………251
　――の履歴…………………………152
顧客・見込み客
　――の価値評価………………………71
　――の財務価値……………………100
　――の特定……………………………70
顧客価値
　過去の――…………………………104
　長期にわたる――…………………312
　ブランドにとっての――…106，124，250
　――の拡大…………………………312
　――の初期値………………………100
　――の測定…………………………199

索引　343

「顧客関係」の基本的要素………………119
顧客管理……………………………………217
顧客行動…………………………59, 77, 83
　　──データ………………………………70
　　──に及ぼす影響………………………60
顧客生涯価値………………187, 236, 239
　　──の計算方法………………………238
　　──の測定期間………………………237
　　──の比較……………………………241
顧客推奨……………………………………250
顧客態度………………………………………83
顧客中心……………………………………310
　　──の企業……………………10, 49
　　──の測定モデル……………………236
顧客データ
　　──の活用方法…………………………30
　　──の結合と共有………………………91
顧客投資効率（ROCI）………177, 193, 196
　　──の計算方法………………………216
　　──の事例……………………………209
　　──の測定……………………………207
　　──の評価……………………………208
　　──の目標……………………………237
顧客投資効率（ROCI）分析……202, 209, 217
　　──のプロセス………………………217
　　──モデル……………………………198
顧客満足度……………………………………54
顧客理解……………………………………152
顧客ロイヤルティ…………103, 232, 250, 284
コトラー、フィリップ……………4, 266, 312
コビシント…………………………………111
コミュニケーション
　　社内──………………………………324
　　戦術的──………………………22, 23
　　──戦略………………………158, 165
　　──戦略開発フォーム………………160
　　──投資…………………………99, 178
　　──の価値……………………………144
　　──の基本機能………………………157
　　──の受容性…………………………138
　　──の「ブラック・ボックス」……178
　　──のメッセージ……………………71
コミュニケーション・フローの逆転……141
コンバージョン・モデル…………………285

さ

財布のシェア………………………212, 251
財務価値の測定…………100, 177, 202
財務・企業戦略の統合……………………22
シーベル………………………………………16
時間差による効果………………………188
シグナ保険…………………………16, 20, 28
市場価値法…………………………………294
市場セグメント別マネジメント………315
シティグループ……………………………275
収益貢献額…………………………………107
従業員………………………………………132
集約化…………………………………………78
取得原価法…………………………………293
シュミッド、ジャック……………238, 241
受容性………………………………………113
ジュラン、ジョゼフ…………………………4
シュレッデッド・ホィート………………146
消費者との信頼関係………………………172
情報技術の適用………………………22, 29
正味現在価値（NPV）………232, 240, 254
使用量………………………………………276
ジョーンズ、ジョン・ポール……182, 183
ジョン・ヌビーン・アンド・カンパニー…20
新規顧客…………………70, 79, 80, 197, 199
　　──獲得による価値…………………208
　　──コストを測定……………………238
　　──の獲得………59, 208, 217, 232
人口特性による分類…………………………78
浸透率………………………………………106
スイッチャー………………………………198
スターン・スチュワート…………………292
スタイナー、ゲーリー………………………83
ストラテジック・マネジメント・リソース……144
スポンサー活動………………………………63
セグメンテーション…………………………78
　　市場──…………………………………77
　　ブランドの──……………………297
絶対品質……………………………………272
ゼネラル・エレクトリック…………………43
ゼネラルモーターズ………………………111
全米広告主協会（ANA）…………………35
相互性の理論………………………………121
増分収益

344

事例でみる―― ……………………198
　　――アプローチ…………197, 217
　　――の獲得 ……………………62
　　――の測定 ……………197, 203
　双方向性 ………………………………117
　　顧客との―― …………………186
　即時の効果 ……………………………188
　組織
　　顧客中心型の―― ………49, 311
　　指揮統制型の―― ……………308
　　縦割り型の―― …………………50
　　統合型―― ……………………308
　組織構造 ………………………………330
　　内向きの―― ……………………50
　存在感 …………………………………283

た

ターゲットベース …………………89, 106
タイム ……………………………………89
ダイムラー・クライスラー ………………111
ダウ・ケミカル …………16, 20, 30, 188
タッチポイント …………………………171
タネンバウム，スタンレー …………15, 157
ダンハンビー・アソシエーツ ……81, 85, 103
知覚価値 ……………………………171, 272
知覚品質 ………………………………272
チャーナトニー，レスリー・ド …………269
チャンピー，ジェームス ……………………4
テイラー・ネルソン・ソフレス ……………285
データ ……………………………………82
　　調査―― …………………………92
　　定性―― …………………………92
　　定量―― …………………………92
　　――・オーディット ………………87
　　――結合 …………………………91
　　――の活用方法 …………………86
　　――の類型 ………………………92
　　――分析 …………………………30
データベース ……………………………89
　　適切な―― ………………………90
　　――の種類 ………………………89
　　――・マーケティング ………63, 86
テキサス・インスツルメンツ（TI） ………20
テキサス・ユーティリティーズ ……………20

適切性 ………………………113, 148, 283
デシル分析 …………………………105, 106
テスコ ………………………………102, 103
デマンドチェーン ………………………112
デミング，W．エドワーズ …………………4
デル ……………………………16, 50, 109
トイザらス …………………………………6
統一されたデザイン，
　統一されたメッセージ ……………9, 44
統合構造
　　クライアント中心の―― ……317
　　世界規模の―― ………………318
　　リード・エージェンシーによる―― ……318
　　連邦型―― ……………………317
統合品質管理システム ……………………4
統合マーケティング ……………3, 8, 188
　　顧客価値重視の―― …………31
　　財務・企業戦略立案と―― ……33
　　――戦略 ………………163, 172
　　――の４つの発展段階 …………22
　　――の「５Ｒ」 ……………………111
　　――の８つの原則 ………………48
　　――のゴール …………179, 193
　　――の今後の課題 ……………323
　　――の事例 ………………………42
　　――の進展を阻む障害 ………321
　　――の推進要因 …………………10
　　――の筋書き …………………214
　　――の定義 ………………21, 41
　　――のプランニング・マトリックス ……189
　　――の目的 ………………………58
　　――・プログラム ………………214
投資とその収益のループ…………186, 187
取替原価法 ……………………………294

な

認識性 …………………………………114
ネイションワイド保険…………………20
ネッスル …………………………………13
ネットワーク型市場 …………………121
ノースウェスタン大学 …………………157
ノードストローム …………………122, 141
ノキア …………………………………109

は

ハートハンクス……………………16
ハードル・レート………………209
ハーバード大学……………………5
ハイアット・インターナショナル……16
バイエルAG………………………20
バウマン，マーゴット…………146
パフォーマンス…………………283
バプテスト・サンデー・スクール・ボード…20
パブリック・リレーションズ→PR
パブリックサービス・エレクトリック・
　アンド・ガス……………………20
ハマー，マイケル…………………4
ハメル，ゲーリー…………………4
バランス・スコアカード…………95
ハリス・インタラクティブ……287
バリューチェーン………………110
ハルバーグ，ガース……………105
パレート，ヴィルフレド………104
パレートの法則…………………104
反応性……………………………113
販売後のサポート………………132
ビジネス構築……………188, 194
　　──のためのROCIの実例………200
　　──への投資……………………196
ヒューレット・パッカード……20, 28
フィデリティ・インベストメント
　　……………………20, 30, 32, 188
フェデラル・エクスプレス（フェデックス）
　　……………16, 20, 28, 30, 102, 188
フォード・モーター……………111
フォルティーニ・キャンベル，リサ…132, 151
プラハラッド，C・K……………4
フランゼン，ギェップ…………146
ブランド
　「資産」としての──………………12
　ジェネックス・──…………………12
　プライベート・──…………………12
　──拡張……………………………277
　──経験……………………………64
　──顕著性…………………………270
　──・コミットメント……………272
　──・コミュニケーション……203, 328
　──選好……………………………270
　──想起……………………………271
　──知覚……………………………167
　──認知……………………………270
　──の貢献利益……………………299
　──の資産価値……………………190
　──の需要ファクター……………299
　──の定義…………………………266
　──・プレゼンス…………………270
　──ベータ分析……………297, 299
　──・メッセージ…………156, 189
ブランド・アイデンティティ…271
ブランド・アセット・
　バリュエーター（BAV）……289
　　──のフレームワーク………290
ブランド・イメージ……………271
ブランド・インセンティブ…156, 189
ブランド・エクイティ…………265
　顧客態度から測定する──……281
　　──の現在の定義………………267
　　──の財務測定…………………293
ブランド・エコノミクス………292
ブランド・ダイナミクス………283
　　──のピラミッド………………284
ブランド・タッチポイント…129, 324
　　──・インベントリー…………133
　　──・オーディット……………130
　　──・グリッド…………………135
　　──の決定………………………137
ブランド・ネットワーク……145, 168
　セブンアップ（7-Up）の──…147
　脳内における──…………………145
ブランド・パワーグリッド……290
ブランド・ファイナンス……274, 297
　　──社の評価モデル……………298
ブランド価値……………………266
　顧客にとっての──………………124
　長期──……………………………250
ブランド構築……………………188
　　──の取り組み…………………276
ブランド付加価値（BVA）……297
　　──指数…………………………299
ブランド・リレーションシップ…121
フリークエンシー………………184
プルデンシャル保険………20, 102

プレミア・デル・ドットコム・サービス……50
ブロードベント，サイモン ………………184
プロモーション ……………………………6
　セールス・―― …………………………7, 63
　――資金 …………………………………8
　――・ミックス …………………………6
ベスト・バイ ………………………………6
ベスト・プラクティス ……………………20
ベネフィット ……………………………169
ベン・アンド・ジェリーズ ……………141
変動費アプローチ ………………………194
報酬体系 …………………………………330
　効果的な―― …………………………311
ボーイング ………………………………275
ポーター，マイケル ……………………110
ホーム・デポ ………………………………6
ホリデーイン ……………………………291

ま

マーケティング ……………………………4
　イベント・―― …………………………63
　従来の―― ………………………………67
　ステルス・―― …………………………63
　ダイレクト・―― ………7, 11, 63, 86, 186
　ワン・トゥ・ワン・―― …………16, 114
　――資金 …………………………………8
　――戦略 ………………………………165
　――投資の適正レベル ………………223
　――の財務価値 ………………………177
　――の対象範囲の見直し ………22, 25
マーケティングROI ………………………31
マーケティング・
　コミュニケーション ……84, 169, 178, 181
　――の４つの基本目的 ………………277
　――の効果測定 ………………………178
　――の財務モデル ……………………188
マーケティング・サイエンス研究所 …268
マーケティング・ミックス・モデリング …180
マーチャンダイジング …………………132
マーフィー，ジョン ……………………267
マイクロソフト ……………………………43
マクドナルド ……………………………148
マクドナルド，マルコム ………………269
マス・プロモーション ……………………5

マスメディア ………………………………5
マッカーシー，ジェローム ………………4
マリオット・ホテル ……………………102
ミシガン大学 ……………………………148
ミューチュアル・オブ・オマハ ………20
ミューチュアル・グループ ………………20
ミルウォード・ブラウン ………………283
無形資産 …………………………13, 266, 274
メッセージ ………………………64, 131, 178
　――の適切性 …………………………154
　――の伝達 ………………………………64
メッセージとインセンティブ
　効果的な―― …………………………173
　――の開発 ……………………………154
　――の伝達源 …………………………179

や

ヤング・アンド・ルビカム ………9, 289
優位性 ……………………………………284
ユニリーバ …………………………………13

ら

ラビッジ，ロバート ………………………83
ランク・ホービス …………………………13
ランズ・エンド …………………………126
リー・ジーンズ …………………………109
リーセンシー ………………………183, 184
リサーチ・サーベイズ・オブ・
　サウス・アフリカ ……………………285
リスク・ファクター ……………………299
累積反応率 ………………………………240
レオ・バーネット ………………………185
ロイヤリティ・リリーフ法 ……………295
ロイヤル・カスタマー …………………198
ロイヤリティの拡大 ……………………276
ローターボーン，ボブ ……………………15
ロントリー …………………………………13

わ

割引キャッシュフロー（DCF）……232, 233, 297
割引将来収益の測定 ……………………302
ワン・トゥ・ワンの関係 ………………216

［訳者］
博報堂タッチポイント・プロジェクト
統合マーケティングとタッチポイント・プラニングの研究と社内外への普及・啓蒙を目的とした博報堂のクロスファンクショナル・メンバーからなるプロジェクト。ターゲット・インサイト、統合キャンペーン、ブログ・マーケティング、マーケティングＲＯＩなど関連領域を含めたメソッドとケースをグローバルで収集・研究・実践している（事務局は、博報堂メディアビジネス統括局内）。

［翻訳メンバー］

上木原 弘修（うえきはら・ひろのぶ）
博報堂タッチポイントプラニンググループ　グループマネジャー。
東京大学文学部社会学科卒。1983年（株）博報堂入社。マーケティングプランナー、マーケティングディレクター、MD局チームリーダー等を経て、現在に至る。食品、飲料、自動車、金融などのキャンペーン業務立案、商品開発業務を数多く経験。その後、企業ブランディングなどブランド業務専任を経て、2003年ブランディングの観点からメディアプランニングを構築するタッチポイントプラニンググループを立ち上げ、現在に至る。日本広告学会会員。主な論文・著作にJAAA懸賞論文金賞『広告の今日的価値』、『コンセプトノート96』（共著、PHP研究所、1996年）ほか。

洲崎 健（すざき・けん）
博報堂タッチポイントプラニンググループ　シニアディレクター。
東京大学法学部卒。1984年（株）博報堂入社。マーケティング局調査部にて生活者データベースの開発等に従事。その後、飲料、自動車、コンピュータなどのクライアントのマーケティング戦略立案業務に従事。アメリカにて新規事業立ち上げ。国内にてインターネット関連の合弁企業を設立し代表取締役に着任。2003年より現職。現在、タッチポイントプラニングに関するノウハウおよびネットワーク開発を推進中。また、飲料、通信販売、トイレタリー、地方自治体等多様なクライアントにおけるタッチポイントプラニング業務を遂行している。

宮澤 正憲（みやざわ・まさのり）
博報堂ブランドデザイン　シニアコンサルタント。
東京大学文学部心理学科卒。1990年（株）博報堂入社。マーケティング局にて食品、自動車、トイレタリー、流通など多様な業種の企画立案業務に従事。ノースウェスタン大学ケロッグ経営大学院（MBA）を卒業後、2001年より現職。現在、ブランドコンサルタントとして、調査、分析、戦略立案から、CI、ネーミング、商品開発、店舗開発、広告、WEB、インナー研修など多様なタッチポイント領域において実務コンサルテーションを行っている。

[著者]

ドン・シュルツ(Don Schultz)
ノースウェスタン大学名誉教授。P. コトラー、D. アーカーと並ぶ世界の3大マーケティング巨匠の1人といわれる。統合マーケティングの提唱者であり、また、3M、ビザ・インターナショナルなど数多くのグローバル企業でのコンサルティングの実績を持つ。自ら経営するコンサルティング企業のAgora社CEOでもある。ESOMAR (European Society for Opinion and Marketing Research)、The ARF (The Advertising Research Foundation)、IAA (世界広告会議) など世界的なカンファレンスのパネラーとしても著名で、常にアグレッシブな講演を行っている。また、クランフィールド大学（英国）、清華大学（中国）などの客員教授でもある。2003年より博報堂タッチポイントプランニングの顧問。
主な著書に、*New Marketing Paradigm-Integrated Marketing Communications*（邦訳『広告革命―米国に吹き荒れるIMC旋風』)、*BRAND BABBLE*、*Measuring Brand Communication*、*Strategic Brand Communication Campaigns*など多数。

ハイジ・シュルツ(Heidi Schultz)
Agora社上級副社長。メディア・マネジメント、ダイレクト・マーケティング、メディア・リサーチ、ストラテジックプランナー、雑誌編集者等を経て、現在ノースウェスタン大学で教鞭もとっている。

ドン・シュルツの統合マーケティング──顧客への投資を企業価値の創造につなげる

2005年10月27日　第1刷発行

著　者────ドン・シュルツ、ハイジ・シュルツ
訳　者────博報堂タッチポイント・プロジェクト
発行所────ダイヤモンド社
　　　　　〒150-8409　東京都渋谷区神宮前6-12-17
　　　　　http://www.diamond.co.jp/
　　　　　電話／03・5778・7232（編集）　03・5778・7240（販売）
装　丁────竹内　雄二
製作進行───ダイヤモンド・グラフィック社
印　刷────八光印刷（本文）・新藤（カバー）
製　本────ブックアート
編集担当───岩佐　文夫

©2005 Hakuhodo Inc.
ISBN 4-478-50261-7
落丁・乱丁本はお手数ですが小社マーケティング局宛にお送りください。送料小社負担にてお取替えいたします。但し、古書店で購入されたものについてはお取替えできません。
無断転載・複製を禁ず
Printed in Japan

◆ダイヤモンド社の本 ◆

マーケティングの最高峰
ケロッグ・スクールの実践テキスト

バズ・マーケティング、経験価値、ワン・トゥ・ワン、ポストモダンなど最新のコンセプトと、伝統的マーケティングの理論を統合した実践理論。

統合マーケティング戦略論

ドーン・イアコブッチ、ボビーJ. カルダー ［編著］
小林保彦／広瀬哲治 ［監訳］

●Ａ５判上製●定価3780円（税５％）

http://www.diamond.co.jp/